KB233593

새 정부를 위한 녹/색/성/장 제언

환경과 성장

새 정부를 위한 녹/색/성/장 제언

환경과 성장

황병상 지음

이담
Books

머리말

현생인류는 약 20만 년 전에 지구상에 출현한 것으로 추정되고 있다. 수렵과 채집에 의존하던 인류는 약 1만 년 전 신석기시대에 농업혁명을 시작하면서 인구가 증가하고 문명이 태동하였다. 그 후 농경사회가 지속되다가 지금으로부터 260년 전쯤인 18세기 중엽부터 20세기 초에 걸쳐 산업혁명이 일어났다. 산업혁명은 대량생산을 가능하게 하여 생활의 윤택함과 편리함을 가져왔지만 환경오염과 같은 부작용도 수반하였다.

세계가 환경문제와 기후변화에 대해 관심을 갖고 대책을 강구하기 시작한 것은 비교적 근래의 일이다. 1970년대 이후 환경오염에 대한 국제적인 관심과 함께 지속가능 발전에 대한 국제사회의 논의가 시작되었기 때문이다. 그 후 1992년 리우회의를 통해 유엔기후변화협약이 체결되었으며, 1997년에 이르러 강제성을 지닌 교토의정서가 채택되었다. 2007년에 시작된 세계적인 경기 침체에 따라 선진국을 중심으로 경제회복의 원동력으로 저탄소 성장이나 녹색뉴딜을 경제회복의 원동력으로 주목하게 되었다.

우리나라는 2008년 8월에 이명박 전 대통령이 저탄소 녹색성장 비전을 제시하면서 녹색성장정책을 추진하기 시작했다. 그러나 '녹색성장'의 '녹색'을 그저 단순히 '성장'을 꾸며주는 수식어 정도로만 여기고, 녹색보다는 성장에 방점을 둔 것은 아닌가라는 비판을 받기도 했다. 또한 예산의 상당부분을 진정한 의미의 녹색성장보다는 기존 사업에서 명칭만 바꾸거나 관련성이 낮은 분야에 편성하였다는 지적도 있다. 또한 정책집행의 효과성을 판단하기에 충분한 기간이 경과한 것은 아니지만 홍보성 구호에 비해 가시적인 성과가 나타나지 않았다는 지적도 받았다. 그럼에도 불구하고 지난 4년여 기간 동안 추진된 녹색성장정책이 환경과 경제의 동반발전이라는 패러다임을 확산시키는 기틀이 되고, 국제사회에 좋은 반향을 일으킨 점은 인정받을 만하다.

지금 이 순간에도 지구온난화는 갈수록 심화되고 있고, 현대 문명이 의존하고 있는 화석에너지에는 한계가 있다. 인류문명사적 위험 앞에 녹색성장은 미룰 수 없는 과제이다. 환경을 고려하지 않은 성장이 가져오는 부작용은 물질 지향적인 산업사회에 대한 전환이 필요하다는 자연의 메시지이기도 하다. 환경과 경제가 조화된 삶의 방식으로의 변화를 위한 우리의 진지한 성찰을 요구하는 것이다.

물론 녹색성장(Green Growth)은 지속가능 발전(Sustainable Development)보다 하위의 개념이며, 지속가능 발전으로 가기 위한 실천전략 중 하나이다. 그러나 경제-환경-사회의 조화로운 발전을 추구하는 개념인 지속가능 발전은 모든 것을 그 안에 포함할 정도로 광범위하고 포괄적인 것이 사실이다. 그런 점이 이론적인 발전을 더디게 하였으므로 녹색성장이 구체성을 보완할 수 있는 개념이 될 수 있다. 지속가능 발전은 선진국들이 중심이 된 세계환경개발위원회(WCED)가 1987년에 제시한 개념인 데 비해 녹색성장은 한국 정부가 이니셔티브를 쥐고 국제화시킨 의제라는 점에서도 앞으로 우리 정부가 발전시킬 충분한 가치가 있다. OECD가 2011년 5월에 녹색성장전략보고서를 완성하여 국제사회에 제시했다는 점에서 이미 국제적인 자산으로 승화된 상태이다. 새로운 보편적 담론을 한국이 처음으로 제안하여 국제적 담론으로 발전시킨 첫 사례인 것이다.

새롭게 출범한 현 정부는 전임 정부에서 대통령 직속으로 있던 녹색성장위원회를 국무총리 직속으로 개편하였고, 동 위원회를 뒷받침하던 녹색성장기획단을 폐지한 후 업무를 국무조정실 재정금융기후정책관과 그 휘하의 기후변화정책과로 넘겼다. 전반적으로 국정과제에서 녹색성장이 후순위로 밀려나고 있는 상황이다. 그럼에도 불구하고 녹색성장은 미래를 위해 어떤 형식으로든 지속적으로 추진되어야 하는 정책과제이다.

녹색성장위원회와 한국리서치가 2013년 1월에 전국의 성인남녀 1,000명을 대상으로 실시한 '녹색성장정책에 대한 국민인식조사' 결과(신뢰수준 95%, 표본오차 ±3.1)에 따르면, 국민의 97.2%가 녹색성장 정책이 향후에도 지속적으로 시행되어야 하며, 응답자의 84%는 녹색성장정책이 기후변화에 대응하고 에너지 위기를 극복하는 데 기여하고 있다고 평가한 점을 참고해야 할 것이다.

필자가 녹색성장에 관심을 가지게 된 것은 미래 청정에너지원 개발을 목표로 하는 국가핵융합연구개발사업을 주제로 2003년에 박사학위 논문을 쓴 때로 거슬러 올라간다. 그 후 차세대 에너지와 신기술에 대해 관심을 가져 오던 중 2008년 8월, 건국 60주년 기념식에서 이명박 전 대통령이 녹색성장을 우리나라의 미래 비전으로 선포하는 것을 지켜보게 되었다. 필자는 2010년 1월부터 녹색성장정책과 관련된 주제를 본격적으로 연구해야겠다는 마음을 먹고, 동년 6월에 한국정책학회 하계학술대회에서 「영국의 저탄소 성장정책과 시사점」이라는 논문을 발표했다. 동년 12월에는 『한국사회의 이슈와 정책』이라는 공저에 「한국의 녹색성장정책과 향후 과제」라는 한 장(章)을 쓴 바 있다. 아울러 조선일보, 전자신문 등 중앙 일간지에 녹색성장과 관련된 칼럼을 게재하였다. 이 책은 이러한 연구의 연장선상에서 좀 더 깊이 있게 천착한 결과물로 내놓는 것이다.

국내에는 아직까지 녹색성장정책을 체계적으로 정리한 개론서가 없는 실정이다. 2011년에 녹색성장위원회의 기획으로 121명의 참여자가 한 개씩의 소제목을 맡아 쓴 『녹색성장 바로알기』가 출간된 바 있다. 이 책은 녹색성장의 세부 내용에 대한 접근을 쉽게 했다는 점에서는 의미가 있으나, 나열식으로 기술되어 있고 학문적 체계성을 갖추지 못했다는 단점을 가지고 있다.

물론 녹색성장정책은 범위가 매우 넓어 한 권의 책에 모두 담는다는 것은 매우 어려운 일이다. 그러나 정책학의 관점에서 하나의 일관된 틀로 주요한 줄기를 훑어보고, 이론과 정책내용을 종합적으로 정리하여 관심이 있는 사람들에게 제공하는 것은 매우 의미 있는 시도로 생각된다. 넓게 다루다 보니 깊이가 부족한 측면이 있는 것은 사실이지만, 먼저 숲을 본 다음 나무는 세부적인 각론으로 살펴보면 된다는 점에서 이 책은 분명히 기여하는 점이 있을 것으로 생각한다.

이 책은 이명박 전 대통령이 녹색성장에 대한 비전을 선언한 2008년 8월 15일부터 임기가 만료된 2013년 2월 24일까지 약 4년 6개월여 동안의 한국의 녹색성장정책을 중심으로 다음과 같이 구성하였다.

　제1장은 우리의 미래에 영향을 주는 요인과 불안한 미래의 모습 등 변화하는 세계를 개관한다.

　제2장은 환경에 대한 인식의 변화를 살펴보기 위해 역사적 배경, 지구온난화, 에너지 문제, 환경관련 국제회의 및 국제협약 등을 다룬다.

　제3장은 경제성장과 환경의 관계, 다양한 인식과 차이, 녹색성장의 필요성을 검토하고 녹색성장의 등장을 설명한 후 녹색성장정책을 정의한다.

　제4장은 세계 각국의 녹색성장 정책동향을 개관한다. 즉 유럽연합(EU), 영국, 독일, 덴마크, 미국, 일본, 중국 및 북유럽 국가 등에서 추진되고 있는 녹색성장정책의 대강을 살펴본다.

　제5장은 한국의 기후, 에너지 및 녹색성장지표 현황을 살펴보고, 녹색성장정책이 전개된 과정을 정리한다. 그리고 녹색성장 정책기조(政策基調)와 함께 정책수단 중 하나인 집행기구를 설명·분석 한 후 발전방향을 제안한다.

　제6장부터 제9장까지는 녹색성장정책의 각론이다. 제6장은 기후변화대응정책, 제7장은 녹색에너지정책, 제8장은 녹색기술개발 및 녹색산업 정책, 제9장은 녹색국토, 녹색생활 및 녹색외교 정책으로 분류한다. 물론 네 가지 정책은 분절적인 것이 아니라 서로 연결되고 상호작용하고 있다는 점을 유념할 필요가 있다. 각 정책은 정책의 구성요소(構成要素)인 정책목표(政策目標)와 정책수단(政策手段)으로 구분되고, 정책수단은 녹색성장정책의 특성을 고려하여 실행적 정책수단인 재정, 규제, 유인 및 설득으로 세분화 하여 설명·분석한다. 이를 바탕으로 정책목표와 정책수단의 향후 발전방향을 제안한다.

　제10장은 녹색성장이 꿈꾸는 새로운 미래를 그려본다.

인간은 자연에서 태어나 자연에서 살다가 자연으로 돌아간다. 인간도 자연의 일부이며, 자연환경은 사람만이 아니라 지구상의 모든 생물체가 함께 살아가야 하는 터전이자 미래에 우리의 후손들이 살아갈 기반이다. 우리가 살고 있는 '에너지기후시대'라는 인류 문명사의 전환기에 녹색성장정책은 큰 방향을 제시하고 있다고 생각한다. 스마트 그리드와 신재생에너지 기술 등의 녹색기술 개발은 새 정부가 추구하는 '창조경제'를 위해서도 중요한 역할을 할 수 있다.

이 책이 박근혜 정부 관계자를 비롯하여 관련된 모든 정책행위자들에게 필요한 지식을 제공하고, 발전방향을 함께 숙고해 보는 모티브가 되기를 바란다. 아울러 시대의 문제를 고민하는 뜻있는 정치인·공무원·전문가·언론인·대학생 등 각계의 국민들에게 작은 도움이라도 되기를 기대한다.

개론서로서의 성격상 내용 중 상당부분이 먼저 녹색성장에 대해 연구한 학자들과 관련업무의 현장에서 노력한 공무원, 전문가, 기자들이 만들어 낸 지식과 자료에 기반을 두고 있다. 특히 이 책의 말미에 적은 참고문헌의 저자들께 감사드린다.

2013년 4월 22일

계족산 위로 힘차게 솟아오르는 아침 해를 바라보며

황병상(黃昞相)

CONTENTS

Part 1

변화하는 세계

예로부터 인간은 자연을 두려운 대상이자 공존해야 할 대상으로 여겨왔다. 인간이 가진 능력이나 기술이 자연이 지닌 엄청난 힘 앞에 무력했기 때문이다. 그러나 기술의 진보와 함께 자연환경을 활용과 정복의 대상으로 간주하기 시작하였으며, 18세기 중엽부터 20세기 초에 걸쳐 이루어진 산업혁명에서 절정에 이르게 되었다.

그러나 환경을 도외시한 경제성장의 부작용과 역효과가 점점 심각해져 가고 있다. 이제 많은 전문가와 학자들은 기후변화와 에너지 부족 등이 가져올 미래를 걱정하고 있다. 뉴욕타임스 칼럼니스트인 토머스 프리드먼(Thomas L. Friedman)은 이미 우리가 '에너지기후시대(Energy-Climate Era)'에 살고 있다고 통찰한 바 있으며, 인류 문명의 근본을 바꾸게 될 세 가지 추세를 제시하며 지구의 미래를 걱정하였다.[1] 즉, 지구온난화를 의미하는 '뜨거움(hot)', 디지털화와 인터넷 등에 따라 경제참여가 확대되고 중산층이 부상하는 '평평함(flat)', 세계의 인구증가로 인한 '붐빔(crowded)'이다. 이 세 가지가 한데 결합함으로써 지구를 위험할 정도로 불안정하게 만들어 가고 있다는 것이다. 그는 뜨겁고 평평하고 붐비는 세계로 인해 극적으로 심각해지고 있는 다섯 가지 핵심문제에 초점을 맞추었다. 즉, ① 점점 부족해지는 에너지 공급 및 천연자원에 대한 수요의 증가 ② 석유 강국들과 이른바 '석유 독재자들'에게로 막대한 부(富)가 이동하는 현상 ③ 파괴적인 기후변화 ④ 세계를 전기를 소유한 자와 소유하지 못한 자로 날카롭게 양분하는 에너지 빈곤 ⑤ 동식물들이 기록적인 속도로 멸종해가면서 급격히 가속화되는 생물다양성 감소 등이다.

---

1 토머스 프리드만, 2008.

그는 '뜨겁고 평평하고 붐비는 세계'에서 보다 깨끗하고 지속가능한 방식으로 발전할 수 있도록 해주는 도구와 시스템, 에너지원과 윤리를 창출하는 일이야말로 우리 시대의 가장 큰 과제가 될 것이라며, '코드 그린(Code Green)'이라는 새로운 프로젝트를 제안하고 있다. 코드 그린 전략의 핵심은 그가 지옥의 연료, 더러운 연료라고 칭한 화석연료 성장시스템에서 천국의 연료, 깨끗한 연료 성장시스템으로 모든 체제를 신속하게 바꾸는 것이다. 만약 기존의 시스템을 유지시키게 된다면 에너지, 기후, 생물다양성, 지정학 등과 관련된 문제들이 지구상 모든 개인의 삶의 질을 해치게 될 것이며, 궁극에 가서는 지구 자체의 수명까지 위태롭게 할 것이라고 말한다. 그는 남들보다 더 먼저 더 빨리 그린에 다가서는 개인, 기업, 국가가 녹색경쟁에서 앞서나가는 경쟁력을 확보한다는 개념을 '아웃그린(Outgreen)'으로 정의한다. 아웃그리닝(Outgreening)은 시장에서, 전장(戰場)에서, 디자인 스튜디오에서 심지어 가난과의 싸움에서도 가능하다고 주장한다. 아울러 그는 에너지, 기후, 환경은 거대한 시스템으로 연결되어 있어 상호작용하기 때문에 첨단 기술과 막대한 자본과 시장뿐만 아니라 강력한 힘과 권한을 가진 정부의 정책혁신과 추진력이 필요하다고 주장했다.

또한 로렌스 C. 스미스(Laurence C. Smith)는 거대한 지구적 힘이 우리의 미래 모습을 결정할 것이라고 말하고 있다.[2] 그는 세계 3차 대전, 운석 충돌, 회복불가능한 대공황 등 돌발 변수는 예측모형에서 제외한 가운데 거대한 지구적 힘을 네 가지 변수로 추출했다. 첫

---

2 로렌스 C. 스미스, 2012: 32-50.

번째 지구적 힘은 인구통계다. 이는 서로 다른 인구집단의 변동과 이동 상황을 의미한다. 지금으로부터 1만 2,000년 전에 지구에는 대략 100만 명이 살았으리라 추정된다. 이후 이 100만 명의 인구가 10억이 되는 데 1만 2,000년이 걸렸다(기원후 1800년경). 그때부터 인구 폭발이라 할 만큼 인구수가 가파르게 증가했다. 1975년에 40억 명, 1987년에 50억 명, 1999년에 60억 명에 도달했고, 2011년 10월 31일에 공식적으로 70억 명을 돌파했다. 인구통계학자들의 추정에 따르면 2050년에 세계 인구는 92억 명 수준에 이르게 된다고 한다. 더운 저위도 지방을 중심으로 북적이는 도시군이 형성되고, 중국, 인도, 브라질은 막대한 자원 소비국으로 부상한다. 만약 92억 명이 선진국 수준의 삶을 누리기 위해선 자연계가 오늘날 1,050억 명을 부양하는 수준의 자원을 필요로 하게 된다.

두 번째 지구적 힘은 인간의 욕망이 천연자원, 자연의 서비스, 지구의 유전자 풀(pool)을 갈수록 많이 요구한다는 점이다. 1970년대 이후로 원자재의 안정적인 공급과 자연계의 상태에 대한 사람들의 우려가 높아졌다. 특히 1973~1974년에 석유수출국기구(OPEC; Organization of Petroleum Exporting Countries)가 석유 수출을 금지하면서 에너지 위기가 일어나고, 미국 항공우주국(NASA; National Aeronautics and Space Administration)이 최초의 탐사위성 어츠(ERTS; Earth Resources Technology Satellite) 1호를 발사해서 아마존 강 유역의 열대우림이 파헤쳐지는 생생한 사진을 공개한 것이 결정적인 계기가 되었다. 19세기 초에는 석탄이 신생국 전역에서 공장과 주조장을 돌리고 기차를 가동시키는 시대의 총아로 떠올랐었다. 이로 인해 1850년 1,000만 톤에 약간 못 미치던 석탄 소비는 불과 50년 만에 3억 3,000만 톤까지 치솟았다. 그러나 석탄은 20세기에 들어와 석유에 밀려났다. 석유소비는 1951년에 이미 석탄 소비를 앞질렀다. 가파른 자원수요는 인구증가 자체보다는 오히려 현대화와 관계가 깊다. 새로운 에너지원이 개발되겠지만 2050년에도 여전히 화석연료 의존도는 높을 것이며, 천연가스가 가장 중요한 자원이 될 것이다.

세 번째 지구적 힘은 세계화다. 제2차 세계 대전이 끝나가던 무렵, 각국의 정부는 두 차례의 참혹한 전쟁과 전 세계에 불어 닥친 불경기로 파탄에 이른 경제를 어떻게 되살릴지 고민했다. 1944년 7월 미국 뉴햄프셔 주 브레턴 우즈 근처의 마운트 워싱턴 리조트에서 열린 대규모 회의에는 44개국에서 700명이 넘는 대표들이 참석했다. 여기서 맺어진 브레턴우즈협정(Bretton Woods Agreements)의 핵심은 금 가격에 국제통화를 고정시키는 금환본위제로 통화를 안정시키자는 것이었다. 협정에 따라 새 화폐제도를 관리하기 위한 국제통화기금(IMF; International Monetary Fund), 국제부흥개발은행(IBRD; International Bank for Reconstruction and Development), 관세와 무역에 관한 일반협정(GATT; General Agreement on Tariffs and Trade) 등 세 국제기구가 신설되었고, IBRD와 GATT는 현재 세계은행(WB; World Bank)과 세계무역기구(WTO; World Trade Organization)로 바뀌었다. 세계화는 빠르게 성장한 인터넷 기술과 자유 시장의 '보이지 않는 손(invisible hand)'에 의하여 자생적으로 등장했다기보다는 제2차 세계 대전으로 휘청거리던 때 미국과 영국이 주도적으로 제안한 계획적인 정책 결정의 결과이다.

네 번째 지구적 힘은 기후변화다. 지구온난화로 인한 수자원 문제와 예측하지 못한 자연재해가 늘어나고 있다. 혹서(酷暑)가 강타한

2003년에 3만 5,000명이라는 어마어마한 사람들이 더위로 목숨을
잃었던 사건은 하나의 예에 불과하다. 인류에 의해 야기된 탄소 배
출은 이미 서서히 간빙기의 정점을 향해 나아가고 있는 자연의 주기
를 가속화하므로 지구가 수십만 년, 어쩌면 수백만 년 동안 한 번도
겪지 못했을 방향으로 대기의 조건을 몰아가고 있다는 것이다.

마크 마슬린(Mark Maslin)도 21세기에 인류가 직면한 두 가지 큰
문제는 세계적 빈곤과 지구 온난화라고 주장한다.[3] 풍요로운 세상에
우리가 살고 있지만, 동시에 8억 명이 굶주린 채 잠자리에 들고 해
마다 어린이 1,500만 명이 굶어 죽고 있다. 만일 개발도상국이 가장
값싸게 에너지를 사용하는 길을 고른다면, 석탄·가스·석유 등 탄
소에 기반을 둔 기술을 활용해 에너지를 생산하는 것이다. 따라서
지구온난화를 다루려면 개발도상국 문제를 다룰 수밖에 없고, 결국
부의 불균등한 분배문제와 싸우지 않을 수 없게 된다. 21세기에 우
리는 세계적 빈곤과 지구온난화 모두에 대처해야 한다는 것이다.

전 세계 평균기온은 지난 100년간(1906~2005) 산업화 이전 시기
에 비해 약 0.74℃ 상승했다. IPCC 제4차 보고서는 지구가 점점 더
워지는 것이 "사실상 확실하고", 기후변화가 인간의 사회·경제적
활동에 의한 것일 "가능성이 매우 크다"고 결론지었다. 지구온난화
가 지속되면 경제활동과 인류의 지속가능한 생존 자체를 위협하게
된다. 화석연료 사용에 기인하는 기후변화는 인류에게 먹구름처럼
서서히 다가오고 있다.

하랄트 벨처(Harald Welzer)는 천연자원 사용가격을 낮추고 환경

---

3 마크 마슬린, 2010: 6-7.

악화의 원인이자 탄소의존도를 심화시키는 현재의 에너지 시장구조와 정책을 바로 잡지 않는다면, 단순히 녹색산업에 대한 투자를 늘리는 것만으로는 그 효과가 단기적일 수밖에 없다고 말한다.[4] 그는 재생에너지, 전기자동차, 제방 높이기, 방재능력 향상 등 순전히 기술적 측면에서 방향을 반대로 조정하려는 시도만으로는 이런 사태를 막기에 충분하지 않다고 주장한다. 생산에서 소비까지 모든 생활습관과 문화적 관행의 변화, 현재의 '탄소사회'에서 '탈탄소사회(postcarbon society)'로의 거대한 변혁이 함께 뒤따라야 한다고 역설한다. 즉, 기후변화가 단순히 기술적으로 해결할 수 있는 생태적 문제가 아니라 인간의 문화문제라는 관점에서 탈탄소사회를 지향하는 반성적 현대화의 시각이 필요하다는 것이다.

기후변화가 계속 진행된다면 기상과 생태계, 인간의 건강은 물론이고 경제와 정치, 문화 등 사회 전반에 걸쳐 파국으로 치달을 만한 영향을 미칠 것으로 예상된다. 나아가 기후변화는 적응력이 부족한 사회경제적·생물학적 약자들에게 더 많은 영향을 미칠 것이다.[5] 유엔은 기후변화가 인류의 발전과 생존에 최대 위협이 되고 있다고 경고하고 있고, 2007년 1월 다보스에서 열린 세계경제포럼에서는 기후변화를 인류의 미래에 가장 큰 영향을 끼칠 사안으로 선정했다.

그러나 기후변화 대응과 관련하여 무임승차하고자 하는 욕구 또한 매우 강하다. 그 결과로 나타나는 현상이 바로 '당신이 하지 않는다면 나도 하지 않겠다' 증후군으로 이런 현상이 도처에 퍼져있다. 영국의 앤서니 기든스(Anthony Giddens)는 기후변화에 대한 대응은

---

4 하랄트 벨처, 2010: 8, 374.

5 윤순진, 2010: 277.

그것이 국내적인 사안이든 국제적인 사안이든 언제나 '정치적 문제' 내지 '정치적 행위'로 취급되어야 한다고 주장한다. 그는 정부와 정치가의 책임은 그런 점을 국민들에게 잘 설득시켜서 동참을 이끌어 내는 것이라고 보며, 기후변화에 대한 대응과 에너지 안보를 확보하는 일이 동전의 양면과 같다고 누누이 강조한다. 아울러 더 성공적인 기후변화대응을 위해서는 국가가 주도하는 제대로 된 정책과 종합계획이 중요하다고 강조하였다.[6]

스티글리츠(Joseph E. Stiglitz)도 "한 국가의 행동이 다른 국가의 안녕을 훼손했더라도, 피해를 입은 국가가 할 수 있는 일이란 거의 없다. 한 국가 내에서의 '공유지의 비극' 문제는 완전하지는 않더라도 사유화를 통해 어느 정도 해소할 수 있다. 그러나 국제적으로는 이것이 불가능하다. 미국, 중국을 포함한 주요 국가의 참여 없이는 정작 중요한 일을 할 수가 없는 것이 사실이다"라고 말한 바 있다.[7]

위기는 변화를 요구한다. 화석연료에서 탈출하면서도 성장을 지속하는 것은 인류문명사의 필연적인 진로이다. 환경보전과 경제성장을 동시에 추구하는 것이 바로 녹색성장이다. 녹색은 21세기에 우리 모두가 지향해야 할 목표이며 당위적 의무임에 틀림이 없다. 물론 친환경은 현대 과학과 기술을 전제로 한다. 자연과 생태계에 미치는 영향을 최소화하는 진정한 녹색기술이 녹색성장을 위한 튼튼한 기반이 될 것이다.

세계는 녹색으로 변해가고 있다. 미국 GE의 제프리 이멜트 회장이 2005년 친환경 산업을 집중적으로 육성하겠다고 선언하면서 내

---

6 앤서니 기든스: 2009: 150.

7 조지프 스티글리츠, 2008: 286-292.

세운 슬로건은 '녹색은 돈이다(Green is green)'이다. 미국 달러가 녹색을 띠고 있는 만큼 이는 녹색 그 자체가 돈이며, 진정한 녹색을 추구해야 돈이 된다는 뜻이다. 세계의 많은 국가들은 이미 기후변화에 대응하면서 경제발전을 지속하려는 의지를 갖고 저탄소 경제의 길을 가고 있다. 이런 점에서 우리는 지금 인류 문명사의 대전환기에 살고 있는 것이 분명하다.[8]

8 황병상, 2010b: 146.

Part 2

환경에 대한 인식의 변화

1. 역사적 배경

동·서양 환경사상의 원류

동양의 환경사상은 동양철학에 내재하고 있는 초자연주의적인 환경사상이라 할 수 있다. 이는 인간세상에서 일어나는 모든 것, 자연현상에서 일어나는 모든 것, 우주에서 일어나는 모든 것이 서로 상응관계가 있다는 천지인합일(天地人合一)의 사상이다. 즉 인간, 자연, 우주의 모든 현상과 존재물은 직간접적으로 서로 관련지어져 돌고 돌면서 변화하는 하나의 유기체라는 형이상학적 사상이다. 이는 도가사상, 유가사상, 주역의 음양설, 불교사상 등으로 구체화된다.

한국의 생명사상은 동양의 전통 자연사상의 범주 안에 통합되어 있다고 단정할 수는 없다. 그렇지만 한국의 유가와 도가, 불교뿐 아니라 신라의 풍류도나 무속, 근대의 동학도 천인합일의 동양적 사유 틀에서 크게 벗어나지는 않았다. 다만 한국의 전통사상에서는 만물의 내재적 신성을 강조하는 독특한 측면이 있었다. 인간이 만물과 교감하며 살아가면서 이 만물 안에 깃든 신성을 모시고 공경해야 한다는 물활론적인 제의풍습이 유독 강조되었던 것이다.[1]

서양사상은 기독교에 기반을 두고 있다. 기독교적 환경관은 창조신앙에 바탕을 두고 있으며 자연에 대한 인간의 절대적 우월성을 인정하고 있다. 창세기 제1장 제28절에는 "땅을 정복하라. 바다의 고

---

1 노진철, 2004: 218-222.

기와 공중의 새와 땅에 움직이는 모든 생물을 다스리라"고 적혀있다. 이로 말미암은 인간우월사상은 결과적으로 환경파괴의 원인이 되었다고 보는 견해가 있다. 또 한편에서는 생태적 위기와 환경파괴의 원인이 기독교의 창조신앙에서 발생된 것이 아니라 인간 본래의 정복욕과 착취욕에서 발동된 것이라고 주장하기도 한다.[2]

일반적으로 서양의 환경사상은 인간중심주의(Human Centered Ethics)와 생태중심주의(Ecocentrism)로 대별된다. 인간중심주의는 인간이 자연 자원의 효율적인 운용과 관리, 오염물질의 처리와 제거, 환경친화적인 기술의 개발로 환경을 보전하고 개선시킬 수 있다고 믿는 사상이다. 이러한 사상은 자연을 과학적으로 분석하여 인간을 위해 필요한 물질 또는 자원의 대상으로 인식하는 인간중심주의적 세계관을 가지고 있다. 생태중심주의 환경사상에서는 생물뿐만 아니라 무생물도 건강한 생태계의 구성요소로 보호되어야 하고, 스스로 존재할 수 있는 권리를 가지고 있기 때문에 인간은 이들을 보호하여야 할 도덕적 의무를 갖는다고 본다. 한편 18세기 프랑스의 사상가 장 자크 루소의 "자연으로 돌아가라"는 간결하면서도 강력한 메시지는 무분별한 개발정책에 반기를 들 수 있는 바탕이 되었다.

산업혁명과 런던 스모그

18세기 중엽 영국에서 시작된 산업혁명은 인간생활의 경제적·사회적 측면은 물론 지구생태계에도 혁명적인 변화를 초래하였다. 산

---

2 진교훈, 1998: 34-35; 김영화, 2011: 41-42에서 재인용.

업혁명 이후 인간은 화석연료와 같은 재생 불가능한 연료에 전적으로 의존하게 되었다. 이 같은 변화는 범지구적인 에너지 문제와 함께 대기오염, 수질 및 토양오염, 폐기물 등의 환경문제를 발생시키는 원인이 되었다.

랠프 에머슨(Ralph W. Emerson)의 <자연론>은 1836년에 출간되었다. 그는 이 책에서 당시 삼림을 파괴하고 있었던 벌목에 대해 반대하는 입장을 유려하게 표현하고 있는데, 산업사회가 자연을 일회용품의 생산을 위해서 희생시켜도 되는 존재로 간주하고 있다고 주장했다. 그리고 우리가 마땅히 우리 조상들이 즐겼고 또한 심미적 경험과 도덕심의 원천인 자연과의 직접적인 관계를 회복해야 한다고 보았다. 이런 생각은 헨리 소로(Henry D. Thoreau, 1817~1862)에게 이어졌는데, 소로가 고독 속에서 2년을 보냈던 월든(Walden)을 많은 사람들은 자연보호운동의 탄생지로 여긴다. 에머슨과 소로의 사상에 힘입어 1892년 미국에서 태동한 시에라 클럽(Sierra Club)은 세계 최초의 환경보호단체로 널리 알려져 있는데, 사람이 살지 않는 야생지를 보존하는 운동에 앞장섰다.

환경에 대한 학문적 관심은 19세기 후반에 태동한 생태학(Ecology)[3]으로 거슬러 올라간다. 생태학은 인간뿐만 아니라 생물체들 전체와의 상호의존성을 중시한다. 이런 점에서 1960년대부터 부상한 환경사와 맥을 같이한다. 생태학과 환경사적 접근은 인류사회를 전 지구

---

3 독일의 생물학자인 E. H. Haeckel이 1866년에 생물의 가계(개체나 생물군간의 물질이나 에너지의 왕래)에 관한 과학으로 정의한 생물학의 한 분야이다. '생태계에 관한 과학'을 비롯한 여러 가지 미묘한 차이(nuance)의 다른 정의를 한 경우도 있다. 개체생태학과 군집생태학으로 크게 나누어지지만 관심의 방향이나, 대상으로 하는 생물이나 장소에 따라서도 세분하여 개체군생태학, 생산생태학, 동물사회학, 식물사회학, 생태계생태학, 미생물생태학, 삼림생태학 등 여러 가지 분야가 있다(강영희: 2008).

적 생태계의 관점에서 이해한다는 점에서 그 동안 주류를 이루어왔던 물질 중심의 문명사관에 새로운 시각을 제시했지만 처방적 대안을 제시하지 못하는 한계를 가지고 있다.[4]

녹색운동의 역사를 다루는 대부분의 저작들은 이 운동의 두 번째 중요한 발전이 파시즘 치하, 특히 독일에서 있었다는 사실을 건너뛰곤 한다. 독일에서의 '생태주의(ecologism)'는 에머슨과 소로를 고무시켰던 일종의 자연신비주의(natural mysticism)에 근원을 둔다. 나치의 생태학자들은 자연보전과 유기농업을 신장시키고 채식주의를 실행하는데 노력을 기울였다. 제국자연보전법은 1935년에 통과되었는데, 다른 관련 법률들과 함께 미개발지 자연환경에 대한 훼손을 방지하고 삼림과 야생동물을 보호하며 대기오염을 저감하는 등의 목적을 지녔다.[5]

산업혁명이 시작된 이후 영국과 미국 등의 선진국에서는 19세기 말부터 환경보호와 친환경정책이 핵심적인 사회적·정치적 이슈로 부각되었다. 그러나 20세기에 들어 발발한 제1차 및 제2차 세계대전으로 인해 침체기로 접어들게 되었다.

1952년 12월 영국 런던에서 발생하였던 스모그(London Smog)는 당시 약 10도 이하의 낮은 온도와 짙은 안개로 인해 태양빛이 차단되어 낮에도 밤처럼 어두웠고 습도도 80%가 넘고 바람도 거의 불지 않은 상태에서 발생한 사건이었다. 당시 영국은 석탄을 주된 연료로 사용하였는데 배출된 연기(매연)와 짙은 안개가 합쳐져 스모그를 생성하였고, 이것이 런던 시민들의 호흡기에 치명적인 영향을 미쳤다.

---

4 경제인문사회연구회, 2009: 147.

5 앤서니 기든스: 80-81.

이러한 상태가 약 9일간 지속됨으로써 첫 3주 동안에 약 4,000명이 죽었고, 그 뒤 만성 폐질환으로 8,000여 명의 사망자가 늘어나 총 1만 2,000여 명이 목숨을 잃었다. 이러한 대기오염 현상은 환경에 대한 중요성을 재인식시키는 계기가 되었다.

1950년대와 1960년대에 걸친 세계경제의 급속한 성장으로 인한 환경오염은 국경을 넘어 지구적인 규모로 확산되었다.[6] 예를 들면 영국에서 여우몰살에 대한 첫 보도는 1959년 11월 노스햄프톤셔(Northamptonshire)의 오운들(Oundle)에서였는데, 그 뒤로 영국 각지에서 1,300여 마리에 이르는 여우의 죽음이 보고되었다. 이유는 지방 곳곳에서 마구잡이로 사용된 염화탄화수소와 그 외 유독물질 때문으로 추정되었다. 1961년 봄에는 영국 시골에서 수만 마리의 새들이 죽었거나 죽어가는 채로 발견되어 충격을 안겨주기도 하였다.

레이첼 카슨의 '침묵의 봄'

1962년에 레이첼 카슨(Rachel Carson)은 <침묵의 봄>(Silent Spring)을 출간하였다. 이 책은 그 해 여름동안 뉴요커(New Yorker) 지에 연재했던 내용을 묶어 9월에 펴낸 것으로, 1964년 4월에 그녀가 죽기 전까지 거의 100만부가 팔렸으며 환경에 대한 기존의 생각을 완전히 뒤바꾸는 혁명의 기폭제가 되었다. 그녀는 당시만 해도 기적의 화학물질이라는 찬사와 함께 마구잡이로 사용되던 각종 살충제·제초제·살균제가 가진 내성(耐性)과 농축(濃縮)의 문제점을 부각시켰

---

6 이민희. 2005: 21.

다. 특히 이런 물질이 먹이사슬을 타고 올라가면서 다른 생물체로 계속적으로 농축됨으로써 자연생태계와 인체에 미치는 온갖 해악을 낱낱이 밝혀냈다.

그리하여 새가 울지 않고, 나무가 말라 죽으며, 토양이 지력을 잃고 황폐해지며, 물고기가 살지 않는 유령 같은 강물만 흐르고, 숲속의 동물들은 병들어 죽고, 공중의 새들은 자취를 감추며, 많은 가축과 사람마저 생기를 잃고 시들시들해 가는 참담한 '침묵의 봄'이 오지 않도록 호소하였다. 이를 통해 과학에 대한 미국적 맹신주의를 뒤흔들었고, 기술의 진보방향에 관한 공식적인 논쟁까지 촉발시켰다. 또한 진실을 밝혀야 할 과학이 '이익과 생산이라는 현대적인 신을 섬기기 위해' 타협점을 찾고 있다는 사실을 알렸으며, 과학계와 산업계가 어떤 관계를 맺고 있는지 자세히 설명했다.

카슨은 자연을 통합적이고 유기적인 생명체로 이해하지 않고 인간을 위한 일용품 정도로 생각하는 그 문화적 경향을 슬퍼했다. 또한 어떤 결과가 나올지 알지 못하면서 바로 행동에 옮겨지는 거침없는 과학기술을 두려워했다. 그녀는 생태계를 보호하고 지키려면 오만함 대신 겸손함이 필요하다는 사실을 알리고 인간도 자연의 일부분임을 확신시키기 위해 이런 메시지를 전한 것이다. 시사주간지 타임은 그녀를 20세기를 변화시킨 100인의 한 사람으로 선정하였다. 이 책의 영향으로 미국의 케네디 대통령은 환경관계의 자문위원회를 설치했으며, 4월 22일을 지구의 날로 제정하였다.

1990년대 들어 이 책에 대한 다른 평가가 미국에서 나오기 시작했다. 미국 '건전과학연맹'의 스티븐 밀로이(Steven J. Milloy)는 DDT 금지가 수백만 명을 죽였다는 얘기를 퍼뜨리기 시작했다. 미국의 우파 싱크탱크인 기업경쟁연구소(CEI)가 개설한 '카슨은 틀렸다(http://rachelwaswrong.org)'라는 사이트에는 "오늘날 전 세계 수백만 명이 말라리아에 의해 치명적 고통을 당하고 있는데 바로 한 사람이 잘못된 경고를 울렸기 때문이다"라는 비판이 게재되어 있다. 그러나 밀로이와 건전과학연맹은 담배회사에서 지원을 받아 담배가 폐암을 유발하지 않는다는 주장을 폈던 것으로 유명하다. 스리랑카가 말라리아 박멸에 실패한 것은 DDT를 금지해서가 아니라 모기가 내성을 발전시켰기 때문이다. 그녀는 화학 살충제의 사용을 무조건 중지하라고 쓰지 않았으며, 화학 살충제의 남용이 훨씬 더 큰 생태계 재앙을 불러일으킬 수 있다는 생태학적 원리를 설명했을 뿐이다.[7] 이 책은 환경에 대한 관심을 국제적으로 증대시킨 기폭제 같은 역할을 하였다.

국제사회의 관심과 논의

환경문제가 세계 곳곳에서 나타나자 유엔의 여러 기관에서 환경문제에 대한 조사연구를 시작하였다. 세계보건기구(WHO), 유엔교육과학문화기구(UNESCO), 유럽경제위원회(ECE) 등이 바로 그런 기관이었다. 지구환경에 대한 국제사회의 관심은 1967년 영국 남서해에서 유조선이 좌초되면서 프랑스 등의 해안이 오염되자 촉발되었으며, 1968년 제44차 유엔경제사회이사회 회의에서 스웨덴 대표가 인간환경에 관한 국제회의 개최를 제안하면서 시작되었다.

이러한 국제적인 여론 형성과 함께 1972년에 로마클럽이 ＜성장

---

7 조선일보, 2012.1.7.; 2012.10.2., 동아일보, 2012.11.8.

의 한계(The Limits to Growth)>라는 보고서를 발간하였고, 같은 해 6월에 스웨덴의 스톡홀름에서 개최된 '유엔인간환경회의'(UNCHE; United Nations Conference on the Human Environment)에서 환경문제에 대한 국제사회의 논의가 비로소 시작되었다. 이 회의는 지구의 날 행사에 대한 관심을 국제무대에 올렸고, 지역의 오염 특히 산성비 문제에 초점을 맞추었다. 여기에서 채택된 '스톡홀름 인간환경선언'은 최초의 본격적인 국제환경규범으로 기록된다. 이 회의를 통해 환경에 대한 관심과 개발, 성장, 고용과 같은 경제적 개념 사이에서 긍정적인 고리를 찾기 시작했고, UN환경계획(UNEP; United Nations Environment Programme) 출범의 계기가 마련되었다.

한편, 생태근대화론(ecological modernization)은 1982년 산업자본주의에 대한 대안으로 독일의 학자인 예니케(M. Jänicke)와 후버(J. Huber)에 의해 거의 동시에 주창되어 1984년 OECD 환경경제회의에서 국제적 지지를 얻었다. 생태 근대화란 지구의 수용력 한계를 인정하고 자원의 공급과 생태계의 수용력 안에서 생태 효율성과 경제 효율성을 함께 제고하면서 발전하는 것을 의미한다. 다시 말해 쓰레기를 자원 처리하면 경제 가치도 창출할 수 있고 환경 문제를 경감할 수 있는 일석이조의 효과를 거둘 수 있는, 이른바 생태효율성(Eco-Efficiency)[8] 개념이 동의어로 통용되고 있으며, 산업 부문의 에코 혁신(eco-innovation)이 장기적으로 경제성장을 이끄는 필수 요소임을 강조했다. 근대화는 산업 근대화로 방점을 찍을 것이 아니라 세계 문명사적으로 현재 진행형이란 뜻이기도 했다. 근대화는 유럽과 미국에서는 18세기 중

---

8 경제적 효율성(economic efficiency)과 생태적 효율성(ecological efficiency)의 합성어이다. 경제적 효율성과 환경적 효율성을 동시에 포괄하는 효율성을 의미한다(녹색성장위원회 용어사전, 2010).

반 이후, 현대 한국에서는 해방 이후 특히 1960년대 초 이후 전개되어 왔다. 무엇보다 선행 주자로서 경제 근대화는 '산업화'로, 공간 근대화는 '도시화'로, 정치 근대화는 '민주화'로, 문화 근대화는 '세속화' 또는 '대중화'로 발현되었는데, 여기에 더해 새롭게 생태 근대화인 '녹색화'가 가세했다는 뜻이다.[9] 생태근대화는 1990년을 전후로 몰(Arthur Mol)과 스파아르가렌(Gert Spaargaren)에 의해 사회이론으로 정립되었으며, 이후 경험적 적용 및 이론적 논쟁의 대상이자 정치인들에 의해 환경개혁의 틀로 활용되었다.[10]

1983년에 독립적인 기구로 설치된 세계환경개발위원회(WCED; World Commission on Environment and Development)는 1987년 4월에 발간한 <우리 공동의 미래(Our Common Future)>[11]에서 '지속가능 발전'이란 개념을 처음으로 제시했다. 이 지속가능 발전의 요체는 경제, 사회 및 환경 가치의 공시적 발전이 거시 차원에서 국가 사회적으로 이루어지고 미시적·개인적으로는 '삶의 질'의 실현이 이루어지는 것이라고 할 수 있다. 그러나 경제 플러스 알파라는 이 주장은 실천가능성의 근거 빈약으로 쉽게 사회 저변을 파고들지는 못했다.

1980년대의 또 다른 변화는 환경운동에 참여하는 대중이 크게 늘어나고 다국적 NGO의 시대가 시작되었다는 것이다. 특히 이런 현상은 미국·캐나다·영국에서 두드러지는데, 이는 1980년대 이들 나라의 우파정권과 소비경제의 확대에 대한 반작용이며 또 부분적으로는 언론매체의 환경 보도가 늘어났기 때문이기도 하다. 아울러

---

9 김형국, 2011: 37.

10 Mol et al, 2009; 윤경준, 2012: 45에서 재인용.

11 WCED의 위원장으로서 주도적인 역할을 한 노르웨이 수상 Gro Harlem Brundtland의 이름을 따서 이 위원회를 '브룬트란드 위원회', 이 보고서를 '브룬트란드 보고서'라고도 부른다.

1979년 스리마일섬에서 발생한 원자로 사고와 1986년 체르노빌 핵사고, 그리고 1989년 엑슨발데스호 기름 유출사고 등과 같은 대형사고도 환경의 중요성을 확산시키는 계기가 되었으며, 영국의 남극조사단이 1985년 남극 상공의 오존층 감소를 발견함으로써 지구환경에 대한 관심이 더욱 높아지게 되었다.

한편, 1978년 영국의 과학자 제임스 러브록(James Lovelock)은 <지구상의 생명을 보는 새로운 관점>이라는 저서를 통해 '가이아 이론(Gaia theory)'을 주장했다. 가이아란 그리스 신화에 나오는 대지의 여신을 이르는 말이다. 이 이론은 지구를 '하나의 살아있는 커다란 유기체'로 바라보며, 자기 스스로 변화하고 적응하는 존재라고 주장한다. 지구는 지구에 사는 생물, 대양, 대기, 흙 등 모두를 포함해 하나의 생명체로서 마치 인간이나 동물처럼, 스스로 평형을 유지하고 정화하며, 조절하는 능력을 가지고 있다는 것이다. 이 이론은 비과학적이라는 비판도 받고 있지만, 다각적인 관점에서 환경문제 연구가 진행되면서 주목을 받고 있는 것도 사실이다.

2. 지구온난화

과학적 발견의 경과

'지구온난화(global warming)'라는 용어는 미국 컬럼비아 대학의 브로커(Wallace S. Broecker) 교수가 1975년 8월 사이언스에 게재한 논문에서 처음 사용하였다. 이 용어에 대해서는 기후변화의 위험을 제대로 표현하지 못하고 있다는 지적이 많다. 토머스 프리드만은 2007년 12월 뉴욕 타임즈에 쓴 칼럼에서 록키 마운틴 연구소의 공동창립자인 로빈스(Hunter Lovins)가 지어낸 '지구이상화(global weirding)'라는 용어를 더 선호한다고 밝힌 바 있다. 아울러 존 홀드런(John Holdren)은 "지구온난화라는 대중화된 용어는 잘못된 표현이다. 이 용어는 자연현상이, 주로 기온이 고르고 점진적이라는 암시를 내포하고 있으며, 조용하고 온화한 인상을 준다. 그러나 지구에 일어나고 있는 일들은 전혀 그렇지 않다. 조금 성가시긴 해도 '지구온난화'보다는 '지구 기후 붕괴'가 더 정확한 표현일 것이다." 라고 말했다.[12] 녹색성장위원회의 위원장을 역임한 김형국 교수는 지구온난화가 재앙임을 분명히 밝히는 뜻으로 '난재(暖災)'라고 명명하면 어떨까라고 고민했다.[13] 여기에 덧붙여 필자 또한 '지구 온난화'보다는 '지구고온화(地球高溫化)'가 온난화의 의미를 좀 더 정확하게 표현하지 않는가라는 생각을 하고 있다.

지구온난화의 원인인 온실효과(greenhouse effect)는 19세기 초반에 활약했던 프랑스의 과학자 푸리에(Jean-Baptist Joseph Fourier)의 과학적 연구에 기원을 둔다. 수학자이자 물리학자인 그는 1824년에 파리왕립아카데미에 제출한 논문에서 처음으로 대기에너지 전도의 비대칭성을 설명했고, 그것은 훗날 온실효과로 명명되었다. 푸리에는 공기 중의 이산화탄소가 담요처럼 열을 대기권에 붙잡아 두어 지표면의 온도를 상승시켰다고 추정했던 것이다. 이러한 추정을 처음으로

---

12 토머스 프리드만, 2008: 195.
13 김형국, 2011: 94-95.

실험을 통해 증명해 낸 사람은 아일랜드 태생의 영국 물리학자 존 틴들(John Tyndall)이었다. 틴들은 1859년 5월 왕립연구소(Royal Institution)의 지하실험실에서 수증기, 이산화탄소, 이산화질소, 메탄 그리고 오존 분자가 온실효과를 일으키는 기체들이라는 증거를 얻었다.

한편 온실가스의 물리적 원리는 1896년에 스웨덴 과학자 아레니우스(Svante A. Arrhenius)의 선구적인 작업에 뒤이어 이를 독립적으로 확인한 체임벌린(Thomas C. Chamberlin)이 인간의 활동이 대기에 이산화탄소를 추가해 지구를 상당히 덥힐 수 있다고 계산한 바 있다. 하지만 누구도 이 연구주제에 관심이 없었기 때문에 아레니우스와 체임벌린은 다른 연구로 돌아설 수밖에 없었다. 당시 과학자들은 지구 기후에 영향을 끼치는 요소가 태양 흑점으로부터 대양 해류까지 너무 많아서 인류의 영향 같은 작은 요인은 천문학과 지질학의 거대한 힘에 비해 매우 사소하다고 생각했기 때문이다.[14]

제2차 세계대전을 계기로 기술이 놀랍게 향상되자, 이를 바탕으로 이산화탄소로 인한 복사(輻射)의 차단을 새롭게 측정했고, 그 결과 이산화탄소의 양이 늘어나면 복사열을 더 많이 흡수한다는 것이 증명되었다. 나아가 수증기는 이산화탄소와는 다른 종류의 복사를 흡수한다는 사실과 대기의 상층부인 성층권이 바싹 말라 있다는 사실도 발견되었다. 1955년 길버트 플래스(Gilbert Plass)는 이런 모든 사실을 끌어 모아 계산한 결과, 대기 중에 이산화탄소를 더 많이 집어넣으면 더 많은 적외선을 차단해 결과적으로 적외선이 우주로 빠져나가는 것을 가로막고 따라서 지구를 덥힌다는 결론을 내렸다. 하지

---

14 마크 마슬린, 2010: 41.

만 아직도 바다가 인류가 발생시킨 추가의 이산화탄소를 모두 흡수
해 버릴 수 있다는 논의의 여지는 남아 있었다. 미국 스크립스해양
연구소장 로저 레벨(Roger Revelle)의 계산을 보면, 해양표면에서는
아주 복잡한 화학반응이 일어나 흡수한 이산화탄소의 상당 부분을
다시 대기로 돌려보낸다는 사실을 발견했다. 해양화학의 독특함 때
문에 바다는 애초 예상한 대로 인위적 이산화탄소의 완벽한 흡수원
이 될 수 없다는 것이다.[15]

1959년 플래스는 과학 잡지 <사이언티픽 아메리칸>에 실린 논
문에서 세계 온도는 세기말까지 3℃ 오를 것이라고 단언했다. 잡지
편집자는 논문과 함께 공장에서 뿜어져 나오는 석탄 연기 사진을 싣
고, "인류는 해마다 대기에 수십억 톤의 이산화탄소를 내보냄으로써
자연의 균형을 깨뜨리고 있다"는 사진 설명을 달기도 했다.

지구에 대기가 없다고 가정했을 때의 온도는 대략 -18.5℃로 계산
할 수 있고, 실제 대기가 존재하는 지구의 연평균온도는 15℃이므로
지구에서 대기의 존재 유무에 따라 무려 33℃가량 차이가 날 수 있
다. 평균적으로 태양에서 지구로 쏟아지는 복사의 3분의 1은 반사되
어 우주로 나간다. 나머지 일부는 대기가 흡수하지만, 대부분은 땅
과 바다가 흡수한다. 이렇게 해서 더워진 지구 표면은 파장이 긴 적
외선을 방사한다. 온실가스는 우주로 빠져나가는 이 장파장 복사의
일부를 붙잡아 다시 지구 표면으로 방사하는데, 이 과정에서 대기를
덥힌다. 이로 인해 지구는 지표를 담요로 덮은 것 같은 효과를 내게
되므로 천연의 큰 온실로 비유할 수 있다.

---

15 마크 마슬린, 2010: 42-44.

이러한 온실효과는 일정한 수준까지는 지구에 사는 생명체에 아주 유익한 역할을 한다. 지구의 대기는 질소(78%)와 산소(21%)가 대부분을 차지하며, 그 밖에 아르곤, 이산화탄소 등 미량 기체들로 구성되어 있다. 온실효과는 대기 중에서도 미량 기체인 수증기(H_2O), 이산화탄소(CO_2), 오존(O_3), 메탄(CH_4), 아산화질소(N_2O) 등에 의해 일어난다. 전체 대기의 1%도 안되는 온실가스가 온난화에 큰 영향을 미치는 까닭은 온실가스 고유의 복사 특성 때문이다. 온실가스는 입사하는 태양복사에너지의 어떤 특정한 파장은 잘 흡수하는 반면 다른 파장은 잘 투과시킨다.

기후전문가들은 '온실효과'에 기여하는 정도로 본다면 단연 수증기(H_2O)가 최대의 온실가스라고 말한다. 대기 중 수증기는 보통 1만 ppm에 이르고, 전체 온실효과의 36%를 발휘하지만 대부분 바다에서 증발하기 때문에 인간이 통제할 수가 없다. 그래서 수증기 다음으로 온실효과가 큰 CO_2나 CH_4의 배출량을 줄일 수밖에 없는 것이다. 그 중 이산화탄소의 구성비가 가장 높기 때문에 지구온난화를 둘러싼 논쟁은 대기 중 이산화탄소의 역할과 통제에 집중되고 있다.[16] 이산화탄소는 $4 \sim 5 \mu m$과 $12 \sim 18 \mu m$ 파장대의 지구복사를 흡수하고 있다. 예를 들면 금성은 지구보다 적은 양의 햇빛을 흡수하지만, 대기 중의 이산화탄소 농도가 훨씬 높기 때문에 지구보다 지표온도가 훨씬 뜨거운 것이다.[17]

우리가 살고 있는 지구의 대기는 무척 얇게 분포되어 있어 인간이

---

16 제3차 당사국총회(1997년 12월)에서 6대 온실가스로 이산화탄소, 메탄, 아산화질소, 수소불화탄소(HFCs), 과불화탄소(PFCs), 육불화황(SF6)을 지정하였다. 6대 온실가스의 구성비를 보면 이산화탄소 88.6%, 메탄($CH4$) 4.8%, 아산화질소(N_2O) 2.8%, 나머지 3종 3.8% 등이다.

17 최재천 외, 2011: 37-39.

그 조성을 바꾸어 놓을 수 있을 정도다. 미국의 천문학자인 칼 세이건(Carl E. Sagan)은 지구에서 대기층의 두께는 지구본의 페인트 두께만큼이나 얇다고 비유한 바 있다. 아담 니만(Adam Nieman)이 그린 지구상에 존재하는 모든 물과 공기를 지구의 크기에 비교해 그린 그림은 물과 공기의 소중함을 단 한 장으로서 확실하게 인식시켜 주고 있다. 지구의 직경은 약 1만 2,756㎞인 반면에 물 총량의 직경은 1390㎞, 공기 총량의 직경은 1,999㎞이다. 부피비율로 지구와 대비하여 물은 약 773분의 1, 공기는 약 260분의 1에 불과하다.

우리가 일상적으로 경험하는 10일 정도의 짧은 기간 동안에 일어나는 대기의 상태를 날씨(weather)라고 하고, 장기적 대기현상을 시간·공간으로 일반화하여 가장 출현 확률이 높은 대기의 종합적 상태를 기후(climate)라 일컫는다. 지구온난화 추세에서 최대의 문제는 지구 기후가 대기 중 이산화탄소 농도가 증가함에 따라 얼마나 민감하게 반응하는지와 그에 따른 기후변화를 예측하는 일이다. 왜냐하면 거기에는 대기가 더워졌을 때 서로 다르게 반응하는 복잡한 수많은 측면이 있기 때문이다. 기후변화가 일어나는 원인에는 인위적 요인 외에도 자연적 요인이 있다. 대표적인 자연적 요인으로는 화산 분출에 의한 에어로졸(aerosol) 증가, 태양활동의 변화에 의한 태양에너지의 변화, 태양과 지구의 천문학적인 상대 위치의 변동, 지구 판 구조의 움직임에 따른 해륙의 변화 등을 들 수 있다.

기후는 지구의 기후시스템을 구성하는 다섯 가지 주요 요소인 대기권, 수권, 빙권, 지권, 생물권 등이 태양활동, 지구 공전축의 변동 같은 외부의 강제력과 권역 내부의 변동 또는 권역 간의 복잡한 물리 상호작용의 변화 등에 의해 결정되며, 끊임없이 변화한다.[18] '기후변화에 관한 정부간 패널(IPCC; Inter-governmental Panel on Climate Change)'에서는 '기후변화'를 장기간에 걸친 기간(수십 년 또는 그 이상)동안 지속되면서, 통계적으로 의미가 있고, 인간행위로 인한 것이든 자연적인 변동(variability)이든 시간의 경과에 따른 변화를 포괄하는 것으로 정의한다. 유엔기후변화협약(UNFCC)에서는 인간행위에 의한 것만 '기후변화'로 정의한다.[19]

이산화탄소를 비롯한 대부분의 온실가스는 일단 배출되면 대기 중에 오랜 기간 잔존하며, 그로 인해 기온이 상승하기까지는 상당한 기간이 걸린다. 우리가 배출한 탄소는 최소 100년 이상 대기권을 떠다니고 있으며, 이미 높아진 온도로 인해 해수에 녹아 있던 엄청난 이산화탄소마저 대기로 유입되어 온난화를 더욱 부추길 것으로 보인다. 문제는 기후변화의 속도인데, 현재의 변화속도는 적응하기 어려울 정도로 빠른 상태이며, 기후변화가 비선형적으로 진행될 수도 있다는 점에 주목해야 한다.[20]

200년 이상 산업문명을 떠받치고 있는 화석연료인 석유, 석탄, 가스는 수백만 년 전 까지 대기 중에서 탄소를 흡수한 모든 유기체의 잔해다. 화석연료를 태우는 것은 수십억 년 동안 대기의 순환에서 벗어나 있던 탄소를 배출하는 것이다. 즉, 죽어 있던 탄소를 다시 살려냄으로써 간신히 안정화된 대기의 균형을 깨고 있는 것이다. 제러미 리프킨(Jeremy Rifkin)[21]이 말한 것처럼 사용한 에너지 즉, 엔트로

---

18 최재천 외, 2011: 28.
19 김남규 외, 2011: 49.
20 최재천 외, 2011: 611.
21 제러미 리프킨, 2012: 40.

피 청구서는 태양의 복사열이 지구에서 벗어나지 못하도록 막고 재
앙을 초래하는 기후변화로 위협을 가하며 미래의 삶에 파괴적인 결
과를 예고하고 있는 것이다.

지구온난화 긍정론과 회의론

세계가 기후변화에 주목하게 된 계기는 1970년대 중반에 미 항공
우주국(NASA)내 고다드우주연구소(GISS; Goddard Institute for Space
Studies)의 제임스 한센(James Hansen) 박사가 기후변화문제를 제기
하기 시작하면서 부터였다. 그 후 그는 1988년 6월 미국 상원의 공
청회에서 "지구온난화의 주원인은 지구 대기 중에 증가하고 있는 이
산화탄소이며, 이상기상의 다발 등이 인류에 큰 재난을 가져올 것이
다"라고 증언하여 '지구온난화의 아버지'로 불리기도 한다.

지구온난화의 과학이 1950년대 말과 1960년대 초 학계에서 받아
들여져 확고히 자리를 잡아놓고도 1980년대에 와서야 지구온난화의
진정한 위협을 갑자기 깨닫게 된 까닭은 무엇일까? 핵심 이유는 두
가지로 말할 수 있는데, 첫째는 지구 평균온도 데이터의 위력 때문
이고, 둘째는 아직 지구 환경 문제에 대한 인식이 낮았기 때문이다.
1940년대부터 1970년대 중반까지 지구 온도는 전반적으로 하향곡
선을 그렸다. 이로 인해 많은 과학자가 지구가 다음번 대규모 빙하
기에 접어드는 게 아니냐는 논의를 펼치기도 했고, 많은 과학자들과
언론은 1950년대와 1960년대 과학적 성과를 묵살하고 오히려 지구
냉각에 눈을 돌렸던 것이다. 1980년대 초 지구 평균온도 곡선이 상
승하기 시작하고 나서야 지구 냉각 시나리오에 대한 의문이 제기되

면서 지구온난화 이론이 각광을 받게 됐다.[22]

대기 중의 이산화탄소가 과거의 지구 기후에 결정적 역할을 했음은 남극에서 빙상 깊은 곳의 얼음을 채굴하여 실험을 한 결과로 입증되었다. 과학자들은 남극대륙 동쪽에 있는 러시아 보스토크 기지에서 드릴로 얼음을 뚫어 원기둥 모양의 얼음 덩어리를 채취했다. 혹독한 추위 등 갖가지 요인들 때문에 10년이 넘게 걸렸지만 무려 3,600m 깊이까지 얼음 기둥을 캐내는 데 성공했다. 눈이 내려 쌓이기 시작하면 떠다니던 먼지, 에어로졸 입자, 주위의 공기도 그 안에 갇힌다. 그 눈이 짓눌려 얼음이 되어 있는 것이다. 1999년 장 로베르 프티(J. R. Petit)를 비롯한 프랑스, 러시아, 미국의 공동연구진은 남극대륙의 얼음 코어를 연구한 결과를 발표했다. 연구진은 그 공기 속의 이산화탄소, 메탄 등을 분석하여 과거의 기후변화 양상을 알아냈다.

분석결과 42만년 동안 지구 기후는 추워졌다 더워졌다가 하는 주기를 네 번 되풀이했다. 한 주기는 10만년 정도였고, 그 주기 내에서는 추운 시기인 빙기(氷期)가 80% 이상을 차지했다. 현재의 간빙기인 홀로세(Holocene)는 약 1만 년 전에 시작됐다. 이 논문은 기후와 대기 온실가스의 농도가 거의 완벽한 동조현상을 보인다는 것을 밝혀냈다. 이산화탄소의 농도는 빙하기에 180ppm이었다가 간빙기 때 280~300ppm까지 높아졌다. 현재의 간빙기에서 산업화 초기인 1800년대 중반까지 대기 중 이산화탄소 농도는 거의 280ppm을 유지했으며 가장 높았을 때도 300ppm이었다.

그 후 '남극 얼음 코어 프로젝트(EPICA)'에 참가한 유럽 과학자들은

---

22 마크 마슬린, 2010: 44-46.

남극 '돔 콘코디아' 지역에서 지하 3,270m에 있는 얼음을 시추해 분석한 결과 대기 중 이산화탄소와 메탄 같은 온실가스가 지난 65만년 동안 온도에 따라 함께 변화하는 뚜렷한 모습을 찾아냈다. 또한 현재의 이산화탄소 양은 과거 65만 년 전 이후 어느 때보다 30% 높고 메탄은 130% 높은 것으로 2005년 11월 25일자 사이언스지에 발표했다.[23]

펜실베니아 주립대학의 리처드 앨리(Richard B. Alley)와 동료들은 미국국립과학재단의 후원을 받아 그린란드 빙상에서 2마일 길이의 빙핵(ice core)을 채취하여 연구하는 GISP2 프로젝트를 4년 동안 수행했다. 그들은 마지막 빙하시대가 막 끝난 무렵인 1만 2,000년 전에 지구 기후가 갑자기 요동치기 시작했다는 사실을 발견했으며, 기후가 마치 '깜빡거리는 스위치'처럼 완전히 다른 두 상태를 급격히 오고갈 수 있음을 보여주었다.[24] 이것은 기후가 단순한 선형적 경로를 밟지 않는다는 것을 의미하므로 이산화탄소 농도가 어떤 임계점에 도달할 경우 갑작스럽고 극적인 변화가 일어날 수도 있음을 예상할 수 있다.

결국 지구온난화가 사회적 관심사로 떠오른 데는 이른바 '하키 스틱 그래프(hockey stick graph)'라 불리는 연간 지구 평균기온 데이터가 상승곡선을 그린 것이 결정적 역할을 한 것으로 보인다. 미국 펜실베니아 주립대의 마이클 만(Michael E. Mann) 교수팀은 나이테 연구를 통해 최근 100여 년간 지구의 온도를 조사한 결과 150년 전부터 급격하게 온도가 올라가고 있다는 것을 그래프로 표시해 1998년

---

23 Urs Siegenthaler et. al. (2005). "Stable Carbon Cycle—Climate Relationship During the Late Pleistocene". *Science*.

24 로렌스 C. 스미스, 2012: 329-331.

4월 네이처지에 발표했다.[25]

　지구온난화 가설이 받아들여지게 된 또 다른 이유는 1980년대 말에서 1990년대까지 이어진 언론의 높은 관심이다. 이것은 지구온난화 가설이 언론이 다루기에 완벽한 주제였기 때문이다. 우리가 살고 있는 세계의 종말에 관한 극적인 이야기가 있고, 게다가 그것이 과연 진실인지를 둘러싼 심각한 논쟁까지 있었으니 말이다. 현재 포루투갈 브라가의 미뉴대학에서 일하는 아나벨라 카르발류(Anabela Carvalho)는 영국의 권위지가 1985년부터 1997년까지 지구온난화를 어떻게 보도했는지에 관한 아주 재미있는 연구를 했다. <타임스>는 대부분 기후변화 주장에 대해 의문을 던지는 내용이었으며, 과학에 대한 불신을 조장하려 시도했다. 반면에 <가디언>은 곧 더 넓은 맥락에서 과학적 주장을 논의하기 시작했으며, 과학에 대한 신뢰를 쌓는 전략을 일관되게 추진했다. 과학을 '순수하다'거나 '올바르다'고 묘사하지 않았다. 대신 과학 내부에 뿌리 깊게 자리 잡은 편견을 입증하기 위해 과학을 정치화했다. 그럼으로써 기후변화에 관한 많은 주장이 주로 화석연료 산업과 관련된 로비 압력에 의해 퇴색되고 있음을 명백히 보여주었다.[26]

　지구온난화 논쟁 가운데 이견 없이 누구나 인정하는 것은 대기 중 이산화탄소 농도가 산업혁명이 시작된 이래로 지속적으로 증가하고 있는 것이 분명하다는 사실이다. 스크립스연구소에 근무하던 찰스 킬링(Charles D. Keeling)은 1958년 3월 하와이 마우나 로아(Mauna Loa) 화

---

25 다른 과학자들이 이 자료들을 자세히 분석한 결과 많은 문제점이 발견되었다. 기온 상승구간도 있지만 하강구간도 있는데 하키스틱 그래프는 이를 고의적으로 은폐했다는 것이다(오춘호, '오류 재생산하는 환경정책'. 한국경제, 2011.7.12.).

26 마크 마슬린, 2010: 53-56.

산에서 대기 중 이산화탄소 농도를 측정한 이래 그 작업을 계속하여 킬링 곡선(Keeling Curve)으로 유명한 그래프를 제시하였다. 주된 관측지점은 해발 3,397미터 지점에 위치해 있으며, 그곳은 대기 오염으로부터 가장 방해를 받지 않으면서 대류권의 대기량을 측정할 수 있는 가장 유리하고 손쉬운 장소로서 선택된 곳이었다. 거기서 분명하게 드러난 사실은 대기 중 이산화탄소 농도가 1958년부터 한 해도 거르지 않고 증가해왔다는 것이다. 마우나 로아 관측소에서 발표한 평균농도는 1959년 315.97ppm이었다가 1987년 349.16ppm, 1997년 363.71ppm, 2006년 381.90ppm, 2012년 12월에는 394.39ppm으로 상승했다.[27] 이는 매년 평균 1.48ppm씩 상승하는 것이고, 1987년 이후로만 따지면 매년 1.81ppm씩 늘어난 것이다. 미국 해양대기청(NOAA)은 마우나 로아 관측소가 2013년 5월 9일에 측정한 이산화탄소 평균 농도가 드디어 400ppm을 넘어 400.03ppm을 기록했다고 발표했다.

앞에서 살펴본 것처럼 여러 요인이 합쳐져 사람들은 마침내 지구온난화론을 받아들이게 되었다. 마크 마슬린은 그 요인을 일곱 가지로 요약했다.[28] 첫째, 지구온난화의 과학이 기본적으로 1960년대까지 수행됐고, 둘째, 지구 온도가 '하키스틱'처럼 수직상승하는 모습이 처음으로 관찰됐으며, 셋째, 1980년대에 과거 기후가 대기 중 이산화탄소의 변화에 따라 어떻게 반응했는지에 관한 지식이 축적됐고, 넷째, 1970년대와 1980년대에 미래 기후변화를 슈퍼컴퓨터로 모델링하는 능력이 비약적으로 발전했으며, 다섯째, 1980년대 말 지구 환경 문제에 대한 인식이 고양됐고, 여섯째, 언론이 논쟁적인 사안

---

27 http://co2now.org

28 마크 마슬린, 2010: 62.

에 겁 없이 뛰어들어 어떤 내 동료가 '기후 포르노'라고 부른 사안에 지대한 관심을 기울였으며, 일곱째, 1990년대 말부터 정치가들과 경제학자들이 기후변화의 위협을 진지하게 받아들이기 시작한 것 등이다.

지구온난화론에 대한 전환점을 꼽아보면 1988년 유엔환경계획과 세계기상기구의 기후변화에 관한 정부간 패널(IPCC) 설립, IPCC의 1990년·1995년·2001년·2007년 핵심적 보고서 출간, 1992년 리우지구정상회의의 기후변화협약 공식 서명, 이 협약이 공식적으로 채택된 1997년 교토에서의 기후변화협약 당사국 총회, 교토의정서가 합의된 2001년 7월 본 당사국 총회, 2005년 2월 16일 교토의정서의 발효 등이다. 영국의 환경학자인 마크 마슬린은 영국에 있는 대부분의 그의 동료들이 스턴 보고서와 2006년에서 2007년으로 넘어가는 겨울을 대중이 기후변화를 실제 문제로 받아들인 전환점으로 보고 있다고 말했다.[29]

영국의 경제학자인 니콜라스 스턴(Nicholas Stern)은 영국정부의 요청에 의해 2006년 10월 <스턴보고서: 기후변화의 경제학(Stern Review on the Economics of Climate Change)>를 발간했다. 이는 700쪽에 달하는 보고서로 성장과 발전에 대한 기후변화의 영향, 안정화의 경제학, 완화 및 적응정책, 국제협력 활동 등에 대해 다루고 있다. 여기서 그는 2050년까지 온실가스 배출량을 1/4까지 줄여야 하며 대기 중 이산화탄소 농도를 550ppm으로 안정시키기 위해서는 세계 GDP의 1%가 소요될 것이라고 주장하였다. 그는 무엇보다 장

---

29 마크 마슬린, 2010: 62-63.

차 기후변화로 말미암은 비용과 위험이 매년 세계 GDP의 5% 내지 20%에 이를 것이라 경고한다. 대신, 매년 GDP의 1%정도를 온실가스 감축을 위해 투자하면 최악의 피해를 막을 수 있다고 했다. 이 보고서는 저탄소 세계에 적응하는 비용을 너무 낙관적으로 적게 잡았다고 비판받기도 했는데, 스턴은 2008년에 대기 중 농도의 제한선이 500ppm이 되어야 한다고 수정하였으며, 매년 세계 GDP의 2%를 투자해야 한다고 상향 조정했다. 이는 비판 때문이 아니라 지구온난화가 당초 예상한 것보다 빨리 일어나고 있기 때문이라고 했다.

아울러 지구온난화라는 막연한 주제를 대중적인 관심사로 끌어올리는 데는 기상 이변으로 인해 결국 지구가 빙하로 뒤덮히게 되는 이야기를 다룬 2004년 영화 '투모로우(The Day After Tomorrow)'도 일정부분 역할을 한 것으로 보인다. 미국의 앨 고어(Al Gore) 전 부통령은 2006년에 다큐멘터리 영화인 '불편한 진실'을 제작하여 기후변화의 파괴적인 잠재력을 전 세계에 경고한 바 있다. 같은 해에 같은 이름의 책도 발간하였으며, 자신의 명성과 정치적 권위를 이용하여 기후변화의 위협을 대중에게 전파했다. 그는 기후변화를 널리 알린 공적으로 IPCC와 공동으로 2008년 노벨평화상을 수상하였다.

한편, 기후변화 회의론이란 최근 발생하는 지구온난화의 발생 원인이나 영향에 대한 주류 이론에 의문을 제기하는 주장들이다. 내용에 따라 네 종류로 구분되나, 대부분은 근거가 미약하고 학계로부터 타당성을 인정받지 못하는 경우가 많다. 첫째 유형은 "기후변화 곧, 온난화가 일어나지 않는다"고 주장하는 그룹이다. 이들은 대체로 기온이 상승하지 않는 일부 기간이나 지역의 시계열 자료를 제시하면서 온난화가 나타나지 않는다고 주장한다. 또한 일부 지역에서 기온이 상승하는 중요한 원인은 도시화 효과라고 주장한다. 둘째 유형은 온난화가 발생하는 것을 부정하지는 않으나 '온난화의 원인이 자연적인 태양 활동, 변동성 때문'이라고 주장하는 경우다. 자연적으로 기후변화가 일어났으므로 현재 발생하는 온난화도 자연적인 원인에 의한 것이라는 주장이다. 가장 중요한 원인으로 태양에너지의 변화, 우주선(cosmic ray), 자연 변동성을 들고 있다. 셋째 유형은 '인위적인 원인으로 온난화가 발생하지만 그 영향이 긍정적이다'라고 보는 것이다. 예를 들면 겨울에 온도가 올라가면 난방 에너지 사용이 감소하고, 추위로 인한 사망자가 줄어들기 때문에 온난화는 좋은 것이라고 주장한다. 넷째 유형은 '과학적 불확실성을 강조'하는 그룹이다. 이러한 유형의 전문가들은 기후 시스템 내의 피드백 현상에 대한 과학적 이해가 미흡하고, 기후변화를 예측하는 데 사용하는 지구 시스템 모델의 한계를 지적한다.[30]

기후변화를 부정하는 사람들은 기본적으로 세 가지 유형으로 구성된다. 첫 번째로 화석연료 기업체로부터 돈을 받고 지구온난화가 인간이 유발한 심각한 문제임을 부정하는 사람들[31], 그리고 자료 검토를 거쳤음에도 산업혁명 이후 세계 곳곳에서 빠른 속도로 나타난 온실가스 배출량의 증가가 지구환경을 위협하는 주요인이 아니라는 상이한 결

---

30 김형국, 2011: 90-92.

31 예를 들면 이런 경우이다. 미국 하버드 스미소니언 천체물리학센터의 윌리 순(Willie Soon) 박사는 화석연료에서 발생한 온실가스가 기온상승 및 빙하감소의 원인이라는 일반 학설 대신에 태양의 변화 때문이라고 주장해 주목 받았다. 그는 기후변화 관련 의회 청문회나 토론회에서 교토의정서 반대 측의 논리를 대변하는 단골손님이었으며, 2003년 한 논문에서는 "지난 1,000년 중 20세기는 온도가 가장 높지도 않았고, 온도변화가 가장 급격한 시기도 아니었다"고 주장하였다. 그러나 영국 가디언지는 미국 그린피스가 정보공개청구를 통해 확보한 자료를 근거로 그가 2001년부터 석유 메이저 엑손 모빌 등 에너지 관련 기업과 단체로부터 100만 달러의 보조금을 받았다"고 폭로한 바 있다(the guardian, 2011. 6.28.).

론에 다다른 소수의 과학자들, 그리고 마지막으로 단순히 정부의 간섭 및 규제 강화라는 해결책을 혐오하기 때문에 기후변화의 현실을 받아들이지 않으려는 보수집단이다. 이 세 부류의 부정론자들은 과연 인류가 위험한 기후변화를 초래하고 있는가라는 문제의 본질을 흐리고, 인간의 행동이 기후를 변화시킨다는 주장이 과학적 사실이 아니라 정치적 견해일 뿐이라는 인식을 남기는 결과를 가져왔다.[32]

덴마크의 경제학자인 비외른 롬보르(Bjorn Lomborg)가 2001년에 낸 <회의적 환경주의자(The Skeptical Environmentalist)>도 많은 논쟁을 낳았다. 그는 주류 환경운동은 단지 환경이라는 좁은 측면만을 일면적으로 강조한다고 비판한다. 그는 범세계적인 시각에서 보다 더 순이익이 큰 사업을 벌여야 한다고 주장한다. 예를 들어 지구온난화를 막기 위한 교토의정서에 의하면 선진국이 이산화탄소 배출을 줄이기 위해 엄청난 비용을 써야 하는데, 롬보르는 그보다는 그 돈을 가난한 제3세계 국가들의 경제 사회 개발에 쓰는 것이 더 낫다는 것이다.

IPCC 제4차 보고서

기후변화에 관한 정부간 패널(IPCC)은 1988년 유엔환경계획(UNEP)과 세계기상기구(WMO)가 지구온난화의 가능성을 우려하여 공동으로 설립한 것이다. 이 패널을 만든 목적은 기후변화의 다양한 측면, 즉 과학적·환경적·사회경제적 영향과 대응 전략에 관한 지식을 지속

---

32 토머스 프리드만, 2008: 169-170.

적으로 평가하는 것이다. IPCC는 세 개의 실무그룹과 각국이 발생시키는 온실가스 양을 계산하는 하나의 태스크 포스로 구성된다. IPCC의 평가는 기후변화협약과 이어진 교토의정서를 협상하는 데 큰 영향을 끼쳤다.

IPCC의 첫 평가보고서는 1990년에 나왔는데, 이는 2년 후에 개최된 리우회의를 위한 사전준비의 일환이었다. 그 후에도 평가보고서(1995년, 2001년, 2007년)와 특별보고서 및 기술보고서 등 많은 보고서를 발간해 왔으며, 제4차 평가보고서인 <2007 기후변화 종합보고서>는 2007년 11월 스페인 발렌시아에서 열린 제27차 IPCC 총회에서 최종 승인을 받은 것이다. 이 보고서는 500명의 주요 저자와 2,000여명의 전문가 검토를 마친 것으로 거의 3,000쪽에 이르는 방대한 분량이다.

제4차 보고서에 따르면 1906~2005년 지구 평균 기온의 선형 추세는 100년간 0.74(0.56 to 0.92)℃로 제3차 평가보고서의 해당 추세인 0.6(0.4 to 0.8)℃보다 높았다. 기온 상승은 지구 전체에 광범위하게 나타나고 있으며 북반구 고위도로 갈수록 더 크게 나타났다. 이러한 현상은 육지가 해양보다 더 빠르게 온난화된 것으로 나타난다. 2005년도에 대기 중의 CO_2 농도(379ppm)와 CH4 농도(1774 ppb)는 과거 65만년 동안의 자연적 범위를 크게 초과한 것이다. 또한 북극 해빙 범위는 1978년 이후 10년에 2.7% 감소하였으며, 해수면 상승폭은 1993년 이후 3.1㎜/yr로 나타났다. 이 보고서는 '20세기 중반이후 지구 평균 기온의 상승은 대부분 인위적 온실가스 농도의 증가에서 기인했을 가능성이 매우 높다'라고 결론지었다.[33] 이 보고서의 '정책결정자를 위한 요약보고서'에는 "지구적인 이산화탄소 농도의 증가는 주로 화석연료의 사용과 토지이용의 변화에 기인하는 한편, 메탄과 아산화질소 농도 증가는 농업에 의한 배출이 주된 요인이다"라고 기술하고 있다.

이 보고서는 2100년의 지구 평균온도를 예측하기 위해 각각의 미래 이산화탄소 배출량 시나리오를 바탕으로 23개의 대기-해양 결합 대순환모델을 활용했다. 이는 2001년 보고서의 7개에 견주어 볼 때 크게 달라진 것이다. 이렇게 기후모델을 돌린 결과 지구 평균온도는 2100년까지 1.1℃ 내지 6.4℃ 높아지고, 해수면이 0.18~0.59m 상승하는 것으로 예측됐다.

또한 이 보고서는 지구의 화학적 성질이 변한다는 사실을 매우 심각하게 인식해야 한다고 촉구한다. 과학자들은 21세기가 끝나갈 무렵이면 지구의 평균기온이 적어도 3℃ 이상 상승할 것이라고 경고한다. 이 수치는 그보다 월등히 높아질 수도 있다. 3℃ 정도가 그리 심각하게 여겨지지 않는다면, 그러한 기온 변화가 우리 행성을 300만 년 전의 선신세(pliocene)로 되돌려놓는 것임을 이해할 필요가 있다. 그 시대의 세상은 지금과 매우 달랐다. 과학자들은 1.5℃에서 3.5℃ 사이의 경미한 온도변화라도 100년 이내에 동식물이 대멸종될 수 있다고 말한다. 시뮬레이션 모델을 살펴보면 멸종 비율이 낮게는 20%에서 높게는 70%까지 나온다.[34]

한발 더 나아가 IPCC는 2050년까지 지구의 기온상승을 2℃ 이하로 억제하기 위하여 선진국은 2020년까지 1990년 대비 25~40%의 온실가스 감축이 필요하고, 개도국도 현재의 배출수준(BAU)보다는 실질적인 감축이 필요하다는 두 가지 사항을 권고하였다.[35]

---

33 IPCC, 2007: 1-5.
34 제러미 리프킨, 2012: 42.

아울러 이 보고서에서는 세계경제에 관한 A1 시나리오의 4개 하부 시나리오를 대상으로 탄소농도를 2100년까지 450~750ppm 수준으로 안정화시키는데 소요되는 비용을 예시하고 있다. 2100년까지 CO_2 농도를 450ppm으로 안정화시키는 것으로 가정하는 경우, 비화석연료를 강조한 최악의 시나리오(A1C)에 비하여 누적 비용이 700조 달러 이상 줄어들 것으로 추정된다. 한편, 시나리오별 탄소감축 비용을 보면 최악의 시나리오(A1C)의 경우 CO_2 농도를 750ppm에서 450ppm으로 줄이는 비용은 400조 달러 정도에 달할 것으로 추정된다. 반면에 최선의 시나리오(A1T)의 경우는 동일한 탄소 농도 감축비용이 100조 달러 수준에 불과할 것으로 추정된다.[36]

IPCC 제4차 보고서나 스턴 리뷰를 비롯한 기후변화에 관한 세계적인 연구보고서나 토론 결과를 종합해 보면, 적어도 다음 네 가지의 잠정적인 결론을 도출 할 수 있다.[37]

① 기후변화는 성장과 발전에 매우 심각한 영향을 미칠 수 있다.

② 우리 모두 지금 당장 강력한 조치를 취한다면 최악의 상황은 피할 수 있다.

③ 기후변화는 장기적인 목표에 대한 국가 간의 이해와 합의를 바탕으로 국제적인 대응을 필요로 한다.

④ 기후를 안정화하는 데 드는 비용은 엄청나겠지만 감당할 수 없는 수준은 아닐 것이며, 미룰수록 훨씬 더 큰 비용이 들 것이다.

---

35 이재훈, 2010: 52-56.

36 윤우진, 2009: 9-10; A1T: 비화석 연료 강조, A1B: 균형 있는 에너지 공급, A1G: 석유·가스 강조, A1C: 석탄 강조.

37 최재천 외, 2011: 617.

　　IPCC와 EU는 공히 온실가스 감축정책의 목표를 온난화로 인한 기온 상승을 2℃ 이내에 머물게 하는 데 두었으며, 그런 목표 달성의 가능성을 50대 50으로 끌어올리기 위해서는 대기 중의 이산화탄소 농도를 반드시 450ppm 수준으로 묶어두어야 한다고 단언했다. 하지만 일부 사람들은 현재의 온실가스 배출 추세를 고려할 때 그런 목표 달성은 이미 불가능한 일이 되었다고 생각하고 있다.[38]

　　지금처럼 대기 중 이산화탄소 농도가 매년 1.81ppm씩 증가하는 추세가 지속된다면 2040년에는 심각한 우려수준인 450ppm에 도달할 것으로 보인다. 450ppm은 기후가 우리의 예측이나 대비 수준을 벗어나는 수준으로 진입하는 이른바 임계점(Tipping point)으로 과학자들이 우려하는 수치이다. 이 지점에 이르면 남극이나 그린란드의 해빙이 본격화되거나, 심해의 순환이 멈추거나, 영구동토층에 묻혀 있는 메탄과 같은 강력한 온실가스가 '죽음의 트림'처럼 배출되는 것과 같은 심각한 일들이 일어날 것으로 본다. 현재 국제사회가 설정한 대략적인 목표는 350ppm 수준으로 되돌리는 것이며, 산업화 이전보다 2℃ 정도 상승한 수준으로 안정화하는 것이다.[39] 반면에 국제에너지기구(IEA; International Energy Agency)에서는 이산화탄소 농도를 450ppm에 안정화하고 평균온도 상승을 2℃ 이내로 억제하기 위한 '450 시나리오'를 제시하고 있다.

---

38 앤서니 기든스: 36-37.

39 이와 관련하여 글로벌 환경운동인 '350 캠페인'을 소개한다. 이 캠페인은 미국의 작가인 Bill Mckibben에 의해 2007년에 만들어진 370.org라는 국제적인 환경조직에 의해서 추진되고 있다. '350'이라는 이름은 미국 항공우주국(NASA)의 제임스 한센(James E. Hansen)이 2007년에 발표한 한 논문에서 기후변화의 임계점(tipping point)을 피할 수 있는 안전한 최대의 한계를 이산화탄소 농도 350ppm으로 상정한데 뿌리를 두고 있다. 이 조직은 2009년 10월 24일을 '국제 기후행동의 날'로 정하고 181개국에서 5,245개의 활동을 행하기도 했다(http://en.wikipedia.org/wiki/350.org). 우리나라에서는 환경재단이 주도하여 이 캠페인을 진행하고 있다.

IPCC의 2007년 보고서는 기후변화에 대한 일반인의 관심과 주목을 확실하게 이끌어내 이 분야에 엄청난 연구개발 투자가 이루어지도록 하는데 기여했다. 그러나 기후 연구의 방향을 지나치게 일방적으로 '인간활동에 의한 기후변화'로 몰고 가는 경향이 있고, 미리 '인간활동과 기후변화'라는 방향설정을 규정하여 기후 과학의 다양성과 깊이, 그리고 객관성을 해치고 있다는 비판도 있다.[40] 또한 기초가 부족한 기후과학도들이 이 보고서를 통해 현재 진행형인 기후 연구를 이렇다 할 비판 없이 그대로 받아들이고 있는 것을 심각한 문제로 지적하기도 한다.[41] 미래의 기후를 정밀하게 예측하기는 실로 어려운 일이지만 이 보고서가 전체적인 흐름을 파악하는 데는 매우 중요한 역할을 한 것으로 판단된다. 2013년에 발간될 예정인 'IPCC 제5차 평가보고서'에서는 좀 더 진전된 내용이 소개되기를 기대한다.

이산화탄소 배출 현황

이산화탄소의 가장 중요한 발생원은 화석연료 연소이다. 세계 이산화탄소 배출량의 5분의 4가 에너지 생산, 산업공정, 수송 분야에서 나온다. 북미, 유럽, 아시아는 산업 분야에서 배출되는 이산화탄소의 90% 이상을 차지한다. 세계 이산화탄소 배출량의 5분의 1을 차지하는 두 번째로 중요한 배출원은 토지 이용 변화의 결과이다. 농사, 도시화, 도로 건설을 위해 숲을 베어냄으로써, 광합성이 줄어

---

40 IPCC는 "2035년까지 히말라야 빙하가 녹아 없어질 것"이라는 예측에 대해 오류가 있었음을 2010년 1월 20일 시인한 바 있으며, 일부 내용에 대해서도 근거가 약하다는 비판을 받고 있다.

41 최재천 외, 2011: 602-603.

들어 이산화탄소가 배출되는 결과를 빚는다. 남미, 아시아, 아프리카가 오늘날 토지 이용 변화로 인한 배출의 90% 이상을 차지한다. 역사적으로 인위적인 온실가스의 대부분은 선진국들이 18세기 중반 산업혁명을 시작한 이래 배출해 온 것이다. 중국은 2007년에 미국을 제치고 세계에서 이산화탄소를 가장 많이 배출하는 나라가 되었다. 그러나 인구 1인당 배출량으로는 중국은 세계 최대인 미국의 4분의 1 수준이다.[42]

미국 에너지정보청(EIA; Energy Information Administration)은 2010년에 전 세계 화석연료의 연소과정에서 발생하는 이산화탄소의 총 배출량이 31,780.4백만 톤에 달하는 것으로 산정했다. 2009년의 29,777.7백만 톤에 비해 6.73배 증가한 것이고, 1990년 이후 연평균 1.95% 증가한 것이다. 상위 3대 배출국인 중국, 미국, 인도의 배출량이 15,626백만 톤으로 전 세계 배출량의 약 50%를 차지한다. 물론 많은 서구 국가들이 중국과 같은 개발도상국들에서 만들어진 제품들에 의존하고 있는 현실을 고려해야 할 것이다. 이와 같이 개발도상국으로 온실가스 배출이 이전되지 않았더라면 선진산업국들의 온실가스 배출량은 지금보다 더 많았을 것이라는 점이다. 한국은 579.0백만 톤으로 전 세계 배출량의 1.8%를 차지하며 7위이다. 한국은 2009년 배출량 531.1백만 톤에 비해 9.02% 증가하였고, 1990년 이후 연평균 4.46% 증가한 것이다.

2010년에 전 세계 1인당 이산화탄소 배출량은 4.64톤으로 2009년의 4.39톤 대비 5.54% 증가했다. 1990년 이후 연평균 증가율은

---

42 마크 마슬린, 2010: 23-26.

0.63%이다. 총배출량 10위권 안의 국가 가운데 미국의 1인당 배출량이 18.08톤으로 1위를, 캐나다가 16.25톤으로 2위를 차지했다. 한국의 1인당 배출량은 11.90톤으로 2009년 10.95톤 대비 8.73% 증가하였고, 1990년 이후 연평균 3.80% 증가하였다. 한국의 1인당 배출량은 일본, 영국, 독일보다 크다.

전 세계에서 GDP 1천 달러(USD)[43] 생산을 위해 배출한 이산화탄소는 2010년 0.464톤으로 2009년의 0.455톤에 비해 1.84% 증가하였다. 배출량 10위 안의 국가 가운데 중국의 탄소집약도가 0.903톤으로 1위를 차지하였고, 러시아가 0.815톤으로 2위이다. 한국은 0.540톤으로 2009년의 0.525톤에 비해 2.73% 증가하였고, 1990년 이후 연평균 0.61% 감소한 것이다. 이는 산업구조가 선진국형으로 변화함에 따라 단위 생산량 당 에너지 소비와 배출량이 감소하는 것을 반영하고 있다.[44] 2010년도 연료연소 발생 CO_2 배출 상위 10개국의 총 배출량, 1인당 배출량 및 탄소집약도를 정리하면 <표 1>과 같다. 이산화탄소 배출 저감 문제는 배출량 세계 1위와 2위인 중국과 미국이 나서야 해결의 실마리를 찾을 수 있다는 것을 이 수치에서도 알 수 있다.

환경부가 2013년 2월에 발표한 2010년도 한국의 온실가스 배출량은 2009년(6억910만t)보다 9.8%(5970만t) 늘어난 6억6880만t으로 집계됐다. 이 증가율은 1993년(12.2% 증가) 이후 17년 만에 가장 높은 증가율이다. 2008년 2.3%, 2009년 0.8% 증가와 비교해서 아주 높은 수치이다. 이유는 한파·폭염 등으로 냉난방 수요가 폭증한데다, 자동차·철강산업 등 생산활동이 늘면서 국내총생산(GDP)이 대

---

43 2005년 구매력평가(purchasing power parity) 기준.
44 에너지경제연구원. <세계 에너지시장 인사이트>, 제12-35호(2012.9.14.), 2-7.

〈표 1〉 2010년도 연료연소 발생 CO_2 배출 상위 10개국

국가	총 배출량(백만 톤)	1인당 배출량(톤)	탄소집약도
중국	8,321.0	6.26	0.903
미국	5,610.1	18.08	0.424
인도	1,695.6	1.45	0.460
러시아	1,633.8	11.72	0.815
일본	1,164.5	9.18	0.298
독일	793.7	9.65	0.302
한국	579.0	11.90	0.540
이란	560.3	7.28	0.775
캐나다	548.8	16.25	0.443
영국	532.4	8.50	0.250

자료: 에너지경제연구원. 〈세계 에너지시장 인사이트〉. 제12-35호(2012.9.14.) 3-5를 토대로 재작성

폭(6.3%) 늘어났기 때문이다.

위키피디아에 따르면 1850년부터 2008년까지 이산화탄소 배출 누계에서는 <표 2>와 같이 미국이 28.5%로 1위를 차지하는 것으로 나타났다.

〈표 2〉 1850년~2008년 CO_2 배출 누계 상위 10개국

국가	세계 총 배출량 비중(%)	1인당 CO_2 배출량(천톤)
미국	28.5	1,132.7
중국	9.36	85.4
러시아	7.95	677.2
독일	6.78	998.9
영국	5.73	1,127.8
일본	3.88	367
프랑스	2.73	514.9
인도	2.52	26.7
캐나다	2.17	789.2
우크라이나	2.13	556.4

자료: http://en.wikipedia.org/wiki/Green house gas

한편 OECD는 2011년 11월에 제17차 유엔기후변화협약당사국총회(COP17)에 맞춰 <환경전망 2050 보고서>의 기후변화 장(章)을 우선적으로 발표하면서 2010년 에너지 관련 이산화탄소 배출이 경제위기에도 불구하고 사상최고치인 30.6 기가톤(Gt)을 기록했다고 밝혔다. 이 수치는 앞의 미국 에너지정보청 자료와 약간의 차이가 있다. 이 보고서는 더 야심적인 정책이 없으면 온실가스 배출은 2050년까지 50% 더 증가할 것이며, 온실가스의 대기 중 농도가 거의 685ppm에 도달할 전망이라고 밝혔다. 이런 추세가 지속될 경우 지구의 평균기온이 2050년까지 현재보다 3~6℃ 높아질 것이라고 덧붙였다.

한편 2011년에 전 세계 이산화탄소 배출량은 전년 대비 3% 증가해 총 382억t에 이른 것으로 나타났다. 이는 연료연소에 의한 이산화탄소 배출을 포함한 전체적인 배출량이다. 노르웨이 오슬로의 국제기후환경연구소(CICE) 연구팀은 2012년 12월 2일자 '네이처 기후변화'지에 발표한 논문에서 중국과 인도, 러시아 등에서 지난해 CO_2 배출량이 급등해 전 세계적으로 증가세를 나타냈다고 분석했다. 10대 CO_2배출국 중 전년 대비 감소한 국가는 미국(2위)과 독일(6일)뿐이었다. 1위를 기록한 중국의 경우 100억t을 배출해 전년보다 10%나 증가했고, 3위 인도는 25억t을 배출해 7% 증가했다. 한국은 8위를 기록했다.[45]

아울러 IEA는 <에너지기술전망 2010>에서 제시한 블루 맵(BLUE Map) 시나리오는 목표지향적으로 설계되어 있다. 2050년까지 CO_2 발

---

45 Peters, Geln P. et al. 2012.

생량을 2005년의 절반으로 감축하는 목표를 달성하기 위한 핵심기술로 CCS(Carbon Capture and Storage) 19%, 재생에너지 17%, 원자력 6%, 발전 효율 및 연료 전환 5%, 최종소비 연료 전환 15%, 최종소비 연료 및 전기 효율이 38%를 담당하는 것으로 되어 있다.[46]

지구온난화가 가져올 위험

1992년 리우회의를 시작으로 본격화된 국제사회의 기후변화 논의는 이제 20년 남짓 밖에 지나지 않았다. 우리가 지구온난화를 우려하는 것은 그 속도와 결과예측의 불투명성 때문이다. 계속 진행되고 있는 지구온난화가 어떤 변화를 가져올지에 대해 적절한 대응을 하지 못하는 사이에 자칫 임계점을 지나버리는 것은 아닌가 하는 우려와 걱정이 있는 것이다.

지구의 온실가스 배출을 줄이려면 우리가 감당해야 할 지구의 온도 상승에 대해 보다 현실적인 목표를 세울 필요가 있다. 2005년 2월 영국정부는 바로 이 주제를 다루기 위해 엑스터에서 국제 과학회의를 열었다. 결국 이 회의에서는 산업화 이전의 평균온도보다 2℃ 상승이라는 '매직 넘버'를 마련했지만, 중요한 문제는 우리가 지구 온도 상승 폭을 2℃ 이하로 낮추는 일이 어려워 보인다는 것이다. 이미 지구 온도는 0.74℃ 올랐으며, 대기 중 이산화탄소를 2000년 수준으로 묶어두더라도 최소한 0.6℃의 추가 상승이 불가피하기 때문이다. 이 둘을 합치면 이미 1.34℃이다. 이산화탄소 농도 450ppm

---

46 IEA, 2010:3.

에서도 기후변화가 2℃를 넘어설 확률은 40% 이상이다.[47] 니콜라스 스턴 교수는 2011년 6월 서울에서 열린 '글로벌녹색성장서밋 2011'의 기조연설에서 앞으로 지구 온도가 2℃ 상승하는 정도로 제한하려면, 향후 40년 동안 1인당 탄소 배출량을 8분의 1로 줄여야한다면서 신속한 실천이 중요하다고 강조한 바 있다.

미국 프린스턴대학교의 소콜로우(Robert Socolow) 교수와 파칼라(Stephen Pacala) 교수는 사이언스 2004년 8월호에 게재하여 지금은 유명해진 한 논문에서, 인류가 이산화탄소를 계속 방출해서 지질학 역사상 유례가 없던 어느 수준에 도달하게 되면, 그때부터 지구의 기후시스템은 마치 고장난 것처럼 움직이기 시작할 것이라고 주장했다. IPCC와 마찬가지로 그들도, 이산화탄소 농도가 산업혁명 이전 수준인 280ppm의 2배에 도달하게 되면, 정말로 걷잡을 수 없이 지구이변 리스크가 급격히 증가할 것이라고 언급했다. 파칼라는 또한 기본적으로 우리가 아무 조치도 취하지 않은 상태에서 전 세계의 이산화탄소 배출량이 현재 추세로 증가한다면, 21세기 중반에는 2배 수준(대기 중 이산화탄소 농도 560ppm)을 가뿐히 넘기게 될 것이며, 2075년쯤에는 3배를 기록할 가능성도 있다고 말했다.[48]

2005년 2월에 독일의 포츠담연구소는 '온난화 재앙 시간표'를 만들어 발표했다. 2070년이 되면 3℃가 상승하여 지구에 사는 생명체들의 생존이 심각한 위협을 받게 되고, 지구온난화가 지속되면 전 세계의 55억 명이 곡물생산에 큰 손실을 입는 지역에 살게 되며, 지구상 30억 명 이상이 물 부족을 겪을 것이라는 충격적인 미래상을

---

47 마크 마슬린, 2010: 178-180.
48 토머스 프리드만, 2008: 305.

예고한 것이다.[49] 또한 영국 기상청 산하 기후예측기관인 헤이들리 센터(Hadley Centre)는 2050년대 중반에 지구기온이 4℃까지 높아질 수 있다는 연구결과를 2009년 10월에 발표했다.

미국 나사(NASA) 고다드 우주연구소의 책임자인 제임스 한센(James E. Hansen)박사는 2008년에 인간이 야기하는 기후변화가 금세기말이나 그 얼마 후 시점에 지구의 기온을 충격적인 수준인 6℃ 상승으로 이끌 수도 있으며 이는 인류 문명의 완전한 종말을 뜻할 수도 있다고 경고했다. 한센은 450ppm에 도달한다면 그린란드와 남극의 얼음평상이 녹는 돌이킬 수 없는 전환점을 넘어설 것이라는 의견을 밝혔다. 그는 인류가 문명이 발달하고 생명체가 환경에 적응하며 살 수 있는 수준의 행성을 보존하고 싶다면 고(古)기후의 증거와 현재 진행 중인 기후변화에서 알 수 있듯이 대기 중 이산화탄소량은 최대 350ppm으로, 어쩌면 이보다 더 낮은 수준이어야 한다고 제안했다.[50]

노벨화학상을 수상한 네덜란드 출신의 폴 크루첸(Paul J. Crutzen)은 2000년에 인류세(Anthropocene)라는 새로운 용어를 제안했다. 현 지질시대인 홀로세(Holocene)가 끝나고 과거의 홀로세와는 다른 새로운 지질시대인 인류세가 도래한다는 것이다. 인류세는 인류의 활동증가와 자연환경 파괴로 인해 지구의 환경체계는 급격하게 변하게 되었고, 그로 인해 지구환경과 맞서 싸우게 된 시대를 뜻한다.

과학자들은 지구온난화는 물의 순환에 가장 큰 영향을 미칠 것으로 예측한다. 강수량은 증가하지만 지속 시간이나 빈도는 감소함으

---

49 최재천 외, 2011: 36.

50 Hansen, J. et. al.(2008). Target Atmospheric CO_2: Where Should Humanity Aim? *OpenAtmospheric Science Journal*, 2 (1), p.217.

로써 홍수가 더욱 자주 발생하고 가뭄 또한 더욱 오래 지속된다. 아울러 해수면이 상승하여 세계 곳곳의 해안 지대가 사라질 것이라고 예상한다. 더 나아가서는 보건, 수자원, 농업, 생물다양성 등 인류 사회에 영향을 끼치는 모든 요소에 충격을 가할 것으로 보인다. 이미 세계기상기구(WMO)는 지난 2002년부터 2011년까지의 기간을 역사상 가장 더운 10년으로 기록하고 있다. 우리의 날씨 패턴도 변하고 있다. 예를 들어 최근 몇 년 동안 대규모 폭풍과 뒤이은 홍수가 중국, 이탈리아, 영국, 한국, 방글라데시, 베네수엘라, 모잠비크 등을 강타했다. 2003년 여름에는 북유럽을 휩쓴 혹서로 3만 5,000명이 넘는 사망자가 나왔으며, 북반구에 폭풍이 더 잦아진 것도 분명한 사실이다.[51]

또한 그린란드와 남극이 동시에, 또는 따로 녹아내려 해수면이 몇 미터나 상승할 가능성도 있다. 북대서양을 흐르는 심층 해류가 바뀔지도 모른다. 그렇게 되면 유럽에서는 지금과 달리 극단적인 계절 변화를 보이는 날씨가 나타난다. 또한 대양 바닥에는 치명적인 위험이 도사리고 있다. 그곳에 있는 엄청난 규모의 메탄 저장고는 바다가 충분히 덥혀진다면 '거대한 죽음의 트림'을 통해 메탄을 방출해 지구온난화를 가속화 시킬 수 있다[52]

지구온난화로 인해 미래에 대한 심각한 예상이 나오고 있다. 비영리 연구기관인 국제해양생태프로그램(IPSO; International Programme on the State of the Ocean)의 보고서에서는 "해양환경이 지구온난화, 해수 산성화, 오염, 어자원 남획 등으로 인류 역사상 전례 없는 대재

---

51 마크 마슬린, 2010: 82-83.
52 마크 마슬린, 2010: 9-10.

앙에 직면했다"는 주장이 제기되었다. 아울러 해수 산성화 등으로 인해 세계 바다 산호초 중 4분의 3이 심각한 괴멸 위기에 처했고, 세계 어족의 63%가 과다하게 잡혀 사라지고 있다고 보고했다. IPSO 연구책임자인 알렉스 로저스(Alex Rogers) 옥스퍼드대 교수는 "인간이 해양생태계에 미치는 영향은 매우 심각하고 지금과 같은 상황이 지속된다면 새로운 멸종사태가 불가피하다는 게 과학자들의 결론"이라고 말했다.[53]

바닷물은 대기 중에 있는 이산화탄소의 4분의 1가량을 흡수한다. 산업혁명이 일어나기 전 바닷물의 평균 pH는 8.2 정도로 약알칼리성이었으나 현재는 0.1 정도 떨어진 것으로 나타났다. 2012년 1월 호주 제임스쿡대 해양생물학과 필립 문데이(Philip Munday) 교수팀이 학술지 '네이처 기후변화'에 게재한 연구결과에 따르면 산성도가 높은 물에서 물고기의 신경전달물질 수용체의 기능이 떨어지는 것으로 나타났다. 산성화된 바닷물은 물고기 중추신경계 이상을 가져와 방향감각을 상실하게 하고, 산호·조개·전복 등 어패류 껍데기와 골격은 산(酸)과 만나 녹게 된다. 이기택 포스텍 교수는 "바닷물의 pH가 0.2~0.3만 떨어져도 산성화에 취약한 생물들은 치명적 위험에 처할 것"이라고 말했다. 우리나라 동해의 산도는 10년간 0.04씩 떨어져 전 세계 평균인 0.02에 비해 두 배나 빨리 산성화되고 있는 것으로 나타났다.[54]

크리스 토머스(Chris D. Thomas) 등은 2004년 네이처지에 발표한 글에서 다음 50년간 멕시코, 아마존, 오스트레일리아 등 핵심적인

---

53 The Independent, 2011.6.21.

54 매일경제신문. 2012. 7. 3.

지역에서 멸종률이 어떻게 증가할 지를 분석했다. 그 결과 2050년까지 IPCC가 예측한 기후변화로 이 지역 모든 생물의 4분의 1이 금세기 중반까지 멸종할지 모른다고 예측했다.[55] 아울러 미국 UC 버클리의 바노스키(Anthony D. Barnosky) 교수와 연구진이 2011년 3월에 네이처지에 발표한 논문에 의하면 양서류, 조류, 포유류 등의 지구상 모든 생물이 종의 75%가 사라지는 제6의 대멸종이 향후 300년에서 2200년 안에 일어날 수 있으며, 양서류가 특히 취약하다고 밝혔다. 이는 대기 중 이산화탄소가 늘면서 발생한 지구온난화나 이로 인한 질병확산, 서식지 파괴와 외래종 유입 등 인간에 의해 일어나는 것이다.

미국 메릴랜드대 데이비드 이노우에(Inouye) 교수는 국립과학재단(NSF)의 지원을 받아 여름철 미국 로키산맥의 고산지대의 야생화 개체 수의 변화를 관찰했다. '생태학 저널' 최신호에 발표된 연구결과에 따르면 지구온난화가 진행되면서 여름철에 만개해야 할 야생화가 갈수록 일찍 지는 것으로 드러났다. 문제는 꽃에 기대어 사는 동물이다. 연구진은 야생화에서 꿀과 꽃가루를 얻는 벌과 벌새 등의 생태계가 파괴될 수 있다고 우려했다. 지구온난화로 인한 꽃의 생태변화는 국내에서도 포착됐다. 산림과학원 홍릉수목원 조사에 따르면 1999년부터 2009년까지 30종의 식물을 대상으로 11년 동안 개화(開花)와 낙화시기를 조사한 결과 풍년화와 기름나무에서 꽃이 피어 있는 시간이 갈수록 줄어드는 것으로 나타났으며, 식물의 평균 개화 시기는 40년 전과 비교해 평균 10일 정도 빨라진 것으로 드러났다.[56]

---

55 마크 마슬린, 2010: 143-145.

56 조선일보, 2011.6.21.

　미국 항공우주국 제트추진연구소 등 9개국 공동연구팀은 북극 상공 오존층에 구멍이 났다고 2011년 10월 네이처지에 발표했다. 오존층이 얇은 남극에서는 흔했지만 북극에서 관측되기는 이번이 처음이다. 남극보다 기온이 높은 북극 성층권에서는 오존 파괴물질인 산화염소가 잘 형성되지 않지만 2010년 12월에서 2011년 3월 사이에는 이례적인 저온현상으로 북극 성층권에서 발생한 극 소용돌이가 오존층 감소를 불러왔기 때문이다.[57]

　'지구의 암'이라 불리는 사막화 현상도 심각한 수준이다. 사막화는 건조·반건조·반습지 지역에서 기후변화와 인간 활동으로 토지가 황폐화되는 현상이다. 최근 해마다 전 세계적으로 600만ha의 토지가 사막화되고 있고, 지구 전체 면적(149억ha)의 3분의 1이 사막화 위험에 노출되어 있다. 아프리카는 사하라 사막 주변의 사막화가 빠르게 확산되는 추세다. 중남미는 전체 4분의 1 가량이 토질 저하와 가뭄 등으로 고통에 시달리고 있다. 아시아 대륙의 사막화율은 37%로 아프리카(32%) 보다 높다. 몽골은 과도한 방목과 무분별한 벌채 등으로 국토의 90% 가량이 사막화의 직·간접적 영향을 받는 것으로 알려졌다. 사막화가 계속될 경우 2030년까지 7억 명이 보금자리를 떠나 다른 지역으로 이주해야 하는 등 100개국 11억 명 이상이 크고 작은 피해를 볼 것이란 암울한 전망이 나오고 있다. 중부 내륙과 내몽고 지역의 사막화는 우리나라에 불어오는 황사의 진원지이기도 하다. 황사는 서울기준 1980년대 3.9일에서 1990년대 7.7일, 2000년 이후에는 12일로 증가하는 추세다. 환경정책평가연구원

57　http://www.nature.com/nature/journal/v478/n7370/full/nature10556.html

(2002)에 따르면 피해액은 연간 3조 8000억~7조 3000억 원에 이르는 것으로 추정됐다.[58]

　기후변화로 인한 위험은 알래스카와 시베리아 같은 극지의 영구동토층에도 도사리고 있다. 영구동토층은 말 그대로 항상 얼어 있는 땅이지만 가장 위 1미터 가량이 녹는데 이를 '활성층'이라고 한다. 1900년 이래 북반구에서 계절적으로 땅속이 어는 지역은 7% 감소했는데, 봄철에 그 감소폭은 15%에 이른다. 영구동토대의 상실이 확산되면서 지역 차원에서 엄청난 문제가 생겨날 것이다. 침식과 함몰, 수문학적 과정의 변화가 일어나면 영구동토대에 유기물로 갇혀 있던 이산화탄소와 메탄이 공기 속으로 나오게 된다. 이미 건물, 도로, 알래스카의 석유 파이프라인, 지역사회가 위협을 받고 있다.[59]

　한편 기후모형 추산에 따르면 2050년까지 13~29%의 영구동토층이 사라지고, 계절에 따른 해동은 지금보다 50% 더 깊이 진행될 것이다. 2010년 최근의 추정으로는 영구동토층에 매장된 순수 유기탄소가 1조 6,720억 톤 정도 된다고 한다. 지구 육지 면적의 12%에 불과한 땅에 거의 절반가량의 탄소가 묻혀있는 셈이다. 이곳에 탄소가 많은 까닭은 너무 춥고 습해서 죽은 생물이 완전히 썩지 않기 때문이다. 이 가운데 5%나 10%만 방출되어도 그 양은 엄청나다 하겠다. 동토의 땅에 묻혀 있는 탄소의 2%만 2050년까지 대기 중에 방출되더라도 교토협약에 따른 선진국들의 탄소 감축 목표치의 네 배를 상회하게 된다.[60]

58　조선일보, 2011.10.13.; 매일경제, 2012.6.14.

59　마크 마슬린, 2010: 82.

60　로렌스 C. 스미스, 2012: 246, 341-344.

이와 함께 지구온난화로 빙하가 녹으면서 수십만 년 동안 얼음 속에 갇혀있던 세균과 바이러스가 대기 중에 방출되고 있다. 이 가운데 40%는 현재 인류가 파악하지 못한 유전자를 갖고 있어 현대의 바이러스와 만나 유전적 변이를 일으킬 위험이 있고, 남극을 거쳐 가는 철새들에 의해 전 세계에 짧은 시간에 퍼질 가능성이 도사리고 있다.[61]

기후변화 문제가 에너지 부족 문제와 겹쳐지기라도 하면 국가안보 사안이 되어 군사문제로 비화될 수도 있다. 아프리카의 수단 서부 다푸르(Dafur) 지역에서 일어난 집단학살, 기아 난민 등의 원인을 꼭 집어 말하기는 어렵지만, 사람들은 이를 '기후변화로 야기된 최초의 전쟁'으로 보기도 한다. 아프리카 중부에 있는 차드 호수가 마르면서 지역 주민들이 대거 수단으로 이주했던 것이 다푸르 전쟁을 촉발했기 때문이다.[62] 주로 목축을 하던 북쪽 아랍계 원주민들과 농사를 짓던 남쪽 아프리카계 원주민들이 평화롭게 공존 해오던 이 지역의 기후변화로 인한 오랜 가뭄으로 서로 반목하게 된 것이다. 2003년 3월 이후 수단 정부의 지원을 받은 아랍계 군벌들에 의해 30만 명의 무고한 주민들이 학살되고 300만 명의 피난민이 발생했다.[63] 다푸르 지역의 석유 매장량이 사우디아라비아에 버금가는 규모라는 것이 알려지면서 수단 정부와 가까운 중국과 이를 견제하는 미국 간에 첨예한 물밑 대립이 국제사회에서 진행되고 있다.

한편 볼프강 베링어(Wolfgang Behringer)는 <기후의 문화사>에

---

61 KBS 뉴스, 2013.2.27.

62 앤서니 기든스: 297-298.

63 BBC News, 2009. 8.27. War in Sudan's Darfur is over.

서 기후변화가 끔찍한 재앙이 아니라 오히려 새로운 도약을 가능하게 해 줄 기회가 될 수 있다고 주장한다. 기후변화 때문에 정신적 공황에 빠져 들기보다 이를 인간에게 주어진 도전으로 인식하고 새로운 기후조건에 적응하도록 '문화적 상상력'을 발휘해야 한다는 미래지향적인 제언을 한 바 있다.

3. 에너지 문제

전개과정

우리가 흔히 쓰는 에너지(Energy)란 단어는 그리스어로 일(work)을 의미하는 에르곤(Ergon)에서 유래된 에네르게이아(Energeia)가 어원이며 '일을 할 수 있는 능력'이란 의미를 갖고 있다. 에너지는 크게 석탄, 석유, 천연가스 등의 화석에너지와 원자력, 바이오매스, 태양에너지, 풍력, 수력 등의 비화석 에너지로 구분된다. 에너지를 그 본질에 따라 분류하면 외부에너지, 내부에너지, 열에너지, 기계적 에너지, 화학에너지, 핵에너지 등으로 나누기도 한다.

18세기에 산업혁명이 일어나면서 석탄, 석유, 철광석 등의 자원에 대한 소비가 급속히 늘어나게 되었다. 석유는 1859년 미국 펜실베니아에서 조명용으로 개발이 시작된 이래 1910년대에 군사용의 확대라는 국면을 거쳐 제2차 대전 이후의 빠른 석유 드라이브를 통하여 인류문명의 주종에너지원이 되었다. 1970년대까지 국제유가는 배럴

(약 159리터)당 2달러 이내에서 안정되어 있었다. 낮은 석유가격으로 인하여 소비가 확산되었고 기존에 석탄이 차지하던 위치를 빠르게 대체하게 되었다. 석유가격이 처음으로 급등한 것은 1973년 10월 이집트가 이스라엘을 선제공격하면서 시작된 중동전쟁이 계기가되었다. 1973년 배럴당 2.81달러이던 두바이유 가격은 1974년 10.98달러까지 상승했다.

두 번째 석유가격 급등은 이란에서 촉발되었다. 이슬람 세력이 1978년 시민혁명을 일으킴에 따라 1978년 연평균 배럴당 12.9달러이던 유가는 1979년 29.2달러로 급등했다. 1980년에는 이란과 이라크의 무력 충돌로 석유수급이 불안해지면서 유가는 42.25달러까지 치솟았다가 다시 1982년부터 하락세로 돌아서 1986년 7월에는 한때 현물가격이 배럴당 8달러 수준까지 폭락하였다. 1990년 이라크의 쿠웨이트 침공에 따라 UN이 대이라크 금수조치를 내리면서 동년 10월에 유가가 배럴당 31.56달러로 다시 상승했다. 1990년대에는 석유 선물시장의 발달로 인해 석유가격의 금융상품적 성격이 강해지면서 변동성은 더욱 커졌다.

2004년부터 신흥경제국의 경제성장에 따라 석유 수요가 크게 늘어나고 잉여 공급능력은 부족해져 유가가 급상승하기 시작했다. 석유 전문가 래리 골드스타인에 따르면, 세계 에너지 수급 측면에서 새로운 시대로 접어들었음을 알린 핵심적인 전환점은 2004년이었다. 그는 "2004년은 세계 최초로 수요에 의해 에너지 파동이 발생한 해였다"라고 말했다. 1973년과 1980년 그리고 1990년에 일어난 갑작스런 유가급등은 중동의 혁명과 전쟁 때문이었던 반면에 2004년에는 주로 중국의 수요가 급격히 상승한데 기인한다는 것이다.[64]

2008년 7월에는 두바이 유가가 배럴 당 140.70달러에 이르는 등 사상 최고치를 기록한 이후 등락을 거듭하다가 2008년 9월 미국의 리먼쇼크를 계기로 세계적인 신용위축과 경기후퇴가 발생하자 그해 12월에는 36달러 수준까지 떨어지기도 했지만, 2009년 10월에 1배럴당 80달러 근처까지 다시 급등하였다.

2011년 3월 일본 대지진의 여파로 국제 원자재 시장은 크게 요동치고 있다. 지진 발생 후 잠시 하락했던 국제유가가 일본의 복구를 위한 석유제품 수입 증가 예상으로 다시 상승세를 보이고, 식품과 주요 원자재 가격도 오름세다. 세계 석유 생산의 43%를 차지하는 중동과 아프리카 지역의 정세 불안이 지속되면서 이곳 정세가 향후 세계 경제 회복의 아킬레스건으로 작용할 것임을 예고하고 있다.[65]

한편, 2000년대 들어 신흥국 석유수요의 급증으로 고유가 국면이 전개되면서 자원민족주의가 다시 확산되고 있다. 자원민족주의는 천연자원은 이를 가지고 있는 국가의 것이라는 인식에 따르는 움직임으로 1960년대부터 태동하기 시작하였다. 자원민족주의는 중남미에서 비롯하여 중동 지역으로 확산되었으며, 선진국으로부터 경제적 독립을 달성하기 위하여 자원을 전략적으로 이용하는 현상으로 나타난다. 최근 고유가 시대와 더불어 대두된 신자원민족주의는 과거처럼 서구 자본에 대항하는 이데올로기적 측면보다는 자국의 수익을 극대화시키려는 실용주의적 측면이 강하며, 경제적인 이유로 자원을 이용하여 국부를 축적하는 현상이다. 2005년 베네수엘라의 차베스 대통령이 자국 자원에 대한 국유화 확대를 선언한 것이 신자원민족

---

64 토머스 프리드만, 2008: 66.
65 백훈, '자원확보위한 보이지 않는 전쟁', 한국경제, 2011.3.23.

주의의 신호였으며, 남미·러시아·중앙아시아·아프리카 등 자원을 가진 거의 모든 나라로 확산되었다.[66]

대규모로 자원을 소비하는 국가들은 치열하게 자원 확보를 위한 경쟁을 하고 있다. 예를 들면 2000년에 들어 아프리카에 대한 중국의 외교 활동이 눈에 띄게 나타나기 시작했으며, 그해 10월에는 중국과 아프리카 국가들의 정상회담이라 할 수 있는 '제2회 중국─아프리카 협력 포럼'이 북경에서 개최된 바 있다.

다른 한편으로는 피크 오일을 둘러싼 논란이 있다. 1956년에 미국의 지질학자이자 석유회사 쉘의 고문이던 매리언 킹 허버트(Marion King Herbert)는 미국의 국내 석유 생산이 1965년에서 1970년 사이에 정점에 이를 것이라고 예측하는 논문을 발표했었다. 이후 피크 오일 추정치를 둘러싸고 논쟁이 이어졌다. '만기 정점론자들(late peakers)'은 자신들의 모델을 토대로 아마도 2025년에서 2035년 사이에 일어날 것이라고 예상했다. 반면 세계 최고의 지질학자 몇몇을 포함한 '조기 정점론자들(early peakers)'은 2010년에서 2020년 사이가 될 것이라고 예측했다. IEA는 2010년 세계 에너지 전망 보고서에서 글로벌 피크 오일 생산에 관한 논란을 잠재우는 듯한 내용을 밝혔다. 즉, 원유의 글로벌 피크 생산은 추정컨대 2006년 하루 생산량이 7,000만 배럴에 다다르면서 이미 발생했을 가능성이 높다는 것이다.[67] 2011년 3월 영국 HSBC은행은 보고서를 통해 개발도상국의 급격한 수요증가로 세계 원유제고가 50년분이 채 되지 않을 것이라고 경고한 바 있다.

2009년에 발간된 <유엔미래보고서 2>는 정책과 기술의 큰 변화

---

66 김남규 외, 26-30.

67 제러미 리프킨, 2012: 27-28.

가 없다면 화석연료가 2030년에도 기초에너지 수요의 80%를 감당하게 될 것이라고 예측했다.[68] 어쨌든 화석에너지는 유한하므로 신재생에너지 개발과 확산에 더욱 관심을 가져야 하는 것은 자명하다. 그러나 신재생에너지는 경제성 문제와 현실적 제약성을 가지고 있고, 에너지 공급의 안정성과 편리성 등의 측면에서 볼 때도 화석연료가 배척될 가능성은 희박하고 그 역할을 지속할 것으로 보인다.

에너지 확보 문제는 심지어 전쟁까지도 일으키게 하는 폭발성이 내재되어 있다. 1618~1648년 독일을 무대로 신교(프로테스탄트)와 구교(가톨릭) 간에 벌어진 종교전쟁인 30년 전쟁은 본격적인 에너지 전쟁의 서막으로 인식된다. 국경지방인 알자스·로렌 지역의 석탄 채광권 확보를 통해 유럽지역의 패권을 차지하기 위한 전쟁의 속성이 강하기 때문이다. 프랑스는 30년 전쟁을 승리로 이끌어 이 지역을 차지하였다. 19세기 유럽과 신대륙의 강국들이 식민지 확보에 혈안이 된 것도 석탄을 비롯한 천연자원을 확보하기 위해서였다. 또한 1991년 걸프전과 2003년 미국-이라크 전쟁 역시 석유 패권을 목적으로 한 전쟁의 성격을 가지고 있다.

1998년 이후 500만 명 이상의 대학살이 자행된 콩고민주공화국 사태 뒤에도 자원 확보를 위한 서방 기업들과 서방 정부들의 보이지 않는 개입이 숨어 있다. 하이브리드 자동차의 특수배터리에 필수적으로 들어가는 코발트의 경우 전 세계 매장량의 3분의 1이 콩고민주공화국에 있고, 휴대폰에 필수적으로 들어가는 콜탄도 전 세계 매장량의 80%가 이 지역에 있기 때문이다.

---

68 박영숙 외. 2009: 218.

국제에너지 현황과 전망

미국의 경우 석탄 발전이 50%이상이고, 중국은 총에너지의 70% 이상을 석탄이 차지한다. 2010년 기준으로 중국은 전 세계 에너지 수요의 20.3%를 차지하여 미국(19%)을 제치고 세계 1위의 에너지 소비국이 되었다. 중국은 또한 철분함유율이 30%에 불과한 빈광이다 보니 2003년에는 일본을 제치고 세계 철광석의 40%를 수입하는 수입국이 되었다. 한편 에너지안보 전문가들은 중국과 인도의 경제 성장이 전 세계 석유와 에너지 시장에 미치는 충격을 언급하면서 두 나라를 '친디아(Chindia)'라고 묶어서 부르고 있다.

OECD는 2011년 11월에 발표한 <환경전망 2050 보고서>의 기후변화 장(章)에서 2050년에 세계 경제의 성장으로 에너지 사용량이 80% 증가하고 화석연료가 세계 에너지 공급량의 85%를 차지할 것으로 전망하였다. 반면에 IEA <세계에너지전망 2012>의 자료표(factsheet)에 따르면 화석연료의 비중이 2010년 81%에서 2035년에 75%로 약간 떨어질 것으로 예측하고 있다.

IEA의 <세계에너지전망 2012>에 따르면 2010년도 세계 에너지 수요는 총 12,730 Mtoe인데, 석유 32.3%, 석탄 27.3%, 가스 21.5%, 원자력 5.7%, 수력 2.3%, 바이오에너지 10.0%, 기타 재생에너지 0.9%로 구성되어 있다. 이 중 화석에너지인 석유, 석탄, 가스의 총합이 81.1%이고, 신재생에너지는 13.2%이다. IEA의 핵심 시나리오인 신정책 시나리오(New Policy Scenario)에 따르면 2035년 세계 1차 에너지 수요는 총 17,197Mtoe로 예측되었다. 구성비를 살펴보면 석유 27.1%, 석탄 24.5%, 가스 23.9%, 원자력 6.6%, 수력 2.9%, 바이오

에너지 10.9%, 기타 재생에너지 4.1%로 예측된다. 즉, 화석연료 비중이 75.5%로 조금 줄어들 뿐이고, 신재생에너지는 17.9%로 약간 확대되는 것이다. 아울러 2035년에는 IEA 수입석유 평균가격은 배럴 당 125달러(2011년 달러 기준)까지 오를 것으로 예상했다.[69]

IEA의 신정책 시나리오에 따르면 2035년까지 세계 에너지 수요가 3분의 1 이상 증가하는데, 이 중 60%가 중국, 인도, 중동지역에서 비롯될 것이라고 한다. 미국은 2020년경부터 2020년대 중반까지 미국은 사우디아라비아를 제치고 세계 최대 석유생산국이 될 것으로 내다보았다. 에너지 효율은 정책입안자들이 주요 옵션으로 널리 인식하고 있으나, 현재의 노력은 전체의 경제적 잠재력에 비교하여 부족하다고 평가했다. 아울러 OECD 국가들의 경우 천연가스 및 신재생에너지 중심의 에너지 믹스로 재편하고자 하는 노력이 두드러짐에도 불구하고, OECD 국가들의 전체적인 에너지 수요는 크게 증가하지 않을 것이다. 또한 저탄소에 기반을 둔 에너지의 발달에도 불구하고, 화석연료에 대한 지속적인 보조금 지급에 힘입어 화석연료는 세계 에너지 사용량의 중요한 부분을 차지할 것으로 전망하였다.[70]

BP의 자료에 따르면 <표 3>과 같이 화석에너지의 가채 매장 확인량은 석유 16,526억bbl, 천연가스 208.4조㎥, 석탄 860,938백만 톤으로 가채매장량을 연간생산량으로 나눈 가채연수로 따지면 석유가 54년, 천연가스가 63년, 석탄이 112년으로 나타났다.

---

69 IEA, 2012a: 23, 51.

70 IEA, 2012b: 1-7.

〈표 3〉 세계 에너지 가채 매장량 및 가채연수

구 분	석 유	천연가스	석 탄
가채 매장 확인량	16,526억bbl	208.4조㎥	860,938백만 톤
가채연수	54.2년	63.3년	112년

출처: BP Statistical Review of World Energy June 2012를 토대로 재작성

세계경제 회복이 지역적으로 불균등하게 이루어지고 향후 경제 전망이 불확실함에도 불구하고, 세계 1차 에너지 수요는 2011년에 2010년 대비 2.5% 증가하였고, 온실가스 배출량도 사상최고치를 기록하였다. 저탄소에 기반을 둔 에너지의 발달에도 불구하고, 2011년 화석연료 대상 보조금은 2010년 대비 30% 증가한 5,230억 달러(추산)로서 신재생에너지 보조금의 6배에 달했다.[71]

주요국의 1차 에너지 대비 신재생에너지 소비현황을 살펴보면 <표 4>와 같이 덴마크 20.7%, 독일 10.4%, 프랑스 8.4% 등이다.

〈표 4〉 주요국의 신재생에너지 소비현황(2010년, IEA 기준)

구 분	덴마크	프랑스	독일	일본	영국	미국
1차 에너지(백만toe)	19.6	264.2	331.5	494.8	204.2	2,234.9
신재생에너지(백만toe)	4.0	22.1	3	16	7.2	129.5
비율(%)	20.7	8.4	10.4	3.2	3.5	5.8

출처: IEA, Energy Balances of OECD Countries(2012 edition)

Roland Berger Strategy Consultants의 보고서에 따르면 2011년 청정에너지 시장규모는 2010년에 비해 10% 증가하여 1,980억 유로로 성장했다. 청정에너지 시장이 좀 더 성숙해져 보다 지속가능한 수준인

---

71 지식경제부 외, 2012a: 2.

매년 10% 증가 정도로 안정된 것으로 평가했다. 2015년에는 2,400~2,900억 유로로 성장할 것으로 예상했다. 2011년의 청정에너지 시장의 분포는 풍력(26%), 태양광(25%), 바이오매스(20%)가 대부분의 시장을 차지하고 있으며 에너지 효율이 24%를 차지했다.[72]

그러나 신재생에너지의 기여가능성은 당분간 제약될 전망이다. 이 분야의 기술이 빠르게 진화하고는 있지만 화석연료의 공백을 메우기에는 역부족이어서 최대기여도는 총발전량의 10~20% 정도일 전망이다. 스몰레이(Richard E. Smalley)와 스밀(Vaclav Smil)은 신재생에너지원이 가지는 규모(scale magnitude), 에너지밀도(energy density), 신뢰성(remiliability) 등 세 가지 측면의 본원적 제약으로 인하여 실제의 기여도는 이론치보다 크게 적을 것이라고 전망한다.[73] 원자력은 수용성 문제로 인하여 화석에너지를 대체하기에는 한계를 지니며, 핵융합기술이 조기에 실용화될 가능성은 기대하기 어려운 실정이다. 다만, 에너지이용효율화만이 지구적 에너지 부담을 상당부분 줄일 수 있는 효과적 대안으로 기여할 전망이다. 이상을 종합하면, 저탄소 사회의 실현방안으로 화석연료의 소비가 규제되기 보다는 청정화기술의 개발을 통해 화석연료 사용의 '저탄소화'가 추구될 공산이 크다.[74]

원자력에 대해서는 2011년 후쿠시마 다이치 원자력발전소에서 사고가 발생한 이후 세계 각국의 관련 정책 재검토로 원자력의 입지가 줄어들었다고 평가했다. 원자력 사용 감소 의사를 표명한 국가들의

---

72 Roland Berger Strategy Consultants, 2011: 16-19.

73 Smalley, 2005: 416 ; Smil, 2006: 8~15.; 김호철, 2011: 22.에서 재인용.

74 김호철, 2011: 22.

대열에 일본과 프랑스가 새로 합류했으며 미국과 캐나다 내에서 원자력은 상대적으로 저렴한 가격을 앞세운 천연가스에 그 위상을 위협받고 있다. 원자력 발전량 자체는 여전히 늘어나고 있지만(중국, 인도, 러시아, 한국의 원자력 발전 증대), 세계 전력믹스 내 비중은 다소 줄어들 것으로 예상했다.

신재생에너지는 수력의 지속적인 증가와 풍력과 태양광의 빠른 성장으로 세계 에너지믹스에서 필수 불가결한 존재로 자리 잡아 가고 있으며, 2035년까지 신재생에너지는 전 세계 총발전량 중 거의 1/3을 담당할 것으로 전망했다. 신재생에너지의 빠른 성장세는 기술 비용 감소, 화석연료 가격 상승, 탄소가격 및 보조금의 지속적인 지급을 통해 유지될 것이며, 특히 2011년 전 세계적으로 신재생에너지에 대하여 지급된 보조금 880억 달러는 2035년 2400억 달러까지 증가할 것으로 보았다.

블룸버그 통신에 따르면 2010년도에 새로운 발전소 투자에서 신재생에너지가 처음으로 화석연료보다 더 많아졌다.[75] 아울러 유엔은 2012년을 '모두를 위한 지속가능한 에너지의 해(the UN Year of Sustainable energy for All)'로 지정하면서 긍정적인 반응을 이끌어 낸 바 있다.[76]

셰일가스의 재발견

두껍고 넓은 퇴적암층 내부의 작은 틈새에 산포돼 있는 셰일가스

---

75 www.bloomberg.com. 2011.11.25.

76 IEA, 2012b: 7.

(Shale gas)는 10여년 전까지만 해도 개발하기 어려웠다. 그러나 수평시추관을 박고 이를 통해 물과 모래의 혼합액을 고압으로 분사해 암석에 균열을 만들면 흘러나오는 가스를 포집하는 신기술 덕택에 새로운 에너지원으로 주목받고 있다. 전 세계적으로 확인된 셰일가스 매장량은 187.4조㎥로 전 세계가 2011년처럼 천연가스를 소비한다고 했을 때 59년 간 사용 가능한 규모다. 미국은 이미 전체 가스 소비량의 30%이상을 셰일가스로 충당하고 있으며 덕분에 소비자 가스 가격은 3년 전에 비해 절반 이하로 크게 내려갔다.

국제에너지기구 수석 이코노미스트 파티 비롤(Fatih Birol) 박사는 2011년 6월 '우리는 가스 황금시대에 들어섰나?(Are we entering golden age of gas?)'란 보고서를 통해 셰일가스가 새로운 에너지 혁명을 일으키고 있음을 선언했다. 그는 "셰일가스가 몰고 온 가스 붐은 신재생에너지산업에 타격을 줄 수 있다. 가격경쟁력에서 가스가 태양광을 크게 앞서게 된 것이다"라고 말했다.

그러나 셰일가스가 미국 이외의 지역에서도 널리 활용될 수 있을지는 미지수다. 피에르 가도닉스(Gadonneix) 세계에너지협의회(WEC) 의장은 "셰일가스가 미국을 제외한 다른 국가에서선 게임 체인저(game changer · 판도를 확 바꾸는 사람이나 사건)가 되기 어려울 것"이라고 말한 바 있다. 그는 "한 에너지 원의 비중이 지나치게 크면 지진과 같은 지리적인 충격 또는 유가 상승, 신기술 개발 등 각종 외부 충격에 취약할 수 있다"면서 신중한 접근이 필요함을 강조했다.[77]

삼성경제연구소는 미국 중심의 셰일가스 생산이 전 세계로 확대

---

77 조선일보, 2012.10.12.

되기는 어렵지만, 중국이 셰일가스 생산을 개시할 경우 에너지 시장에 강한 파급력을 초래할 것으로 전망한다. 셰일가스 생산으로 미국 내 발전부문의 대체효과가 큰 석탄과 천연가스시장은 안정되겠지만 석유시장에 대한 영향은 제한적으로 보고 있다.[78] 그러나 셰일가스 개발 등에 힘입어 가스 값이 내려가면서 신재생에너지에 대한 관심이 줄어들고 있는 것도 사실이다.

현재 유럽 국가들은 환경오염을 이유로 셰일가스 개발에 부정적이다. 영국과 스웨덴, 불가리아 등은 환경적으로 문제가 없다는 것이 확인될 때까지 수압파쇄법에 의한 셰일가스 개발을 금지하고 있다. 프랑스 등은 새로운 에너지 환경변화와 환경오염에 대한 우려 사이에서 고민 중에 있다.

미국 코넬대 호워드(Robert Howarth) 교수는 2011년 3월 '기후변화(Climate Change)'라는 과학전문지에 '셰일가스 경계론'을 제기한 바 있다. 문제는 셰일가스 채굴 과정 중에 상당한 양의 가스가 공기 중으로 새어나간다는 사실이다. 종래의 천연가스는 누출량이 0.01% 였는데 셰일가스는 1.9%다. 운송·저장·정제 과정의 누출량까지 합치면 3.6~7.9%나 된다. 이렇게 새어나가는 천연가스(메탄가스)는 단위 질량으로 따지면 이산화탄소와는 비교할 수 없을 만큼 강력한 온실가스다. 온난화가 티핑 포인트(tipping point)를 넘어서지 않게 하려면 앞으로 20~30년이 중요한데 셰일가스는 그 사이 온난화를 절벽으로 굴러 떨어지게 만들 수 있다는 것이다.[79] 미국 에너지부와 카네기 멜론 대학은 이에 동의하지 않는다며 공식적인 반박보고서

---

78 박환일 외, 2012: 7-8.
79 한삼희, '셰일가스, 온난화 도박될 수도'. (조선일보, 2012.8.11.)

를 발표했다. 이 문제는 아직 미해결 상태에 있다.

우리나라는 세계 2위 가스수입국(연간 수입량 3,000만t)이므로 셰일가스로 대표되는 국제 에너지 환경의 변화에 주목하고 적절한 대책을 준비할 필요가 있다. 제1차 국가에너지기본계획(2008～2030년)에서 원자력 비중은 2006년 15.9%에서 2030년 27.8%로 늘어나는 반면, 천연가스 비중은 13.7%에서 12%로 낮아지는 것으로 되어 있어 이에 대한 재검토가 필요하다.

지식경제부는 2012년 9월 6일 에너지 및 관련 산업계 대표 30여 명이 참석한 가운데 간담회를 개최하여 '셰일가스 개발·도입 및 활용 전략'을 발표했다. 주요 내용은 2020년까지 국내 LNG도입량의 20%를 셰일가스로 확보하여 중동·동남아에 치중된 천연가스 도입선을 다원화하고 국내 가스가격 안정화를 도모하는 한편, 자주개발 물량 중 셰일가스의 비중을 20%로 확대한다는 것이다. 또한 2020년까지 셰일가스 개발기술을 선진국 대비 80% 수준으로 확보하기 위한 '셰일가스 개발기술 마스터 플랜'을 2012년 말까지 수립하기로 했으나, 2013년 1월말 현재 발표되지 않고 있다.

한편, 미국은 2013년 3월부터 자국산 셰일가스의 수출대상국 제한을 철폐하기로 했다. 지금까지는 미국과 자유무역협정(FTA)을 체결한 국가에만 수출승인을 했지만 일본, NATO 회원국 등의 동맹국으로도 확대하기로 한 것이다. 이에 따라 세계 에너지 시장의 변화가 예상된다.

4. 환경관련 국제회의 및 국제협약

1980년대까지

1968년 4월 로마에서 이탈리아 기업가인 아우렐리오 페체이(Aurelio Peccei)와 스코틀랜드 과학자인 알렉산더 킹(Alexander King)에 의해 로마클럽(The Club of Rome)이 창립되었다. 이 클럽은 서유럽의 학계, 시민사회, 외교계, 산업계 등의 지도적인 인사들이 모여 다양한 국제정치 이슈들을 다루는 글로벌 싱크탱크이다. 이 클럽에서 1970년 6월에 '인류의 위기에 관한 프로젝트'를 만들었고, 이 프로젝트를 수탁한 매사추세츠 공과대학(MIT)의 도넬라 메도우스(Donella H. Meadows)를 중심으로 4명의 연구자가 로마 클럽에 제출한 연구보고서가 바로 1972년에 발간된 <성장의 한계(The Limits to Growth)>이다.

이 보고서는 세계 모형을 바탕으로 경제성장과 관련된 비판적 분석을 하고 있는데, 크게 다섯 가지 문제를 중심으로 전개된다. ① 인구 문제로서, 인구는 계속해서 연 2.1%로 증가하는 데 반해 식량 산출량은 인구증가율을 따라잡지 못한다. ② 공업생산은 연 5%씩 증가하는데, 자본재가 없어지는 속도는 공업의 성장 속도보다 훨씬 빠르다. ③ 식량 수요의 지수적 성장은 인구증가의 직접적 결과이기 때문에 지구의 모든 땅이 활용된다 하더라도 결국 인구를 먹여 살릴 식량 생산은 한계에 이를 수밖에 없다. ④ 재생 불가능한 자원의 사용 속도는 인구나 공업성장 속도보다 빠르게 증가해 마침내는 고갈될 수밖에 없다. ⑤ 인구와 공업 활동의 영향을 받아 갈수록 지구의 환경오염은 가속화될 수밖에 없다.

이 다섯 가지 문제를 종합해 이들은 현재의 성장 추세가 변하지 않고 계속 되는 한 앞으로 100년 안에 성장의 한계에 도달할 것이라고 보았다. 즉 유한한 환경에서 계속 인구증가·공업화·환경오염·식량감소·자원고갈이 일어난다면 성장은 한계에 이른다는 것이다. 이 보고서는 비록 지구의 미래와 기술의 기여도를 지나치게 비관적으로 보고 있다는 비판을 받기도 했지만, 1970년대 이후 환경오염에 대한 세계적인 관심을 증폭시키는 데 결정적인 역할을 한 것으로 평가받고 있다.

이 보고서의 발간 무렵인 1970년대 초부터 지구온난화에 대한 문제도 국제사회에서 제기되었다. 슈마허(E. F. Schmacher) 등 미래학자와 유엔을 중심으로 화석에너지의 과도한 소비와 산업화에 따른 환경오염 및 생태계의 파괴에 대한 우려가 거론되기 시작했다.

1972년 6월에 '하나뿐인 지구(Only One Earth)'를 표방하며 스웨덴의 스톡홀름에서 개최된 유엔인간환경회의에서 지구환경에 대한 국제적인 논의가 본격적으로 시작되었다. 세계 113개국의 정부대표, 국제기구, 민간단체 등 1,300여명이 참석한 이 회의는 환경문제를 지구적 차원에서 논의한 최초의 국제회의로서, 유엔 체제 내에서 환경문제를 종합적으로 검토할 수 있는 계기를 마련하였다.

이 회의를 통해 흔히 스톡홀름 선언이라고 불리는 '인간환경선언 (Declaration of the United Nations Conference on the Human Environment)'과 환경보호를 위한 109개 항의 국제적 행동계획이 채택되었다. 규범력의 한계가 있기는 하였지만 보편적 명제에 입각한 환경보호의 중요성을 부각시켰으며, 이를 위한 국가 간 협력을 강조하였다.

1973년 1월에는 동 선언의 정신에 입각하여 국제환경 보호업무를 담당할 유엔의 특별기구로서 유엔환경계획(UNEP)이 설립되었다. UNEP의 본부는 케냐의 나이로비에 위치하고 있다.

1970년대는 주로 일부 선진국에만 국한되기는 하였지만 환경문제를 인식하기 시작한 시기이다. 국제환경문제에 관한 논의의 초점은 지구가 보유하고 있는 자원의 한계와 폭발적인 인구증가에 맞추어졌다. 선진국들은 그 동안의 산업화 과정으로 인해 1960년대 이래로 대기오염, 산성비, 수질오염 등과 같은 지역적인 환경문제를 앓고 있었으며, 이를 해결하기 위한 법적·제도적인 장치를 마련하기 시작하였다.

기후변화협약에 대한 국제적인 논의가 본격적으로 시작된 것은 1979년 제1차 세계기후회의로 알려져 있다. 1980년대 초반부터는 유럽공동체(EC)를 중심으로 협약의 필요성이 확산되기 시작하였다. 지구온난화를 주제로 공식적인 국제회의가 개최된 것은 1985년이다. UNEP의 주최로 열렸는데 오스트리아 필라흐(Villach)에서 개최되어 필라흐회의라고 부른다. 이 회의는 21세기 초 세계의 기온상승이 지금까지 인류가 경험하지 못한 심각한 문제가 될 가능성이 있다는 것과 함께 과학자와 정책결정자가 지구온난화 대책을 서둘러야 한다는 것을 확인하는 선에서 끝났다. 그로부터 3년 후인 1988년에 캐나다의 토론토에서 개최된 토론토회의에서는 보다 강도 높은 논의가 이루어졌다. 선진국은 2005년까지 CO_2의 배출량을 1988년 수준에서 20% 감축한다는 목표에 돌입한다는 성명이 채택되었다.

1988년에는 유엔총회의 결정에 따라 세계기상기구(WMO; World Meterological Organization)와 UNEP가 공동으로 주관하여 IPCC가 설립되었다. IPCC의 임무는 기후변화에 관한 과학적 기초와 기후변화의 사회·경제적 영향 및 적응방안, 온실가스 배출 완화방안 등에 대해 광범위하게 검토하고 평가보고서를 제출하는 것 등이다.

한편 1982년에는 유엔환경계획 창설 10주년을 기념하는 나이로비 회의가 열려 유엔위원회로서 세계환경개발위원회(WCED)의 설립을 의결하였다. 그 결과 이 기구는 1983년 유엔총회에서 정식으로 발족하여 세계 환경문제의 현황을 조사하고 실질적인 대책을 강구하는 기능을 부여받게 되었다.

WCED가 공식적인 활동을 종결하면서 1987년에 4월에 발간한 <우리 공동의 미래(Our Common Future)>라는 보고서는 두 가지 문제의식을 바탕으로 하고 있다. 첫째는 빈부격차가 오늘날 환경오염과 파괴의 근본 원인이라는 것이고, 둘째는 빈부 격차가 또한 환경 개선을 위한 노력을 저해하는 근원적 장애 요인이라는 것이다. 이 보고서에서 '지속가능 발전(sustainable development)' 이라는 개념이 처음 제시되었다. '환경적으로 건전하고 지속가능한 발전(ESSD: Environmentally Sound and Sustainable Development)' 이라고 불리는 이 개념은 미래 세대를 생각하는 개발전략이다.

한편 1970년에 독일 막스프랑크연구소의 폴 크루첸(Paul J. Crutzen)이 처음으로 오존층의 취약성에 대해 주의를 환기시킨 이후 1974년에 미국의 로우랜드(Sherwood Rowland)와 몰리나(Mario Molina)가 염화플루오르화탄소(CFC) 기체의 위험에 관한 연구를 발표하면서 오존층 파괴문제가 지구적 문제로 부상했다.[80] 이후 오존층 보호를 위한 국제협약이 추진되었고 1984년에는 이들이 예측한대로 남극 대륙 상

---

80 이 세 사람은 성층권의 오존이 어떤 경로로 파괴되는지를 규명한 공로를 인정받아 1995년에 공동으로 노벨 화학상을 수상했다.

공 오존층에 커다란 구멍이 난 것이 확인되었다. 1985년에 드디어 오존층 보호를 위한 비엔나 협약이 체결되었고, 1987년에는 오존층 파괴물질에 관한 몬트리올 의정서가 채택되었다. 이 의정서는 염화불화탄소를 규제하기 위한 최초의 지구적 환경 규약으로 2013년 1월 현재 197개국이 비준하였다.

또한 1989년 3월 스위스 바젤에서 유해폐기물의 국가 간 이동 및 그 처리의 통제에 관한 바젤협약이 체결되어 1992년 5월부터 발효되었으며, 우리나라는 1993년 12월에 가입했다. 이 협약의 기본취지는 병원성 폐기물을 포함한 유해폐기물의 국가 간 이동시 교역국은 물론 경유국에도 사전 통보 등의 조치를 취해 유해폐기물 불법이동을 줄이자는 것이다.

1977년 케냐 나이로비에서는 유엔사막화대책협의회(UNCOD)가 개최되었다. 1992년에는 브라질 리우 데 자네이루에서 열린 유엔환경개발회의에서 아프리카 국가들의 발제에 따라 국제공동체적 차원에서 사막화를 퇴치할 통합적인 접근방법의 필요성에 대한 합의가 이루어졌다. 그 결과 1994년 프랑스 파리에서 유엔사막화방지협약(UNCCD; United Nations Convention to Combat Desertification)이 채택되었다.

1992년 리우회의

1992년 6월 1일부터 12일까지 브라질의 리우 데 자네이루에서는 1972년 유엔인간환경회의 개최 20주년을 맞아 유엔환경개발회의(UNCED; United Nations Conference of Environment and Development)가 열렸다. 이 회의는 일반적으로 리우회의(Rio Conference) 또는 지구정상회담(Earth Summit)으로 불려지며, 유엔이 주관하였다. 178개국 정부대표, 68개의 국제기구와 비정부조직(NGO)의 대표 등 약 24,000명이 참가하였다. 선진국과 후진국의 상당한 의견대립에도 불구하고 원칙과 협약을 도출하려고 노력하였다. 그 결과 환경과 개발의 조화를 추구하기 위한 기본원칙을 제시한 '환경과 발전을 위한 리우선언(Rio Declaration)'과 '21세기 지구환경 보전 강령'이 채택되었다.

리우회의는 지속가능 발전의 선결 조건으로 국가 간, 계층 간 빈부 격차 완화를 꼽았다. 리우선언은 전문과 27개 조항의 행동원칙으로 구성되며, 제7원칙에 '공통의 그러나 차별화된 책임'이 있음을 규정하였다. 흔히 '21세기 의제(Agenda 21)'로 약칭되는 '21세기 지구환경 보전 강령'은 지속 가능 발전을 실현하기 위한 구체적 지침을 담은 행동 강령이다. 이 강령은 빈부 격차의 완화 방안과 함께 자원의 효율적 이용, 기술 진보의 중요성 및 경제적 인센티브를 활용한 환경 정책도 강조하고 있다.

물론 이 선언과 강령은 권고사항이라는 한계는 있지만, 리우회의를 통해 세계 각국들이 지구차원의 환경협력을 위한 원칙과 실천계획을 마련하는 데 정치적인 결단을 보여 줌으로써 지구환경문제를 국제관계의 주요이슈로 부각시켰다는 점은 인정받아야 할 것이다. 지속가능발전론은 이 회의를 계기로 전 세계에 확산되기 시작하였다.

아울러 리우회의를 통해 유엔기후변화협약(UNFCCC; United Nations Framework Convention on Climate Change)이 채택되었다. 이 협약은 '기후에 위험한 인위적 영향을 주지 않는 수준까지 대기 중의 온실가스 농도를 안정화 시킨다'는 것을 궁극적인 목표로 내걸고, 선진국의 의무와 선진국과 개발도상국 공통의 의무를 명시했다. 이 협약은 1994년 3월에 발효되었으며, 189개국과 당시의 유럽공동체(EC)가 참가했다. 2012년 11월 현재까지 195개국이 비준하였다. 협약의 궁극적인 목표를 달성하기 위해 다음과 같은 5개 원칙을 내걸었다.[81]

① 선진국과 개발도상국 모두에 공통으로, 그리고 개별적으로 수행할 책임이 있으며 이를 바탕으로 기후를 보호한다.

② 개발도상국 각국의 특별한 상황을 배려한다.

③ 각국이 지속가능한 발전을 추진하는 권리와 의무를 갖는 것을 인정한다.

④ 예방적 협력을 추진한다.

⑤ 국제적 협력을 추진한다.

이와 함께 선진국들만이 이행하는 특별의무조항에는 부속서 Ⅰ에 포함된 체약국의 경우 규제대상 온실가스배출량을 2000년까지 1990년 수준으로 감축할 목적으로 온실가스 배출 억제정책 및 조치를 시행하도록 되어 있으며, 부속서 Ⅱ에 속해 있는 국가들은 개도국들에 대해 기술이전, 노하우의 이전 및 이를 위한 재원제공을 의무화하고 있다.[82]

한편, 1992년 리우회의에서는 '생물다양성협약(CBD; Convention on Biological Diversity)'도 채택되어, 1993년 12월에 발효되었다. 생물다양성 협약 제2조는 생물다양성을 '육지, 해양, 수중 생태계와 이들 생태계가 부분을 이루는 복합생태계 등에서 나타나는 생물 간의

---

81 박종식(1996), "국제환경규범의 현황과 전망". 과학기술정책관리연구소(1996), 「21세기 기술변화와 환경」, 과학기술경제 심포지움, 1996년 12월 17일.

82 부속서 Ⅰ 국가는 협약 채택 당시 OECD 24개국 및 EU와 동구권 국가 등 35개국이었으나, 제3차 당사국총회(COP3)에서 5개국(크로아티아, 슬로바키아, 슬로비니아, 리히텐스타인 및 모나코)이 추가로 가입하여 현재는 40개국이다. 부속서Ⅱ 국가는 부속서Ⅰ 국가에서 동구권국가가 제외된 국가군으로 OECD 24개국과 EU이다.

상이성'으로 정의하고 있다. 현재 지구상에 살고 있는 생물종의 수효는 정확히 확인되지는 않았지만 적게는 수백만 종, 많게는 수천만 종인 것으로 추정한다. 인간의 생존은 식물, 동물, 미생물과 같은 많은 생물에 의존한다. 이 협약은 '생물 다양성을 보존하고, 구성요소를 지속 가능하게 이용하며, 또한 유전자원의 이용으로 발생하는 이익을 공정하고 형평성 있게 공유하는 것'을 목적으로 하고 있다.[83] 우리나라는 1995년부터 협약의 당사국이 되었다.

1997년 교토의정서

유엔기후변화협약의 구체적인 내용은 체결국 회의로 넘겨졌다. 1995년 베를린에서 제1차 총회가, 1996년 제네바에서 제2차 총회가 개최된 후 1997년에 개최된 제3차 총회가 교토에서 개최되었다. 여기서 구체적인 수치목표가 담긴 교토의정서(Kyoto Protocol)가 기후변화협약의 부속의정서 형태로 채택되었다. 2000년 11월 헤이그 총회는 교토에서 마련한 의정서를 비준하려는 자리였으나 실패했다. 아쉽게도 미국은 2001년 3월 이 협상에서 탈퇴했다. 하지만 2001년 7월에 독일 본에서 총회가 열렸는데, 이 때 교토의정서가 비준과 서명을 받아 법적 협정이 되었다. 2001년 11월 모로코 마라케쉬에서 열린 제7차 당사국총회에서 세계적으로 어떤 환경협약보다 영향력 있고 포괄적인 교토의정서 세부이행방안이 최종 타결되었다.

협약발효의 기준은 기후변화협약 회원국 가운데 55개국 이상이 비

---

83 김형국, 2011: 486-487.

준해야 하고, 비준서를 제출한 선진국들의 이산화탄소 배출량이 전 세계 배출량의 55%를 초과하면 그로부터 90일 이후 발효하는 것으로 정해져 있었다. 미국과 호주가 불참 원칙을 고수하여 교토의정서는 좌초위기에 놓였지만, 비준을 망설이던 러시아가 2004년 11월에 이 의정서를 비준함에 따라 2005년 2월 16일 마침내 공식 발효되었다. 2012년 1월 말까지 총 191개국이 의정서를 비준한 상태이다.

교토의정서는 한마디로 말하면 2008~2012년까지 첫 번째 약속기간에 선진국이 달성해야 하는 온실가스 감축목표를 수치로 정한 것이다. 부속서 I에 명시된 선진 38개국은 제1차 이행기간인 2008년부터 2012년까지의 기간 안에 온실가스 배출량을 1990년 대비 평균 5.2%를 의무적으로 감축해야 한다. 그러나 이 의정서에 따라 감축의무를 지고 있는 국가의 배출량은 모두 합해봐야 세계 배출량의 30%밖에 되지 않는다는 한계가 있다. 중국, 인도, 멕시코, 한국 등은 개발도상국으로 분류돼 감축의무가 없다.

교토의정서는 선진국들이 자국 내에서만 온실가스 감축을 이행하는 데 한계가 있다고 판단하여 의무이행에 신축적인 교토 매커니즘(Kyoto Mechanism)을 도입하면서 세계 탄소거래시장 출현의 계기가 되었다. 이는 한 국가가 다른 국가의 온실가스 감축에 투자하여 감축한 실적의 일부를 투자국의 성과로 인정하는 공동 이행(Joint Implementation), 부속서 I 국가가 비부속서 I 국가에서 온실가스 감축사업을 수행하여 달성한 실적을 부속서 I 국가의 감축 달성에 활용하는 청정개발체제(CDM; Clean Development Mechanism)와 배출권 거래제도(Emission Trading)로 이루어졌다.

교토의정서는 부속서 I 국가들이 의정서 의무를 이행하도록 의무

준수위원회(Compliance Committee)를 설치했다. 의무준수위원회의 강제분과는 부속서 I 국가들이 1차 공약기간(2008~2012)에 그 분량의 1.3배에 해당하는 강력한 페널티를 부과한다. 또한 의무 위반 상황이 발생했을 경우를 대비하여 메커니즘 참가자격 정지 권한도 갖고 있다.

교토의정서는 선진국들만이라도 법적으로 구속력 있는 감축 목표에 합의하였다는 데 큰 의의가 있지만, 온실가스 감축목표 설정과 관련하여 다음 세 가지의 한계점을 지적받았다. 첫째, 제1차 공약 기간을 대상으로 단기적 감축 목표를 설정하였다는 점이다. 둘째, 선진국에 대해서만 감축 의무를 설정하였으면서도 미국이 불참했다는 점이다. 또한 중국, 인도, 브라질 같은 개발도상국들도 제외되었다. 셋째, 국가별 감축 의무 할당이 엄격한 분석을 통해 이루어진 것이 아니라 정치적 합의에 의해 결정되었다는 점이다. 그 결과 러시아와 동구권 국가들은 경제 침체와 구조 전환으로 인해 대규모 잉여 배출권을 보유하게 되었으며, 결과적으로 실질적인 온실가스 감축 효과가 약화되었다는 문제점이 지적되었다.[84]

한편, 유럽연합 국가들이 기후변화에 관한 국제협약에 적극적으로 참여하는데 비해 미국이 불참하고 있는 점은 미국과 유럽연합 사이에 깊은 균열이 있는 것으로 인식된다. 많은 정치 논평가는 이를 '대서양 열곡'이라고 부르곤 한다. 미국인은 역사적으로 어떤 민주적 정당성의 원천도 헌법적 국민국가보다 높게 치지 않는 경향이 있는 반면에 유럽인들은 이와 대조적으로 민주적 정당성은 어떤 개별 국민국가보다 훨씬 큰 국제 공동체의 의지로부터 나온다고 믿는 경

---

84 김형국, 2011: 474.

향이 있다는 것이다.[85]

아울러, 많은 학자들은 부유한 선진국이 가난한 나라들에 언제 어떻게 개발할 지를 강제할 수 있는 '녹색 식민주의'를 우려한다. 청정개발체제는 돈이 부자 나라에서 가난한 나라로 흐를 수단을 제공해 주기 때문에 교토의정서에 포함되었다. 그러나 80%에 이르는 프로젝트 형태의 탄소 배출권은 중국·브라질·인도·한국이 확보했는데, 이들은 개발도상국 가운데서도 부유한 축에 속하는 나라이고, 따라서 돈은 세계에서 가장 가난한 나라 사람들에게 전달되지 않을 것이라는 것이다. 또한 탄소 배출권의 60%를 영국과 네덜란드가 구입함으로써 금융 거래를 매우 왜곡하고 있다는 점을 지적한다.[86] 또한 서명만 하고 이행하지 않는 국가에 대해 제재(制裁)할 방법이 별로 없다는 집행력의 한계도 있다.[87] 심지어는 현재까지 교토 의정서의 발효로 이루어진 성과는 거의 없다고 해도 좋을 정도라는 혹평을 받기도 한다.[88]

포스트 교토 협상과 리우+20 회의

포스트 교토(Post-Kyoto) 협상은 교토의정서에 따른 1차 의무감축 기간이 끝난 후인 2013년 이후의 계획을 세우는 것이다. 가장 중요한 의제는 지구 전체의 온실가스 감축 목표량이다. 이는 지구의 대기 중 온실가스 농도를 어느 정도에서 안정화시킬 것인지와 각 국가

---

85 마크 마슬린, 2010: 191-193.
86 마크 마슬린, 2010: 193-195.
87 마크 마슬린, 2010: 188-190.
88 앤서니 기든스, 2009: 274.

별 할당목표를 설정하는 것을 포함한다. 발리 로드맵에 의해 선진국과 개도국이 모두 참여하는 포스트 교토 협상이 가능했던 것은 UN 산하 IPCC가 2007년 제4차 보고서를 통해 지구온난화의 원인이 CO_2 등 온실가스 때문이라는 과학적 사실을 재확인해 주었기 때문이다.

2007년 12월 인도네시아 발리에서 열린 제13차 유엔기후변화협약 당사국 총회에서는 포스트 교토 협상의 전반적인 구조를 완성한 발리로드맵(Bali Road Map)이 채택되었다. 이에 따르면 2013년 이후 적용할 새로운 기후변화협약은 2년간의 협상을 거쳐 2009년 덴마크 코펜하겐 총회에서 결정하기로 했다. 이 로드맵은 선진국과 개도국 간의 이해관계가 합의점을 찾아 타결된 중요한 결정문이지만 당사국 총회 결정문으로 채택된 비구속적 문서이다. 발리로드맵은 두 가지 목표를 가지고 있다. 첫째는 교토의정서상의 부속서 Ⅰ 국가들에 대하여 2013년 이후의 감축의무를 어떻게 정할 것이냐는 문제였다. 둘째는 이러한 부속서 Ⅰ에 해당되지 않는 국가, 즉 개발도상국에 대하여 2013년부터 온실가스 감축을 위해 어떤 형태의 의무를 부과할 것이냐 하는 문제에 대해 결론을 내도록 한 것이다.

이 로드맵에 따라 교토의정서 의무감축국의 문제만을 다루는 교토의정서 협상 트랙(AWG-KP)과 공유 비전, 온실가스 감축 문제, 개도국에 대한 재정·기술 지원 문제와 같은 사안을 다루는 개발도상국의 새로운 협상트랙(AWG-LCA) 등 두 가지 트랙 방식의 협상을 유도했다. 물론 '장기협력 행동 임시 작업반(AWG-LCA)'은 선진국과 개도국이 모두 참여하여 구성되었다. 2008년과 2009년에 유엔기후변화협약 194개 회원 국가들은 10차례 AWG-LCA 회의를 개최했으나, 협상회의는 더디게 진행되었다. 가장 큰 이유는 선진국과 개도국 사이의 대립 때문이었다.

2009년 12월 덴마크 코펜하겐에서 열린 제15차 기후변화 당사국 총회(COP15)에서 포스트 교토체제에 대한 협상타결을 위한 회의가 개최되었다. 하지만 온실가스 감축 및 대(對)개도국 지원 이슈 등 핵심의제에 있어서 선진국과 개발도상국 간에 첨예한 입장대립이 계속되었다. 선진국은 교토의정서가 선진국과 개도국의 감축을 포괄하는 새로운 '단일 법적 체계(single legal instrument)'로 대체되어야 한다고 주장한 반면에 개도국은 교토의정서 폐기 시도는 선진국의 역사적 책임을 회피하고 기후변화 협약의 기본 원칙인 형평성을 부정하는 것이라며 강하게 반발하였다.[89] 이에 따라 구속력을 가진 합의 도출에는 실패하고, 구체적인 사항은 2010년 12월 멕시코 칸쿤에서 열리는 총회로 협상시한을 1년 연장하였다.

다만 코펜하겐 총회에서는 기온상승폭을 산업화 이전에 비해 2℃ 이내로 제한한다는 범지구적 장기목표를 포함한 정치적 결의안 수준의 코펜하겐 합의문(Copenhagen Accord)을 도출하였다. 이 합의는 전체 당사국 총회에서 채택되지 못하고 28개 국가 간의 임의적인 합의에 그쳤지만 향후에 참조할 주요한 준거를 마련하였다는 점에서는 의의가 있다. 이 합의문은 불완전하며 부분적이고 비구속적인 합의문이라는 혹평을 받기도 하였지만, 그 내용에서는 발리로드맵의 주요 주제별 주요한 내용들을 그대로 담고 있다.

---

89 이 협상에 참석한 정래권 대사는 "근본적인 원인은 기후변화에 대한 시각 차이에 있다. 개도국은 선진국이 과거의 산업화 과정에서 일으킨 문제라고 생각해 선진국이 선도적인 책임을 져야한다고 보는 반면, 선진국은 개도국으로부터 배출될 온실가스가 급증할 것이라는 점에만 주목하고 미래에 대한 책임을 강조한다. 선진국들은 자신들의 책임에 걸맞은 감축목표치와 개도국에 대한 재정지원에 관한 구체안을 제시하지 못하면서 개도국의 동참만을 강조해 도덕적 설득력을 갖지 못했다. 개도국들도 능력에 상응한 기여라는 점을 인정하지 않고 이념적으로만 대응한 것도 실패의 원인이다. 그러나 더 큰 실패의 원인은 역시 선진국에 있다고 본다"고 말했다(국민일보, 2009.12.21.).

아울러 코펜하겐 총회에서 선진국들은 2020년까지 매년 1,000억 달러의 '코펜하겐 녹색지구기금'을 조성하고, 2010년부터 2012년까지 총 300억 달러의 긴급재정지원금(Fast Start Finance Initiative)을 개도국에 긴급 지원하기로 합의했다. 또한 미국이 그간 주장해 오던 국제적 검증(Verification) 대신에 국제적 협의와 분석(Consultation and Analysis)을 허용하는 것으로 검증의무가 조금 완화된 형태로 합의되었기 때문에 구체적인 허용범위를 정하는 문제가 계속 쟁점으로 남게 되었다.[90]

2010년 12월에는 멕시코 칸쿤에서 기후변화협약당사국 제16차 총회가 열렸다. 여기서 합의한 '칸쿤합의(Cancun Agreements)'는 비록 낮은 수준이긴 하지만, 발리로드맵 이후 3년 만에 국제적 합의를 이끌어내었다는 점에서 의의가 있다. 모두 194개국 대표가 참석했으며, 주요 합의사항은 다음과 같다.

① 선진국들이 개도국의 완화활동을 지원하기 위해 2020년까지 연간 1,000억 달러로 증가한(rising to USD 100 billion per year by 2020) 기금을 제공하기로 재확인했으나 재원 마련 방법은 미합의

② 선진국의 재정적 보상으로 후진국들의 열대우림을 보호하기로 했으나 재원 마련과 감시방법은 미합의

③ 기술 이전을 위한 기술집행위원회를 구성하여 개발도상국의 수요와 정책을 분석하고, 기후기술센터를 설립해 세계적인 환경기술 수요공급망을 구축하기로 함

④ 2012년 만료되는 교토의정서의 연장여부에 대해서는 '교토의정서 2기'를 준비하되 국가들의 참여를 강제하지는 않음

---

90 이재훈, 2010: 56.

⑤ 각국의 온실가스 배출량 목표 합의는 2011년 남아프리카공화국
   더반에서 열리는 총회로 미룸

2011년 11월 28일부터 12월 9일까지 남아프리카공화국 더반에서
개최된 제17차 기후변화협약 총회에서는 194개 참가국이 '더반 플
랫폼(Durban Platform)'이라고 불리는 합의문을 채택하였다. 회의기
간에 일본, 러시아 등이 교토의정서 연장에 대해 미국과 중국이 참
여하지 않으면 탈퇴하겠다고 선언하였으나, 미국과 중국이 새로운
체제 합의에 긍정적인 신호를 보내옴에 따라 포스트 교토체제의 개
시 시점을 2013년에서 2020년으로 유예하는 극적인 합의에 이르렀
다. 선진국과 개도국 총 195개 당사국이 모두 참여하는 신기후체제
를 2020년에 출범시키며, 이와 관련된 협상은 2015년까지 모두 마
무리하겠다는 것이다.

주요 내용을 살펴보면 2012년 만료되는 교토의정서를 5년 내지 8년
연장하는 '2차 공약기간 설정'[91]과 '2020년 이후 모든 당사국에 적용
가능한 '의정서, 법적 체제, 또는 법적 결과물(Protocol, another legal
instrument, or agreed outcome with legal force)' 채택을 위한 협상 개시
그리고 '칸쿤합의의 이행'과 '녹색기후기금 설립' 등 대략 네 가지이다.

더반 플랫폼은 그동안 유럽이 가장 적극적으로 기후변화문제를
논의하고 실행해 왔지만 유로존(Eurozone)에 닥친 경제위기로 환경
문제 논의는 우선순위에서 밀려나는 상황에서 채택되었다는 점과

---

91 최빈국(LDCs) 및 군소도서국가연합(AOSIS)은 UN 기후변화회의(2012. 5.14~25, 독일 본)에서 교토의
   정서 2차 공약기간을 5년('13~'17년)으로 설정하는 것을 지지한다고 표명한 반면에 EU의 경우 역내
   온실가스 감축목표('20년까지 '90년 대비 20% 감축) 설정기간과 동일하도록 교토의정서 2차 공약기
   간을 8년('13~'20년)으로 설정하는 것을 지지하고 있다(http://www.pointcarbon.com/news/1.1891052).

중국과 인도 등 개발도상국은 물론 자국 산업 보호를 이유로 교토의
정서에서 탈퇴한 미국도 동참했다는 점에서 큰 의미가 있다. 여기서
2차 공약기간에 참여하는 선진국의 감축목표를 확정하지 못한 점은
아쉽지만 더반 총회를 계기로 이제 기후변화의 국제정치는 새로운
국면에 접어든 것으로 판단된다.

이 회의에서 우리나라가 코펜하겐 회의 시 제기하여 채택된 개도
국의 자발적 감축행동을 등록하는 등록부(NAMA registry)의 인정기
능이 반영되어, 자발적 감축행동을 국제사회로부터 인정받을 수 있
게 된 점은 성과로 인정된다. 또한 연간 1,000억 달러 규모의 녹색
기후기금의 설치를 위한 보고서가 채택되어 동 기금을 조기 출범하
기 위해 이사국 선정, 사무국 선정 등의 절차에 박차를 가했다.

그러나 선진국과 개도국 등 각국이 처한 환경과 이해관계가 다른
상황에서 개최되는 기후변화당사국총회에 너무 큰 기대를 하는 것은
옳지 않다고 본다. 앤서니 기든스도 "발리 회의 이후 진행되는 앞으
로의 협상에 대해서 특별한 성공을 기대하지 말라. 그 협상들은 지구
온난화 억제에 별로 도움이 되지 못할 것이다. 그 많은 나라의 참여
는 곧 최소한의 공통분모 찾기로 흘러갈 수밖에 없다는 뜻이다. 병의
치유가 아닌 진통제 효과에 그치기 십상이다"라고 언급하고 있다.[92]

2012년 6월 20일부터 22일까지 브라질 리우데자네이루에서 유엔
지속가능발전정상회의(리우+20 회의)가 개최되었다. 180개 유엔회
원국에서 100여명의 정상을 포함한 정부대표, 전문가, 시민단체 등
5만여 명이 참석한 '리우+20'은 20년 전 같은 곳에서 열린 유엔환

---

92 앤서니 기든스, 2009: 292.

경개발회의의 합의 사항을 점검하고 인류가 가야 할 새로운 길을 모색하는 자리였다. 회의 결과는 '우리가 원하는 미래(The Future We Want)'라는 정상 선언문 형태로 반영되었으며, 지구와 인류의 지속가능한 미래를 위해 '녹색경제(Green Economy)'로 가야 한다는 결론에 도달했다. 인류가 직면한 기후변화, 에너지 고갈, 사회적 불평등, 그리고 이에 파생된 식량위기, 물 부족, 금융 불안, 실업증가, 양극화, 빈곤층 문제 등을 해결하고 새로운 일자리를 창출하며 삶의 질을 향상시키기 위해 지금의 경제시스템을 과감히 바꿔야 한다는 것이다. 이 회의에서 우리나라는 형식면에서 공동의장국으로서 의제를 설정하는데 기여했을 뿐만 아니라 내용 면에서도 녹색성장의 역할과 녹색경제의 중요성을 정상 선언문에 적극 반영함으로써 지속 가능한 세계 발전의 방향과 방식을 제시하였다.

2012년 11월 27일부터 12월 9일까지 카타르 도하에서 열린 '제18차 유엔기후변화협약 당사국총회(이하 COP18)' 결과에 대한 비판이 거세다. 2012년 말에 끝나는 교토체제를 2020년까지 연장하기로 간신히 합의했지만, 온실가스 배출량 세계 1~3위인 중국, 미국, 인도는 애초부터 빠져 있었고 4~5위인 러시아, 일본마저 교토의정서에서 탈퇴했다는 것이다. 2차 공약기간에도 감축의무를 지겠다는 유럽연합(EU) 회원국과 호주·노르웨이·스위스·우크라이나 등이 배출하는 온실가스는 전 세계 배출량의 15%에도 못 미치기 때문이다.

교토의정서 2차 협약은 2013년부터 2020년까지 8년 간 적용되며, 일본·러시아·캐나다·뉴질랜드 등 4개국이 빠진 대신에 몰타 등 4개국이 편입되어 적용국가는 38개국으로 같다. 온실가스 감축량은 최대 20%감축으로 정했으나 각국 정부 차원의 약속으로 법적 구속력이 없다. 개도국에 대해서는 향후 3년간(2013~2015) 재정지원은 약속하되 규모는 명시하지 않았으며, 2020년까지 매년 1,000억 달러로 증가한 기금지원 약속은 유효한 것으로 확인했다. 경제위기 등으로 어려움을 겪는 선진국들이 막판까지 논의를 꺼리다가 "자금 조성에 대한 전략을 내년 총회 때 제시한다"는 수준에서 협상을 마무리했다.

이로써 우리나라가 유치한 인천 송도의 녹색기후기금(GCF) 사무국 개설 및 운영 역시 1년 이상 뒤로 밀릴 수밖에 없는 상황이다. 2020년 기금 규모가 8,300억 달러에 달할 것이라는 국내의 장밋빛 전망이 무색해지는 것이다. COP18에서 우리나라가 유치한 GCF가 공식 인준을 받긴 했으나, 재정지원에 관한 협상이 소득 없이 끝나면서 사무국 설치 및 세부 기금조달 방안 등도 뒤로 밀려나게 되었다.

Part 3

녹색성장의 등장과
녹색성장정책

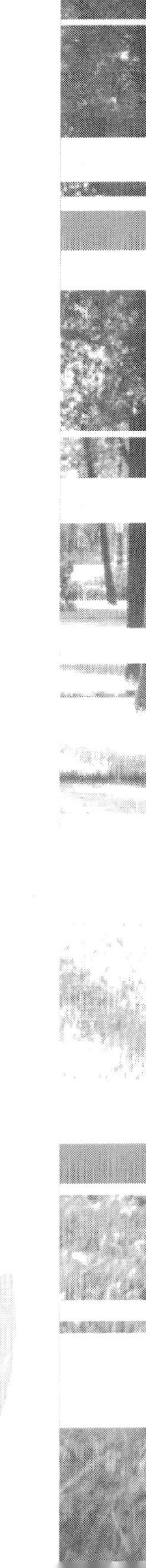

1. 경제성장과 환경의 관계

경제성장은 경제학의 핵심주제 중 하나이다. 경제학자들은 인류의 역사가 자연의 인색함을 극복하기 위한 투쟁의 역사라고 말하며, 아담 스미스(Adam Smith)의 <국부론>이 발간된 1776년을 경제학이 독립한 해로 기념하고 있다. 아담 스미스는 금은보화가 국부의 원천이 될 수 없으며, 국부란 국민의 복지에 실질적으로 도움이 되는 각종 상품의 총량을 의미한다고 말했다. 절대 왕권 시대였던 당시에 국민의 복지를 상공업자의 이익이나 정부의 재력에 우선하는 최상의 가치로 삼았다는 점은 획기적인 발상이 아닐 수 없다.

아담 스미스 이후 100여 년 동안 경제학계를 지배한 경제이론을 흔히 고전 경제학 혹은 고전학파 경제학이라고 한다. 고전 경제학자들은 자본 축적과 투자가 곧, 경제성장의 원동력이라고 주장하였다. 그러나 역설적이게도 고전 경제학의 대가들은 자본주의의 미래를 매우 어둡게 보았다. 자본주의 경제의 원동력이 되는 이윤율이 장기적으로는 하락하게 되어 있어 장기 정체에 빠지게 된다는 것이다. 요약하자면 비옥한 토지의 부족과 토지 생산력의 한계가 근원적인 요인이다. 즉 자연의 제약 때문에 장기적으로 이윤율이 하락할 수밖에 없다는 것이다.[1]

맬서스(Thomas R. Malthus)가 1798년에 발표한 <인구론>은 경제학에 이런 비관론의 씨앗을 뿌렸다. 식량은 산술급수적으로 늘어나는

---

[1] 김형국, 2011: 508-510.

데 비해 인구는 기하급수적으로 늘어나므로 자연대로라면 과잉인구로 인한 식량부족은 피할 수 없으며, 그로 인해 빈곤과 죄악이 필연적으로 발생할 것이라고 주장하였다. 경제성장은 자연의 절대적 제약을 받는다는 것이 그의 핵심 메시지이다.

그러나 산업혁명 이래 서구 자본주의 사회는 고전 경제학의 예측과는 정반대의 길을 걸어왔다. 식량생산은 계속 증가하였으며, 인구도 계속 늘어났고, 1인당 소득도 급속하게 상승하였다. 고전 경제학은 기술 진보의 위력을 과소평가하는 실수를 저질렀다는 비판을 받았다.

19세기 후반에 고전경제학을 밀어내고 경제성장과 자본주의의 미래에 대하여 매우 낙관적인 근대 경제학이 새롭게 등장하였다. 흔히 신고전 경제학이라고 알려진 근대 경제학은 효율을 주제로 삼는 경제학이다. 이 새로운 경제학은 자원을 효율적으로 이용함으로써 자연의 인색함을 극복하고 지속적인 경제 성장을 이룰 수 있다고 주장하였다. 여기에 기술진보가 가세하면 경제성장은 더욱 더 빨라질 수 있다. 고전 경제학에서는 경제 성장이 핵심적 주제였다면, 신고전 경제학에서나 오늘날의 경제학에서는 자원의 효율적 이용이 핵심적 주제가 되었다.

신고전학파의 경제이론은 환경을 경제의 한 부분, 즉 생산요소의 하나로만 보았다. 환경이 제공하는 원료공급자로서의 기능, 직접적인 인간생존을 위한 서비스 공급자로서의 기능, 각종 폐기물의 처리자로서의 기능은 등한시하여 현재의 환경문제에 많은 영향을 미치고 있다. 특히 지구생태계의 하위개념으로 경제체계를 보아야 하나 오히려 인간경제체계를 지구생태계보다 우선시하여 환경문제를 야기하고 있다 할 것이다.[2]

이상과 같이 전통적인 경제학에서는 성장 촉진과 환경개선이라는 두 가지 목표를 서로 상충되는 것으로 인식하고 있다. 그러나 이는 경제와 환경 간의 본질을 이해하지 못하기 때문이다. 제러미 리프킨은 모든 경제활동이 자연의 저장고에서 에너지와 물질을 빌려 와 쓰는 행위라고 말한다. 만일 자연의 풍요로운 자원을 꺼내 쓰는 속도가 생물권이 폐기물을 재활용하고 저장고를 다시 채우는 속도보다 빠르면, 엔트로피 부채가 계속 축적되어 결국엔 어떤 식으로 자원을 이용하든 경제체제를 무너뜨리고 말 것이라고 그는 주장한다.[3] 잉거 앤더슨(Inger Andersen) 세계은행 부총재 또한 "환경을 돌보지 않는 행위는 곧 GDP 하락으로 이어지며 궁극적으로 미래에 대한 우리의 잠재력을 제한한다"고 말한 바 있다.[4] 환경을 낭비하여 경제성장을 이루는 것은 경제도 아니고, 성장도 아니다.[5]

환경보전과 경제성장의 관계에 대한 관점은 크게 세 가지로 나눌 수 있다. 첫째, 가장 오랫동안 그리고 지금도 널리 확산되어 있는 것으로 환경보전과 경제성장이 서로 배치되거나 상쇄관계에 있다는 관점이다. 둘째, 1980년대 이후 등장한 것으로 환경보전과 경제성장의 동시추구 가능성에 주목하고 있는 관점이다. 이는 경제성장이 환경보전에 도움이 되거나 환경보전이 경제성장의 수단이 될 수 있다는 주장으로 연결된다. '지속가능 발전'과 '녹색성장' '녹색경제' 등은 이러한 관점을 탑재하고 있는 표현들이다. 셋째, 경제성장과 환

---

2 정회성·변병설, 2003: 58-59.

3 제러미 리프킨, 2012: 297-298.

4 OECD, 2011a: 7.

5 폴 호큰 외, 2011: 608.

경보전의 관계에 있어 변곡점이 있다는 관점으로 '환경쿠즈네츠곡선'[6]으로 대변될 수 있다. 경제성장의 특정 시점을 기준으로 그 이전에는 경제성장이 환경파괴를 가져오지만, 그 이후에는 환경투자와 기술발전에 따라 환경보전이 강화된다는 것이다.[7]

한편, 지구온난화로 인한 기후변화 현상이 심화되고, 환경분야에 대한 국제적인 관심이 증가하면서 환경 관련 이슈가 신통상의제의 핵심사안으로 부상하고 있다. 이는 녹색보호주의로 불려지기도 하는데, 기후변화 대응 및 환경정책을 표면적 이유로 내세운 새로운 형태의 보호무역조치를 의미한다. 녹색보호주의는 표준, 기술 기준, 적합성 평가절차 등 무역 기술장벽의 형태로 나타난다. 사이먼 이브넷(Simon J. Evenett) 등은 녹색보호주의를 '환경정책을 교묘하게 이용하여 외국 기업의 상업적 이익 획득을 방해하는 것'으로 정의하기도 한다.[8] 환경산업이 미래의 성장동력이라는 인식이 세계적으로 확산되면서 환경규제가 강화되고, 녹색보호주의도 심화되어 기업의 부담은 점점 늘어날 전망이다. 무역의존도가 크고 에너지 다소비 업종 중심인 한국경제는 녹색보호주의의 영향을 많이 받게 될 것으로 보인다.

환경권은 지난 1972년 스웨덴 스톡홀름에서 개최된 유엔인간환경회의에서 그 중요성이 강조되면서 세계 각국의 법체계에 반영되기 시작하였다. 우리나라는 지난 1980년 헌법 개정 때 제35조에 '모든

---

6 '환경 쿠즈네츠곡선'(EKC; Environmental Kuznets Curve)은 1인당 국민소득이 낮은 시기에는 환경오염의 수준이 높아지다가 소득이 일정수준을 넘어서게 되면 환경의 질이 오히려 개선된다는 사실을 경험적으로 밝히고 있다. 따라서 곡선의 형태는 U자를 거꾸로 놓은 모습을 띠게 된다. 경제이론적으로 환경곡선의 구체적인 형태는 경제규모, 산업(상품) 구성 및 환경기술의 세 가지 요인에 의해 결정된다.

7 윤경준, 2012: 33-34.

8 도건우 외, 2010: 1-5.

국민은 건강하고 쾌적한 환경에서 생활할 권리가 있다'는 환경권 조항을 명문화했다. 그러나 경제활동에 뒤따르는 환경비용은 '외부성(externality)'을 이루는데, 이 비용은 그것을 발생시킨 당사자들이 지불하지 않는 경우가 다반사이다. 이는 결국 경제성장에 악영향을 끼치게 된다. 온실가스 배출 역시 배출자가 모든 책임을 지지 않아도 되는 외부성이라는 특성을 갖고 있으므로 자신들이 비용을 지불하지 않아도 편익을 볼 수 있다. 따라서 환경분야는 정교한 정부정책이 요구되는 분야이다.

2. 다양한 인식과 차이

1940년대부터 1970년대 후반까지 전 세계적으로 농업 생산증가를 위한 연구, 개발, 기술이전 등에 대한 일련의 계획을 의미하는 '녹색혁명(green revolution)'에 처음으로 '녹색(green)'이라는 용어가 사용되기 시작했다. 여기에서는 녹색성장과 유사한 개념인 지속가능발전, 녹색경제, 녹색뉴딜, 청색경제, 자연자본주의 및 제3차 산업혁명에 대해 정리하고자 한다.

첫째, '지속가능 발전(sustainable development)'이라는 개념은 세계환경개발위원회(WCED)가 1987년에 발간한 <우리 공동의 미래(Our Common Future)>에서 처음으로 제시되었다. 이에 따르면 지속가능발전은 '미래세대의 필요를 충족시키기 위한 잠재력을 훼손하지 않으면서 현재의 필요를 충족시키는 발전'으로 정의된다.

1989년에 열린 UNEP의 제15차 관리위원회(Governing Council)에서는 지속가능 발전을 보다 구체적으로 정의하였다. 즉 '생태적 회복력과 경제성장을 지탱하는 자연자원의 기반을 유지하고, 이를 합리적으로 활용·증가시키며, 국가적 형평성뿐만 아니라 국제적 형평성을 지향하는 진보'로 정의하고 있다. 자치단체국제환경협의회(ICLEI)에 따르면 지속가능 발전은 '기본적인 환경적·경제적·사회적 서비스를 이러한 서비스가 토대하고 있는 시스템의 존립가능성을 위협하지 않는 범위 내에서 모든 이에게 제공해 주는 개발'로 정의한다.[9] 이상의 정의에서 살펴보면 지속가능 발전은 경제적·환경적인 측면뿐만 아니라 사회적인 측면까지를 포함하는 매우 폭 넓은 개념이다. 즉, 경제-환경-사회의 조화로운 발전을 지향하고 있다.

그러나 지속가능 발전에 대한 비판은 후발국에서 먼저 거세게 일어났다. 엄밀하게 보면 경제(economy·employment), 사회(equity·equality) 및 환경가치(ecology·environment)의 공시적 실현은 선진국도 결코 쉬운 일이 아니었다. 무엇보다 세가치가 상생하고 상보하기보다 상극관계이기가 더 쉽기 때문이다. 그럼에도 불구하고 지속가능 발전의 개념은 목표가치의 설정으로는 무척 유의미한 도덕적 선언이었다.[10] 다시 말하자면 지속가능 발전은 모든 것이 그 안에 포함될 정도로 상당히 광범위하고 포괄적인 개념이라서 이론적인 발전이 더디게 되는 요인이 되었지만 목표 지향적이라는 점에서는 규범이론의 하나라 말할 수 있다.

여기서 지속가능 발전과 녹색성장 간의 관계를 정립할 필요가 있

---

9 Whittaker, 1995: 4.

10 김형국, 2011: 36.

다. 녹색성장은 기존의 산업 근대화 패러다임이 상정하는 '경제성장은 반드시 환경훼손을 가져온다'는 동조(coupling) 현상을 극복하여 경제 성장과 환경 가치의 동시 병행이 가능하다는 '탈동조 현상(de-coupling)'에 착안하고 거기에 역점을 둔다. 그러나 빈부격차나 형평성 등 사회정의에 대한 관점이 거의 없다는 점에서 지속가능 발전과 결정적 차이를 보인다. 따라서 녹색성장 개념은 지속가능발전 개념보다 하위 개념으로 파악된다. 이는 녹색성장이 지속가능발전의 추상성·광범위성을 정책실현 가능성면에서 보완하는 개념[11]이라거나 '지속가능 발전으로 가기위한 실천전략이 바로 녹색성장'[12]이라는 설명에서 알 수 있다. OECD도 녹색성장은 지속가능 발전을 대체하는 것으로 인식되지 않으며 오히려 지속가능 발전의 하위 아젠다로 간주되어야 한다고 설명하고 있다.[13]

둘째, 녹색경제(Green Economy)란 용어는 1989년 영국의 데이비드 피어스 등의 '녹색경제를 위한 청사진(Blueprint for a Green Economy)'이란 보고서에서 처음 사용된 것으로 알려졌다. 녹색경제는 지속가능한 개발과 생태 경제학에 대한 지식에 기반을 둔 경제모델이다. UNEP는 2011년에 '녹색경제를 향하여(Toward a Green Economy)'와 '녹색경제: 지속가능한 발전과 빈곤퇴치로 가는 길(Green Economy: Pathways to Sustainable Development and Poverty Eradication)'이라는 보고서를 발간한 바 있다. UNEP는 녹색경제를 '환경의 위험과 생태적인 부족을 현저하게 감소시키는 가운데 향상된 인간의 웰빙과 사회적

---

11 녹색성장위원회, 2009a: 40.

12 미래기획위원회, 2009: 42.

13 OECD, 2011a: 5.

형평성을 창출하는 것'으로 정의하였으며, 가장 단순한 표현으로는 '저탄소, 자원 효율적이며 사회적으로 포괄적인 것'으로 생각될 수 있다고 한다.[14] 녹색경제는 2012년 6월 브라질에서 열린 리우+20회의의 주요 의제 중 하나로 논의되었다.

셋째, 녹색 뉴딜(Green New Deal)은 지구온난화와 재정위기를 다루는 것을 목표로 하는 정책제안이다. 이 용어는 1929년 대공황 때 루즈벨트 대통령에 의해 착수된 사회경제 프로그램에서 이름을 따온 것이다. 녹색 뉴딜을 위한 몇몇 제안들은 이미 노르웨이, 한국, 영국, 미국, EU 등을 포함하여 G20 국가 등에서 집행되고 있다. 우리나라에서는 글로벌 경기침체가 심화되고 있던 2009년 1월에 정부가 4대강 살리기, 녹색 교통망 구축 등 36개 녹색뉴딜사업에 2012년까지 총 50조 원을 투입해 96만 개의 일자리를 창출하겠다며 '녹색뉴딜사업 추진방안'을 발표하면서 이슈화됐다. 환경위기와 자원위기의 심화에 대비하고 신성장동력을 확보하기 위한 녹색성장전략과 일자리 창출 정책을 융합함으로써, 현재의 경제위기를 극복하는 한편 우리 경제를 녹색경제로 이행시킨다는 의미를 담고 있다.

넷째, 청색경제(Blue Economy)는 ZERI(Zero Emissions Research Institute) 재단의 설립자인 군터 파울리(Gunter Pauli)가 2010년에 주장한 것이다. 이는 '자원낭비를 최소화한 자연생태계의 순환시스템을 따라하는 경제'로 정의된다. 청색경제는 자연 생태계로부터 수많은 정보와 영감을 얻어 인간 생활에 활용함으로써 환경문제 해결은 물론이고 경제 성장이 동반된 지속 가능한 미래사회 구현이 가능하다는 것이다.

---

14 http://www.unep.org/greeneconomy/AboutGEI/WhatisGEI/tabid/29784/Default.aspx

그에 따르면 녹색경제는 환경보호라는 목표달성을 위해 기업과 소비자에게 많은 비용을 요구하는 문제점을 갖는데 비해 청색경제는 환경을 보호하면서 더 큰 물질적 풍요를 누릴 수 있다는 것이다. 예를 들면 흰개미가 더운 아프리카 지방에서 집을 짓지만 집안 온도가 외부온도에 거의 영향을 받지 않게 짓는 원리로부터 냉난방 없이 건물 안의 공기를 끊임없이 신선하게 유지하는 방법에 대한 힌트를 얻는 것이다. 즉, 생태계는 우리의 파괴적인 생산과 소비 모형을 좀 더 생산적인 것으로 바꿔나가는 데 영감을 제공한다는 것이다. 그는 <블루 이코노미>라는 책에서 100개의 혁신기술을 소개했으며, 이 기술들이 1억 개의 일자리를 창출할 수 있는 잠재력이 있다고 추정한다.

다섯째, '자연자본주의(Natural Capitalism)'는 폴 호큰(Paul G, Hawken) 등이 현재의 산업자본주의와 대비하여 자연 친화적 자본주의가 가능하다면서 주장한 것이다.[15] 그들은 세계 경제가 자연이 제공하는 자연자원과 생태계 서비스에 의존하는 것으로 묘사한다. 자연자본주의는 인적 자본의 생산 및 사용은 자연 자본의 관리 및 공급과 깊은 상호 의존 관계에 있다는 사실을 인식한다. 전통적인 '자본'의 정의는 '투자, 공장, 설비의 형태로 축적된 부'다. 그러나 사실 경제가 제대로 기능하려면 네 가지 형태의 자본이 필요하다는 것이다.

① 인적 자본은 노동, 지능, 문화, 조직의 형태다.
② 금융 자본은 현금 투자, 통화도구로 구성된다.
③ 제조 자본은 생산 기반구조, 기계, 도구, 공장을 포함한다.
④ 자연 자본은 자원, 생명 시스템, 생태계 서비스로 이루어진다.

---

15 폴 호큰 외, 2011: 8-9, 53.

폴 호큰 등은 산업자본주의가 자연자본의 가치를 크게 평가하지 않고 최종 상품에만 관심을 가지는 데 반해 자연자본주의는 네 가지의 원칙으로 환경 보전과 경제 발전을 동시에 이룰 수 있다고 주장한다. 첫 번째 원칙은 '자원 생산성(resource productivity)'을 혁신적으로 높이는 것이다. 이것은 각 단계마다 가급적 적은 재료로부터 가급적 많은 일을 짜내는 것이다. 두 번째 원칙은 '생물모방 생산(biomimetic production)'이다. 이것은 채취 및 제조 과정에서 모든 순환을 닮음으로써 쓰레기를 가치 있는 것으로 바꾸는 것이다. 세 번째 원칙은 '해법의 경제(solutions economy)'다. 해법의 경제에서는 공급자가 어떤 서비스를 제공할 때 물질을 덜 쓸수록, 또는 특정 제품이 서비스를 제공할 때 물질을 덜 쓸수록 제조업자나 고객이 둘 다 이익을 본다. 네 번째 원칙은 '자연에 재투자(reinvestment in nature)'하는 것이다. 자연의 생산성을 복원하고 높임으로써 생태계로 하여금 우리에게 더 많은 식량, 섬유 공짜 생태계 서비스를 제공하게끔 하는 것이다. 이 중에서 첫 번째 원칙이 가장 널리 관심을 끌었고 가장 널리 현실에서 시행됐지만, 네 가지 원칙들은 서로 연결되어 있고 모두 핵심적이다.

여섯째, 제3차 산업혁명(The Third Revolution)은 제러미 리프킨이 역설하고 있다. 그는 역사상 거대한 경제혁명은 새로운 커뮤니케이션 기술이 새로운 에너지 체계와 결합할 때 발생한다고 통찰하며, 인터넷 기술과 재생 가능한 에너지들이 곧 서로 융합하는 제3차 산업혁명이 세계를 변화시킬 것이라고 주장한다. 21세기에는 수억 명의 사람이 자신의 가정과 직장, 공장에서 직접 녹색 에너지를 생산하여 지능적인 분산형 전력 네트워크, 즉 인터그리드로 서로 공유할 것이다. 다시 말하면 '에너지 인터넷'[16]으로 에너지를 주고받을 것이다. 이런 식의 에너지 민주화는 인간관계를 근본적으로 재정립해 비즈니스와 정치, 자녀 교육의 방식은 물론이고 시민 생활에 참여하는 방법에 까지 영향을 끼친다는 것이다. 경제 및 정치 권력에서 볼 수 있는 전통적인 계급 조직이 사라지고 사회 전반에 걸쳐 교점 중심으로 조직되는 수평적 권력(Lateral Power)이 그 자리를 대신할 것이다. 그는 제3차 산업혁명의 다섯 가지 핵심요소를 다음과 같이 정리한다.[17]

① 재생 가능 에너지로 전환한다.

② 모든 대륙의 건물을 현장에서 재생 가능 에너지를 생산할 수 있는 미니 발전소로 변형한다.

③ 모든 건물과 인프라 전체에 수소 저장 기술 및 여타의 저장 기술을 보급하여 불규칙적으로 생성되는 에너지를 보존한다.

④ 인터넷 기술을 활용하여 모든 대륙의 동력 그리드를 인터넷과 동일한 원리로 작동하는 에너지 공유 인터그리드로 전환한다.

⑤ 교통수단을 전원 연결 및 연료전지 차량으로 교체하고 대륙별 양방향 스마트 동력 그리드 상에서 전기를 사고팔 수 있게 한다.

제3차 산업혁명의 다섯 가지 핵심요소가 모두 상호 연결되면, 경제를 위한 새로운 신경계가 형성되고 에너지 효율이 급증하면서 실로 엄청난 수의 새로운 사업기회와 일자리가 생겨날 것이다. 그는

---

16 토머스 프리드먼도 '에너지 인터넷(Energy Internet)'을 주장한다. 이는 에너지기후시대를 이끌어가는 대동맥으로 에너지 시스템에 정보통신 기능을 결합시켜 양방향 커뮤니케이션이 가능한 '스마트 그리드(Smart Grid)'를 통해 에너지 효율성을 최적화하는 것이다. 두 시스템은 서로 융합하여 청정에너지를 생산할 뿐만 아니라 구입과 판매를 위한 대규모 통합 플랫폼을 구축한다(토머스 프리드만, 2008: 313-347).

17 제러미 리프킨, 2012: 10, 57-59.

제3차 산업혁명이 향후 수십 년간 빠르게 움직여 아마 2050년경에 절정에 올라 21세기 후반부 내내 안정세를 유지할 것이라고 예측한 다.[18]

3. 녹색성장의 필요성

지구온난화로 예상되는 피해가 예측하기 어려울 정도로 크고, 대응을 잘못했다가는 회복불능의 상태로 가버릴 수 있기 때문에 능동적인 대비가 필요하다는 것은 당연하다. 그러나 기후변화에 대한 비관적인 예측을 가지고 사람들을 공포로 몰아넣으며 자기영역을 확장하려는 일부의 불순한 의도는 종식되어야 함이 마땅하며, 기후변화에 관한 한 차분하면서도 내실 있게 준비하는 것이 무엇보다 중요하다. 환경을 보존하는 가운데 성장을 도모하는 새로운 패러다임의 세계적인 확산, 새로운 성장동력의 필요성과 화석연료의 유한성 및 환경오염[19] 등의 이유로 인해 필자는 녹색성장정책의 필요성과 당위성에 적극 공감한다.[20]

여러 가지 점에서 지구와 지구온난화의 관계는 인체와 병의 관계와 비슷해 보인다. 병에 걸려서 치료하는 것보다는 애초에 예방하는

---

18 제러미 리프킨, 2012: 74, 372.

19 가까운 예로 2010년 4월 20일 미국 멕시코만에서 영국 석유회사 BP의 원유시추시설 폭발로 인한 원유유출 사고가 발생하였다. 동년 9월 19일에 '보팀 킬(bottom kill)'의 성공으로 유정이 완전히 봉쇄되었지만 약 5개월에 걸쳐 원유 약 490만 배럴이 바다에 유출된 것으로 추정되어 바다생태계에 엄청난 재앙이 발생했다(조선일보, 2010. 9.21.).

20 황병상, 2010b: 147-148.

편이 낫다. 지구온난화 문제를 해결하려면 두 가지 근본적인 원칙에 직면해야 한다. 첫째는 선진국 사람들이 지닌 지속 가능하지 않은 현재의 생활양식에 의문을 던지는 것이다. 둘째는 비교적 적은 돈, 스턴의 2007년 보고서에 따르면 세계 GDP의 약 1~2%를 투자해서 미래의 더 큰 비용을 막을 준비가 돼 있느냐는 것이다. 에너지 사용과 개인적 삶을 바꾸는 변화에는 막대한 돈이 생길 기회가 널려있다. 삶의 질을 높이면서 동시에 지구도 구하는 윈윈(win-win)의 기회는 많다.[21]

최근에 이르러 기후변화 논의를 지배한 것은 완화와 관련한 것이었다. 완화는 특히 선진국들에게는 새로운 성장동력이 될 수 있기 때문이다. 온실가스 감축은 이미 거스르기 힘든 대세가 되었고 이를 주도하는 것은 관련 기술을 선점하고 있는 선진국들이기 때문이다. 또한 이 문제는 나아가 국제사회에서의 패권쟁탈전과도 연관되어 있다. 19세기에는 석탄산업을 지배했던 영국이, 20세기에는 석유산업을 지배했던 미국이 초강대국으로 군림했던 역사를 되짚어 보면 앞으로는 신재생에너지 산업을 지배하는 국가가 패권을 차지할 것임을 어렵지 않게 예측할 수 있다. 완화정책을 통하여 껄끄러운 중동 산유국의 영향을 최소화하고, 선진국 중심의 세계경제질서를 재생산하는 동시에, 국가에 따라서는 차세대 패권국가로서의 진입을 함께 도모하고 있는 셈이다.[22]

따라서 현재 진행 중인 완화 관련 정책들이 궤도를 크게 이탈할 가능성은 적어 보인다. 완화정책은 '기후'라는 환경문제에 국한되지

---

21 마크 마슬린, 2010: 228-231.
22 윤경준, 2011: 24-25.

않고 에너지, 경제성장, 국제무역 등과 밀접한 관련성이 있고, 완화 정책의 추진은 선진국의 이해관계와 동일선상에 있기 때문이다. 또한 기후변화가 사실이 아니라 해도 에너지고갈에 대비하고 환경파괴를 방지하는 차원에서 화석연료 의존도를 줄여야 한다는 명분은 없어지지 않는다. 아울러 국제사회 특히 산업계에서 이제까지 진행되어온 완화 관련 기술개발과 투자는 이미 원점으로 돌이킬 수 없는 규모를 넘었기 때문에 수많은 이해당사자를 외면할 수는 없을 것이다. 무엇보다도 앞으로 유가는 계속 오를 것이기 때문에 조만간 신재생에너지가 가격경쟁력을 갖출 날이 그리 멀지 않은 현 시점에서 선진국들이 완화관련 정책들을 철회할 이유도 별로 없다.[23]

IEA가 매년 발간하는 <세계에너지전망>이 각국에 권고하는 해법 역시 한결같다. 바로 에너지 효율 개선, 기술 개발을 통한 새로운 에너지원 개발 및 온실가스 감축 노력이다. 우리가 화석연료로부터 동력을 얻는 시대는 증가하는 수요와 줄어드는 매장량 때문에 언젠가는 종말을 맞을 것이며, 21세기 들어 '에너지 안보'의 중요성은 더욱 커지고 있기 때문에 신재생에너지의 개발에 지속적인 노력이 필요하다. 물론 에너지 수급과 환경보호 등 여러 가지 상황을 고려하면서 화석연료 사용과 신재생에너지 개발 간의 적정한 조합을 이루는 것은 매우 중요하다.

녹색성장의 이론적 근거로는 환경 쿠즈네츠곡선, 이중배당가설, 포터가설 등이 제시되고 있다. 첫째, 환경쿠즈네츠곡선은 경제성장과 소득불평등 간의 역−U자 커브를 제시한 쿠즈네츠 가설을 원용

---

23 윤경준, 2011: 27.

한 것이다. 경제성장 초기에는 환경오염이 증가할 수 있지만 경제성장에 따른 소득증가는 이 같은 부정적 고리를 끊고 결국 환경문제를 개선하는 데 기여할 수 있다는 주장이다. 둘째, 이중배당가설(double dividend hypothesis)은 환경관련 세제의 강화와 관련하여 1990년대 초반 이래 가장 쟁점이 되어 온 이슈이다. 기존 조세체계의 왜곡이 존재하는 상황에서 새로운 환경관련세의 도입은 오염저감(1차 배당효과)과 동시에 관련 환경세수의 환류를 통해 조세체계 전반의 효율을 제고(2차 배당효과)할 수 있다는 내용이다. 셋째, 포터가설인데, Porter(1991)는 환경규제가 기업의 경쟁력과 상충관계에 있다는 전통적인 생각에 도전하며, 인센티브에 기초한 정책수단을 통해 미국 기업의 경쟁력을 높이는 동시에 환경보호를 추구할 수 있다고 주장하였다.[24]

지구정책연구소장 레스터 브라운(Lester R. Brown)은 현재의 경제 시스템, 즉 지구 지하계의 에너지에 의존하는 사회를 '플랜 A'라 하고, 최종적인 목표인 태양계 에너지에 의존한 환경적으로 지속가능한 경제를 '플랜 C'로 표현한다면 그 사이의 이행기를 '플랜 B'로 지칭한다. 이 이행기는 50~60년이 걸릴 것이라는 전망이 일반적이다. '플랜 B'의 구체적인 내용을 어떻게 채우느냐하는 것이 매우 중요하다.

그러나 미래의 혜택이 불확실하고 현재의 대응 노력이 확실한 결과를 담보하기 어려울 때 사람들은 현재 행동의 비용을 과도하게 평가하는 성향이 있다. 이 경우 사람들은 미래의 혜택은 과소평가하고 현

---

24 윤경준, 2012: 37-39.

재의 비용은 과대평가하여, 미래 혜택에 대한 과도한 할인율(hyperbole discount rate)을 적용하곤 한다(Barkin, 2003). 아울러 현재 세대의 산업 활동에 의한 온실가스 발생이 다음 세대의 삶에 영향을 미친다는 점 곧, 기후변화가 누적되어 작용하기 때문에 세대 간에 교환 관계가 발생한다는 점 또한 기후변화 문제를 어렵게 만드는 요인이다. 이는 단순히 시간적 교환 관계만이 아니라 공간적 교환관계에도 영향을 미친다. 곧, 선진국들이 산업화로 근대화를 이루는 과정에서 발생한 온실가스 배출이 개발도상에 있는 후진국들에게 영향을 미쳐 이들의 성장 가능성을 제약하는 교환관계가 발생한다(Beck, 1992). 이는 기후변화문제의 원인과 결과 사이의 괴리를 만들어서, 원인 행위와 결과 및 영향 사이의 인과관계가 확정적으로 성립하지 못하는 불확실성을 빚는다. 따라서 기후변화는 독립적으로 다룰 하나의 문제라기보다는 인구 증가, 경제 성장, 소비중심의 가치 확산, 제도의 실패 등 복합적 원인이 상호작용하여 발생하는 매우 복잡한 문제라는 말이다.[25]

기든스는 현실에서 개인이 실천하기 어려움을 '기든스의 역설(Gidden's Paradox)'로 설명한다. 지구온난화에 따른 위협의 실체가 어쩐지 비현실적으로 느껴지고, 또한 그 와중에도 우리 자신은 갖은 희로애락에 둘러싸여 살아가기 때문이다. 즉, 지구온난화의 위험은 직접 손으로 만져지는 것이 아니고 우리 일상생활에서 거의 감지 할 수 없기에, 아무리 무시무시한 위험이 다가온다 하더라도 우리 대부분은 그저 가만히 앉아서 기다릴 뿐이라는 것이다. 그는 현재 우리는 '기후변화에 대한 어떤 정책도 가지고 있지 못하다'고 조금 놀라

---

25 김형국, 2011: 462-463.

운 선언을 하기도 한다. 우리가 지구온난화를 억제하고자 하는 우리의 간절한 열망을 현실화하기 위해서 반드시 이루어내야만 하는 정치적 혁신을 제대로 추진하지 못하고 있다는 것이다.[26]

그렇다고 해서 아무런 조치도 취하지 않고 기다릴 수만은 없다. 시장에 맡겨두어도 어느 정도까지는 기후변화 대응, 녹색성장 및 지속성장이 이루어지겠지만, 외부성이나 공유지의 비극 등의 문제로 인해 한계에 봉착하고 바람직한 수준만큼 이루어지지 않게 된다. 따라서 정부가 제도, 정책 및 규범 등을 만들거나 변경함으로써 모든 사람들이 녹색성장의 길로 나아가도록 유도할 필요가 있다. 특히 정부가 중심이 되어 자원을 절약하고 에너지 효율을 향상시키며 환경을 생각한 신재생에너지의 개발을 동시에 추진함으로써 도래하는 위기의 진행 속도를 완화시키고, 환경과 성장이 함께 발전하는 체제를 건설하는 것이 중요하다. 정부 주도로 신재생에너지 개발과 에너지 효율 향상에 투자하고 녹색생활 캠페인을 벌이는 것은 기업가들에게 투자의 방향을 제시할 뿐만 아니라 기후변화에 관심이 없던 사람들을 유인하는 중요한 수단이 되는 것이다.

---

26 앤서니 기든스: 10-11, 14.

4. 녹색성장정책의 개념

녹색성장의 등장과 한국의 녹색성장 비전

녹색성장(Green Growth)이라는 용어는 영국의 폴 에킨스(Paul Ekins)가 2000년에 출판한 책 <Economic Growth, Human Welfare and Environmental Sustainability: The Prospects for Green Growth>에서 처음 사용하였다. 그는 녹색성장을 '환경적으로 지속가능한 경제성장(environmentally sustainable economic growth)'으로 정의하였으며, '생태계와 인간의 건강 및 삶의 질을 유지 혹은 강화시키는 방식의 GDP 증가'로 설명하였다. 다시 말해서 환경을 훼손시키는 어떠한 성장도 녹색성장일 수 없다는 뜻이다.[27]

한편 이 용어는 2000년 1월 이코노미스트지에도 나타났다. 스위스 다보스에서 열린 세계경제포럼에 보고된 예일대 보고서는 각국의 경제정책이 환경영향에 대한 평가 없이는 적절하게 판단될 수 없음을 주장하면서 '환경 지속가능성(environmental sustainability)'에 대한 5가지 기준에 의해 각국의 순위를 매겼다[28]. 이코노미스트지가 이 내용을 기사화하면서 은유적인 용어로 녹색성장을 사용한 것으로 생각된다.[29]

UNESCAP(유엔 아시아태평양경제사회위원회)이 주최한 MCED

---

27 홍종호, 2010: 95-96.; 윤경준, 2012: 36에서 재인용.

28 이 보고서에 의하면 노르웨이, 아이슬란드, 스웨덴 같은 북유럽 국가들이 높은 순위로 나타났으며, 영국은 7위, 한국은 20위로 평가되었다(Economist, 2000. 1.27.).

29 황병상, 2010a: 329.

(아·태 환경과 개발에 관한 장관회의)는 녹색성장을 아시아·태평양지역에 국한하여 사용되는 개념으로 쓰기 시작하였으며, 경제성장과 환경 지속가능성이라는 두 가지 책무를 조화시키는 것을 추구하는 방향으로 접근하였다.[30] 2005년 3월 서울에서 열린 MCED는 '녹색성장 서울 이니셔티브(SINGG; Seoul Initiative Network on Green Growth)'를 채택하였다. 이 회의에서는 아·태지역내 저개발 국가들이 경제성장과정에서 환경의 질을 저하시켜온 선진국들과 달리 당면한 빈곤문제를 해결하기 위해 경제성장을 추구하면서도 환경을 훼손하지 않는 상생방안을 마련하도록 '녹색성장'이라는 용어를 사용하였다.[31] 즉, 녹색성장을 아시아·태평양 지역의 국가를 대상으로 성장 단계에서 환경오염을 방지하고 빈곤 극복 및 환경적 지속가능성의 확보를 목적으로 하는 발전전략으로 삼았다. 이 회의에서 녹색성장의 개념을 정립하는 데는 정래권 UNESCAP 환경·지속가능발전국장의 노력이 컸다.[32]

개발도상국가들을 대상으로 하던 녹색성장 이란 개념은 2008년 2월에 출범한 이명박 정부에 의해 우리나라의 국정비전으로 채택되면서 개념이 확대되기 시작하였다. 그러나 그 과정은 체계적이지 않았다. 신용석은 이명박 정부에서 녹색성장이 국정 어젠더로 설정된 것은 정권 출범 이후임을 밝히고 있다. 인수위원회에서는 녹색성장

---

30 MCED, 2005: 9-10.

31 윤순진, 2009: 225.

32 그는 당시 녹색성장 개념의 개발자와 MCED 조직팀 리더의 역할을 겸하였으며,"환경적 지속가능성을 보호하는데 있어서 오염통제만으로는 충분하지 않다. 우리는 우리의 생산과 소비패턴에서 생태학적 효율성을 향상시켜야 한다. 녹색성장은 전체로서 우리사회의 생태효율(eco-efficiency)을 향상시킴으로써 우리의 제한된 수행능력에 대한 환경적인 압박을 최소화하면서 빈곤 감소에 필요한 경제적인 성장을 거의 추구하고 있다"라고 주장한 바 있다(MCED, 2005: 9). 외교통상부 기후변화대사를 거쳐 2010년 5월부터 UNESCAP 환경개발국장으로 근무 중이다.

에 대한 심도 있는 토의가 이루어지지 않았으며, 인수위원회 백서에 포함된 5대 국정지표, 21대 전략목표, 193개 국정과제에도 녹색성장이라는 개념이나 용어가 제시되지 않았던 것이다. 2008년 8월 녹색성장이 천명된 이후 다시 발표된 100대 국정과제에 비로소 녹색성장이 비중 있게 다루어지기 시작했다는 것이다.[33] 또한 이명박 정부의 저탄소 녹색성장정책이 2008년 6월 발표된 일본의 '후쿠다 비전'과 유사하지만 일본과 같은 준비기간은 없었으며, 각 부처 간 예산 쟁탈만 있었을 뿐 뚜렷한 합의는 없었다는 비판도 있다.[34]

이런 점은 녹색성장전략의 기획자인 김상협 녹색성장기획관의 회고에도 나타난다. 그는 "현 정권 출범 초기에 미래비전비서관을 맡게 되면서 어젠더에 대한 고민을 시작했다. 건국 60주년이었는데 사람으로 따지면 환갑이다. 과거 60년을 평가하고 미래 60년을 설계해 보자는 생각에서 출발했다. 당면과제이면서 동시에 미래 성장동력이 될 수 있는 것을 찾다가 환경변동의 도전과 기회인 녹색성장을 발견하게 됐다. 대통령 직속의 미래기획위원회를 출범시키고 그 아래에 미래기획팀, 미래산업팀, 소프트파워팀과 함께 녹색성장팀을 만들어서 어젠더로 구체화했다. 그래서 2008년 이명박 전 대통령 임기 첫 8·15 광복절에 녹색성장이라는 화두로 탄생하게 된 것이다"라고 말한 바 있다.[35]

그런데 한국의 녹색성장 개념은 국제적으로 통용되는 지속가능발전과는 몇 가지 점에서 차이점이 있다. 첫째, 지속가능발전의 세 가

---

33 신용석, 2010: 63-66.: 윤경준, 2012: 53에서 재인용.

34 정경욱, 2009; 윤경준, 2012: 53 재인용.

35 매일경제, 2012.10.27.

지 영역 중의 하나인 사회적 측면에 대해 상대적으로 중요시하지 않는다. 이는 UNESCAP의 녹색성장 개념과의 공통점이다. 둘째, 환경 영역의 경우 기후변화/온실가스의 문제가 여타 환경문제에 비해 압도적인 비중을 차지하고 있다. 이는 OECD의 녹색성장전략보고서에서 제시된 녹색성장 개념과의 차이점이기도 하다. OECD의 경우 전통적인 환경문제 전체를 포괄적으로 강조하고 있다. 셋째, 경제와 환경의 조화나 단순한 상생이 아니라 적극적인 상생을 강조한다. 즉, 온실가스 감축을 중심으로 하는 환경보전 전략이 경제성장을 저해하는 것이 아니라 오히려 성장의 동인이 될 수 있다는 점을 강조한다. 성장률을 낮춤으로써(예: 제로성장) 환경을 보전하자는 전통적인 생태중심적 사고방식과는 전혀 다른 접근법이라고 할 수 있다.[36]

이명박 정부가 녹색성장을 주창한 이유에 대해 이연호는 지속가능 발전론이 상정하고 있는 국가-시장-사회관계 모델이 이명박 정부의 지향성과 부정합관계에 있었기 때문이라고 주장한다. 전임 대통령의 정치참여로 인해 여당이 수세에 처했던 경험, 집권초기 미국산 쇠고기 수입자유화에 대한 시민단체의 강력한 반발 등의 기억이 참여민주주의에 대한 반감을 갖게 했을 뿐만 아니라, 사회발전이나 시민참여를 강조할 경우 경제성장이 저해될 수 있고, 이것이 경제대통령으로서의 업적을 훼손시킬 수 있었기 때문이라는 것이다.[37]

그러나 녹색성장전략은 2008년 8월에 한국정부가 국가비전으로 채택한 후 세계적으로 확산되고 있다. 미국의 서브프라임 모기지 사태(subprime mortgage crisis)로 인해 2008년 9월 리먼 브러더스가 파산

---

36 김종호 외. 2010: 122-123.
37 이연호, 2010: 84-87.; 윤경준, 2012: 44에서 재인용.

하면서 금융위기가 닥치자 세계의 여러 나라가 경기 침체에서 벗어나기 위해 녹색뉴딜이나 저탄소 성장에 주목하기 시작하였다. 녹색성장은 미국 브루킹스연구소나 OECD의 보고서 등에 널리 사용되고 있으며, 위키피디아도 녹색성장은 한국정부가 처음 제안한 전략모델로 세계적인 개념으로 발전하고 있다고 설명하고 있다.

2010년 11월 11일~12일 서울에서 열린 G20 정상회의를 최종 결산하는 커뮤니케(합의문)에 녹색성장을 지지한다는 내용이 정식으로 채택되는 개가를 거두었다. 이 합의문 제68항에는 "우리는 빈곤층에 대한 에너지 접근을 보장하면서 고용창출을 동반한 환경적으로 지속가능한 세계성장을 촉진하는 국가 주도 녹색성장정책을 지지하기로 합의한다. 우리는 본질적으로 지속 가능한 발전의 일부분인 지속 가능한 녹색성장이 에너지 효율화 및 청정 기술 활용 등을 통해 국가들이 다양한 분야에서 구식기술을 뛰어넘는 양질의 개발전략임을 인식한다."고 명시했다.

한국 정부는 녹색성장에 대한 이니셔티브를 쥐고 의제를 국제화함으로써 녹색성장이라는 개념 자체를 국제적 자산으로 승화시키는 데 주요한 역할을 했다. 이로써 '녹색성장'은 우리나라의 국제적인 위상 향상은 물론, 우리나라가 하나의 담론을 국제화한 첫 사례가 되었다.

OECD의 녹색성장 전략

OECD는 2009년 6월 24일부터 25일까지 프랑스 파리에서 각료이사회(의장: 한승수 국무총리)를 열어 우리나라가 의장국으로서 제안했던 녹색성장에 대해 논의하였다. 여기서 경제위기 극복과 녹색성장에 대한 비전을 담은 '각료 성명서(Ministerial Conclusions)'와 '녹색성장 선언문(Green Growth Declaration)'이 채택되었다. 이 선언문은 오늘날 전 세계적으로 모든 국가들에게 직면한 가장 중요한 과제를 경제회복과 환경·사회적으로 지속가능한 경제성장의 실현으로 보고, "녹색과 성장은 공동추구가 가능하다는 인식 아래 경제 위기에 대한 대응방안으로서 녹색성장전략 추구를 향한 노력을 강화한다"고 선언하고 있다. OECD 회원국들은 녹색성장 선언문을 통해 경제위기 극복과 위기 이후의 경제성장을 위해 녹색성장 전략 추진 노력을 강화하기로 합의하였다. 아울러 'OECD 녹색성장 전략'을 수립하도록 하여 2011년에 열리는 OECD 각료회의에 보고하도록 결정하였다.

OECD는 2011년 5월에 각료이사회를 파리에서 개최하여 녹색성장전략보고서를 국제사회에 제시했다. 이 보고서는 OECD 회원국 모두가 녹색성장을 국가전략으로 추진할 것을 촉구하고 있다. 이 보고서에서 녹색성장은 '우리의 복지에 기반이 되는 자원과 환경 서비스를 자연자산이 계속적으로 제공하도록 보장하면서, 경제성장과 발전을 촉진하는 것(fostering economic growth and development, while ensuring that natural assets continue to provide the resources and environmental services on which our well-being relies)'을 의미한다. 이를 위해 녹색성장은 지속성장을 지탱해주고 새로운 경제적 기회를 창출하는 투자와 혁신을 촉진시켜야 한다. 녹색성장이 필요한 이유는 경제성장이 자연자본을 침식시켜 경제발전에 위협을 줄 수 있기 때문이다. 이러한 상황이 제고되지 않을 경우 물 부족 현상의 증가, 자원병목 현상 악화, 오염증가, 기후변화 및 생물다양성 파괴 등 회복이 불가능한 손실을 초래하게 된다.[38]

OECD는 녹색성장이 다음의 다섯 가지를 통해 새로운 성장의 원천을 창출할 수 있다고 말한다.

① 생산성(Productivity): 인센티브를 도입하여 생산성 향상, 폐기물 감소, 에너지절약, 자원의 최대한 가치 있는 활용 등 자원 및 자연자산 이용의 효율제고를 유도

② 혁신(Innovation): 새로운 방법으로 가치를 창출하고 환경문제를 해결하는 정책 여건을 조성하는 과정자체를 혁신의 기회로 활용

③ 신규시장(New Markets): 녹색기술, 상품 및 용역에 대한 수요 활성화로 신규시장을 창출하고 일자리 기회를 마련

④ 신뢰성(Confidence): 정부의 주요 환경문제 처리와 관련된 예측가능성 및 안정성의 향상을 통해 투자자의 신뢰도 제고

⑤ 안정성(Stability): 균형 있는 거시경제 여건 조성, 자원의 가격변동성 감소 및 재정 건전화(예: 공공지출 항목 및 효율성 검토, 공해부담금 부과를 통한 세수 증대 등) 추진

아울러 녹색성장을 통해 다음과 같은 성장저해 위험성을 감소시킬 수 있다고 한다.

① 자원 병목현상(Bottlenecks): 자원고갈 및 자원의 품질저하는 병목현상을 유발하여 투자비용을 증가(예: 물 부족 혹은 수질 악화 해결을 위한 자본집약적 기반시설 투자) 시킨다. 이러한 측

---

38 OECD, 2011a: 4-19.

면에서 자연자본의 손실은 경제활동으로 생성되는 이득을 초과하므로 미래 경제성장의 지속성을 저해한다.

② 불균형성(Imbalance): 자연체계의 불균형은 급속히 진전되어 잠재적으로 회복 불가능한 피해를 가져온다. 잠재적인 임계치 식별을 통해 평가한 결과, 기후변화, 전 세계 질소 주기 및 생물다양성 손실 등은 이미 임계치를 넘어섰음을 예시하고 있다.

OECD는 모든 녹색성장 전략에서 광범위한 두 종류의 정책 세트가 핵심요소가 된다고 한다.

① 첫 번째 세트는 경제성장과 자연자본의 보존을 상호 보완할 수 있는 광범위한 정책 프레임워크로 구성된다. 여기에는 조세 및 경쟁 활성화 정책 등과 같이 체계적으로 수행될 경우 효율적 자원배분을 극대화하는 핵심적인 재정·규제 정책수립이 포함된다.

② 두 번째 정책 세트는 자연자원을 효과적으로 사용하고 오염발생에 더욱 많은 비용을 부과하는 인센티브 제공 정책이 포함된다. 이러한 정책들은 환경관련 조세와 같은 가격기반 수단과 규제, 기술지원 정책, 자발적 접근법과 같은 비시장적 수단을 혼합하는 형태이다.

또한, 녹색혁신을 위해 녹색성장전략은 다음과 같은 당면 과제를 해결해야 한다고 보고 있다.

① 대다수의 환경적 외부효과에 대한 가격이 낮게 부여되어 있거나 전혀 부여되어 있지 않다. 예를 들면, 탄소가격은 기후변화에 대처할 수 있는 혁신을 장려할 수 있지만, 현재 탄소의 가

격수준은 너무 낮기 때문에 필요한 유인책을 제공할 수 없다.

② 새로운 기술은 기존 기술과 경쟁하기 어려울 수 있기 때문에 특히 기존 기술이 지배하고 있는 에너지와 교통과 같은 시장에서 신기술이 안착해서 점유율을 향상시킬 수 있는 여지를 마련해 주어야 한다. 특정한 경우, 녹색기술의 개발과 상업화 관련 연구 및 일시적인 지원이 필요할 수도 있다.

③ 무역 및 투자 장벽은 녹색기술의 개발과 확산에서 심각한 장애가 될 수 있다. 이러한 장벽의 축소, 지적소유권(IPR)의 효율적인 보호 및 집행은 기술의 개발 및 확산과 외국인 직접투자 촉진을 위해 핵심적인 사항이다.

녹색성장전략의 틀은 성장을 살펴보고 경제 및 환경정책의 상호 강화라는 특성을 식별하는 길잡이를 제공한다. 물론 선진국, 신흥국 및 개발도상국은 정치·경제적 상황이 다른 것처럼 녹색경제화의 당면과제와 기회가 서로 다르다. 한편으로는 공통의 고려사항이 모든 국가별 상황에서 다루어져야 한다. 그리고 모든 경우에 있어서 정책 실행을 위해서는 일반적인 '녹색' 정책만이 아니라 광범위한 정책을 고려해야 한다. 따라서 녹색성장은 기존의 환경 및 경제 정책개혁 우선순위에 대한 전략적인 보완재(strategic complement)로 인지되어야 한다. 정부가 자신의 경제성장 경로를 녹색화하고자 한다면 이를 국가경제전략의 핵심 정책과제로 취급해야 한다. 즉 이는 금융당국, 경제당국 및 환경당국의 선도적인 역할이 필요함을 의미한다.

아울러 녹색성장은 새롭게 부상하는 혁신적인 녹색 경제활동 과정에서 숙련직을 포함하여 새로운 일자리를 창출하게 될 것이다. 물론 일부 일자리는 사라질 위험도 있을 것이다. 최근 추정치에 의하면 2030년까지 재생에너지 생성과 배급에서 전 세계적으로 2천만 개의 일자리가 생길 수 있다고 한다.

녹색성장의 제약요인으로는 부족한 인프라 시설, 인적·사회적 자본 부족 또는 부실한 기관 역량, 불완전한 재산권 및 보조금, 규제의 불확실성, 정보 외부효과와 통합되지 못한 인센티브, 환경적 외부효과, 낮은 R&D 수익률, 네트워크 효과, 경쟁 장벽 등이 있다. 따라서 혁신은 기존방식에 대한 의존을 타파하고 자연자본 고갈에 의존하는 성장에서 벗어나도록 도움을 주기 때문에 녹색성장에서 핵심역할을 한다. 녹색성장을 위해서는 에너지, 교통, 물, 통신 등 차세대 기술에 적합한 네트워크 기반시설 구축이 필요하다.

아울러 GDP를 경제성장의 지표로 사용하는 것이 자연자산의 재산, 건강, 복지에 기여하는 부분을 간과하고 있다는 사실도 인정하고 있기 때문에 녹색성장전략은 성장의 질과 구성항목 그리고 이것이 사람들의 부와 복지에 영향을 미치는 정도 등을 포함하는 일련의 지표개발도 목표로 한다. 녹색성장으로 전환하는 동안 정책분석을 지원하고 진척도(국제적 수준 포함)를 추적하기 위해 적절한 정보와 비교가능 데이터가 필요한 것이다. OECD 녹색성장 진척도 모니터링 프레임워크는 다음과 같은 상호 관련된 4개의 지표 그룹들로 진척도를 측정한다. 물론 녹색성장을 측정하는 지표는 신중하게 해석되어야 한다.[39]

① 환경 및 자원 생산성(Environmental and resource productivity):

---

39 OECD, 2011a: 20-21.

경제모형과 회계원칙에서는 수치화되지 않는 자연자본의 효율
적인 사용의 필요성과 생산특성을 표시
② 경제자산 및 환경자산(Economic and environmental assets): 지
속성장에는 자산기반이 유지되어야 하기 때문에 자산기반의
감소는 성장 위험성을 가져온다는 사실을 반영
③ 환경측면의 삶의 질(Environmental quality of life): 물에 대한
접근권 또는 대기오염의 악영향 등을 통해 사람들의 삶에 대
한 직접적인 영향 평가
④ 경제적 기회 및 정책 반응(Economic opportunities and policy responses):
녹색성장 수행과정에서의 정책효율성과 그 영향을 가장 많이 받는 부
분을 구별하기 위해 사용

그러나 개발도상국들은 녹색성장이라는 개념을 선뜻 받아들이지
못하고 있다. 선진국이나 한국과 같은 선도적인 국가에서 내세우는
발전모델을 따라가기 어렵다고 느끼기 때문이다. 지속가능발전론은
환경, 경제, 사회의 전 분야를 아우르는데 비해 녹색성장론은 사회
적인 측면이 빠져있어 저개발국에 대한 선진국의 원조 같은 것이 소
홀해지지 않을까 경계하거나, 녹색 담론이 자국의 경제발전에 자칫
걸림돌이 되지 않을까 염려하는 측면도 있는 것 같다.

녹색성장정책의 정의

녹색성장정책에 대한 정의에 앞서 '녹색성장'의 개념을 분명히 하
는 것이 필요하다. 녹색성장에 대한 기존의 정의들을 살펴보면 다음

과 같다. 이명박 전 대통령의 2008년 8월 15일 기념축사에 따르면 저탄소 녹색성장은 '온실가스와 환경오염을 줄이는 지속가능한 성장'으로서 '녹색기술과 청정에너지로 신성장동력과 일자리를 창출하는 신국가 발전 패러다임'이다. 미래기획위원회에 의하면 녹색성장이란 '신재생에너지 기술과 에너지 자원 효율화 기술, 환경오염 저감기술 등 녹색기술을 신성장동력으로 하여 경제·산업 구조는 물론이고 전반적인 삶의 양식을 저탄소·친환경으로 전환하는 국가발전전략'이라고 정의된다.[40]

2010년 4월에 발효된 저탄소 녹색성장 기본법에는 '저탄소'란 '화석연료에 대한 의존도를 낮추고 청정에너지의 사용 및 보급을 확대하여 녹색기술 연구개발, 탄소흡수원 확충 등을 통하여 온실가스를 적정수준 이하로 줄이는 것'이며, '녹색성장'이란 '에너지와 자원을 절약하고 효율적으로 사용하여 기후변화와 환경훼손을 줄이고 청정에너지와 녹색기술의 연구개발을 통하여 새로운 성장동력을 확보하며 새로운 일자리를 창출해 나가는 등 경제와 환경이 조화를 이루는 성장'으로 정의하고 있다. 이러한 정의에서 녹색성장은 저탄소를 포함하는 좀 더 포괄적인 개념으로 파악할 수 있다.

이지훈 외는 녹색성장을 '저탄소화와 녹색산업화에 기반을 두고 경제성장력을 배가시키는 신성장개념'으로 정의하며[41], 김범준은 '기후변화에 대한 국제적 노력에 효율적이고 공정한 방식으로 동참하면서 선진국과의 1인당 소득격차를 지속적으로 축소하는 성장'으로 정의하고 있다.[42]

---

40 미래기획위원회, 2009: 40.
41 이지훈 외, 2008: 1.

한편 이지순은 녹색성장을 '계속되는 경제성장과 환경 진보를 동시에 지향하는 일련의 전략(a set of strategies that aims for continued economic growth and environmental progress both at the same time)'으로 정의한다. 그는 녹색성장의 핵심 구성요소를 '녹색화를 통한 성장(growth through greening)'으로 본다. '녹색화'를 협의로 정의하면 1인당 오염을 줄이는 활동을, 광의로 정의하면 환경자본에 대한 순부가(net addition)를 야기하는 활동을 나타낸다. 그것들은 환경자본을 분명히 향상시키는 활동뿐만 아니라 우리가 환경에 지우는 짐을 감소시키는 활동을 포함한다. 전자는 환경 보호, 나무 심기, 오염된 공기와 물의 정화 및 환경에 대한 손상을 회복시키는 활동을 포함한다. 후자는 자연자원에 대한 우리의 의존을 감소시키는 활동과 오염 감소에 기여하는 활동을 포함한다. 실생활에서 녹색화는 많은 다른 영역에서 일어날 수 있다. 재화와 용역의 생산, 분배 및 소비와 같은 전체 사슬에서 녹색과 환경 친화가 만들어질 수 있다. 여기서 녹색화는 인간 활동에 새로운 아이디어와 기술을 적용함으로써 자원사용의 축소, 오염과 온실가스 배출의 감소를 야기하는 것을 의미한다. 그것은 가정, 사무실, 공장, 농장 그리고 심지어는 병영(barracks)에서도 일어날 수 있다.[43]

그는 녹색성장계획의 목표를 지난 3세기 간의 물질주의적인 문명을 21세기에 녹색문명으로 변화시키는 것으로 본다. 그것은 물질적인 복지에 기반을 둔 지난 시기의 양적인 성장을 사람과 자연의 조화로운 공존에 기반을 둔 질적인 성장으로 변화시키려는 시도이다.

---

42 김범준, 2010: 24.

43 Lee, 2010: 34-35.

녹색혁명의 성공을 위한 주요 전략을 다음과 같이 들고 있다. ① 녹색 재화와 용역에 대한 수요 창출 ② 녹색 재화와 용역에 대한 공급능력 향상 ③ 녹색 생산품을 위한 시장과 지원시스템의 창출 ④ 일자리 창출 ⑤ 녹색 인적자본이 우선하도록 조성 ⑥ 녹색 R&D와 녹색 기술 진보 ⑦ 국가 전체 인프라의 재구축 등이다.[44]

녹색성장을 환경과 경제가 상호 시너지 효과를 갖는 성장전략으로만 이해한다면 좁은 의미의 접근으로 보여 진다. 정부가 발표한 <녹색성장 국가전략> 등의 자료를 보더라도 녹색성장은 생활혁명과 삶의 질 향상까지 지향하는 좀 더 넓은 개념으로 이해되며, 영국 등 선진국의 정책기조나 목표를 살펴 볼 때도 좀 더 종합적인 국가 발전전략으로 이해된다. 이상을 종합하여 필자는 녹색성장을 '환경과 경제의 조화를 통해 국가발전을 추구하고 삶의 양식까지 저탄소·친환경으로 바꾸는 성장'으로 정의하고자 한다.

한편, 정책(政策)이 무엇인가에 대해서는 학자들이 정책의 제 측면 중 어느 면이 중요하다고 생각하느냐에 따라 여러 가지 정의가 있다.[45] 라스웰(Harold D. Lasswell)은 카플란(Abraham Kaplan)과의 공저에서 '정책은 목적 가치와 실행을 투사한 계획'이라고 정의한다. 허범 교수는 정책을 '가치관 속에 들어 있는 당위성과 현실적으로 가능한 행동을 통합함으로써, 문제시되는 어떤 현실의 내용(환경의 부분)을 바람직한 방향으로 변화시키려는 지침적 결정'이라고 보고 있다. 드로(Y. Dror)는 정책이란 '주로 정부기관에 의하여 결정이 되는 미래를 지향하는 행동의 주요지침이며, 이 지침(정책)은 최선의

---

44 Lee, 2010: 99-108, 126.
45 정정길 외, 2003: 53-54.

수단에 의하여 공익을 달성할 것을 공식적인 목표로 삼는다'고 보고 있다. 정정길 등은 정책을 '바람직한 사회상태를 이루려는 정책목표와 이를 달성하기 위해 필요한 정책수단에 대해 권위 있는 정부기관이 공식적으로 결정한 기본 방침'으로 정의하고 있다. 이상과 같이 대부분의 학자들이 공통적으로 정책의 개념을 목표와 수단의 결합으로 보고 있다.

이러한 정책에 대한 정의를 기반으로 녹색성장정책을 간단하게 말하면 '녹색성장을 실현하기 위한 정책'이 된다.[46] 필자는 이를 좀 더 구체화 하여 녹색성장정책(綠色成長政策)을 '환경과 경제의 조화를 통해 국가발전을 추구하고 삶의 양식까지 저탄소·친환경으로 바꾸는 성장 즉, 녹색성장을 이루기 위한 정책'으로 정의하고자 한다.

물론 녹색성장정책은 하나의 정책이라기보다는 정책패키지로 볼 수 있다. 녹색성장정책은 기후변화정책, 에너지정책, 산업정책, 지속가능발전정책을 두루 포괄하고 있는 일종의 패키지정책이다.[47] 즉, 지구온난화 및 에너지 문제 등을 포함하고 있는 환경부문과 경제성장 및 삶의 질 향상 등을 포함하고 있는 경제부문을 포괄하는 종합적인 발전정책으로서의 성격을 지닌 보다 상위의 정책이다.

---

46 천대윤, 2009: 251.

47 윤경준, 2012: 36-37.

Part **4**

외국의 녹색성장 정책동향

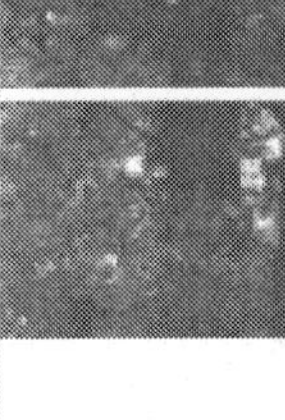

1. 유럽연합(EU)

　유럽의 27개 회원국으로 이루어진 경제·정치 공동체인 유럽연합 (EU; European Union)은 약 5억 명의 인구를 포괄하고 있다. 전 세계 GDP의 20% 정도를 차지하며, 무역에서는 1개의 국가처럼 움직인다. 유럽이사회(European Council)는 회원국 정부의 정상들과 EU 집행위원회(European Commission) 위원장 등의 모임으로 EU의 최고 의사결정기구이며, 유럽연합 정상회의라고도 불린다.

　EU탄생의 출발점은 에너지 공유를 위한 노력에 뿌리를 두고 있다. 'EU 설립의 아버지' 중 한 명인 프랑스의 경제학자이자 외교관인 장 모네(Jean Monnet)의 구상 등을 토대로 1951년에 파리에서 유럽석탄철강공동체(ECSC; European Coal and Steel Community) 창설 조약이 체결되었는데, 이 조약에는 프랑스, 서독, 이탈리아, 벨기에, 네덜란드, 룩셈부르크가 서명했다. 이 6개국은 협력의 범위를 보다 넓히기 위해 1957년 3월에 로마 조약에 서명함으로써 1958년 1월 1일부로 유럽경제공동체(EEC; European Economic Community)와 유럽원자력공동체(EURATOM; European Atomic Energy Community)도 창설했다.

　그 후 1967년 7월에 그동안 각각 독립되어 있었던 ECSC, EEC 및 EURATOM 집행부는 유럽공동체(EC)로 일원화되었으며, 1968년 7월에 EC의 관세동맹을 완성하였다. 1979년 6월에는 최초로 유럽 의회를 직접선거에 의해 구성하였다. EC 12개국 정상들은 1991년 12월 네덜란드 마스트리히트에서 경제통화 통합 및 정치통합을 추진하기 위한 유럽연합조약(Treaty on European Union, 일명 마스트리

히트 조약) 체결에 합의하여 1992년 2월에 정식으로 조인하였다. 각 국의 비준절차를 거쳐 1993년 11월부터 동 조약이 발효되면서 EC 는 EU(European Union, 유럽연합)로 명칭이 바뀌었다. 한편, 유로 (EURO)화는 1999년부터 유통되기 시작하여 2012년 8월 현재 17개 국의 EU가입국과 EU에 가입하지 않은 7개국에서 공식적으로 통용 되고 있다.

EU는 1992년에 '지속가능성을 향하여(Towards Sustainability)'라 고 명명된 제5차 환경행동프로그램의 채택 이후 유럽연합 차원에서 지속가능 발전에 대한 논의가 본격화되었고, 1997년에 체결된 암스 테르담조약은 지속가능 발전을 유럽연합의 주요 과제 중 하나로 명 시하였다. EU는 유로화 출범을 계기로 2000년에 리스본에서 열린 정상회담에서 미국을 추월하기 위한 장기 성장전략으로 리스본 전 략(Lisbon Strategy/Lisbon Agenda)을 채택하였다. 이 전략은 '2010년 까지 세계 최고의 경쟁력을 가진 지속가능한 지식기반 경제구축' 을 목표로, 유럽고유의 사회 결속과 환경보호를 존중하면서 높은 성장 과 고용을 추구한다는 것이다. 2005년 3월 EU정상들은 리스본전략 의 효과적인 실행을 위해 고용과 연구개발 그리고 경제성장에 초점 을 맞춘 수정리스본전략을 채택하였다.

2001년 스웨덴의 고텐부르크에서 열린 유럽정상회의에서는 지속 가능발전전략(SDS; Sustainable Development Strategy)을 채택하였고, 2006년에 수정지속가능발전전략을 채택하였다. 수정된 전략은 4개 의 주요목표, 10개의 정책 추진원칙, 7개의 주요 도전과제를 강조하 였다. 4개의 주요 목표는 환경보호, 사회의 형평성과 화합, 경제적 번영, 국제적 책임에 대한 대응이다. 7개의 주요 도전과제는 기후변화와 청정에너지, 지속가능한 교통, 지속가능한 소비 및 생산, 자연자원의 보전 및 관리, 공중보건, 사회통합·인구변동·이민, 글로벌 빈곤 및 지속가능발전 도전이다. 이러한 지속가능발전전략은 리스본 전략과 상호보완적인 성격을 지니고 있다.

EU는 세부 정책 중 하나로 2009년에 범 유럽 차원의 기후변화 적응전략을 제시한 '기후변화 적응 백서(White Paper: Adapting to Climate Change: Towards a European Framework for Action)'를 발표하였다. 2009년부터 2012년 사이에 적응 전략의 연구와 분석을 포함한 기반을 마련하고, 2013년 이후에는 기후변화 적응 전략을 수립하여 이행한다는 계획이다. 이 백서에는 기후변화 영향에 대한 이해 증진, 주요 EU 정책에 적응 전략 반영, 구체적으로 건강, 농업, 산림, 생태계, 물, 연안, 해안 지역, 물리적 인프라와 같이 추진해야 할 분야, 비용 산정과 금융 상품 개발, 회원 국가들 간의 협력 체계 구축을 포함하였다.[1]

EU 집행위원회는 2007년 1월 '에너지 및 기후변화 패키지(Energy and Climate Change Package)'를 발표했다. 여기에는 2020년까지 27개 회원국에서 배출되는 온실가스량을 20% 감축하는 한편 에너지 효율성을 20% 향상시키고, 전체 에너지 소비량의 20%를 신재생에너지로 충당하는 '20·20·20' 계획이 포함되어 있다. 아울러 이 위원회는 2007년 11월에 '전략적에너지기술계획(SET Plan; Strategic Energy Technology Plan)'을 채택하였다. 저탄소 기술이 EU의 에너지와 기후변화 목표에 도달하는데 결정적인 역할을 할 것으로 보고

---

1 김형국, 2011: 136.

있다. 이 계획의 주요 목표는 이러한 기술들에 대한 개발과 집행을 촉진하는 것이다. 이를 위해 풍력, 태양광 및 태양열 발전, 수력발전, 지열, 파력(波力), 원자력, 핵융합, 스마트 그리드, 바이오 연료, 수소와 연료전지 등 15개 기술에 대한 기술지도가 작성되었다.

2010년 2월 유럽이사회는 지구 온도 변화를 2℃ 이내로 유지하기 위해 2050년까지 EU의 온실가스 배출 감축목표를 1990년 대비 80～95%로 하는 것을 재확인하였다. 이는 IPCC에서 합의된 필수 감축목표 및 코펜하겐과 칸쿤 협정에서 세계 지도자들이 지지했던 목표와 맥락을 같이하는 것이다.

2010년 3월에는 경제위기를 극복하고 향후 10년을 대비한 유럽경제 재건을 목적으로 '유럽 2020(Europe 2020)'이라는 전략을 발표하여 '영리하고 지속가능하며 포괄적인 성장(smart, sustainable and inclusive growth)'을 지향하기로 했다. 이 전략은 ① 20～64세 인구의 75% 고용 창출 ② EU GDP의 3%를 R&D에 투자 ③ 기후·에너지 목표의 '20·20·20' 달성 ④ 조기학업 포기자 비율을 10% 미만으로 낮추고, 젊은 세대의 최소 40%는 3차 교육 이수 ⑤ 빈곤의 위기에 있는 인원을 2천만 명이내로 감소시키는 다섯 가지의 구체적인 달성 목표를 제시하고 있다.

2011년 3월 EU집행위원회는 2050년까지 경쟁력 있는 저탄소 경제로 변화해 나가기 위한 로드맵을 채택하였다. 이 로드맵은 저탄소 혁신을 위해 전력, 수송, 건축, 산업 및 농업 부문에 대한 전망과 함께 저탄소 미래에의 투자가 가져올 효익(效益)과 국제적 협력을 강조한다. 2050년까지 온실가스 감축목표인 80～95%를 달성하기 위해서 2030년까지 1990년 수준의 40%, 2050년까지는 80%의 감축이 필요하다는 것과 현재의 정책을 지속함으로써 2020년까지 20%의 온실가스 배출 감축목표를 달성할 것이라는 것을 보여준다.

한편, EU는 2005년 1월 1일부터 배출권거래제(ETS; Emissions Trading Scheme)를 운영하고 있다. EU-ETS는 역내 국가들이 온실가스 감축의무를 원활하게 이행할 수 있도록 설립된 거래시스템으로 전 세계 탄소배출권의 최대 시장이다. 온실가스 배출을 정해진 목표 이상으로 줄인 국가는 그 초과분에 대해 다른 나라에 팔 수 있고, 반대로 감축의무를 달성하지 못한 국가는 그 부족분을 다른 국가에서 구입할 수 있는 제도다. 2012년 6월 현재 EU 27개국 전부와 유럽의 3개국 등 총 30개국에서 시간당 20MW 이상의 에너지를 사용하는 공장, 발전소 등 1만 1,000개소 이상에서 시행 중이다.

EU-ETS에서 거래되는 배출권은 크게 세 가지다. AAU(Assigned Amount Unit)는 각 선진국의 기업들이 국가에서 허용받은 배출할당량 중에서 할당분보다 적게 배출하는 경우 그 차액을 배출권으로 인정받아 다른 기업들과 거래하는 것을 말하는데, 유럽연합시장에서는 이를 유럽탄소배출권(EUA; EU Allowance)라고 부른다. CER(Certified Emission Reduction)은 청정개발체제(CDM) 사업의 결과로 인정받은 배출권이고, ERU(Emission Reduction Unit)는 선진국들 간에 공동이행사업(JI; Joint Implementation)을 통해 획득하는 배출권이다. 이들은 시장에서의 거래가격도 각각 다르다. 대체로 감축효과가 높고 가격이 높은 것은 AAU, CER, ERU 순이다. 같은 정도의 온실가스 감축을 달성했어도 검증기관의 검증과정에서 지구 온실가스 감축에 추가적으로 얼마나 기여했느냐 하는 정도 즉 추가성(Additionality)에 따라 배출권의 가치와 가격이 달라진다. 추가성에는 경제적 추가성

외에 기술적 추가성, 환경적 추가성 등 다른 두 가지의 기준이 있는데 모든 온실가스 감축실적은 이 세 가지 기준을 종합적으로 고려하여 그 가치를 판단하게 된다.[2]

EU-ETS는 1단계(2005~2007)를 시범 운영한 후, 2단계(2008~2012) 및 3단계(2013~2020)에 걸쳐 대상 온실가스, 감축목표량 등을 단계적으로 확대하고 있다. 1단계에서는 미달성분에 대해 1t당 40유로 벌금을, 2단계에서는 100유로의 벌금을 부과했다. 회원국 간에 적용되는 배출허용권 거래제도(Cap and Trade) 방식으로 운영되며, 배출권할당방식을 무상배분(grandfathering)에서 경매(Auctioning) 방식으로 변화시키고 있다. 3단계에서는 가스 및 기타 새로운 부문을 포함하고, 탄소배출권의 50% 이상을 경매를 통하여 거래할 예정이며, 2020년 이후에는 모두 유상경매로 전환할 계획이다.

2008년 상반기에 탄소배출권 가격이 이산화탄소 톤당 20유로 이상이었으나 유럽의 재정위기로 2009년 상반기에 13유로로, 2011년 7월에는 약 9.7유로로 떨어졌다. 경기침체는 배출량의 급감으로 이어졌고, EUA 공급과잉이 누적되고 있어 배출권 가격은 연이어 최저점을 경신하고 있다. 2012년 4월에 6.14유로로 하락해 사상 최저수준을 기록하자 EU 환경장관들이 동년 4월 19일 덴마크에서 긴급모임을 가졌다. EU 집행위는 동년 7월에 탄소배출권의 가격지지를 위하여 '13~'16년 동안 최대 12억 톤의 탄소배출권 경매를 유보하는 방안을 제안했다. 2013년 1월에 EUA 가격은 1톤당 4.95유로로 거듭 하락했다. EU 의회는 2013년 4월 일부 탄소배출권의 경매를 유

---

2 이재훈, 2010: 191-193.

보하는 내용의 배출권거래제법 개정안에 대한 표결을 실시할 예정이다. 현재의 배출권 과당공급 상황은 최소한 2017년까지는 지속될 것으로 전망되고 있다.

EU집행위원회는 2010년 11월에 경쟁력 있고 지속가능하며 안전한 에너지를 위한 전략인 'Energy 2020'을 발표하였다. 2020년까지의 에너지 정책의 5가지 목표는 다음과 같다. ① 2020년까지 20% 에너지 절약을 달성할 수 있는 효율적인 에너지 이용 ② 에너지의 자유로운 이동을 보장 ③ 시민과 기업을 위한 안전하고 알맞은 가격의 에너지 공급 ④ 기술 변화의 실천 ⑤ 인접국과의 강력한 국제적 파트너십 구축 등이다.

이어서 2011년 12월에 EU집행위원회는 '2050년을 향한 에너지 로드맵(Energy Roadmap 2050)'을 발표했다. 이 로드맵은 에너지믹스, 신재생, 에너지효율성 및 신기술에 관한 가정을 바탕으로 7가지 시나리오를 작성하였다. 2050년에 80% 넘게 온실가스 배출을 감축하는 일은 에너지 시스템에 특별한 압박 요인이 된다고 보고 있지만 유럽 에너지 시스템을 변환하는 일은 기후, 안보, 경제 때문에 반드시 해야 한다고 언명한다. 2020년에서 2050년으로 이동하는 데 있어 가장 중요한 관심사는 에너지 효율성에 맞춰져야 하며, 2020년 이후에 재생에너지의 비중이 확대되어야 한다고 주장한다. 또한 가스가 과도기에 핵심적인 역할을 할 것으로 보며, 원자력에너지도 중요한 기여를 할 것으로 본다. 현재 에너지 가격은 전 세계적으로 올라가고 있지만, 이 로드맵은 에너지 가격이 2030년 또는 그 무렵까지 상승하지만 새로운 에너지 시스템을 통해 그 이후에는 가격을 낮출 수 있다는 사실을 보여주고 있다. 이 로드맵에 따른 실제의 에너지정책은 각 회원국이 담당하게 된다. 즉, 시나리오별 비용과 가격을 고려해서, 개별 회원국이 자국 책임아래 미래의 에너지 정책을 선택하게 되는 것이다.

EU는 수송부문에서도 온실가스 배출을 줄이려는 다각적인 노력을 전개하고 있다. EU집행위원회는 2012년 7월에 자동차의 이산화탄소 배출기준을 평균 95g/km로 강화하여 2020년까지 자동차 배기가스 배출량을 27%가량 감축하기로 했다. 자동차의 CO_2 배출기준이 2000년에는 160g/km이던 것이 2009년에 개정을 통해 2015년까지 130g/km로 하고 이를 위반할 경우 차량당 €95/g의 벌금을 부과하는 법률이 2009년에 이미 승인된 바 있다. 아울러 2012년 1월 1일부터 EU의 '항공기 엔진에서 배출되는 이산화탄소 배출량에 대한 규제법안'이 발효되었다. 이는 항공부문을 배출권거래제에 편입하여 역내 이·착륙하는 모든 항공기에 탄소배출권 구입을 의무화하는 것이다. 미국과 캐나다 항공사들이 이 조치에 대해 제소하였지만 2011년 12월에 유럽사법재판소는 EU에 취항하는 외국 항공사들에게 탄소배출권을 구입하도록 의무화한 조치가 적법하다는 판결을 내린 바 있다.

한편, EU 각국은 EU집행위원회의 규정(directive)에 따라 에너지사용제품지침(EuP; Energy using Products) 또는 에너지 라벨 제도를 적용하고 있다. 이 제도의 특징은 다음과 같다. ① 에너지 사용 제품에 에너지 절약형 디자인과 설계인 에코 디자인(eco-design)을 의무적으로 준수하도록 하고 있다. CE(Conformity to European) 마크를 부착하고 적합성 선언을 공개해야만 EU 내에서 판매가 가능하다. 2010년부터는 대기 전력 1W 이하 기준을 만족해야만 EU내에서 판매할 수 있다. ② 에너지 효율에 따라 A부터 G까지 에너지 등급 라벨을 표시하고 있다. 또한 위원회 규정에 따라 냉장고를 포함한 10개 제품에 라벨 표시를 의무화하고 있다.[3]

건축물 부문에서는 2009년부터 건물에너지절약규범(EPBD)에 따라 건축물의 에너지 성능이 시장에서 경제적 가치로 평가받을 수 있도록 신축, 매매, 임대 계약 시 에너지효율 관련 서류를 첨부하도록 하고 있다. 또한 EU는 대형건물 신·증축 시 에너지 절약조치신고를 의무화하고 주택 및 건물 성능표시제를 실시하고 있으며, 2002년에 만들어진 '건물 에너지 효율 지침'을 2020년 이후 건설되는 모든 건물에 제로 수준의 에너지(near-zero-energy) 기준을 적용하도록 개정하기로 2009년 11월에 합의하였다.

제품에 포함된 유해물질에 대한 규제도 강화하고 있는 추세이다. EU는 2003년에 전기전자폐기물처리지침(WEEE)을 발효시켰고, 2005년부터는 회원국들이 자국 내에서 법을 제정하여 같은 지침을 적용하도록 하였다. EU는 이미 2000년부터 '폐자동차 처리지침(ELV)'을 적용하고 있다. 유해물질 사용제한 지침(RoHS; Restriction of Hazardous Substances Directive)은 2006년 7월 1일부터 자국으로 수입되는 모든 전기전자 제품에 대해 특정 유해물질인 납, 카드뮴 등이 일정 기준치 이상으로 함유되어 있을 때 불이익을 주는 규제이다. 신화학물질관리제도(REACH; Registration, Evaluation, Authorization and Restriction of CHemicals)는 EU내 40여개 화학물질 관련 법령을 통합한 것으로 2007년 6월 1일 시행되었다. 이는 EU내 연간 1톤 이상 제조 또는

---

3 김형국, 2011: 192-193.

수입되는 모든 물질에 대해 제조, 수입량과 위해성에 따라 등록, 평가, 허가 및 제한을 받도록 하는 관리규정이다.

EU는 2012년 12월 카타르 도하에서 열린 제18차 UN 기후변화총회에서 개발도상국의 기후변화 방지활동을 위해 2013년에 €50억을 지원하기로 결정했다. 각국별 분담액은 ① EU집행위(€9억, '13년) ② 독일(€36억, '13~'14년) ③ 프랑스(€40억, '13~'14년) ④ 스웨덴(€2억 8천, '13년) ⑤ 덴마크(€6,700만, '13년) 등이다.

세계의 여러 정부 가운데서 미래 인류의 생존을 심각하게 고민하며 큰 질문을 던지는 곳이 오직 EU뿐이라고 해도 과언이 아니다.[4] 하지만 EU차원에서 정한 공동의 약속이 실제로 얼마나 많은 진전이 이루어지는가 하는 문제는 결국 개별 국가 차원에서의 정책 수립에 달려있다. EU는 아직 말에 비해 행동이 적었다고 평가된다.[5] EU가 기후와 에너지 문제 등에 적극적인 것은 지구환경문제를 국제적으로 선도함으로써 선도자의 이익(First-mover Advantage)을 확보하고, 나아가 미국에게 뒤진 세계의 정치, 경제 등의 주도권을 되찾겠다는 의지를 가지고 있는 것으로 생각된다. 환경문제에 대한 국제적인 규제를 선도함으로써 환경산업에 대한 경쟁력을 높임과 동시에 새로운 성장동력인 녹색산업을 주도하려는 것이다.

---

4 제러미 리프킨, 2012: 12.
5 앤서니 기든스, 2009: 285.

2. 영국

　영국은 서비스업 중심(2008년 GDP 기준 서비스 산업 비중이 80.8%)의 저탄소형 경제구조로 전환된 대표적인 국가로, 제조업도 세계 수준의 경쟁력을 유지(매출기준 세계 6위)하고 있다. 영국은 2006년까지 온실가스 배출량을 1990년 대비 15% 감축하였으며, 배출권 구입까지 포함할 경우 총감축량은 20%를 상회하여 교토의정서 상의 2012년까지 감축목표를 이미 초과달성하는 성과를 거두었다.[6]

　영국에서 기후변화가 과학적 연구의 울타리를 벗어나 대중매체의 비평과 정치적 언술의 영역에 등장한 것은 1988년 6월 25일자 가디언지 1면 머리기사에 기후변화에 대한 기사가 실린 것이 처음이다. 당시 수상이었던 마거릿 대처(Margaret Thatcher)도 같은 해 9월 왕립학술원 연설에서 지구적 환경문제의 심각성을 거론하며 기후변화에 대해 언급하였다. 아울러 환경정치학적 맥락에서 1970년대와 1980년대를 통해 산성비와 같은 환경문제를 제대로 다루지 않아 '유럽의 더러운 신사(dirty man of Europe)'라 불렸던 부정적 이미지를 불식해보려는 의도도 암암리에 작용했으며, 무엇보다도 1980년 대 말부터 1990년대 중반사이에 영국이 경험한 자연재난들 때문이었다.[7] 영국이 교토의정서의 약속을 준수하는 길로 들어선 것은 어느 면에서는 마거릿 대처의 결단에서 비롯되었다. 그는 대형에너지 기업들을 민영화했고 특히 석탄산업 노동조합의 힘을 약화시키고자

---

6 http://ukembassyclimate.tistory.com

7 김범준, 2010: 47-49.

했다. 이를 위해 발전소의 연료를 석탄에서 천연가스로 바꾸었는데, 이는 천연가스가 가장 저렴한 연료라는 점도 작용했다. 이후 영국의 석탄 생산량은 대폭 감소했다.[8]

영국의 기후변화대응정책은 영국이 섬나라이자 편서풍 영향권 국가로서 기후변화의 진행으로 심각한 영향을 받을 것이라는 과학적 연구와 이해에 기초하고 있다. 1990년에 IPCC의 첫 번째 보고서가 발간된 후 환경부는 기후변화로 인해 발생할 예상 가능한 영향에 대한 국가평가보고서(CCIRG Report; Climate Change Impacts Review Group Report)를 발간하였고, 1996년에는 두 번째 CCIRG 보고서를 발간하여 기후변화에 대한 적응능력을 제고할 수 있는 정책방안을 제시하였다. 2000년 11월에는 최초의 종합적인 대책인 '영국의 기후변화프로그램(Climate Change - The UK Programme)'을 수립·발표하였다.

영국은 1998년에 교토의정서에 서명하고 EU의 부담배분협약에 합의하였으며, 2002년에는 교토의정서를 비준하였다. 2006년 10월에는 재무부장관의 요청에 의해 작성된 '스턴보고서: 기후변화의 경제학(Stern Review)'이 발표되었다. '2006 영국 기후변화 프로그램'은 2010년까지 (1990년 수준을 기준으로) 탄소배출을 20% 감소시키겠다고 서약한 바 있다.

2007년 말에 발생한 고유가와 금융시장의 붕괴로 영국경제가 타격을 받으면서 지속적 경제성장을 위한 국가경쟁력을 조기에 회복하고 향후 온실가스 감축 규제에 대한 국제협상과정에서 주도권을

---

8 앤서니 기든스, 2009: 120-121.

확보하기 위해 2008년 11월 26일 기후변화에 대응한 국가정책을 위한 3가지 법을 의회 의결과 여왕의 승인을 거쳐 입법하였다. 즉, 기후변화법(Climate Change Act 2008), 에너지법(Energy Act 2008) 및 계획법(Planning Act 2008)이다.

기후변화법은 구체적인 온실가스 배출량 감축목표를 법적으로 규정한 세계최초의 입법으로 2005년부터 논의되기 시작하여 2006년 11월 15일자로 노동당정부가 이 법안의 도입을 발표했으며, 2007년 3월 13일에 초안이 발표된 것이었다. 기후변화법 제1조에는 1990년을 기준으로 2050년까지 적어도 80%를 감축하는 목표를 명시하였다. 이러한 2050년 온실가스 감축목표는 EU에서 설정한 목표치인 50%를 30%나 상회하는 것이다. 이 법은 온실가스 감축 진행상황을 점검하기 위해서 5년마다 보고서를 발표하고 이를 의회가 검토하도록 했다. 동법 제4조 내지 제10조는 탄소수지(Carbon Budgets)[9]를 명시하고 있다. 탄소수지는 5년씩 3기로 관리된다. 첫 3기 탄소수지를 1기(2008~2012), 2기(2013~2017), 3기(2018~2022)로 나눠 책정해 추진키로 되어 있다. 기후변화위원회에 의해 권고되고 정부에 의해 채택된 이산화탄소 배출량 감축목표는 1990년을 기준으로 1기에 22%, 2기 28%, 3기에 34%까지 감축하는 것으로 설정하였다. 탄소수지보고서도 5년마다 작성하도록 규정했다.

에너지법은 저탄소 에너지믹스를 이루기 위한 목표, 정책 및 규제의 적절한 조화를 전달함에 있어 중심이 되는 법으로서 사업체들과

---

9 상품 생산 및 폐기 시에 발생하는 이산화탄소의 양과 생산품을 사용할 경우 줄일 수 있는 이산화탄소의 양을 함께 계산한 것으로 기업의 생산 활동이 이산화탄소 발생과 이로 인한 기후변화에 긍정적인 영향을 미치는지, 부정적인 영향을 미치는지 알 수 있는 지표가 된다.

소비자들 모두 각자의 역할을 할 수 있도록 지원함을 목적으로 한다. 이 법은 신기술을 지원하고 공급 인프라의 신규 수요에 대응하며, 에너지 시장 변화에 따른 환경 및 납세자를 보호하기 위한 것이며, 재생에너지의무할당제(RO), 발전차액지원제도(FIT), 재생에너지열 인센티브 등의 정책수단에 대해 규정하고 있다.

이 두 법안은 여전히 여러 취약점과 문제점을 안고 있다. 즉, ① '무엇을 할 것인가'에 중점을 두고 있을 뿐 어떻게 해야 하는지에 대해서는 정해놓은 바가 거의 없다. ② 소극적인 시나리오에 따라 만들어졌으며, '지금 처방이 가능한' 대책들에 대해서까지 머뭇거리고 있는 것처럼 보인다. ③ 기후변화위원회가 중요한 역할을 맡아야 하는데 이 위원회가 단지 자문위원회 정도의 위상에 머물고 있다. ④ 기후변화법에 명시된 목표들과 정부의 다른 정책들이 서로 어떻게 조화를 이룰지가 불분명하다. ⑤ 각종 계획들이 추진될 경우 가난한 이들에 대해 사회정의 차원에서 어떤 문제가 발생할 지에 대한 관심이 너무 미미하다. ⑥ 새로운 에너지법은 영국정부의 기후변화 대응 목표 달성에 충분한 자극이 되기에는 크게 부족하다는 것 등이다.[10]

아울러 계획법은 발전소, 철도, 도로 등 기반시설의 건설을 촉진하려는 것이다. 주요내용은 '기반시설계획위원회'를 설치하고, 노후화 되고 과부하된 기간시설을 대체하기 위한 전략적 청사진인 국가정책보고서(NPSs; National Policy Statements) 작성을 요구하고 있다. 아울러 에너지, 교통(고속도로, 공항, 항만 시설, 철도 등), 수자원(댐과 저수지 등), 폐기물 등과 같은 폭 넓은 중요 국가기반시설에 대한

---

10 앤서니 기든스, 2009: 125-130.

계획 프로세스 개선을 포함하고 있다.

영국에서 저탄소 성장정책은 정부 각 부처를 통해 수행된다.[11] 그 중에서도 '에너지 및 기후변화부(DECC; Department of Energy and Climate Change)'와 환경식품농무부(DEFRA; Department for Environment, Food and Rural Affairs)가 핵심적인 역할을 하며, 기후변화위원회가 중요한 조언을 하고 있다. DECC는 2008년에 '사업, 기업 및 규제개혁부(BERR)'의 에너지정책 부문과 DEFRA의 기후변화 정책부문을 통합한 것으로 전 지구적 기후변화와 에너지, 영국 에너지 정책, 소비자 지원 및 저탄소 영국 만들기 등 네 가지 정책영역에서 기능을 수행하고 있다. 이외에도 사업혁신 및 기술부(BIS; Department for Business, Innovation & Skills), 가스 및 전기시장청(Ofgem; Office of Gas and Electricity Markets) 등이 중요한 역할을 하고 있다.

DECC는 2008기후변화법 제12조와 제14조 규정에 의하여 2009년 7월 15일 '영국 저탄소전환계획(The UK Carbon Transition Plan): 기후와 에너지에 관한 국가전략'이라는 백서를 출간하고 의회에 제출하였다. 이는 2020년까지 탄소배출을 2008년 수준에서 18% 감축(1990년 수준에서 3분의 1 이상 감축)하기 위한 영국의 첫 번째 종합계획으로 전력, 가정 및 지역공동체, 작업장과 일자리, 교통, 농업·토지와 폐기물 관리 및 2050년까지의 로드맵과 북아일랜드, 스코틀랜드, 웨일즈 지역에 대한 추가조치에 대해 DECC가 취해나갈 정책들을 상세히 기술하고 있다. 부문별 저감활동과 목표를 살펴보면 전

---

11 영국은 2010년도 예산서(Budget 2010)와 해외개발연구소(Overseas Development Institute)의 보고서 등에서 저탄소 성장(Low Carbon Growth)이라는 용어를 사용하고 있기 때문에 이 용어를 쓰지만, 한국정부가 말하는 저탄소 녹색성장과 같은 대동소이한 개념으로 파악된다.(황병상, 2010a: 328)

력부문은 전력과 중공업으로부터의 배출을 2020년에 2008년 수준
에서 22%까지 감축하고 2020년까지 전기의 40%는 저탄소에너지원
으로부터 공급하는 것이다. 가정 및 지역공동체 부문은 가정에서의
배출을 29%까지 절감하며, 저소득지역의 9만 가구에 에너지효율방식
을 도입하는 '공동체 에너지절약 프로그램(Community Energy Saving
Programme)'을 도입하는 것과 함께 가정에서 사용되는 에너지의 3
분의 1을 차지하는 가스 공급의 안정성을 향상시키는 것이다. 작업
장과 일자리부문은 작업장의 효율개선 등을 통해 탄소배출을 13%
까지 절감하며, 해상풍력, 해양에너지, 저탄소 건축 및 초저탄소 차
량과 같은 저탄소 영역에서 녹색제조업의 글로벌 센터로서의 위치
를 달성하는 것이다. 교통부문은 탄소배출을 14%까지 절감하고, 저
탄소국가로 전환하는 동안에 필요한 석유공급을 안정시키는 것이다.
농업, 토지와 폐기물 관리부문은 영국의 농부들이 보다 효과적인 비
료사용과 가축과 퇴비에 대한 보다 나은 관리를 통해 탄소배출을
6%까지 감축하는 것이다.[12]

2010년 5월 11일 영국은 보수당과 자유민주당의 연립정권으로 정
권교체가 이루어졌다. 영국의 보수-자유민주당 연합정부는 전 노동
당 정부의 녹색정책을 대부분 따르기로 결정했다. 기후변화에 대한
대응과 녹색투자은행의 설립 지원은 계속되며, 청정전력생산에 대한
보조금도 유지되고, 보수당 공약대로 전력회사가 배출하는 CO_2 톤
당 부과하는 탄소최저가격 세금을 도입하기로 했다. 캐머런 총리는
동년 5월 14일 정부자체의 CO_2 배출량을 12개월 이내 10% 감축한

---

12 HM Government, 2009b: 9-15.

다고 발표하여 전정부가 약속했던 정부청사로 부터의 CO_2 배출을 2010/11년까지 1999/2000년 대비 12.5% 감축목표를 초과달성(17.8%)할 것으로 예상했다.[13]

연립정부를 구성하는 보수당의 기후변화와 에너지에 관한 정책기조를 살펴보면 영국이 저탄소 세계에서 리더십을 가지도록 즉각적인 행동에 착수하는 것과 탄소감축과 저탄소 에너지 생산을 촉진하는 방향을 추구하고 있다. 에너지 안보를 보호하고 가정이 녹색으로 나아가는 것을 보다 쉽게 할 것이며, 기후변화는 세계가 당면한 가장 위대한 도전 중 하나이지만 그것은 기회 또한 제공하는 것으로 인식하고 있다.[14]

영국은 기후변화부과금(CCL; Climate Change Levy)을 2001년 4월부터 도입하였는데 온실가스를 배출하는 천연가스와 석탄, 전력에 대해 세금을 부담시키는 반면 신재생에너지에 대해서는 면제한다. 산업, 상업 및 공공부문에 부과되며 전력생산자와 가정부문은 면제된다. CCL은 고용주의 국립보험부담금 0.3% 완화, 에너지효율제도 및 재생가능한 에너지 원천에 대한 부가적인 지원 등으로 상쇄된다. 따라서 공공재정에는 순증가가 없다. 2012년 4월부터 적용되고 있는 CCL의 요율은 전력이 kWh당 0.509펜스, 가스는 kWh당 0.062~0.177펜스, 액화석유가스 등은 kg당 1.137펜스, 기타 원자재는 kg당 1.387펜스이다.

영국은 유럽연합(EU)의 신재생에너지지침이 세운 일정에 맞춰 2020년까지 전력의 30%를 신재생에너지로 공급한다는 계획을 예정

---

13 http://www.endseurope.com/23939

14 http://www.conservatives.com/policy

대로 진행하고 있다. 5MW급 이하 가정부문의 비상업용 소규모 태양광 보급 촉진을 위해 2010년 4월부터는 발전차액보조제도(FIT; Feed In Tariff)로 고정가격 매입제도를 도입·시행 중이다.

영국은 세 차례의 프로젝트(Round 1, 2, 3)를 통해 총 47GW 규모의 해상풍력단지를 조성할 계획이다. '라운드 3'은 2010년 1월 발표되었으며, 9개 지역에 총 32GW의 해상풍력단지를 세우는 계획을 허가했으며, 현재 사업성 평가·환경영향평가 등의 절차가 진행 중이다.[15] 아울러 영국정부는 2012년 4월 10억 파운드 규모의 CCS 지원 프로그램과 CCS 로드맵을 발표했다. 이는 2007년 발표했던 CCS 지원프로그램을 강화한 것으로 연소 전 기술과 연소 후 기술을 지원 프로그램에 포함 시켰다. 현재 영국에서 계획된 CCS 플랜트는 총 7개 이다.

원자력에 대해서는 2010년 5월 보수당과 자유민주당의 연립정권 수립 시에는 신규 원자력발전소 건설은 승인하지만 재정지원은 하지 않는 것으로 방침이 정해졌다. 그러나 영국 정부는 2013년도에 들어서서 석탄 및 가스 등의 화석연료를 대체하기 위해 원자력 발전을 확대할 계획으로 전해졌다. 2011년에 영국에서 원자력으로 생산한 전기는 전체 전기 생산량의 약 18%였다. 영국 정부의 보고서에 의하면, 화석연료 발전으로 생산하는 전기 대신 원자력 발전으로 생산하는 전기로 영국 전체 전기 사용량의 2/3를 생산하기 위해서는 대형 원자로를 건설할 필요가 있다고 밝혔다.[16]

한편, 영국정부는 2010년 3월 저탄소 경제로의 전환과 경제회복

---

15 지식경제부 외, 2012a: 29.

16 http://www.guardian.co.uk/environment/2013/feb/12/report-expansion-experimental-nuclear-plants

을 위한 투자증진을 목적으로 녹색투자은행(Green Investment Bank) 설립을 발표했다. 이 은행은 영국정부로부터 30억 파운드를 초기자금으로 지원받았으며 스코틀랜드 에든버러에 본사를 두고 있다. 이 은행은 저탄소 청정에너지경제의 발전을 위한 투자를 목적으로 하는데, 자금의 80%를 해상풍력발전, 폐기물발전, 에너지 효율의 3대 우선부문에 배정한다.

캐머런 총리는 2011년 5월 초에 "영국산업의 핵(core)인 창조산업을 지속적으로 발전시키겠다"고 발표했다. 창조산업의 지속성장과 저탄소 에너지산업 같은 기술집약적 고부가가치 산업을 새로운 산업혁명의 발판으로 삼겠다는 것이다. 영국 산업의 체질 개선은 저탄소 및 재생 에너지 산업에 초점을 맞춘 데서도 나타난다. 아울러 영국정부는 전기차 구입 시 5%의 구매가 인하 등의 정책을 통해 탄소가 배출되지 않는 전기차 공급을 독려하였으며, 전기차를 생산하는 닛산 등 글로벌 투자자에게는 법인세 면제 혜택을 부여하였다.

2012년 11월 DECC는 에너지효율 개선을 촉진하기 위한 '에너지효율전략(Energy Efficiency Strategy)'을 발표했다. 이 전략은 주거, 교통, 제조업 부문 등에서 에너지이용 방식의 변화를 통해 에너지효율을 촉진하기 위한 목표로 제정된 것이다. DECC는 에너지 효율에 대한 투자를 통해 2020년까지 에너지 사용을 11% 절감할 계획이다. 이는 22개 발전소의 발전용량과 맞먹는 196TWh의 전력을 대체할 수 있다고 밝혔다.[17]

영국정부기금으로 운영되는 회사인 카본트러스트(Carbon Trust)사

---

17 http://www.guardian.co.uk/environment/2012/nov/12/energy-efficiency-uk-close-power-stations

는 2007년 3월부터 자발적으로 스넥, 음료 등 가공제품에 탄소라벨을 운영하여 탄소배출 정보를 표시하고 있다. DEFRA는 2007년 6월부터 모든 제품으로 탄소라벨을 확대·적용하는 계획을 발표한 바 있다.

런던에서 3㎞ 떨어진 베드제드(BedZed)는 탄소 제로 주거 단지로서 지속가능한 생활을 추구하는 선구적인 곳이다. 베드제드는 '베딩턴 무에너지 개발(beddington zero-energy development)'을 뜻한다. 여기서 '무에너지'란 화석연료를 통해 생산된 에너지는 사용하지 않는 동시에 보통 사용하는 에너지 소비량의 절반 정도만을 사용한다는 뜻이다. 이 단지의 100가구는 모든 주택 지붕에 태양광 패널을 설치하고 단지 내 열병합 자가발전소에선 목재 같은 산업폐기물을 태워 에너지를 만든다. 에너지 효율성을 높이기 위해 단지 내 난방 수요가 일반 주택의 10% 수준이 되도록 설계되어 있다. 영국정부는 2020년까지 베드제드와 같은 '에코 타운' 10개를 건설할 예정이다.

영국은 2007년부터 모든 주거용 건물에 대해 매매나 임대 시 에너지 성능 평가서를 포함한 주택 정보를 첨부하도록 하고 있다. 2016년부터는 모든 신축 주택을 '제로 탄소 주택(zero carbon house)'으로 지어야 한다는 규정도 만들었다.

한편, 탄소배출권거래제와 관련하여 과거 브리티시 스틸의 합병법인 코러스(Corus)를 인수한 뒤 영국 내 철강사업을 계속해온 타타 스틸(Tata Steel)이 2011년 10월 말 영국 정부에 엄포를 놓은 일이 있다. 영국의 탄소감축 정책이 지나치게 앞서간 탓에 수익을 맞추기가 어렵고 사업을 계속할 수 없어 영국 내 공장을 철수하겠다고 나선 것이었다. 이 사건은 영국 내 기업들이 여전히 탄소배출권거래제의 강도 높은 시행에 반발하고 있다는 것을 보여주고 있다.

엘리스 외는 영국정부의 저탄소성장 동기를 이중으로 파악하고 있다. 첫째는 무엇보다도 먼저 온실가스 배출을 감소시키고 탄소배출을 완화시킴으로써 기후변화에 영국의 영향을 감소시키는 것이다. 둘째는 이 성장하는 시장을 기회로 삼고 영국기업들이 저탄소 기술에 대한 지구적으로 높은 수요로부터 이윤을 얻게 하는 것이다.[18]

3. 독일

현대의 녹색운동은 독일에서 1970년대에 처음 생겨났다. 독일은 정치적인 관점에서 '녹색'이라는 용어가 처음 활용된 곳이었으며, 녹색당[19]이 선거에서 처음으로 괄목할 만한 성공을 거둔 곳이기도 하다.

독일은 기후변화 대응 문제에 있어 오래전부터 다른 나라보다 앞장서서 국내정책을 펼치고 있다. 1989년에 환경세, 2001년에 CO_2 감축 건물개축프로그램을 도입하였으며, 재생에너지법·재생에너지 난방법 등 재생에너지 이용을 촉진하기 위한 법과 규정을 운용하고 있다. 또한 에너지를 절감하고, 에너지 효율을 향상하기 위한 제도

---

18 Ellis et al., 2009: 8; 황병상, 2010a: 334에서 재인용.

19 독일 녹색당은 1980년에 연방차원에서 단일한 정당으로 결성되었으며, 1983년 5.3%의 지지를 받아 처음으로 연방의회에 진출했다. 1998년 실시된 제14대 총선에서 6.7%의 지지를 얻어 독일연방의회 총 669석 중 47석을 차지하여, 298석의 사민당(SPD)과 함께 연정을 구성하여 집권 여당이 되기도 했다. 2009년 총선에서는 10.7%의 지지를 얻어 622석 중 68석을 차지하였으며, 야당의 역할을 하고 있다(자료: Wikipedia).

적 장치를 마련하는 등 다차원적 노력을 전개하고 있다.

아울러 독일은 국제 사회의 기후변화 대응에 있어서도 주도적 역할을 담당하고 있다. 2007년 6월 G8 정상회담 의장국으로서 기후변화 문제를 회의의 주요 의제로 설정하여 논의를 주도하였으며, 2007년 상반기 유럽연합 의장국으로서 유럽연합 차원의 기후변화 대응 방향을 정립한 '에너지 및 기후변화 패키지'의 채택을 주도하였다.

온실가스 감축 면에서도 2007년 독일의 온실가스 배출량은 9억 5,700백만 톤으로 1990년 대비 22.4%가 감소되어 교토의정서의 감축 목표치인 21%를 초과 달성했다. 교토의정서에 따른 2008년～2012년 간 유럽연합 전체의 온실가스 감축량 목표가 1990년 대비 8%인 점과 비교해 볼 때 높은 수준임을 알 수 있다.

독일 정부는 에너지 공급 및 기후변화에 대한 정부 차원의 종합적 대응책을 마련하기 위해 2007년 6월 '통합 에너지 기후변화 패키지(법령 제·개정 등 29개 개별 조치 포괄)'를 수립하였다. 이는 에너지 기업, 경제계, 노조, 기타 관련 인사 등이 참여한 국가 에너지 정상회담(메르켈 총리 주재)을 세 차례에 걸쳐 개최하여 합의된 사항을 바탕으로 마련된 것이다. '제1차 에너지 기후변화 패키지'는 2007년 12월 연방각의에서 의결되어 시행되고 있으며, 동 패키지에 포함된 4개의 법률 제·개정은 2008년 6월 연방하원을 통과했다. 2008년 6월 '제2차 에너지 기후변화 패키지'가 의결되었다. 동 패키지는 세계 최초의 정부 차원의 포괄적 기후보호 프로그램으로 평가되고 있다.

기후 보호 및 에너지 공급과 관련한 독일 정부의 목표는 2020년까지 온실가스 배출량을 1990년 대비 40% 감축하고, 에너지 효율성을

1990년 대비 20% 증진하고, 전력생산에 있어 재생에너지법(EEG)에 따라 재생에너지 비율을 30%로 확대하며, 재생에너지 난방법에 따라 재생에너지를 이용한 난방 비율을 14%로 확대하는 것이다.[20]

독일은 2008년 말 기후변화에 대한 '국가 적응 전략(German strategy for adaptation to climate change)'을 마련하였다. 적응 전략에는 적응정책 수립과 시행 과정에서 지방정부가 맡은 역할을 밝히고 개인과 시민사회, 기업의 적응 지침을 제공하였다. 또한 농업, 산림, 수산업을 포함한 15개 부문의 기후변화 영향, 적응 정책 선택안을 제시하였다.[21]

독일은 신재생에너지 중 태양광 분야에 대한 연구개발과 투자도 강화했다. 2008년 말에 완전히 가동된 발전용량 40MW의 발트폴렌츠(Waldpolenz) 태양광발전단지는 당시 세계에서 가장 큰 규모의 태양광 발전시설이었다. 이 단지 건설에는 총 1억 3000만 유로가 투자되었으며, 55만 장의 박막 모듈을 사용했다.

독일에서 태양광 사용이 활발해진 데는 1990년대 저명한 실업가 헤르만 셰어(Hermann Scheer)가 처음 추진했던 발전차액지원제도(FIT)에 힘입은 바 크다.[22] 2000년부터 시행된 재생에너지법에 의해 태양광 발전으로 생산된 전력은 시장가격보다 높은 가격(kWh당 40∼55센트)으로 배전·송전업체들에 의해 전량 구매되었기 때문에 시민들의 태양광 설치도 기하급수적으로 증가하였다. 그러나 '독일 세금으로 중국 업체 배만 불린다'는 비판과 국민부담 증가에 직면하자 독일 정부는 2010년 2월 태양광 사업자에 대한 보조금을 줄이는 내용의

---

20 외교통상부(2011), <독일개황>.

21 김형국, 2011: 136-137.

22 앤서니 기든스, 2009: 115-117.

감축정책을 내놓았다. 건물지붕의 태양광 시설의 보조금을 16%, 일반 부지의 태양광 시설에 대한 보조금은 15%를 각각 삭감한 것이다. 이와 함께 풍력에 대한 보조금에 대해서도 속도조절에 들어갔다.

메르켈 총리가 이끄는 독일은 중국과 스페인이 태양광으로 추격해 오자 해상풍력과 이산화탄소 포집·저장(CCS) 기술을 특화시켜서 주목을 받고 있다. 독일의 풍력기술은 20년 이상의 역사를 가지고 있다. 현재 독일 전역에 2만여 대가 넘는 육상 풍력발전기가 설치되어 있다. 독일의 미래는 단연 해상풍력이다. 일반 풍력산업보다 10배 이상의 기술을 요구하는 해상풍력 분야에서도 독일은 2009년 5월 북해에 알파벤투스 단지를 조성하는 등 이미 시장을 선점한 상태다. 독일은 2030년까지 30여 곳의 해상풍력단지를 조성해 2만 5,000MW의 전력을 생산하겠다는 계획을 발표했다.

한편 메르켈 총리는 2010년에 원전가동 시한을 12년간 연장한다고 밝혔다가 일본 후쿠시마 원전사고의 영향을 받아 2011년 3월 지방선거에서 패배했다. 후쿠시마 사고가 독일인들에게 잊혀져가던 체르노빌 사고 기억을 되살려냈기 때문이다. 1986년 4월 우크라이나에서 발생한 체르노빌 원전 사고는 동쪽에서 서쪽으로 불던 바람을 타고 독일에 방사능 피해를 고스란히 입혔던 것이다. 독일정부는 원자력에 대한 새로운 정책합의를 위해 11시간에 걸친 TV 공개토론을 개최하였다. 최종적으로 '안전한 에너지 공급을 위한 윤리위원회'의 보고서를 접수한 후 원자력 정책을 유턴하게 되었다. 즉, 모든 원전을 2022년까지 폐기하기로 결정한 것이다. 총17기 중 8기는 이미 가동중단 상태이고, 나머지 9기 중 6기는 2021년 말까지 가동하고 3기는 2022년까지만 가동하기로 했다.[23] 이는 '국가전력 생산량 가운데 현재 약 18% 수준인 신재생에너지원 비율을 2020년 35%로 높여 원자력발전에서 완전히 탈피하고, 2030년에는 이 비율을 66%까지 끌어 올린다'는 정책 청사진으로 나타났다. 통칭 '녹색공화국 프로젝트'이다.

독일은 녹색도시 조성에도 많은 노력을 기울이고 있다. 프라이부르크(Freiburg)는 남서부 지역에 있는 인구 20만 도시로 독일의 환경수도로 불리고 있다. 이 도시의 가장 큰 장점이자 특징은 태양의 도시라고 불릴 만큼 태양광을 풍부하게 에너지로 사용하고 있다는 것이다. 또한 업무용을 제외하고 자동차의 진입이 금지되어 있는 대신에 대중교통은 매우 발달 되어 있다. 지상으로 다니는 전철인 트램은 환경오염 물질을 배출하지 않는 친환경적인 교통이고, 자전거를 편하게 이용할 수 있도록 자전거 도로가 잘 구축되어 있다. 도로 중간 중간엔 녹지가 조성되어있어 친환경적인 도시의 분위기를 잘 나타내고 있다. 프라이부르크는 과거 핵발전소 건립을 계획해왔던 도시였으나 주민들의 강력한 반발로 무산되었다고 한다. 정부의 주도 아래 이루어진 도시가 아니라 주민들의 자발적인 참여로 만들어진 친환경 도시라는 의의가 있다.

함부르크(Hamburg)는 35개의 후보지가 치열한 경합을 벌인 끝에 EU 집행위원회에 의해 '2011 유럽환경수도'로 선정되었다. 함부르크가 선정된 것은 기후 보호를 위해 온실가스를 줄이고, 행정적으로 환경을 지원하는 정책 등에서 높은 점수를 받은 덕분이다. 함부르크

---

23 스위스(원전 5기 보유)도 2034년까지 원전 폐쇄를 결정했고, 핀란드(원전 4기 보유, 5기 추가건설 중)도 "더 이상의 원전은 없다"는 결정을 내렸다. 이탈리아도 2014년부터 4기의 신형 원자로를 건설하고 2030년까지 원자력 에너지 비율을 25%로 높인다는 계획을 추진해 왔으나, 후쿠시마 원전 사태 이후 2011년 6월에 원자력발전 계획에 대한 국민투표에서 94%가 반대의견을 표시했다.

주정부에 따르면 1990년을 기준으로 2007년까지 온실가스를 15%
줄였고, 2020년까지 40%, 2050년까지 80%를 줄일 예정이다. 아울
러 2020년까지 전체 전력의 20%를 신재생에너지로 대체하고, 2050
년까지 100%로 확대하는 목표를 세우고 있다.

특히 눈길을 끄는 것은 옛날 항구 부지이자 물류창고로 사용됐던
지역인 하펜시티(Hafen city) 프로젝트로, 에너지 효율이 높은 건축
물을 지어 온실가스 배출을 획기적으로 줄이고자 노력하는 것이다.
특히 주거용 건물은 여름에 에어컨을 전혀 사용하지 않고, 겨울에는
별도의 난방을 하지 않도록 '친환경 인증'을 받아야만 건축허가가
난다. 거리를 누비는 버스도 수소 연료전지로 움직이는 무공해 버스
들이 대부분이며, 신재생에너지를 이용하는 시설을 설치하면 연방정
부 차원에서 보조금을 지급한다. 하펜시티의 재개발은 함부르크 도
심을 약 40% 이상 확대하는 것으로, 밀집된 도심을 분산하는 역할
도 한다.

4. 덴마크

덴마크는 1973년의 제1차 오일쇼크 당시 석유의 거의 100%를 수
입에 의존하던 국가로서 뼈아픈 경험을 한 바 있으며, 반핵운동 등
을 겪은 후 1980년대에 탈 원자력 발전을 국민 투표로 결정하기도
하였다. 이후 신재생에너지, 에너지 절감 및 효율화 등에 일찍부터
관심을 가지고 실증적으로 발전시켜왔다. 1973년에 덴마크는 소비

에너지의 99%를 중동에서 수입했지만 현재는 제로 상태이고, 1976년에 국가차원의 에너지정책을 수립한 이래 정책적 발전을 계속해왔다. 1981년 이후 덴마크 경제는 70% 성장했지만 에너지 소비량은 거의 변화가 없다.[24]

2007년에는 'Vision 2025'를 발표하여 2025년까지 화석연료 사용을 현 수준의 15%까지 감축하고 재생에너지 비중을 30%까지 확대한다는 계획을 천명하였다. 2011년 2월에 덴마크 기후변화위원회는 '에너지 전략 2050(Energy Strategy 2050)'을 발표하였다. 여기에는 2020년까지 ① 화석연료 소비를 2009년 수준보다 18% 감축(에너지 부문은 33% 감축) ② 에너지 절감규모를 2006년 수준 대비 6% 확대 ③ 재생에너지 비중을 전체 소비의 33%까지 확대 ④ 전체 전력 소비량의 50%를 풍력에너지로 조달하고, 궁극적으로는 2050년까지 화석연료 사용 '제로'를 통해 화석연료로부터의 완전독립을 세계최초로 이루겠다는 선언이 포함되어 있다. 이러한 목표를 달성하기 위해 ① 2050년까지 에너지기술 연구개발비를 연간 2억 달러 수준으로 유지 및 증대 ② 2020년까지 자동차 연료 중 바이오연료 비중을 10%까지 확대 ③ 2015년까지 전기차 등록세 면제 등 전기차 이용 확대 ④ CO_2 배출 절감 및 재생에너지 사용 유인 확대를 위한 세제 개편 ⑤ 2016년부터 모든 건물의 난방시설을 100% 재생에너지로 전환(보조금 750만 달러) 등을 추진하기로 했다.[25]

---

24 이는 덴마크 환경부장관 코니 헤데가르크가 토머스 프리드만에게 다음과 같이 말한 점에서도 확인할 수 있다. "우리는 석유 의존도를 줄여야 한다고 판단했습니다. … 원자력에 관한 엄청난 논쟁이 있었지만, 1985년에 우리는 원자력 개발을 추진하지 않기로 결정했지요. 대신 에너지 효율과 신재생에너지를 추구하기로 했습니다. 우리는 세금을 부과하여 에너지가격을 더 비싸게 하고, 그리하여 사람들이 집에서든 어디서든 에너지를 절약하고 효율적으로 사용할 수 있는 동기를 부여했지요.… 정치적 의지의 결과물이었습니다."(토머스 프리드만, 2008: 38-39).

2005년도에 덴마크에서 풍력발전으로 생산한 전기는 전체 전력 생산의 20%를 훨씬 넘어섰으며, 전체 에너지 사용에서 차지하는 비율도 17%로 높아졌다. 전력생산이 들쭉날쭉한 풍력에너지의 단점은 스웨덴과 노르웨이에서 수력 전기를 수입함으로써 보완했다. 다양한 바이오 연료를 써서 전기를 생산하고 전력 공급과 차단을 신속하게 할 수 있다는 장점을 가진 소규모 발전소들도 전력공급에 보탬이 되었다.[26]

덴마크는 세계 최초로 해상풍력단지를 개발하였으며, 풍력발전 기술과 부가가치 생산에서 놀라운 발전을 거두어 세계 1위 풍력대국으로 성장했다. 덴마크 풍력 터빈산업은 2011년 현재 약 25,000명을 고용하고, 2011년 중 60억 유로를 수출하는 산업으로 성장하여 전 세계 풍력 터빈 시장점유율 1위를 유지하고 있으나 최근 유로존 경제위기와 미국의회의 정부보조금 연장 법안이 부결되면서 성장 모멘텀이 약화된 상태이다.[27]

덴마크 기후에너지빌딩부는 2012년 7월 말에 스마트 그리드 구축에 대한 구체적 계획을 발표했다. 풍력발전의 경우 기후에 따라 그 생산량이 달라질 수 있으므로 그 공급을 적절히 조절하기 위해서는 스마트 그리드가 필수적이기 때문이다. 특히 덴마크와 독일의 해안접경지역, 그리고 덴마크 유틀란드 반도 서부 해안가에 각각 600MW와 400MW 규모의 해상풍력발전단지 건설을 앞두고 있기 때문에 해당 발전단지에서 생성되는 풍력에너지를 최대한 이용할 수 있는 스마트 그리드 시스템의 구축을 중요한 목표로 삼은 것이다.

---

25 주 덴마크 대한민국 대사관(http://dnk.mofat.go.kr/)

26 앤서니 기든스, 2009: 120.

27 지식경제부 외, 2012a: 34.

한편 코펜하겐 시당국에 따르면 도시 인구(약 120만 명)의 40%가 매일 자전거로 출퇴근이나 통학을 한다. 코펜하겐은 1923년 세계 최초로 자전거 이용자의 편의를 반영한 도로법을 선포하고 도시 전체에 전용 도로를 깔았다. 코펜하겐시는 자전거 장려정책을 펴고 있다. 시내에 만든 자전거 전용 도로 거리만 400㎞가 넘는다. 최근에는 '녹색자전거도로'를 새로 만들고 있다. 흥미로운 사실은 코펜하겐 시민들이 꼽는 '자전거를 타는 이유'다. 시민들은 환경 보호(9%)보다는 자전거가 더 빠르고(55%) 편리하기(33%) 때문에 탄다고 답했다. 자동차를 이용할 때 드는 높은 비용도 시민들이 자전거를 타게 만드는 이유다. 덴마크에서는 자동차 구매 시 붙는 세금이 최대 180%다. 이산화탄소를 배출하는 데 대한 세금을 매기기 때문이다.[28]

5. 미국

제2차 오일쇼크의 어둠이 세계를 뒤덮었던 1979년, 카터(Jimmy Carter) 대통령은 재임 중 가장 중요한 연설을 했다. 백악관은 이 연설의 제목을 '신뢰의 위기(The Crisis of Confidence)'라고 붙였다. 그는 "에너지는 우리나라가 하나로 단결할 수 있는지 검증하는 중요한 요소이며, 우리의 결집을 위한 구심점이 될 것입니다. 에너지 전장(戰場)에서 우리는 조국을 위해 새로운 신뢰를 확립할 수 있으며 우리의 공동운명

---

28 조선일보, 2012.10.17.

에 대한 통제권을 다시 되찾을 것입니다"라고 연설했다. 카터 대통령은 모범을 보이기 위해 미국 대통령으로서는 처음으로 백악관 지붕에 태양광 전지판을 설치했다. 또한 1980년대 말까지 석유 수입 의존도를 절반으로 낮추고, 에너지 절약을 정착시키고, 대체 연료자원을 개발하겠다는 대담한 새 계획을 발표했다. 그는 미국이 '2020년까지 전체 에너지의 20%를 태양광에서 얻도록 만든다'는 중요한 목표를 달성할 수 있도록 솔라 뱅크(solar bank)를 만들기 위한 입법을 제안했으며, 국민에게 실내 온도를 낮추고 카풀을 활용하며 대중교통을 이용하라고 부탁했다. 하지만 국제유가가 떨어지자 미국 기업과 대중은 카터가 외친 에너지 이니셔티브에 흥미를 잃어버렸고, 카터의 후임인 로널드 레이건(Ronald Reagan) 대통령은 백악관 지붕의 태양광전지판을 철거해 버렸다.[29]

세계인구의 5%를 차지하는 미국은 세계 온실가스 배출량의 약 25%를 차지한다. 미국 행정부가 1997년에 서명한 교토의정서는 2001년 3월 의회의 비준을 받지 못하게 되는 사태가 발생했다. 부시(George W. Bush) 대통령은 취임 2개월 후인 2001년 3월 13일 네 명의 공화당 상원의원에게 서한을 발송해서 자신은 의정서에 반대한다는 입장을 확실하게 밝히고 이산화탄소 배출을 규제하겠다는 선거공약도 부인했던 것이다.

미국이 세계 최대의 경제대국이자 세계 최대의 오염원이라는 사실은 그다지 놀랄 만한 일은 아니다. 미국 내에서 인구수가 49만 5,700명으로 가장 적은 와이오밍 주에서 배출하는 이산화탄소의 양

---

29 제러미 리프킨, 2012: 260-261.

이 총 인구수가 3억 9,600만 명에 이르는 74개 개발도상국에서 배출하는 양보다 더 많다. 미국이 거부하는 이유는 분명하다. 지구온난화 방지 대책을 이행하기 위해서는 자동차, 석유, 석탄 등 일부 영향력 있는 산업에 비용을 부과해야하기 때문이다. 자동차업체들도 엔지니어들에게 연료 효율이 높은 자동차를 생산하도록 주문하는 대신, 변호사와 로비스트들에게 정부가 이런 정책을 시행하지 못하도록 막아달라고 요청했던 것이다. 뿐만 아니라 미국은 지구온난화의 타격을 적게 받기 때문이기도 하다. 물론 허리케인 카트리나를 통해 이러한 이기적 계산이 치명적인 결함이 있음이 드러났지만 말이다.[30]

미국의 이러한 소극적인 태도에는 나름대로의 사정이 있기는 하다. 유럽에 비해 제조업의 비중이 아직 상대적으로 높고 전력생산에서도 화석연료의 투입비중이 높기 때문에 상대적으로 낮은 수준의 감축목표를 검토함으로써, 자국 내 그린에너지 산업발전을 위한 시간을 버는 동시에 새로운 시장에 대한 기회도 확보하는 양면 전력을 쓰고 있는 것이다. 특히 그린에너지 산업에 있어 핵심부품이나 관련 서비스 분야는 유럽에 비해 여러 부문에서 뒤져 있으므로 단순히 자국 내 그린에너지 비중 확대만을 부르짖다가는 유럽 기술과 서비스에 의해 시장이 장악될 수 있다는 우려를 하고 있다. 그래서 그린에너지 산업분야에서는 같은 입장에 있는 중국과 암묵적으로 연대하여 EU의 시장독점을 견제하는 방안도 강구중이다.[31]

또한 전기차나 태양광 발전 등 그린 산업의 경우, 지역적으로 이해관계가 다른 것도 문제다. 예를 들어 광활한 미국 중서부 지역은

---

30 조지프 스티글리츠, 2008: 298-300.
31 이재훈, 2010: 72.

도시 간 거리가 멀어 전기자동차를 운행하기 쉽지 않다. 미국의 중부지역은 풍력 사용이 용이하고 서부는 태양광에 유리한 반면에 동남부 지역은 지형이나 기후 여건이 재생에너지를 생산하기에 적당하지 않다. 이에 따라 연방차원에서 지원 제도를 정할 때 쉽게 합의가 이루어지기 어려운 면이 있다.

리프킨은 주요 위원회에 속한 상하원 의원들이 업계 친화적인 태도로 적절히 입법을 하면 선거 기부금으로 보상을 받고, 관직을 떠나면 업계의 로비스트 자리를 통해 또 한 번 보상을 받는다고 비판한다. 2002년부터 2008년까지 화석연료 업계에 지급된 연방 보조금만 해도 총 720억 달러가 넘는다. 에너지 회사들은 공공 미디어를 통한 캠페인에 수십억 달러를 쏟아 붓는다는 것이다.[32] 리차드 밀러(Richard Miller) 미국 올린공대 총장은 좌담회에서 "문제는 아직도 정치적으로 미국이 온실가스 문제해결의 시급함에 대해 확신하지 못하고 있다는 점이다. 미국의 문제는 의회에 과학기술 배경지식을 가진 의원이 없다는 점이다"라고 진단한 바 있다.[33]

그러나 미국은 탄소배출권 시장인 시카고기후거래소(CCX; Chicago Climate Exchange)가 자생적으로 생겨난 곳이기도 하다. 1980년대에 미국 동북부를 중심으로 산성비가 내리기 시작하자 정부는 오염을 해결하기 위한 기발한 프로그램을 개발하였다. 산성비의 주범인 이산화황(SO_2) 방출량을 사고파는 시스템을 마련한 것이다. 총량규제 및 배출권거래(cap-and-trade)라는 이 시스템은 시장의 힘을 빌려 이산화황 방출량을 감축하고, 동시에 선진적 기업들이 환경을 돌봄으

---

32 제러미 리프킨, 2012: 228-229.

33 한국경제신문, 2009.11. 9.

로써 경제적 이득까지 얻게 하는 방안이었다. 이 아이디어를 유럽연합이 가져다가 이산화탄소에 적용하고 한층 효율적으로 운영되도록 관리하고 있는 것이다.[34] CCX는 2003년 10월부터 정식 거래를 시작했다.

오바마 대통령은 '탄소배출 총량거래제'의 입법화를 추진하였으나 이 안에 대해 공화당은 "소비자와 기업에 부담을 가중시킨다"고 반대해왔다. 이 법안은 2009년 미 연방 하원을 통과했으나 상원에서 공화당의 반대로 무산되었다. 오바마 대통령도 2010년 중간선거 이후 배출권거래제 도입을 위한 더 이상의 노력은 없을 것이며 기후변화에 대응하기 위한 다른 수단을 강구할 것이라고 언급하였다. 배출권거래제 도입의 무산은 실제 탄소배출권 거래량의 급속한 하락으로 이어졌다. CCX는 전반적인 거래 물량이 크게 감소하다가 2010년 12월 31일을 기점으로 완전히 폐장되었다.

미국은 중앙정부 차원에서는 기후변화 대응 정책이 뒤쳐져 있지만 주정부나 도시 수준에서는 적극적이고 자발적인 대응 노력을 펼쳐왔다. 캘리포니아주는 2006년 9월에 슈워제네거(Arnold Schwarzenegger) 지사가 지구온난화의 원인이 되는 온실가스 삭감을 의무화하는 법안에 서명하여 주(州) 중에서 최초로 온실가스 삭감법인 'AB 32'를 성립시켰다. 이 법은 주정부가 실시하는 규제 등을 통해 이산화탄소 등과 같은 온실가스의 배출량을 2020년까지 25%, 2050년까지 80%(1990년 대비) 감축을 목표로 하고 있다. 2010년 11월 캘리포니아 주지사 선거와 함께 이루어진 법안찬반투표에서 'AB 32'를 현재 12% 대인 실업률이 4사분기 연속 5.5%로 떨어질 때까지 시행하지

---

34 앨 고어, 2006: 252.

못하도록 하는 법안인 'Proposition 23'이 기각됨으로써 온실가스 삭감정책은 계속 추진되게 되었다. 캘리포니아 대기자원위원회(CARB; California Air Resource Board)는 2011년 10월에 지역 배출권거래제를 채택하였으며, 2012년 11월 14일 첫 배출권 경매를 주관했다. 캘리포니아주 배출량의 85%가 배출권거래제에 적용될 것으로 기대된다.

하와이주의 애버크롬비(Neil Abercrombie) 주지사는 "2008년 하와이는 관광수입으로 106억 달러를 벌어들였으나, 에너지원을 구입하는 데만 84억 달러를 소비했다. 지속가능한 성장을 위해서는 반드시 에너지원을 신재생에너지로 전환해야 한다. 2010년 기준으로 에너지원 가운데 약 10%를 풍력·바이오에너지 등 신재생에너지로 충당했는데 이는 미국 전체에서 가장 높은 비율이다. 주정부 헌법으로 원자력 사용을 금지했다. 석유를 덜 쓰고 에너지 효율을 높여 장기적으로 석유 없는 하와이를 만들겠다"고 말했다. 그는 신재생에너지 전환, 스마트그리드 도입, 전기차 보급 등 이른바 '에너지 스리트랙 전략'을 내세웠다.[35] 아울러 메사추세츠주도 2010년 12월말에 '2020년을 향한 청정에너지 및 기후변화 대응계획(Massachusetts Clean Energy and Climate Plan for 2020)'을 발표했다.

또한 뉴욕, 시카고 등 주요 21개 도시가 2008년 8월 기후변화에 대한 행동 촉구차원에서 탄소정보공개프로젝트(CDP)와 자치단체국제환경협의회(ICLEI)와 함께 온실가스 배출을 자발적으로 보고하는 데 동의하였다.[36] 2009년에는 미국의 935개 도시(인구 8,300만 명)의 시장들이 교토의정서에 따른 내용을 지키기로 서명하기도 했다.

---

35 매일경제신문, 2011.9.15.

36 The Economic Times, 2008.8.11.

미국에서 일곱 번째로 큰 도시인 텍사스 주 샌안토니오는 북미 대륙 최초의 탄소 후 시대 도시로 탈바꿈할 수 있는 마스터 플랜을 준비하기 시작했다.

미국 대통령선거 캠페인이 한창이던 2008년 8월, 오바마는 '녹색 일자리(Green Job)' 정책을 발표하였다. 향후 10년간 태양광이나 풍력발전 등 재생 가능한 에너지에 1,500억 달러를 투자해 실직한 500만 명의 고용을 새롭게 창출하겠다는 구상이다. 이것은 탈온난화 사업을 확장시켜 환경과 경제 쌍방의 위기를 극복함을 목표로 하는 것이다.

2009년 2월에 발표된 시책에 의해 총액 7,870억 달러의 경제회복 및 재투자법(American Recovery and Investment Act of 2009)이 마련되었다. 이중 환경 에너지 관련이 전체의 10% 이상(880억 달러)을 차지한다. 이외에도 환경과 관련해 공공투자 536억 달러가 예산으로 책정되었다. 구체적으로는 다음과 같다. ① 재생가능한 에너지의 보급계획: 동 전력 비율을 2012년까지 10%, 2025년까지 25%로 한다 ② 전력 공급망의 효율화, 전력효율 향상을 위한 '스마트 그리드' 프로젝트 ③ 국산 플러그인 하이브리드카를 2015년까지 100만대 보급시킨다 ④ 탄소배출권거래제를 도입해 2050년까지 온실가스를 50% 감축한다 ⑤ 식용 외의 식물을 이용한 바이오연료를 개발한다 ⑥ 기타 환경주택, 풍력발전, 태양열·태양광발전에 투자한다 등이다.[37]

한편, 미국은 온실가스 배출량을 2020년까지 2005년 대비 17% 감축하는 중기목표를 2010년에 기후변화협약 사무국에 제출하였다. 미국은 재생에너지 활성화를 위해 신재생에너지 의무할당제(RPS; Renewable

---

37 시바타 아키오, 2010: 249-250.

Portfolio Standard)와 발전차액지원제도(FIT)를 병행하여 추진 중이다. 29개 주에서 RPS를 시행하고 있으며, 추가로 7개 주에서 도입을 추진 중이다.

오바마 대통령은 2011년 연두교서(State of the Union)에서 2035년까지 풍력, 태양에너지, 천연가스, 원자력 등 클린에너지 사용비율을 80%까지 늘리겠다고 하면서 21세기는 클린에너지 분야를 선도하는 나라가 세계경제를 선도해 나갈 것이라고 언급했다. 2012년 1월의 연두교서에서는 천연가스 생산촉진을 포함한 청정에너지에 대한 투자 강화방침을 발표하고, 셰일가스를 핵심적인 미래 에너지 산업으로 육성해 2020년까지 60만개의 일자리를 창출하겠다고 밝혔다. 세계 에너지 업계가 미국의 셰일가스에 주목하는 것은 낮은 가격과 풍부한 매장량 때문이다.

2012년 3월 미국의회를 통과한 '청정에너지기준법(Clean Energy Standard Act of 2012)'에 의거 미국 내 전력 소매판매업자가 2015년부터 판매전력 중 일정비율을 클린에너지로 생산한 전력을 판매하도록 하고 최소 판매비율은 2015년 24%에서 2035년 84%까지 연차적으로 높일 예정이다. 아울러 미국 에너지부(DOE; Department of Energy)는 태양광 가격 경쟁력 강화를 위한 'SunShot Initiative'를 2011년 2월에 발표하였다. 이를 통해 태양광 제조 및 공급망 개선, 생산단가 감소, PV 사업 기술 발전을 위한 프로젝트에 최대 2,030만 달러를 지원하고 태양광발전 인큐베이터 프로젝트(1, 2단계)에는 최대 700만 달러를 지원하고 있다.[38]

---

38 지식경제부 외, 2012a: 19.

미국은 그린 카에도 역점을 두고 있다. 오바마 대통령이 미국 자동차 제조업체 '빅3'를 살리기 위해 전기차 드라이브를 걸었고 이것이 전 세계 전기차 개발붐을 조성한 큰 원인이 되었다. 미국은 순수 전기차와 플러그인 하이브리드 차량을 2015년까지 100만대 보급하겠다는 목표를 세웠다. 그러나 미국 정부 보조금만 2억499만 달러(약 2700억 원)가 투입된 대표적인 전기차 배터리 회사인 A113이 중국 완샹그룹에 넘어간다는 소식이 2012년 12월에 전해졌다.

미국은 또한 연방정부와 주정부 차원에서 에너지 효율향상을 위한 다양한 정책을 운영하고 있다. ① 연방정부의 최저 소비 효율 기준은 33개 제품을 대상으로 최저 효율 기준 미달 제품에 대한 생산과 판매와 수입을 금지하고, 위반하면 제재를 가하는 제도이다. 예를 들면 모터의 경우 위반하면 1대당 110달러의 벌금을 부과한다. ② 연방정부의 에너지 가이드 라벨(energy guide label) 제도는 11개 제품을 대상으로 에너지 비용, 에너지 효율에 대한 라벨표시를 의무화하는 제도이다. ③ 캘리포니아주의 최저 소비 효율기준은 40개 제품에 대해 효율 및 대기 전력 기준치를 설정하고 이를 의무화하는 제도이다. 캘리포니아주는 미국의 에너지 효율 기준을 사실상 주도하고 있는 모범사례이다.[39]

아울러 미국은 스마트 그리드 분야의 개척에도 몰두하고 있다. 2003년 '그리드 2030'에 이어 2007년 '에너지 독립 및 안보법(Energy Independence & Security Act)'에 스마트 그리드를 명시했다. 일자리 창출 및 경기 부양책으로 2009년 의회에서 통과된 '경기회복 및 재

---

39 김형국, 2011: 192.

투자법(American Recovery & Reinvestment Act)'에 따라 전력망 현대화와 스마트 그리드에 45억 달러를 투자하기로 결정하였다. 시장 조사 기관인 블룸버그 뉴 에너지 파이낸스(BNEF; Bloomberg New Energy Finance)에 따르면, 미국은 2012년에 2011년 대비 16% 감소한 43억 달러를 스마트 그리드 기술개발에 투자하였다.

원자력에 대해서는 2010년 초에 오바마 대통령이 새로운 원전 건설 계획과 2기 건설사업에 80억 달러 대출의 보증을 발표한 바 있다. 1979년 펜실베니아 스리마일 섬에서 방사능 누출 사고가 난 뒤 건설이 중단된 후 31년만이다. 2012년에 들어 건설 승인이 난 조지아 주의 보글 3·4호기는 2016년과 2017년, 사우스캐롤라이나 주의 섬머 2·3호기는 2017년에 각각 준공된다. 이 외에도 20기가 넘는 원전 신규 건설 프로젝트가 추진되고 있다.

미국은 1998년부터 친환경건축물인증제(LEED)를 도입했으며, 최근에는 에너지 효율과 온실가스 절감 여부 등을 평가의 주요 항목으로 강조하고 있다. 재생에너지를 활용하는 건축물에는 가점을 준다. 아울러 환경보호청과 에너지부는 공동으로 고효율 전자제품에 구매 보조금(리베이트)을 제공하는 '에너지 스타(Energy Star)'라는 환경보호 프로그램을 운영 중이다.

한편 미국에서는 에코맘 운동을 이용하여 녹색생활 실천을 확산시키고 있다. 에코맘이란 '지구를 지키는 일은 집에서부터(saving earth begins at home)'라는 슬로건 아래 가정, 학교 등에서 환경보호를 실천하는 미국의 주부들을 가리키는 말이다. 미국 전역의 주부회원들이 지역 단위로 커뮤니티를 만들어서 지역별로 소규모 모임과 블로그, 웹사이트를 통해 조금만 신경 쓰면 실천할 수 있는 일들을 찾아 정보를 공유하고 환경을 생각하는 가정문화를 만들어 가고 있다.

그러나 미국에는 청정에너지혁명을 예견하고 이행할 책임을 떠맡을 단일 정부기관이 없다는 점이 비판을 받는다. 현재 에너지부의 주된 임무는 핵무기 비축량을 감독하는 것이기 때문에 모든 에너지 정책을 감독하는 진정한 에너지부가 필요하다는 것이다.[40] 오바마 대통령은 녹색경제계획에 막대한 돈을 쏟아 부었지만 각각 고립된 실험 사업에 투자함으로써 상호연결성이 부족했고,[41] 녹색 에너지 혁명을 자신의 경제회복 계획의 일정 부분으로 규정했지만 자세히 들여다보면 원자력과 연안 석유 시추를 재추진하고 석탄 배출 가스 정화를 위한 실험적 기술을 지원하는 데 훨씬 더 적극적이며, 석탄을 이용하는 화력발전소를 광범위하게 확대하고 있다. 아울러 오바마의 녹색경제 회복 프로그램은 분산모델이 아닌 중앙집권형으로 재생 가능 에너지를 관리하고 분배하도록 설계되어 있어 1차, 2차 산업혁명을 총괄했던 하향식 조직 사고를 보여 주고 있다는 비판을 받고 있다.[42]

하지만 미국은 100여년 전에 국립공원이란 체제를 고안하여 전 세계가 본받아 시행하게 한 나라이다. 또한 환경영향평가보고서의 전체적 개념을 창안해 낸 것도 닉슨 정부 시절에 입안된 국가환경보호법이었다. 그만큼 환경보호에 대한 전통과 리더십이 있던 나라였으나 지금은 기후변화 대응을 위한 글로벌 차원의 책임감을 이행하지 않고 있다. 미국 중앙정부의 각성과 혁신적 방향 전환이 필요한 때다.

---

40 토머스 프리드만, 2008: 566-574.

41 조선일보, 2012. 5. 9. 제러미 리프킨 인터뷰.

42 제러미 리프킨, 2012: 221-222.

다행히 2012년 11월 대통령 선거 직전 뉴욕과 뉴저지 주를 강타한 태풍 샌디는 기후변화를 부정하는 공화당에 악재로 부각되며 오바마 대통령의 승리에 결정적인 요인이 되었다. 샌디는 기후변화가 사실이라는 것을 미국인에게 각인시켜 주었다. 오바마 2기에는 공화당 내에도 기후변화 지지자가 많은 데다 미국인들의 기후변화 인식 제고로 한층 강력한 정책을 밀어붙일 것으로 보인다. 2012년 11월 7일 선거 승리 연설에서 오바마가 "우리의 자녀들이 국가 재정부채, 사회적 불균형, 지구온난화로 인한 재해로부터 부담을 지거나 위협받지 않는 미국으로 재건하겠다"고 강조한 것이 그 징후이다. 오바마의 또 다른 카드는 미·중 탄소협력 체제 강화이다. 중국은 미국과 유럽의 탄소감축 요구를 들어주면 경제발전에 심각한 지장이 오고 이를 무시하면 관세 보복을 당하는 진퇴양난이지만, 경제 전반적인 탄소 협정이 아닌 일부 산업별 쌍무협정을 미국과 맺을 가능성이 있다.[43]

6. 일본

2007년 5월 일본의 아베 신조(安倍晋三) 총리는 2050년까지 세계 온실가스 배출량을 50% 감축하는 것을 목표로 하는 '아름다운 별 50(Cool Earth 50)'을 발표했다. 이를 위한 저탄소기술을 확보하기

---

43 김성일, '강력한 기후변화정책 밀어붙일 오바마 2기', 조선일보, 2012.11.19.

위해 5개 분야(발전송전, 교통, 산업, 민생, 기타)에 21개의 핵심 기술을 선정하고 핵심기술개발의 로드맵을 제시하였다.

한국정부의 녹색성장 비전 제시보다 2개월 앞선 2008년 6월 후쿠다 야스오(福田康夫) 총리는 저탄소사회를 위한 '후쿠다 비전'을 제시하였다. 이는 2050년까지 온실가스 배출량을 2005년 대비 60〜80%까지 감축하고, 온실가스 배출권 거래제도 및 환경세를 도입하겠다는 계획이다. 아울러 2020년까지 신규주택의 70% 이상에 태양광발전설비를 설치하여 세계태양광 발전설비 시장의 50%를 장악하겠다는 것이다. 또한 온실가스 감축을 위한 국제협력 방안으로 개도국 지원을 위한 다자 기금에 최대 12억 달러를 출연하고, 2008년 7월 홋카이도 도야코 G8 정상회담에서 에너지절약 기술 개발을 다국간에 추진하는 '환경에너지국제협력파트너십'을 제안한다는 것이다.

2009년 9월 하토야마 유키오(鳩山由紀夫) 총리는 유엔 연설에서 2020년까지 온실가스를 1990년 대비 25% 삭감하겠다고 공언했고, 후임자인 간 나오토(菅直人) 총리도 이를 계승한 바 있다. 일본 정부는 2010년 3월 최종 결정된 '지구온난화대책기본법'을 발표하면서 이 목표를 포함하였다. 단, 주요국들이 의욕적인 삭감목표를 제시하고, 지구온난화 방지를 위한 공평하고 실효성 있는 국제적 합의가 이루어졌을 경우를 전제로 했다. 아울러 2010년 에너지절약법 개정에서는 2030년까지 2003년 대비 에너지원단위 30% 개선 목표를 반영하였다.

일본은 원래 2030년까지 원전 14기를 더 지어 전체 전력생산에서 원자력 발전이 차지하는 비중을 30%에서 50%로 끌어올릴 계획이었다. 하지만 2011년 3월 동일본대지진에 따른 후쿠시마 원전사태는 국가적인 충격을 안겨주었다. 일본 정부는 원전을 가동하는 것이 어려워졌다고 판단하고 온실가스 감축 목표를 수정할 움직임을 보였다. 2011년 5월 간 나오토 전 총리는 에너지 및 환경전략을 백지상태에서 새로 수립하도록 지시했다.

2012년 5월 환경성은 중앙환경심의회에 2020년까지 온실가스 배출량을 1990년보다 6~12% 줄인다는 방침을 제시한 것으로 미루어 볼 때 그 수준으로 변경할 것으로 보인다. 원전 의존 비율을 2011년 26%에서 2020년까지 0~20%로 줄이고 태양광·풍력 등 재생에너지 의존 비율을 높이는 것을 전제로 한다. 2030년까지는 온실가스를 20~27% 감축한다는 목표다.[44]

원전사고의 충격은 자연스럽게 신재생에너지에 대한 관심을 높이게 했다. 일본은 2020년까지 전체 전력의 20%를 신재생에너지로 공급하기로 하고, 신재생에너지발전 전량매입제도를 도입키로 하였다. 이 제도는 정부가 kWh당 신재생에너지발전 전력의 고정가격을 결정하고 15~20년 동안 발전사로 하여금 전량 의무 구매토록 하고, 발전사들은 이로 인한 부담을 전기요금 상승을 통해 직접적으로 환원 받는 방식이다. 더 나아가 당시 일본의 집권 민주당은 2030년까지 신재생에너지 보급률을 40%까지 끌어올린다는 목표를 세웠다.

원전사고 후 일본의 전력사용 절감 노력은 특별하다. 원전사고로 인한 여름철 전력 부족 사태를 우려해 37년 만에 발동된 일본의 전력제한령이 2011년 여름에 71일간 시행되었다. 2010년 최대수요전력(피크전력)의 15%를 줄이도록 의무화하였고, 일반가정까지 절전

---

44 아주경제, 2012.5.28.

대열에 포함시켰다. 그 결과 수도권과 동북지역의 지난해 대비 평일 전력 감소율은 각각 21.9%와 21.3%로 목표치를 크게 웃돌았다. 한편 2011년 원전 사고 후 가동을 멈춘 원자로 50기 중 2기에 대한 재가동이 2012년 6월에 결정되었다.

2012년 9월 일본 각료회의는 2030년대에 원전에 의존하지 않는 사회를 최대한 빠른 시일 내에 실현한다는 장기에너지 정책인 '혁신적 에너지·환경 전략'을 의결했다. 그 주요내용으로는 ① '탈원전 사회의 조속한 실현' ② '신재생에너지 사용 촉진' ③ '에너지의 안정 공급 확보'를 3대 주요과제로 설정하고, 이를 달성하기 위한 ④ '전력시스템 개혁' ⑤ '지구온난화 대책'이라는 추가적 과제를 설정하였다.[45]

2012년 12월 자민당의 아베 신조 내각이 다시 출범함에 따라 전임 민주당 내각이 2030년까지 단계적으로 원전을 폐지하겠다던 공약은 백지에서 재검토되었다. 2013년 3월 현재 아베 내각은 일본의 경쟁력 강화를 위해 원전 재가동이 필수적이라는 논리를 세우고 있는 것으로 알려지고 있다. 핵연료재처리정책은 이미 그대로 유지할 것임을 분명히 밝힌 바 있다.

일본 정부는 녹색성장 실현을 위해 '그린정책 대강(大綱)'을 2012년 11월 27일에 발표했다. 이는 ① 자연의 최대 활용(신재생에너지) ② 세계 최고 수준의 에너지 절약 추진 ③ 스마트 커뮤니티 등에 의한 일체적인 수급관리 및 효율화 달성 ④ 에너지 이용의 폭을 넓히는 축전지 보급 ⑤ 세계를 선도하는 그린 부·소재 확대 등 선도적

---

45 지식경제부 외, 2012a: 23.

인 다섯 분야에서 중점적인 시책을 우선적으로 추진하는 것을 주요
내용으로 하고 있다.

한편 일본은 다양한 에너지 효율 제고 프로그램을 실시하고 있다.
첫째, 1999년부터 시행 중인 '탑 러너 프로그램(top runner program)'
은 23개 가전제품을 대상으로 에너지 최고 효율 달성을 유도하고 있
다. 일정기간 내에 목표효율을 달성하지 못한 제조업체에게는 1단계
로 권고 조치, 2단계로 업체 이름 공개, 3단계로 벌금을 부과하는 것
이다. 둘째, '통일 에너지 절약 라벨'은 소비자들이 에어컨, TV 등 4
개 제품을 대상으로 에너지 절약 성능을 쉽게 알아 볼 수 있도록 별
을 한 개에서 다섯 개까지 표시하는 것으로 2006년 10월부터 시행
하고 있다. 셋째, 에코포인트 제도는 소비자가 탄소배출량이 적은
친환경 가전제품을 구입할 경우 정부예산으로 구입금액의 5%를 차
후 현금처럼 사용가능한 포인트로 환원해주는 제도로 2009년 5월부
터 시행하고 있다.

이외에도 일본은 녹색생활을 실천하기 위해 '도전 25(Challenge 25)'
라는 국민 캠페인을 펼치고 있다.[46] 이 캠페인은 2009년 9월 하토야마
총리가 뉴욕에서 발표한 하토야마 플랜을 실현하기 위해 시작되었
는데, 사무실이나 가정에서 실천할 수 있는 이산화탄소를 줄이기 위
한 구체적인 행동을 6개의 도전, 25개의 행동으로 제안하여 국민들
이 실천할 수 있도록 하고 있다.

---

46 http://www.challenge25.go.jp

7. 중국

중국은 미국과 비교할 때 1인당 온실가스 배출량이 아직 5분의 1 수준이지만 전체 배출량으로만 따진다면 미국을 능가하여 세계 최고의 오염국가가 되었다. 1990년 이후 중국의 배출량은 무려 73%나 증가했는데, 이는 그동안 중국이 경이적인 경제성장을 이룩하는 과정에서 에너지원으로 석탄에 지나치게 의존한데서 기인한다.[47] 물론 중국의 저임금과 느슨한 환경규제로 인해 세계인들은 값이 싼 제품을 공급받고 있다. 에너지·노동집약적 제품의 생산기지 역할을 중국이 맡고 있는 것이다.

2001년에 시작된 중국의 제10차 5개년 계획에 따르면, 계획이 종료되는 2005년에 중국의 대기 중 이산화황 비율이 10% 감소하게 되어 있었으나, 실제로는 오히려 27% 증가하였다. 중국인들은 환경오염의 직접적인 피해를 입고 있다. 현재 도시인구의 3분의 1이 오염된 공기를 마시고 있고, 그 결과 폐암이 사망원인 1위이다. 또 전국토의 3분의 1에 산성비가 내리는 것으로 보고되고 있다.

2005년 7월에는 화학공업에 의한 오염이 심각한 중국 저장(浙江)성에서 정부 측이 장기적인 주민의 항의를 무시한 결과, 17일간 성 저우(嵊州)시와 신창(新昌)현에서 만여 명에 달하는 주민들이 참가한 대규모 폭동이 발생한 바 있다. 중국은 과거 서양 국가들처럼, '선성장, 후 환경' 정책을 쓸 수 없을 것으로 보인다. 환경에너지기후문

---

47 앤서니 기든스, 2009: 267.

제와 더러운 공기를 성장 둔화의 문제만큼이나 중요하게 다루지 않는다면, 공산당의 안정성과 정통성이 서서히 손상될 것이라는 사실을 중국 지도층이 깨달았을 것이다. 정통성의 근거가 중국 국경 수비에서 국민의 생활수준을 높이고 환경 악화와 에너지 기후 붕괴로부터 국가를 보호하는 것으로 바뀌고 있는 것이다.

중국의 최고 권력 기관은 2008년 3월, 명목상의 기관으로 유명했던 국가환경보호국을 명실상부한 내각 부처로 그 지위를 격상시켜 인원을 충원했으며 예산을 늘렸다. 2006년에 중국은 중국 전역의 장기적 에너지 전략을 규정한 포괄적인 에너지 법안을 입안하기 시작했다.[48] 중국국가발전개혁위원회는 2007년 8월 '재생가능에너지 중장기발전계획'을 발표하였는데, 이 계획에 따르면 2010년에 이르러 재생가능에너지 소비량이 에너지 소비총량의 10%, 2020년에는 15%에 달해야 한다는 목표를 제시하였다.

그러나 최근에도 환경오염과 관련된 대규모 시위가 계속되고 있다. 2009년 8월에 산시(陝西)성 펑샹(鳳翔)현의 창칭마을에서 600명이 넘는 어린이들이 납(鉛)에 중독된 것으로 밝혀졌다. 이에 격분한 주민 수백 명이 중독의 원인을 제공한 것으로 추정되는 현지 제련공장에 난입해 자동차를 부수는 등 폭동을 일으킨 바 있다. 또한 2012년 7월에는 난퉁시 산하 현(縣)급 도시인 치둥(啓東)시에서 주민 수만 명이 일본계 회사인 오지(王子)제지의 오·폐수 배출 하수관 건설 계획을 반대하는 시위를 벌였고, 시 당국이 하루도 못 돼 백기 투항하는 일이 벌어지기도 했다.

---

48 토머스 프리드만, 2008: 489-505.

중국은 2009년 코펜하겐 기후정상회의에서 국가 탄소 집약도를 2020년까지 2005년 GDP를 기준으로 40~45% 줄일 것이라는 목표를 밝혔다. 2010년 11월 중국 정부는 기후변화 대응 국가 지도자 회의 후의 성명에서 탄소시장 설립, 에너지효율 향상 및 저탄소기술의 개발 등을 위한 '진보적인 노력'과 유엔기후변화협약 및 교토의정서의 이행 강화를 약속하였다. 이 성명에서 중국은 책임 있는 국가로서 확고하고 효과적인 국제공조를 통해 항상 기후변화 공동 대응을 지원하고 있다고 밝힌 바 있다.[49]

2011년 11월 중국의 과학기술부, 기상총국 및 중국과학원이 함께 개최한 '제2차 기후변화 국가 평가 보고서' 발표회를 통해 관련 전문가들은 현재 기온 상승 폭과 해수면 상승폭 등을 감안할 때 중국이 기후변화로 인해 받는 불리한 영향이 세계 평균 수준보다 높다고 지적했다. 이 보고서의 주요 내용은 아래와 같다. ① 1951년부터 2009년까지 중국 육지 표면 평균 온도 상승은 1.38℃로, 온도 상승폭은 매 10년마다 평균 0.23℃ 증가 ② 1900년부터 1990년까지 82%에 달하는 빙하가 축소되었으며 1990년부터는 빙하 축소 속도가 가속화됨 ③ 1950년부터 지금까지 중국 해수면은 매년 평균 2.5mm 상승 등이다.[50]

이와 관련하여 탄소배출권 거래의 시범 실시도 검토되고 있다. 중국은 베이징시를 포함한 7개 지역을 시범 프로젝트 시행지로 선정하였다. 베이징시 발전개혁위원회는 2012년 3월에 2013년 도입예정인 시범 배출권 거래제도에 관한 초안을 발표하였으며, 전력회사, 제조업체 및 주요 관공서 등 '09~'11년 연평균 이산화탄소 배출량

---

49 http://www.businessgreen.com/bg/news/1899435/china-unveils-climate-goals
50 http://www.stdaily.com/papergroup/content/2011-11-16/content_379530.htm

이 1만 톤 이상인 경우 배출권 거래제도에 편입될 전망이다. 2015년 부터는 전국 규모로 배출권 거래제를 도입할 계획이다.

한편, 후진타오 중국 국가주석은 2010년 10월에 중국 경제의 핵심가치에 근본적으로 변화를 일으키는 '제12차 국민경제와 사회발전 5개년(2011~2015) 계획'을 발표했다. 자원의 절약과 환경친화형 사회의 실현을 목표에 포함시킨 가운데 동 계획의 '녹색개발(Green Development)' 부문은 녹색 경제로 진입하기 위한 중국의 열망을 반영하고 있다. 이는 전략적인 국가 로드맵으로, 중국의 미래 사회경제적 개발 관련 우선순위를 설정하고 부문별 및 지역별 수준의 정책 결정 지침과 목표를 제시하고 있다. '녹색개발' 주제에서는 6가지의 하위주제인 기후변화, 자원절약 및 관리, 자원순환적 경제, 환경보호, 생태보호 및 복원, 수자원보호와 자연재해 방지를 다루고 있다.

이러한 하위주제들에는 새로운 몇 가지의 필수 목표 (예, 2015년까지 GDP대비 탄소배출량 17% 감축, 2015년까지 NOX 및 질소 공기 방출량 10% 감축 등) 및 제11차 5개년 계획에서 이월된 목표(예, 에너지 집약도, SO_2 및 COD 오염) 등을 제시하고 있다. 동 계획 속에는 세부적인 정책지침도 제공하고 있다. 예를 들면 에너지 효율성 기술 시범 및 확산 프로그램은 에너지 절감과 새로운 성장 기회의 동력으로 강조되었다.[51] 중국은 동 계획을 통해 7대 신흥전략산업에 주력하기로 결정했다. 즉, 전기자동차, 신재생에너지, 환경보호산업, 바이오 산업, 신소재, 차세대 IT, 첨단장비 등의 분야에서 GDP 대비 비중을 2010년의 2%에서 오는 2015년에는 8%, 2020년에는 15%로

---

51 OECD, 2011a: 6.

각각 확대할 계획이다.

중국은 2012년 5월 30일 개최된 국무원 상무회의에서 '12·5 국가 전략적 신흥산업 발전 규획'을 통과시킨 데 이어 동년 7월 20일 정식으로 발표했다. 여기서 선정한 7대 전략적 신흥산업으로 ① 에너지 절약과 환경보호산업 ② 차세대 정보기술산업 ③ 바이오산업 ④ 첨단장비제조업 ⑤ 신에너지산업 ⑥ 신소재산업 ⑦ 신에너지자동차산업을 선정했다. 문제는 중국의 7대 전략적 신흥산업과 한국의 17대 신성장동력산업이 대부분의 분야가 일치함으로써 자칫 한·중 양국은 미래 신성장동력 분야에서 치열한 경쟁에 직면할 가능성을 배제할 수 없는 상황이라는 것이다.

중국의 주요 제조업은 외자계 기업의 역할에 크게 의존하며 토종기업의 글로벌 경영 역량과 경쟁력 수준은 아직 미흡한 상황이다. 이에 따라 중국은 안정적·지속적 발전을 위해 후발국 추격을 따돌리고 저부가가치 영역에 위치해 있는 국제 분업구조상 지위를 벗어나야 하는 과제에 직면하고 있다. 7대 전략적 신흥산업은 아직 국가 간 경쟁우위가 확정되지 않은 영역으로, 중국은 신흥산업 육성을 통해 후발추격자가 아닌 시장 선점자 지위를 추구하고자 하는 것이다. 2015년까지 전략적 신흥산업 부가가치의 GDP 비중 8%를 달성하고, 이 산업들을 2020년까지 국민경제와 사회발전의 중요한 추진 동력으로 육성하겠다는 계획이다. 구체적으로 이 계획의 효율적 추진을 위해 20대 핵심 프로젝트를 제시했다.[52]

---

52 20대 핵심 프로젝트를 분야별로 보면, 에너지 절약 및 환경보호 산업 3개, 차세대 정보기술 산업 5개, 바이오 산업 4개, 첨단장비 제조업 5개, 신에너지 산업, 신소재 산업, 신에너지 자동차 산업이 각각 1개이다.

신에너지산업의 경우 이보다 앞서 발표된 '신에너지 산업 발전 규획(2011~2020)'에 따르면, 10년간 신에너지 분야 투자액은 5조 위안에 달할 것으로 전망된다. 이 분야는 기술이 성숙하고 시장 경쟁력이 있는 핵 발전, 풍력 발전, 태양에너지 복사 및 열 이용, 셰일가스, 생물질 발전, 지열과 지온 에너지, 메탄가스 등의 신에너지 개발을 추진하며, 기술이 성숙하고 개발 잠재력이 큰 신형 태양에너지 복사 및 열 발전, 생물질 기화, 생물 연료, 해양에너지 등 재생에너지 기술의 산업화를 추진하는 것이다. 그리하여 2015년까지 신에너지가 총에너지 소모량의 4.5%에 달하도록 하고 이산화탄소 배출량을 4억 톤 이상 축소시키는 것이 목표이다.[53] 특히 중국정부는 셰일가스 연간생산을 2015년 65억㎥, 2020년 1,000억㎥까지 늘리겠다는 계획을 내놓았다.

태양광분야에는 중국 국가에너지국이 '태양에너지발전 개발 12.5 계획'을 2012년 9월에 발표하였는데. 12.5계획 기간(2011~2015)에 총 2,500억 위안을 투자하여 태양에너지 발전 설비용량을 전체 발전 설비용량의 1.5%인 21GW까지 증가시킬 계획이다.[54] 한편, 시장 조사기관인 블룸버그 뉴 에너지 파이낸스(BNEF)에 따르면, 중국은 2012년에 2011년 대비 14% 증가한 32억 달러를 스마트그리드 기술 개발에 투자하였으며, 그 중 스마트 미터링 프로그램 개발에 대한 투자가 대부분을 차지한 것으로 나타났다.[55]

중국 국무원은 2012년 10월에 '중국 에너지정책 백서 2012'를 발

---

53 조영삼, 2012: 1-12.

54 지식경제부 외, 2012a: 22.

55 www.bloomberg.com, 2013.1.24.

표했다. 이 백서를 통해 2011년 1차 에너지 생산량은 총 31억8,000
만toe로 세계 1위임을 밝혔다. 또한 1981~2011년 에너지 소비는 연
간 5.82%의 속도로 증가하여 연간 10%의 경제성장을 지원하였으
며, 2006~2011년 에너지원단위는 20.7% 감소하여 7.1억toe의 에너
지절감 효과를 거둔 것으로 나타났다. 중국은 2015년까지 1차 에너
지에서 비화석에너지의 비중을 11.4%까지 높이고, 에너지원단위는
2010년을 기준으로 16% 낮추며 이산화탄소 배출량을 2010년보다
17% 감소시킨다는 목표를 설정했다.

8. 북유럽 국가 등

핀란드는 1990년 1월에 탄소세를 도입했다. 핀란드는 탄소세 도
입과정에서 다른 에너지세를 경감하지 않았으며 연소용으로 소비되
는 석유류, 천연가스, 석탄에 대해서 각 연료의 이산화탄소 함유량
에 따라 과세함으로써 탄소세의 기본 취지에 부합된다. 다만 공업제
품의 원료가 되는 화석연료, 항공 및 선박용 주유 등에 대해서만 면
세나 감세 조치를 제한적으로 적용했다. 세율은 이산화탄소 톤당
1990년에 1.12유로에서 2010년에는 20유로로 인상됐다. 핀란드는
탄소세 도입에 따른 세입이 일반예산으로 전입되어 부분적으로 소
득세를 인하하고 노동비용을 낮추는데 이용되어 친환경적인 세제개
편의 전형으로 평가되고 있다.
스웨덴은 1973년 OPEC 국가들이 석유 금수조치를 내렸을 때 에

너지 효율 향상을 위한 중요한 발걸음을 내딛기 시작했다. 1970년에 스웨덴의 전체 에너지 사용량 중에서 수입 화석연료가 차지했던 비율이 80%나 되었는데, 오늘날에는 그 비율이 35%에 불과하다. 스웨덴은 2020년까지 석유에 의존하지 않는 세계 최초의 국가가 되려는 야심을 갖고 있기도 하다. 스웨덴은 탄소세를 도입한 EU 6개국 중의 하나이며, 1970년부터 1990년 사이에 산업과 에너지 생산 부문에서 온실가스 배출을 3분의 1정도 줄이는데 성공했다. 이런 조치들 덕분에 2005년 스웨덴의 온실가스 배출은 1990년보다 9% 낮아졌지만 같은 기간 동안 경제는 44% 성장했다.[56]

스웨덴 스톡홀름의 신도시인 함마르비 허스타트(Hammarby Sjostad)는 친수·자원 순환형 생태적 계획도시로 건설이 추진되고 있다. 에너지 대부분을 바이오가스 등 재생에너지를 통해 조달하며 빗물 활용 물 순환 체계를 구축하는 것을 포함하고 있다. 인구가 28만인 스웨덴 제3의 도시 말뫼(Malmö)는 2030년 세계 환경 수도를 꿈꾸고 있다. 말뫼는 2030년에는 개인별 에너지소비량을 40%까지 감축시켜 도시 전체를 100% 신재생 에너지로 유지한다는 계획이다. 친환경 주거시범 단지인 베스트라 함넨지구(Västra Hamnen)는 총면적 160 ha에 이르며, 그 중심에 있는 'Bo01' 지구를 중심으로 지금도 확장하고, 정비하는 중이다. 이 지역의 에너지원은 물과 바람, 태양 같은 신재생에너지다. 전기 공급은 발트해의 맞바람을 원동력으로 48개의 풍력 터빈이 24시간 만들어내는 릴그룬드 풍력발전단지가 맡고 있다. 난방용 에너지는 지열로 바닷물과 지하수를 데워 가스관을 통

---

56 앤서니 기든스, 2009: 113-115.

해 가정에 공급된다. 건물 지붕에는 녹색 잔디가 깔렸고, 아파트 벽과 주차장에는 태양광 집열판이 설치돼 있다. 음식물 쓰레기는 집 앞에 설치된 파이프의 분쇄기를 통과해 차량용 바이오가스로 만들어지고, 빗물은 지하 저장고에 모아놨다가 조경수로 활용되고 있다.

아일랜드의 국가개발계획(2007년-2013년)은 경제의 경쟁력 향상과 삶의 질 개선을 위한 투자우선 순위를 반영하는 재원배분 지침을 제시하고 있다. 이 계획의 환경분야는 교통, 폐기물 처리, 기후변화, 환경조사연구 및 지속가능한 에너지를 포함하고 있다. 2007년의 환경적 지속가능성을 증진시키는 데에 직접적인 영향을 준 투자 프로그램은 13억 유로를 초과했다.[57] 아일랜드는 2020년까지 총 전력의 40%를 재생 에너지(주로 풍력이다)에서 얻고, 2035년까지는 100%를 재생 에너지에서 얻겠다는 주목할 만한 계획을 수립했다.[58] 아울러 아일랜드는 '파워 오브 원(Power of One)' 캠페인을 대대적으로 벌이고 있다. 이는 에너지와 CO_2 절감을 달성하기 위해 국내 소비자와 다른 에너지 사용 부문에 보다 에너지 효율적인 행동을 유발하는 것을 목표로 한다.

2008년에 노르웨이 정부는 2030년까지 탄소중립국[59]이 되겠다고 선언하였다. 최근 탄소중립국이 되겠다고 선언한 나라들은 아이슬란드, 모나코, 뉴질랜드, 니우에(Niue), 노르웨이, 몰디브 등으로 계속 늘어나고 있다. 코스타리카는 훨씬 더 시기를 앞당겨 독립 200주년

---

57 OECD, 2011a: 6.

58 폴 호큰 외, 2011: 25.

59 탄소중립(carbon-neutral)은 탄소제로(carbon zero)라고도 한다. 탄소중립이 되기 위해서는 화석연료 사용을 통한 탄소 배출을 전면 차단하거나 산소를 공급하는 숲 조성 등을 통해 탄소 배출을 상쇄해야 한다.

이 되는 해인 2021년까지 탄소중립 달성을 목표로 한다. 코스타리카는 파괴된 열대우림을 복구하기 위한 식목운동을 1980년대에 전개했다. 탄소중립을 위해서 이 나라가 세운 전략의 핵심은 탄소를 흡수하는 식목이다. 아울러 개발도상국 중에서 유일하게 연료에 환경보전을 위한 특별세를 부과하고 있다.

네덜란드는 1991년 7월 빈데비 해상에 높이 40m가 넘는 풍력발전기 11기로 세계 최초의 상업용 해상풍력 단지를 건설했다. 네덜란드는 해상풍력 분야에서 선두주자 그룹에 속해 있으나 덴마크나 독일 등에 비해선 현재 발전규모는 작은 편이다. 아울러 네덜란드 정부는 녹색금융 활성화 정책의 일환으로 '녹색펀드계획(Green Funds Scheme)'을 운영하고 있다. 녹색 프로젝트에 대한 저리 대출 및 녹색 투자자에 대한 세금 감면 제도를 통해 녹색산업 육성에 필요한 개발 및 투자 촉진을 유도하는 것이다. 프로젝트 사업자가 프로젝트 개요 및 예상되는 환경개선 효과, 필요한 자금 및 예상 수익률 분석, 잠재적 리스트 등 프로젝트 관련 상세 내용을 담은 계획서를 작성해 녹색은행(Green Bank)에 제출하면 은행은 프로젝트의 경제성 분석 후 녹색인증(Green Certificate) 심사를 담당하는 인증기관에 발급 신청서를 제출한다. 이 시기를 기점으로 약 8주간 평가기관 내부 인증 심사를 거쳐 최종 발급 여부를 결정하여, 해당 은행에서 자체 기준에 따라 사업자에게 저리 대출을 통해 자금을 지원한다.[60]

호주는 2011년 11월에 탄소세 도입법안을 상원에서 가결함으로써 2012년 7월부터는 자국 내 탄소배출량이 많은 500여개 배출업체에

---

60 전자신문, 2012.12.5.

톤당 A$23의 탄소세를 부과한다. 또한 2015년 7월부터는 배출권거래제가 시행된다. 호주에서는 청정개발체제(CDM)와 같은 UN 체제하의 배출권 사용이 허용되며, CFI(Carbon Farming Initiative)[61]배출권도 제한 없이 사용이 가능하다.

아랍에미리트(UAE) 정부는 재생 에너지 분야를 적극 육성하려는 칼리파(Khalifa) 대통령의 비전에 따라 수도인 아부다비의 외곽인 마스다르(Masdar)에 신도시를 조성 중이다. 2008년 2월에 착공하여 2016년까지 220억 달러를 투입할 예정이며, 온실가스, 쓰레기 및 자동차가 없는 '3무(無)' 도시 조성을 목표로 한다. 이를 위해 시내에서 쓰이는 모든 전력을 태양·풍력·수소에너지로 충당하고, 공기순환 방식 천연에어컨과 단열재 등으로 건물의 에너지 이용을 효율화하며, 쓰레기를 100% 재활용한다. 지하에 저장한 빗물로 녹지를 조성하며, 자기부상열차와 전기 버스를 상시 운행하고, 자동차 대신 태양광에너지로 전기를 충전해 움직이는 '개인용 운송수단(PRT; Personal Rapid Transit)'을 운행한다는 것이다.

---

61 CFI는 산림파괴방지 등 농업 및 산림 부문에서의 탄소배출권 상쇄 시스템을 말한다.

Part 5

한국의 녹색성장 정책기조와 집행기구

1. 기후, 에너지 및 녹색성장지표 현황

기후 현황

인천에 있는 국립환경과학원의 기후변화연구동 1층 전시실에는 '지구의 기후위기 시계'가 설치되어 있다. 온난화와 가뭄, 폭설 등 기후변화로 인한 인류의 멸망시기를 12시에 맞춘 시계로 현재 10시 37분을 가리키고 있는데, 우리나라는 이보다 10분 더 빠른 10시 47분을 가리킨다. 우리나라 기후변화 속도는 전 지구 평균기온의 변화속도를 상회한다. 지난 100년간(1906~2005) 세계의 평균기온이 0.74℃ (육지 0.9℃, 해양 0.6℃) 오를 때 우리나라는 그 두 배가 넘는 1.8℃가 올랐다.

우리나라의 기상재해로 인한 피해액은 세계 상위 10위권으로 기상재해 취약국가로 분류되고 있다. 1980년대 이후 태풍의 피해도 커지고 있다. 국가태풍센터에 따르면 1987년 7월 15~16일 태풍 셀마(Thelma)로 인해 사망·실종 343명에 3,913억 원의 재산피해가 났다. 2002년 8월 30일~9월 1일의 태풍 루사(Rusa)는 인명피해 246명, 재산피해 5조 1,479억 원을 기록했다. 2003년 9월 12~13일 태풍 매미(Maemi)는인명피해 117명, 재산 피해 4조 2,225억 원을 가져왔다.

IPCC가 작성한 보고서에 따르면, 지난 100년간 세계 해수 온도 상승은 평균 0.67℃인데 반해, 한반도 주변 해수 온도는 43년 전(1968년)과 비교해 1.5℃ 상승했다. 기후변화로 인한 해수온도 변화는 오징어 어획량의 급감을 가져오고 있다. 오징어 어획량은 1999년

24만 9,000t이었으나 2010년에는 15만 9,000t으로 줄었다. 수산과학
원에 따르면 2010년 현재 오징어, 고등어, 멸치 등 난류성 어종의
어획량은 전체의 60%를 차지하고 있지만 명태, 대구 등 한류성 어
종의 어획 비율은 1% 수준이다. 기후변화로 인해 한반도 주변의 어
종 분포도가 변한 것이다.[1]

한반도 기후변화는 앞으로 다양한 분야에 영향을 미칠 것으로 예
상된다. 농림수산식품부에 따르면 기온 1℃ 상승 때 농작물 재배한
계선은 81km 북상하므로 21세기 후반엔 포도나 배와 같은 온대성
작물 생산이 북한까지 올라갈 것이며, 남한에선 고랭지배추와 같은
한대성 작물의 재배는 불가능하게 될 것으로 보인다. 또한 여름이
길어지면서 여름철 전력수요가 더욱 높아지고, 해수면 상승으로 해
안지역의 침수피해도 증가할 것이다.

녹색성장위원회와 환경부·기상청 등 9개 부처는 '기후변화의 새
로운 양상과 기본 대응방향'이라는 보고서를 작성해 2011년 10월
30일 대통령에게 보고했다. 이 보고서에 따르면 과거 40년(1971~
2010년)과 비교해서 앞으로 기온 상승 속도가 4배 이상 빨라질 것으
로 전망됐다. 기상청은 IPCC가 지난해 제시한 '신(新) 기후변화 시나
리오'를 처음으로 적용한 결과 한국의 평균기온은 1912년 10.5℃,
2010년 12.3℃에 비해 2020년에는 이보다 최대 1.5도 상승한 13.8
도, 2050년에는 3.2도 오른 15.5도가 될 것으로 예상했다. 아울러
2050년에 한반도는 겨울이 27일 줄어드는 반면에 여름은 19일이 늘
어나고, 해수면은 기존 예측(9.5㎝)보다 2.8배인 27㎝까지 상승할 것

---

1 주간조선, 2161호, 2011.6.20.

으로 보고했다. 폭염(낮 최고기온이 섭씨 33도 이상), 열대야(해가 진 뒤의 최저기온이 25도 이상)와 집중호우(일강수량 80㎜ 이상) 같은 극한 기상 현상도 2050년에 대폭 증가할 것으로 예측했다. 2010년 전국 평균 8.8일 발생한 폭염은 2020년엔 10.3일, 2050년엔 25.1일로 증가하고, 열대야 발생일수(서울 기준)는 2010년 7.8일에서 2020년엔 11일, 2050년엔 31.6일로 늘어난다는 것이다.

이런 전망이 있는 가운데도 한국의 온실가스 배출량은 급격히 증가하고 있다. 환경부가 2013년 2월에 발표한 2010년도 한국의 온실가스 배출량 증가율은 1993년(12.2% 증가) 이후 17년 만에 가장 높은 수치인 9.8% 증가를 기록했다. 총 배출량은 2009년(6억910만t)보다 5,970만t 늘어난 6억 6,880만t으로 집계됐다.

기상청은 지구온난화 탓에 우리나라에서 겨울은 줄어들고 여름은 길어지고 있다고 2013년 3월에 발표했다. 1981~2010년 주요 도시 10곳에서 계절 지속 기간을 분석한 결과, 2000년대(2001~2010) 겨울이 1980년대(1981~1990년) 겨울보다 많게는 14일 줄고, 반대로 여름은 최대 10.3일까지 늘었다는 것이다.

에너지 현황

영국 석유업체인 BP가 2011년 7월 6일 내놓은 보고서에 따르면 한국은 2010년 전 세계 에너지 수요의 2.1%를 차지하여 2009년 순위에서 한 단계 오른 8위를 기록했다. 한국의 석유 소비는 전 세계 수요의 2.6%를 차지하여 미국과 중국, 일본(5%), 인도(3.9%), 러시아(3.7%) 등에 이어 8번째로 소비가 많았다.[2] 따라서 에너지 공급 부족 현상이 나타날 때 큰 타격을 받을 수 있는 구조이다.

한국은 2002년에는 에너지 수입에 320억 달러가 들었지만 2011년에는 그 다섯 배가 넘는 1,724.9억 달러를 썼다. 이는 우리나라 총 수입액의 32.9%에 해당하는 엄청난 금액이며, 에너지 수입의존도는 96.4%를 기록했다. 그 중 석유는 129,346백만 달러(75%), 천연가스 23,859백만 달러(13.8%), 석탄 18,477백만 달러(10.7%), 원자력연료가 807백만 달러(0.5%)를 차지한다. 1차 에너지 소비량은 275,688천 toe이며, 원별 구성비를 살펴보면 석탄 30.3%, 석유 38.2%, 천연가스 16.8%, 수력 0.6%, 원자력 11.7%, 신재생에너지 2.4%이다. 2011년도 부문별 최종 에너지 소비량은 205,864천 toe이며, 그 중 산업부문이 126,886천 toe(61.7%), 가정·상업부문이 37,542천 toe(18.2%), 수송부문이 36,875천 toe(17.9%), 공공부문이 4,560천 toe(2.2%)를 사용한 것으로 나타났다.[3]

2010년도 1인당 전력소비량(단위: kWh)을 살펴보면 세계 평균이 2,892, OECD 평균은 8,315이다. 한국은 9,851로 OECD 국가인 독일 7,217 프랑스 7,512 일본 8,399, 프랑스 7,756 영국 5,741에 비해 높은 편이다. 참고로 미국은 13,361 러시아 6,460 중국 2,942 인도 644이다.[4] 우리나라 에너지·전력 소비는 연평균 3.2% 증가했고, 전력 소비는 그 두 배에 가까운 연평균 5.9%씩 증가했다. 대부분 선진국에서 전력 소비가 감소하고 있는 것과는 대조적이다.[5]

---

2 한동만, 2011: 80.

3 지식경제부 외, 2012b: 4-21.

4 지식경제부 외, 2012b: 208-217.

5 매일경제, 2012.5.7.

　　2011년 우리나라의 신재생에너지 공급량(단위: 천 toe)은 폐기물 2,664 (56.8%)이 과반을 넘고, 바이오/해양 등 1,406(29.9%), 수력 406(8.6%), 태양광/열 98(2.1%), 풍력 74(1.6%), 지열 46(1.0%)의 순이다.6 신재생에너지는 상대적으로 높은 초기투자비로 인해 경제성이 낮고 자생적인 시장창출이 곤란하다는 공통된 어려움이 있다. 아울러 우리나라의 국토와 기후 조건은 다른 나라에 비해서 신재생에너지 개발과 보급에 더 불리한 편이다.

　　국가전체의 에너지 효율성 정도를 나타내는 에너지원단위 즉 GDP 1,000달러를 생산하기 위해 투입한 에너지 사용량 비율을 보면 우리나라는 2008년 기준으로 0.31이다. 일본과 독일은 각각 0.1, 0.16에 불과해 우리나라보다 에너지효율이 각각 세 배, 두 배나 높다. 동일한 부가가치를 생산하는데 한국이 보다 많은 에너지를 쓴다는 의미이다. 정부는 에너지원단위를 2013년 0.29로, 2030년까지 0.185로 개선할 계획이다.

　　우리나라 에너지 원단위가 다른 선진국들에 비해 높은 주요 이유는 세 가지로 살펴볼 수 있는데, 첫째는 우리나라의 산업 구조가 '에너지 집약적'이라는 것이다. 2007년 기준으로 대표적인 에너지 다소비 업종인 철강과 석유화학 업종이 산업 부문 최종 에너지 소비에서 차지하는 비중이 한국은 40.8%로 OECD 평균 31.8%, 미국 34.6%, 독일 30%보다 높다. 둘째, 정책적인 요인에도 기인한다. 그동안 우리의 에너지 절약정책은 산업 부문에 집중되어 왔다. 따라서 상대적으로 가정, 상업, 수송 부문의 에너지 효율성은 높지 못하다. 셋째는

6 지식경제부 외, 2012b: 225.

우리나라 제품의 단위당 부가가치가 다른 OECD 국가에 비해 낮은 것을 들 수 있다. 이를테면 우리나라의 철강 1톤이 일본의 비슷한 철강 1톤에 비해 낮은 가격을 받고 있다면, 그 철강을 생산하기 위해 소비한 에너지의 양이 같더라도 부가가치 원단위는 일본이 더 낮게 나온다.[7] 석유와 가스의 자주개발률이 2007년 4.2%에서 2011년 13.7%로 대폭 상승했다. 6대 전략광물인 유연탄, 우라늄, 철광, 동, 아연, 니켈 등의 자주개발률도 2007년 18.5%에서 2011년 29.0%로 대폭 상승했다.[8]

세계경제포럼(WEF; World Economic Forum)이 2012년 12월 글로벌 컨설팅사 엑센츄어와 함께 전 세계 105개 국가 에너지 상황을 분석한 '에너지 구성 성과지수(EAPI; Energy Architecture Performance Index)'를 발표했다. 1위 노르웨이, 2위 스웨덴, 3위 프랑스, 10위 영국, 14위 독일, 25위 일본의 순이며, 한국은 38위이다. EAPI는 개별 국가가 갖고 있는 에너지 시스템이 경제성장과 발전, 환경적 지속가능성 및 에너지 안보와 접근성 등 3대 핵심요인에 얼마만큼 잘 기여하고 있는지 평가하는 지표다.[9] 즉 각국이 가지고 있는 에너지 자원을 얼마나 효율적으로 사용하고 있는지 측정하는 도구인 셈이다.

전반적으로 보면 우리나라는 에너지 문제와 기후변화에 취약한 경제구조를 가지고 있다. 에너지가 많이 소요되는 제조업의 비중이 높고, 에너지의 대부분을 해외에서 수입하고 있는 것이다. 게다가 에너지의 대부분이 화석연료인 반면에 신재생에너지 비중이나 기술

---

7 김형국, 2011: 187-188.

8 청와대 정책소식, VOL.115, 2012.3.21.

9 http://www.weforum.org/issues/new-energy-architecture/eapi-platform

수준 및 에너지 효율성이 선진국에 비해 낮은 실정이다.

2010년도 그린에너지 분야 투자순위는 1위 중국(544억 달러), 2위 독일, 3위 미국 (340억 달러), 17위 한국 등이다.[10] 롤란드 버거 컨설팅 사(Roland Berger Strategy Consultants)의 보고서에 따르면 청정에너지 제조업의 매출액 기준으로 우리나라의 절대 순위는 2010년 세계 9위에서 2011년에 세계 8위로 한 단계 상승했다. 1위는 중국, 2위 미국, 3위 독일 4위 일본 순이다. GDP대비로 할 경우 한국은 2010년 8위에서 2011년 5위로 상승한 것으로 나타났다. 2010∼2011년 최고 증가율을 보인 5개 나라는 중국, 미국, 한국, 인도, 대만이다.[11]

지식경제부의 <2011년도 에너지총조사보고서>에 따르면 '07∼'10년 중 경제성장율 은 8.9%이고, 에너지소비 증가율은 5.8%로 우리나라 에너지 소비구조가 저소비형으로 전환되는 추세로 나타났다는 점은 아주 고무적이다.

녹색성장지표 현황

유엔은 2001년부터 세계 95개국의 생태학자 1,360명을 동원하여 '밀레니엄 생태계 평가(Millenium Ecosystem Assessment)'사업을 시작했다. 이 사업의 일환으로 진행된 지속가능한 미래형 국가 복지 프로젝트에서는 전 세계 180개국을 대상으로 한 국가의 복지를 전통적인 인간복지(human wellbeing)와 새롭게 추가된 생태계 복지(ecosystem

---

10 PEW Charitable Trusts, 2011.

11 Roland Berger Strategy Consultants, 2011: 26-27.

wellbeing)의 두 축으로 나누어 평가하였다. 여기서 우리나라는 인간 복지로는 180개국 중 28위, 생태계 복지는 162위라는 불명예를 얻은 바 있다.

전통적으로 경제발전 지표로 사용해 온 국내 총생산은 환경 변화에 다른 사회 가치를 제대로 반영하지 못할 뿐만 아니라 진정한 삶의 질 변화를 보여주지 못했다는 비판을 받아 왔다. 한국도 녹색성장정책이 발표된 이후 정책의 취지를 적절히 반영하는 녹색성장 지표를 측정하기 위한 많은 시도가 있었다. 대표적인 것이 2009년 발족한 경제인문사회연구회의 '경제-사회 발전 지표'이다. 이 지표는 OECD 국가들을 대상으로 성장 동력, 사회통합, 환경 부문을 세부 지표들을 이용하여 측정하였다. 결과를 보면 한국은 OECD 30개국 가운데 1990년부터 2007년까지 18년 동안 21위와 22위 사이로 아직은 낮은 수준에 머물러 있다.[12]

미국 예일대학과 콜롬비아대학이 공동으로 작업하여 2010년 1월 세계경제포럼에서 발표한 환경성과지수(EPI; Environmental Performance Index)[13]는 조사대상 163개국 중 한국이 94위(2008년에는 51위)로 나타났고, OECD 30개 나라 중에서는 최하위에 위치하는 것으로 발표되었다. 2012년 1월 발표에서는 이 지수가 132개국 중에서 43위로 평가되었다. 스위스 1위, 프랑스 6위, 영국 9위, 일본 23위, 미국 49위, 중국 116위 등이다. 한국이 2년 만에 51계단이나 상승했지만 2008년에 51위였다는 점에서 순위의 기복이 심하다는 점이 고려되

---

12 김형국, 2011: 68.

13 EPI는 2개 대분류, 6개 중분류, 25개 변수(2008년 기준)로 구성되어 있으며, 환경관련 변수들의 개선정도에만 초점을 맞추고 있다.

어야 한다. 이러한 순위 상승에 기여를 한 항목은 물 위생 68위 →
1위, 식수 접근성 77위 → 50위, 환경성질병부담 37위 → 23위로 상
승하고, 실내공기오염, 입목축적변화, 농약규제 등 2010년에 1위로
평가된 지표들이 순위를 유지했기 때문이다. 다만 농업보조금 120
위, 1인당 온실가스배출량 116위, 신재생에너지 110위 등으로 평가
되어 이 부분에 있어서는 개선이 필요하게 되었다.

반면에 영국의 국제적 싱크탱크인 E3G(Third Generation Environmentali-
sm)가 발표한 'G20 국가 저탄소경쟁력' 보고서에서는 한국의 '저탄
소경쟁력지수'가 프랑스와 일본, 영국에 이어 4위로 분석되었다. 이
렇게 상당히 높게 평가된 배경으로는 효율적인 전기공급망, 녹색성
장에 대한 과감한 예산투입 등 강력한 정책의지를 손꼽았다. 동 보
고서에서 한국은 '저탄소개선지수'에서는 15위로, '저탄소 갭 지수'
에서는 8위로 평가되었다.[14] 삼성경제연구소가 평가한 녹색경쟁력지
수는 조사대상 15개국 중 한국이 97.4로 11위로 평가되었다.[15]

삼성경제연구소는 2011년 12월 제13차 녹색성장위원회에 보고한
자료를 통해 우리나라의 녹색경쟁력이 28개 OECD 국가 중 18위를
차지한 것으로 분석했다. 녹색경쟁력은 정부역할, 녹색공급(사업),
녹색수요 등 세 분야에 대한 수치를 측정해 종합 순위를 매긴 것으
로, 네덜란드가 1위, 일본이 2위, 스웨덴이 3위, 영국이 4위를 차지
했다. 우리나라는 세부항목 중 정부역할이 신재생에너지 기술 장려

---

14 '저탄소경쟁력지수'는 제품과 서비스 생산을 위해 배출되는 온실가스를 최소화할 수 있는 각국의
　현재 경쟁력을 말한다. '저탄소개선지수'는 경제성장에 따라 각국의 저탄소경쟁력을 개선할 수 있
　는 능력을 말한다. '저탄소 갭지수'는 전 지구 온실가스 농도를 450ppm CO_2로 안정화시키기 위
　해 달성해야 하는 저탄소개선지수와 실제 저탄소개선지수의 차이를 나타낸다.

15 이지훈, 2008: 15.

등에 힘입어 6위로 평가되었으나, 녹색공급과 녹색수요는 각각 15위와 24위로 OECD 평균보다 낮게 나타났다. 또한 하부지수인 녹색소비지수는 20위로 하위권이었다. 가정에서의 에너지 절약 습관은 26위, 가정의 에너지 절약 장비 구매 순위와 녹색 에너지 분야의 민간 투자액 순위는 28위인 꼴찌로 나타났다.

통계청은 2011년 12월 제13차 녹색성장위원회에 OECD가 2011년 5월에 개발한 지표체계를 가지고 우리나라 녹색성장 지표를 평가하여 보고했다. 전체적으로 대도시 대기오염도, 산림자원, 녹색 R&D 투자 등 녹색성장 관련 지표들이 개선되고 있는 추세이나, 온실가스 감축·에너지 효율 등의 분야가 다소 미흡한 것으로 분석됐다. OECD의 지표체계는 녹색성장을 이루는 경제·환경·제도 간 상호작용을 환경자원생산성, 자연자산, 환경적 삶의 질, 정책대응 및 경제적 기회 등 4개 그룹으로 나눈 후 25개의 주제별 지표로 구성되어 있다. 분석된 우리나라 주요지표의 추이는 다음과 같다.

① 온실가스배출 생산성 및 에너지 생산성은 장기적으로 개선 추세이나, 최근 다소 미흡
② 1인당 생활폐기물은 증감을 반복하였으나, OECD 평균(1.53)보다 우수
③ 택지공급 등으로 산림면적은 감소했으나, 임목축적량은 '00년 대비 96% 증가
④ 대도시 미세먼지 오염도는 개선 추세로 '00년 대비 21.7% 감소
⑤ 정부 R&D 지출 중 녹색비중 증가 추세: '10년 17.5%로 '02년 대비 11% 증가

과학기술정책연구소는 2011년에 글로벌 차원에서 우리나라의 녹색혁신역량을 비교·평가하기 위해 30개 OECD 회원국을 대상으로 83개의 세부지표에 대해 분석하여 국가별 녹색혁신역량 평가지수를 도출하였다. 그 결과 우리나라의 녹색혁신역량은 전반적으로 우수하였고(녹색혁신 종합지수는 OECD 30개국 중 5위), 세부지수를 분석하면 녹색혁신 노력과 잠재력은 우수하나 녹색혁신성과는 취약한 것으로 나타났다(녹색혁신 잠재력 지수는 7위, 녹색혁신 노력지수는 4위, 녹색혁신 성과지수는 16위).[16]

2. 녹색성장정책의 전개

한국은 이미 두 번의 녹색혁명 성공 경험을 가지고 있다. 주곡자립과 산림녹화가 바로 그것이다. 교육과학기술부와 한국과학기술기획평가원이 공동 선정한 국가 연구개발 반세기의 '10대 성공 사례'의 하나로 '통일벼 개발'을 뽑은 것은 당연하다. 산림녹화는 제3공화국의 기념비적 업적이다. 세계식량기구도 세계 근대화 역사 2백년에 인공적 산림녹화에 성공한 나라로 영국, 독일, 뉴질랜드에 이어 한국을 손꼽았다.[17] 우리나라는 일제 강점기와 6.25전쟁을 거치며 사막처럼 황폐화됐던 산림을 되살린 성공적인 조림사업 노하우를 가지고 있다. 미국 레스터 브라운(Lester R. Brown)의 <플랜 B 3.0>

---

16 경제인문사회연구회, 2012: 22.

17 김형국, 2011: 25-28.

이란 문명의 위기를 진단한 책에서 한국을 세계 산림녹화의 모델로 소개한 바 있듯이 국제사회에서 높은 평가를 받고 있다.

환경보전과 관련해서는 우리나라가 한창 산업화의 길을 걷고 있던 1977년에 박정희 대통령이 연두회견에서 "선진국들이 겪었던 공해로 인한 전철을 밟아선 안되겠다"고 강조한 이후 바로 그해에 환경보전법이 제정되고, 1978년 8월 국립환경연구소도 만들어졌다. 1979년 5월 박대통령은 공해 전담부서를 만들라고 지시했고, 1980년 1월에 환경청이 출범했다. 환경청은 1990년 1월에 환경처로, 1994년 12월에는 환경부로 확대·발전되었다.

1987년에 발간된 <우리 공동의 미래>에서 제시된 '지속가능 발전' 개념이 점차 세계적으로 확산되자 우리나라에서도 지속가능발전에 대한 논의를 지방의제 21(1995년), 국가의제 21(1996년), 대통령자문 지속가능발전위원회 설치(2000년) 등을 통해 전개하였다. 그러나 정책방향을 제시하는 선언 수준에서 논의가 진행되어 구체적인 정책수단이나 추진시한에 대한 구속력을 가진 내용으로 갖추지 못하다가 2008년에야 비로서 국가지속가능발전법이 제정되었다. 한편 기후변화와 관련해서는 정책대응이 좀 더 빨리 이루어져 1999년부터 '기후변화협약대응 종합대책'을 시행하였다.

2008년 2월에 취임한 이명박 전 대통령은 동년 7월 일본의 도야코에서 열린 G8 확대정상회의에서 한국이 기후변화에 대응하기 위해 '앞장서 움직이겠다'고 밝히는 동시에 '동아시아 기후 파트너십' 프로그램 설치와 선진국과 개도국의 가교역할(bridging role)을 하겠다는 뜻을 천명하였다.

2008년 8월 15일 마침내 이대통령은 '저탄소 녹색성장'을 새로운 비전의 축으로 제시하고, 녹색성장을 이끌어 새로운 문명을 주도하겠다는 야심찬 포부를 밝혔다. 부문별 주요계획으로는 동년 8월 27일 국가에너지위원회에서 '제1차 국가에너지기본계획'을 의결하였고, 동년 9월에는 '기후변화대응 종합기본계획'을 국무총리실에서 수립하였다. 2009년 1월 제29회 국가과학기술위원회에서는 녹색기술 연구개발 종합대책(안)을 의결하였다.

2009년 7월에는 국무회의에서 녹색성장정책의 근간이 되는 '녹색성장 국가전략 및 5개년 계획'을 의결하였다. 이 계획은 10대 정책분야에 2009년부터 2013년까지 5년간 107.4조원을 투자하여 녹색산업 전 분야에 150만 명의 일자리를 창출하는 목표를 천명하였다. 이 투자계획은 GDP의 2% 수준에 해당하며, 이를 통해 총 182∼206조원(GDP의 3.5∼4% 수준)의 추가 생산유발 효과가 발생할 것으로 예상하였다.

<녹색성장 국가전략>은 2020년까지 세계 7대, 2050년까지 세계 5대 녹색강국 진입을 비전으로 설정하고, 이를 위해 3대 전략과 10대 정책방향을 제시하였다. 3대 전략은 기후변화적응 및 에너지 자립, 신성장 동력 창출, 삶의 질 개선과 국가위상 강화이다. 10대 정책방향은 ① 효율적 온실가스 감축 ② 탈석유·에너지자립 강화 ③ 기후변화 적응역량 강화 ④ 녹색기술개발 및 성장동력화 ⑤ 산업의 녹색화 및 녹색산업 육성 ⑥ 산업구조의 고도화 ⑦ 녹색경제 기반조성 ⑧ 녹색국토·교통의 조성 ⑨ 생활의 녹색혁명 ⑩ 세계적인 녹색성장 모범국가 구현 등이다. 10대 정책방향은 다시 50대 실천과제로 분류된다.[18]

---

18 녹색성장위원회, 2009a: 53-58.

정부는 온실가스 감축에 대한 구체적인 목표를 설정하기 위해 세 가지 시나리오를 발표했다. 이는 2020년까지, 2020년 배출전망치(BAU) 대비 각각 ① 21% ② 27% ③ 30%를 감축하는 것이며, 이를 2005년 온실가스 배출량(5억 9500만tCO₂) 대비 절대 기준으로 환산하면, 각각 ① 8% 증가 ② 동결 ③ 4% 감소시키는 것에 해당한다. 정부는 80여 차례의 의견 수렴과정을 거친 후, "미래는 불확실성 투성이다. 그런 미래에 성공적으로 대처하려면 목표를 의욕적으로 잡을 필요가 있다"며 비의무 감축국가로서는 최고 수준의 목표를 설정했다. 즉, 국가온실가스 감축 목표를 'BAU 대비 30% 감축'으로 2009년 11월 17일 국무회의에서 최종 확정했다.

저탄소 녹색성장 비전을 효율적·체계적으로 추진하기 위해 이를 법으로 뒷받침하는 저탄소 녹색성장 기본법은 2009년 12월 29일 임시국회 본회의를 통과하여 2010년 1월 13일 제정되었으며, 동년 4월 14일부터 시행되고 있다. 이 법은 그동안 기후변화, 에너지 및 지속가능발전 등의 개념들을 개별법으로 만들어 시행함으로써 관련법들이 유기적으로 통합·연계되지 못하는 점을 개선하기 위해 통합적인 접근을 통해 마련된 것이다.

이 법에 따라 기존의 에너지기본법은 에너지법으로, 지속가능발전기본법은 지속가능발전법으로 변경되었으며, 입법이 추진되던 기후변화법(안)들은 추진이 중단되고 그 내용들은 이 법에 흡수되었다. 온실가스, 에너지, 국토, 환경, 경제성장까지를 포함하는 광범위한 내용을 이처럼 하나의 법률에 담은 사례는 세계적으로 거의 없는 실정이다.[19] 하위법령인 '저탄소 녹색성장 기본법 시행령'은 2010년 4월 13일 제정되어 그 다음날부터 시행되고 있다.

경제인문사회연구회는 우리나라의 녹색성장 추진여건에 대해 강점과 약점, 그리고 기회요인과 위협요인에 대한 SWOT분석을 하고 <표 5>와 같이 정리하였다.

<표 5> 녹색성장 추진여건: 장단점 및 기회·위협요인

강점(Strength)	약점(Weekness)
· 반도체, 정보통신 등 첨단기술 우수 · 세계수준의 산업기반 보유 · 녹색성장에 대한 정부의 강력한 추진의지 · 우수한 기술실용화 능력 보유 · 우수한 잠재적 인적자원의 보유	· 에너지 다소비형 산업구조 · 탄소정보 관리체계 미비 · 신재생에너지분야 산업 취약 · 녹색기술 수준 선진국 대비 50~70% · 녹색문화에 대한 국민들의 인식 부족
기회요인(Opportunity)	위협요인(Threat)
· 글로벌 리더가 없는 녹색기술시장 선점가능성 · 저탄소 산업구조로 전환함으로써 고유가 시대에 대응 · 녹색시장 선도국으로서의 국가브랜드 제고 · 녹색성장을 통한 경제·사회 선진화	· Post-2012 기후체제에서 온실가스 감축의무를 부담하게 될 개연성 · 선진국의 환경규제 강화 등 보호무역주의 강화 추세 · 기존산업의 경쟁력 약화 가능성 · 친환경 제품구매 및 공공요금 인상에 따른 서민층의 가계부담 가중

자료: 경제·인문사회연구회(2009: 140)

경제인문사회연구회는 이러한 SWOT분석을 토대로 녹색성장 전략의 추진방향을 다음과 같이 정리하였다. ① 녹색기술혁신을 통해 새로운 성장동력을 확보하고 나아가 우리의 경제체질을 개선해야 한다. ② 에너지의 소비구조를 획기적으로 개선해야 한다. ③ 녹색성장 전략을 삶의 질 향상을 위한 시책과 연계하여 추진해야 한다. ④ 중앙정부, 지자체, 기업 그리고 국민이 함께 저탄소 사회를 만들어 가는 체제를 구축해야 한다는 것이다.[20]

---

19 윤경준, 2012: 48.

20 경제인문사회연구회, 2009: 140-141.

3. 녹색성장 정책기조

정책기조

　정책기조를 고찰하는 이유는 녹색성장정책이 국가차원에서 새롭게 시도되는 정책으로서 정책의 기본이념과 국가 최고지도자의 정책의지가 중요하기 때문이다. 정책기조(policy paradigm)란 '정책의 방향, 내용, 성격, 과정 등을 규정해 주는 사고정향, 이념, 철학, 사상 등 정책의 기초적·논리적 전제로서의 기본적 준거가치'이다.[21] 다시 말해서 그것은 어떤 정책에 대하여 최고관리자가 가진 기조철학이고 그 정책의 밑뿌리이다.[22]

　이명박 정부가 녹색성장이라는 국가비전을 준비한 것은 2007년 12월의 대통령 선거 직후 인수위원회를 구성하면서 그 안에 기후변화 TF를 설치한 것으로부터 출발한다.[23] 2008년 2월 정부출범과 함께 대통령은 청와대에 미래비전비서관실을 신설하고, 그 해 4월을 즈음해 건국60년기념사업추진단과 미래기획위원회 등을 거의 동시에 발족시켰다. 정부는 건국 60년의 역사를 '위대한 국민, 기적의 역사'로 결산하였다. 정부는 선진국이 기후변화를 이유로 한쪽에서는 새로운 규제의 칼을, 다른 한쪽에서는 새로운 시장의 기회를 맹렬히 키워나가는 현실을 직시하고, 답보상태의 경제와 고용 없는 성장,

---

21 박정택, 1995: 79.

22 허범, 1988: 89.; 고순주, 1997: 24에서 재인용.

23 그러나 녹색성장과 관련해서는 어떠한 인수위원회의 대책이나 관계기관의 협의나 공청회를 했다는 기록은 없다(신용석, 2010: 64).

에너지 안보의 위기, 기후변화의 충격에 이르기까지 우리나라가 당면한 과제와 도전을 극복하고 새로운 성취를 이루기 위해서는 총체적인 변화가 필요하다고 판단하였다. 이에 건국 60주년을 맞이해 '위대한 국민, 새로운 꿈'의 시대를 열자는 다짐이 마련되었던 것이다.[24]

대통령이 공식석상에서 처음으로 녹색성장을 언급한 것은 2008년 7월 9일 일본 홋카이도 도야코에서 열린 16개국 정상이 참석한 기후변화 확대정상회담에서였다. 여기서 대통령은 2050년까지 온실가스 배출량을 절반으로 감축하고자 하는 범지구적인 장기목표에 적극 동참할 것이며, 온실가스를 감축하면서도 경제가 성장하는 녹색성장과 저탄소사회로의 이행에 선진국과 개발도상국의 가교역할을 하겠다고 말했다. 아울러 온실가스에 따른 지구의 당면위기를 새로운 성장의 기회로 삼아야 하며, 온실가스 감축을 위한 기술개발은 새로운 시장과 좋은 일자리를 창출, 경제성장을 이끄는 신성장동력이 될 것이라고 강조하였다. 이어서 동년 7월 11일 제18대 국회 시정연설에서 녹색성장시대를 열어야 한다고 거듭 주장했다.

결국 2008년 8월 15일 건국 60주년 및 광복 63주년 기념식에서 대통령은 '저탄소 녹색성장'을 새로운 비전의 축으로 제시했다. 그는 "녹색기술은 정보통신기술, 생명공학기술, 나노기술, 문화산업기술을 아우르면서도 이를 뛰어 넘습니다. 녹색기술은 좋은 일자리를 많이 만들어 '일자리 없는 성장'의 문제를 치유할 것입니다. … 녹색성장은 한강의 기적에 이어 한반도의 기적을 만들 미래 전략입니다. … 산업화는 늦었지만 정보화를 앞당겼듯이 대담하고 신속하게 나아간다면 반

---

24 김형국, 2011: 28-30.

드시 녹색강국으로 거듭날 수 있습니다"라고 연설했다. 이 날의 선언 이후 우리나라는 본격적으로 녹색성장정책을 추진하게 되었다.

대통령은 2009년 2월에 <코드 그린>의 저자인 프리드먼을 접견한 자리에서 "녹색성장은 석유자원이 없는 우리나라에서는 가야만 하고 갈 수 밖에 없는, 선택의 여지가 없는 유일한 살 길"이라는 발언을 통해 변함없는 녹색성장 추진의지를 밝힌 바 있다. 동년 9월 23일 유엔 본부에서 개최된 제64차 유엔총회에 참석한 대통령은 '세계에 기여하는 대한민국, 글로벌 코리아와 녹색성장'이라는 주제로 기조연설을 했다.[25] 또한 2009년 12월 코펜하겐에서 열린 제15차 유엔기후변화협약 당사국 총회에서도 기조연설을 통해 녹색성장정책을 펼쳐나가겠다고 밝혔다.[26]

2010년 1월 1일에는 국제적 계간지인 글로벌 아시아(Global Asia)에 '패러다임의 전환: 글로벌 녹색성장으로의 길(Shifting Paradigms: The Road to Global Green Growth)'을 기고하였으며,[27] 2010년 8월 15일 광복 65주년 경축사에서는 "녹색경제 시대에는 산업화, 정보

----

25 이 기조연설에서 대통령은 "녹색성장 5개년 계획에 따라 향후 5년간 녹색 분야에 매년 GDP의 2% 정도를 투입할 것입니다. 이는 유엔에서 권고하는 녹색투자의 2배에 달하는 수준입니다. 저탄소 녹색성장전략은 환경이 경제를 살리고, 경제가 환경을 살리는 선순환 구조를 만들어내 지속가능한 성장을 이루자는 것입니다. 저탄소 녹색성장 전략은 당면한 기후변화위기와 경제위기를 극복하는 가장 효과적인 방법입니다."라고 역설한 바 있다.

26 대통령은 "기후변화 문제의 시급성을 감안할 때 우리에게는 이제 말이 아닌 행동, 무엇보다 나부터(Me First)의 태도가 요구된다"며, "한국은 자발적 감축국가이자 먼저 행동하는 선도자로서, 많은 국제사회가 권고하는 최고 수준의 온실가스 감축목표를 설정했고, 스스로 성장과 보전이 조화된 녹색성장정책을 펼쳐 나감으로서 개발도상국들의 모범이 되려고 한다"라고 연설했다.

27 이 기고문을 통해 녹색성장은 "산업화 시대의 기업 사고방식과 라이프 스타일에서 경제성장, 기업의 사회적 책임, 그리고 환경보호에 대한 필요를 만족시키는 새로운 길로의 사회·문명적인 패러다임의 변화를 수반한다. 그것은 '녹색'과 '성장'이 더 이상 서로 상충되는 개념이 아니라는 발상의 전환이다"라고 강조하였다. 아울러 '녹색'과 '성장'을 양립시키기 위한 필수요건으로 새로운 패러다임의 전환을 이끌 정치적 의지와 리더십, 국민들이 새로운 패러다임을 받아들이고 그에 맞는 사고와 행동양식을 가지는 것, 그리고 앞의 두 요건을 뒷받침하기 위한 기술적 혁명 등 세 가지를 들었다(황병상, 2010b: 163-164.).

화 시대와 달리 대한민국의 원천기술로 세계를 주도하는 제2, 제3의 삼성, 현대가 나올 것입니다. 이를 위해서 정부는 녹색기술 연구개발체제를 대폭 강화해 나가겠습니다. 그리하여 2020년까지 세계 최고의 녹색강국 꿈을 이뤄 나갈 것입니다"라고 연설하였다.

2011년 6월 20일 서울에서 열린 '글로벌 녹색성장 서밋 2011' 개회식에서는 녹색성장이 세계적으로 확산되고 있음을 강조했으며,[28] 2012년 7월 31일자 코리아 타임즈에는 '위기에 처한 지구를 구하는데 필수적인 녹색성장(Green growth essential to saving 'Earth in danger')'이라는 글을 게재하였다.[29]

녹색성장위원회는 녹색성장 패러다임의 대두를 지속가능발전론과 생태근대화론의 발전적 통합으로 설명하고 있다. 지속가능발전론이 제시하는 미래사회의 목표 가치를 수용하고, 화석연료 의존형 경제방식을 탈피할 경우 경제지속성과 저탄소 환경성을 구현할 수 있다는 생태근대화론의 이론적 대안으로서 녹색성장에 대한 논의를 본격화한 것이다. 아울러 2008년 말 금융위기에 따른 세계경기 침체에 대한 대응으로 제시된 녹색뉴딜이 녹색성장의 정당성 제고에 가세하였다.[30]

---

28 대통령은 "녹색성장은 이제 지구촌 공동의 지향과 가치로 자리 잡고 있습니다. 이제 선진국, 개도국을 가리지 않고 아시아와 유럽, 중동, 중남미, 아프리카 등 세계 모든 대륙에서 녹색성장에 참여하고 협력하는 국가들이 늘어나고 있습니다. 녹색성장은 이제 지구촌의 일상용어가 되고 있습니다"라고 연설했다. 아울러 저탄소 녹색경제로의 전환을 이끄는 핵심이 바로 기술에 있다고 강조했다.

29 이 기고문에서 "녹색성장으로의 변화가 아무리 성공적이라 해도 대한민국만의 녹색성장으론 의미가 없습니다. 녹색성장은 기후변화와 에너지 위기에 대처하기 위한 '지구책임적 문명'을 건설해야 한다는 '공동의 운명의식'에서 시작된 것입니다.…글로벌 녹색성장을 위한 전략－기술－재원의 '그린 트라이앵글'이 유기적으로 작동함으로써 우리 후손들에게는 '위험에 처한 지구'를 물려주지 않을 수 있을 것이라는 희망을 가질 수 있습니다. 대한민국은 이 트라이앵글이 선진국과 개도국을 넘어 '지구촌 모두를 위한 아키텍처(architecture for all)'가 되도록 충실히 노력해 나갈 것입니다"라고 녹색성장을 다시 한 번 역설한 바 있다.

　이상과 같이 한국은 세계적인 담론들을 발전적으로 통합한 녹색성장정책을 국정최고 책임자가 적극적으로 추진하고 있다. 녹색성장은 광의의 의미에서 양적인 성장에서 질적인 성장으로, 화석연료 의존형 경제-사회 구조에서 저탄소형 경제-사회 구조로의 전환을 추구한다. 하나밖에 없는 지구와 인류가 조화롭게 공존하는 지구책임문명(planet-responsible civilization)으로의 전환을 앞당기려는 것이다. 대통령은 녹색성장을 국가발전의 새로운 비전이며 동시에 지구촌이 지향할 공동 가치로 인식하고 각종 국제회의, 국내연설 및 국제계간지 기고 등을 통해 강력하고도 변함없는 정책 추진의지를 밝히고 있다. 특히 기후변화와 에너지 위기로 대표되는 이 시대에 국제사회에서 녹색성장을 위한 선도적인 역할과 함께 선진국과 개도국 간의 교량 역할을 하겠다는 포부를 가지고 있다.

　그러나 이명박 정부가 녹색성장 환상에 빠져있었다는 비판도 있다. UNEP 공인 세계 최고 수준인 녹색투자(GDP 2%대)에도 불구하고 우리나라 성장잠재력이 3%대로 하락하는 등 단기 녹색투자 효과는 거의 없으며, 더욱이 장기 녹색투자효과 역시 기대에 미치지 못한다는 것이다. 대체에너지 의무 공급과 에너지 사용규제, 배출권 거래제, 에너지 가격 인상 등 기업과 소비자 고통을 가중시킬 대책을 '녹색이 글로벌 선(善)'이라는 경직된 생각으로 강행했다고 비판받았다. 물론 장기적으로 자본의 탐욕을 방치한 신자유주의 폐해 보정을 위해 녹색전략 도입이 필요하지만 지금 같은 경제위기 속에서는 서두를 일이 아니라는 것이다. 더욱이 최근 글로벌 에너지·지구

---

30 녹색성장위원회, 2009a:37-39.

환경 재점검 과정에서 녹색전략 도입을 10년쯤 연기해도 될 것 같다
는 것이다.[31] 아울러 현재의 녹색성장전략은 녹색성장이 가져올 기
회만을 부각하면서, 녹색성장으로 인해 국민들과 기업들이 감내해야
할 불편과 고통, 그리고 대가를 지불해야 할 당위성에 대한 충분한
설득과 국민들과의 공감대가 결여되어 있다는 비판도 받았다.[32]

스웨덴 출신의 생태환경운동가 헬레나 노르베리 호지(Helena Norberg
Hodge)는 "한국 정부의 '저탄소 녹색성장'은 칭찬받을 만하다. 국제적
리더십도 있다. 내가 강조한 것은 단지 청정에너지뿐만 아니다. 공동체
를 복원하고, 속도를 늦추고(slow down), 크기를 줄이는 것(scale down)이
필요하다. 한국의 녹색 성장에는 '작은 경제'와 공동체 복원에 관한
논의는 없다"고 조언한다.[33]

아울러 문순홍 외는 생태근대화를 경제 재구조화로서의 생태근대
화(성장모델에 대한 검토와 생태친화적 경제), 정치제도의 학습과정
으로서의 생태근대화(정치패러다임의 변형), 문화정치로서의 생태근
대화(새로운 가치의 창출을 위한 대안담론들의 구성)로 유형화하고,
생태근대화론의 정책영역 및 그에 해당하는 정책내용을 제시하고
있다.[34] 이 분류에 따르면 저탄소 녹색성장은 경제 재구조화로서의
생태근대화에 머물러 있는 것으로 볼 수 있다. 또한 Christoff(1996:
490-491)는 생태근대화를 '약한 생태근대화'와 '강한 생태근대화'를
양쪽 끝으로 하는 연속선상에서 설명한다. 이런 관점에서 보면 이명

---

31 최기련, "녹색성장 환상에서 빠져나와야", 매일경제신문, 2012.1.17.

32 KISTEP, 녹색성장 정책이슈 토론회 '기술과 제도의 통섭', 53-54, 2011.12.9.

33 조선일보, 2011.3.2.

34 문순홍 외, 2000: 125-127; 윤경준, 2012: 46에서 재인용.

박 정부의 저탄소 녹색성장정책은 주로 기술·경제 측면에 초점을 맞추어 정부 주도로 진행되어 오는 등 생태근대화의 특징 중 일부만 보여주고 있다는 점에서 '약한 생태근대화'로 규정할 수 있을 것이다.[35]

이명박 정부의 녹색성장정책에 대한 비판 중 가장 신랄한 것은 그 정책내용에 있어 과연 '녹색'이라는 진정성이 있는가 하는 것이다. '경제와 환경이 조화를 이루는 성장'을 추구하는 녹색성장정책의 취지와 방향에 대해 많은 사람들이 공감하지만, 겉으로 제시된 구호와는 달리 정작 그 내용을 보면 환경에 대한 관심은 별로 없는 산업정책에 불과하다는 지적이 많다.[36]

그러나 전반적으로 볼 때 한국정부의 녹색성장 정책기조는 방향을 잘 잡은 것으로 보이며, 그 개념의 확산을 국내에 국한하지 않고 국제화하려는 노력도 인정된다. 물론 이명박 정부의 녹색성장에 대한 진정성이 부족해 보이고, '녹색'보다는 '성장'에 방점을 둠으로써 녹색은 홍보용이 아닌가하는 의구심이 드는 것도 사실이다. 또한 정부가 실용주의를 강조하다보니 때와 상황에 따라 언제든지 바뀔 수 있는 것으로 비춰지기도 한다. 아울러 정책의 수립과정에서 일반 국민과 이해관계 당사자들의 의견을 모으는 과정이 좀 미흡했던 것도 사실이다.

---

35 윤경준, 2012: 46-47.
36 윤경준, 2012: 50.

정책기조 발전방향

우리나라 녹색성장 정책기조에 대한 설명과 분석을 토대로 정책기조의 발전방향을 제안하면 다음과 같다.

첫째, 지속가능발전과 녹색성장 간의 체계에 대한 재정립이 필요하다. 녹색성장이 지속가능발전의 하위 개념임에도 불구하고 이명박 정부는 마치 녹색성장이 지속가능발전 보다 상위에 있는 것처럼 체제를 만들었다. 포괄적인 기본법 성격의 저탄소 녹색성장 기본법을 만든 반면에 기존의 지속가능발전기본법은 지속가능발전법으로 격하시켰던 것이다. 따라서 '지속가능발전을 위한 녹색성장'이라는 틀을 가지고 기본전략, 법적 체계, 우선순위 및 목표·수단의 재정립이 필요하다.

둘째, 박근혜 정부 출범에 따라 <녹색성장 국가전략> 및 <녹색성장 5개년 계획>을 수정·보완하여 새로운 전략 및 5개년 계획을 수립하여야 한다. 이명박 정부의 녹색성장정책을 점검·평가하여 새 정부의 정책방향에 맞게 수정하는 것이 필요하다. 기존의 국가전략 및 5개년 계획은 2009년 7월에 만들어 거의 4년이 된 것이기 때문에 그 동안의 환경변화 및 기술발전, 그리고 녹색성장에 대한 정책적 노력의 결과 등을 반영하여 미래지향적으로 수정할 필요가 있다. 새로운 전략의 방향은 기존의 녹색성장 범주에 포함된 건설·토목과 원자력을 제외하여 그야말로 녹색다운 녹색으로 발전시킬 것을 제안한다. 수정된 전략에 따라 하위계획인 기후변화대응 종합기본계획, 국가에너지계획 등 세부계획들도 모두 수정·발전시켜야 할 것이다.

셋째, 국민들이 피부로 느끼고 공감하는 녹색성장정책으로 발전시켜 나가야 한다. 지구온난화의 위험은 직접 손으로 만져지는 것이 아니기 때문에 아무리 무시무시한 위험이 다가온다 하더라도 우리 대부분은 그저 가만히 앉아서 기다릴 뿐이라고 하는 '기든스의 역설(Gidden's Paradox)'과 같이 지구전체적인 방대한 문제에 대해 개인은 무기력감을 느끼기 쉽다. 일반국민들은 녹색성장정책의 취지가 좋다는 점은 인정하지만 과연 지금 추진해야 하는지, 개인적인 노력이 무슨 기여가 될 수 있는지에 대해 확신을 가지지 못하거나 회의적이 되기 쉽다. 기후변화나 에너지 문제는 먼 미래의 일로 생각하는 경향이 있기 때문이다. 유가가 오르거나 전력사용이 연일 최고치를 기록할 때는 뜨거운 관심을 받다가 이내 식어버리는 현상을 자주 목격하게 된다. 일반국민들이 녹색피로를 느끼지 않고 마음의 저항을 가지지 않도록 차분하게 설득해 나가는 세부전략도 필요하다. 기업에 대해서는 단기적으로 비용이 발생하지만 녹색성장은 궁극적으로 가야하는 당위성이 있는 정책방향이며 이를 통해 새로운 사업기회와 이윤창출이 가능함을 역설해 나가는 것이 좋다. 이렇게 할 때 장기적으로 녹색성장정책의 성공 가능성을 높일 수 있을 것이다.

넷째, '더반 플랫폼'을 통해 2020년에 선진국과 개도국이 모두 참여하는 신기후체제 출범이 예정되어 있는 만큼 국익과 글로벌 비전의 조화를 꾀하면서 녹색외교를 펼쳐나가야 한다. 이명박 정부가 국제무대에 녹색성장의 씨를 뿌렸다면 박근혜 정부가 열매를 맺을 수 있도록 기후변화 문제나 에너지 문제 등에 보다 적극적으로 대응하고 글로벌한 시각에서 체계적으로 접근해 나갈 필요가 있다. 국익을 감안하되 글로벌 비전을 함께 고려해야 하는 것이다. 이미 녹색성장

분야에서 선도국가로 인식되고 있는 우리나라가 글로벌 차원에서 정책에 접근하고, 나아가 글로벌 비전과 규범제정에 좀 더 기여하는 노력을 병행한다면 선진국과 개도국 사이에서 중요한 역할을 수행하고 이를 통해 향상된 국가위상을 유지해 나갈 수 있을 것이다.

다섯째, 녹색기술혁신과 녹색산업발전이 새로운 성장동력을 확보하고 나아가 경제발전의 토대가 될 수 있으려면 경제정책 및 환경정책과의 조화로운 발전이 중요하다. OECD도 언급하듯이 녹색성장은 기존의 환경 및 경제정책 개혁 우선순위에 대한 전략적 보완재로 인지되어야 한다.[37] 궁극적으로, 녹색성장 전략의 성공을 위해 중요한 점은 경제 및 환경 부분에서 일관적인 정책세트를 구축하는 것이기 때문이다. 이를 통해 경제성장과 에너지 소비의 디커플링도 달성이 가능할 것이다.

여섯째, 녹색성장정책의 정책네트워크가 보다 광범위한 정책행위자들로 구성되고, 수평적이며 개방적인 정책네트워크로 기능하도록 노력해야 한다. 2012년도 녹색성장위원회 업무계획에 따르면 녹색성장정책의 문제점 중 하나로 NGO·지방·정치권과의 파트너십 미흡을 지적하고 있다. 윤경준도 시민참여를 허용하는 수평적 거버넌스의 강화를 녹색성장 정책의 지향점 중 하나로 주장하고 있다.[38] 따라서 중앙정부, 지자체, 기업, 시민단체 그리고 국민이 함께 저탄소 녹색성장 사회를 만들어 가는 체제를 구축해야 한다. 여기서 특히 민간의 역할이 중요하다. 녹색성장정책의 성패는 결국에는 정부 정책에 이은 민간기업의 활발한 투자와 성공에 달려있기 때문이다. 많

---

37 OECD, 2011a: 22.
38 윤경준, 2012: 47.

은 전문가들도 그동안 정부가 '위에서 아래로의(top-down)' 방식으로 주도해온 녹색성장 모델을 시민과 대중이 참여하고 민간이 주도하는 '아래에서 위로의(bottom-up)' 방식으로 전환하자고 입을 모으고 있다.

일곱째, 녹색성장정책이 궁극적으로 국민의 삶의 질 향상과 행복 증진에 기여할 수 있도록 추진되어야 한다. 삶의 질을 향상시키기 위해서는 쾌적한 환경을 담보하는 질적인 경제 성장을 추구하면서, 국민들의 건강과 안락한 주거생활이 보장되는 것이 필요하다. 녹색 일자리 창출을 통한 일자리 복지 증진은 그 토대가 될 것이다. 이와 함께 국민들이 능동적이고 주체적인 삶을 추구하여 사회 구성원들 이 개성을 발휘하고 자아를 실현할 수 있게 된다면 개인의 만족감이 나 행복감을 향상시킬 것이다. 녹색성장정책의 기조는 국민 모두가 정신적 만족감을 누리고 자연과의 조화를 이루는 삶을 영위하는 데 기여할 수 있도록 재설계되어야 할 것이다.

4. 녹색성장정책 집행기구

집행기구

녹색성장정책은 범부처적인 정책이기 때문에 아래에 열거하는 주 요 정부부처 또는 기관 외에도 교육과학기술부, 국토해양부, 농림수 산식품부, 문화체육관광부, 보건복지가족부, 중소기업청, 농촌진흥 청, 산림청, 방위사업청 및 기상청 등이 녹색성장을 위한 역할과 기능을 하고 있다.

우리나라 녹색성장정책의 집행기구 측면에서 부족한 점은 바로 뚜렷한 정책기조와 목표를 탄탄하게 뒷받침할 단일화된 집행조직이 없다는 것이다. 한마디로 관련 업무를 각 부처에 분산시키기만 하고 이를 총괄할 수 있는 녹색성장정책의 '주관부처'가 없는 설정이다. 집행조직이 나뉘어져 있다 보니 힘을 하나로 결집하지 못하고, 거의 모든 부처가 관련정책들을 쏟아내면서 부처 간 중복과 내홍이 일어나고 있지만 이를 해결해 줄 조정기구는 마땅히 없는 것이다.

예를 들면 2010년 3월에 녹색성장기본법시행령 제정을 앞두고 온실가스 감축과 관련, 지식경제부와 환경부가 서로 주도권 다툼을 벌였으나 총리실이 조정하지 못해 결국 대통령이 청와대로 불러 중재한 바 있다. 부처 간 갈등이 있을 때마다 대통령이 나서서 중재할 수는 없기 때문에 대안이 필요한 상황이다. 2012년도 녹색성장위원회 업무계획 자료에도 보면 녹색성장정책의 문제점 중 하나로 부처 간 및 부처 내 추진체계 미흡을 지적하고 있다.

녹색성장정책을 추진하는 주요 집행기구는 다음과 같다.[39]

(1) 녹색성장위원회

녹색성장위원회는 녹색성장관련 정책적 기능을 총괄하는 상위 위원회이며, '녹색성장위원회설립및운영에관한규정'(2009. 1. 5. 대통령훈령)에 따라 설치되었다. 이 위원회는 기존의 3개 위원회(기후변화대책위원회, 에너지위원회, 지속가능발전위원회)의 기능을 통합하여

---

[39] 집행기구에 대한 설명은 이명박 정부를 기준으로 작성하였기 때문에 현재의 집행기구와 체계가 다를 수 있다.

설립되었다. 기후변화대책위원회는 폐지되고, 에너지위원회와 지속
가능발전위원회는 관계부처에 존치하되 위원장은 장관 또는 민간위
원장으로 위상을 낮추었다. 그 대신 대통령 소속으로 녹색성장위원
회를 두어 저탄소 녹색성장의 주무역할을 하도록 하였다.

저탄소 녹색성장 기본법 제15조에 의하면 이 위원회는 저탄소 녹
색성장정책의 기본방향에 관한 사항, 녹색성장국가전략의 수립·변
경·시행에 관한 사항, 기후변화대응 기본계획, 에너지기본계획 및
지속가능발전기본계획 등에 관한 사항을 심의하는 기능을 가지고
있다. 1차 위원회는 2009년 2월 16일에 개최되었다. 2010년 7월에
구성된 2기 위원회의 위원장은 국무총리와 민간위원장이 공동으로
맡고, 위원은 민간위원 36명과 기획재정부장관, 교육과학기술부장
관, 지식경제부장관, 환경부장관 등의 당연직위원 14명을 포함하여
총 50명으로 구성되었다. 2011년 11월에 구성된 3기 위원회는 민간
위원 20명과 당연직 위원 14명 등 34명으로 구성되었다.

위원회의 업무를 효율적으로 지원하기 위해 녹색성장기획단을
2009년 1월에 설치하였다. 2012년 8월 현재, 단장은 청와대 녹색성
장기획관과 가급 고위공무원의 공동단장 체제로 운영되며, 하부에
60명 이내의 전문가 워킹그룹과 녹색성장기획국 등 5국과 국제협력
팀을 두고 있다. 아울러 2009년부터 광역지방자치단체에는 시·도
지사 소속으로 지방녹색성장위원회를 두고 있으며, 녹색성장책임관
을 지정하여 운영하고 있다.

그러나 녹색성장위원회는 집행조직이 아니라 자문기구이므로 행
정부처 사이의 인견과 갈등을 조정하는 데 근본적인 한계가 있다.
녹색성장을 둘러싸고 행정부처 간의 업무가 상호 얽혀있기 때문에

현재 녹색성장위원회의 권한과 기능으로는 풀 수 없는 문제가 많다.

박근혜 당선인의 대통령직 인수위원회는 2012년 1월 25일 청와대 조직개편안을 발표하면서 녹색성장위원회를 대통령 직속에서 총리실 산하로 변경했다. 박근혜 정부 출범 후 녹색성장기획단을 폐지하고, 그 업무를 국무조정실 재정금융기후정책관과 그 휘하의 기후변화정책과로 넘겼다.

(2) 환경부

환경부는 환경정책실에 녹색환경정책관, 환경보건정책관, 기후대기정책관을 두어 녹색성장의 핵심부처 중 하나로 기능하고 있으며, 온실가스 및 에너지 목표관리제도의 주무부처이기도 하다. 또한 산하에 국립환경과학원과 한국환경공단 등을 두어 관련 기능을 수행하고 있다.

저탄소 녹색성장 기본법 시행령 제36조에 따라 환경부는 산하에 온실가스종합정보센터를 2010년 6월 15일에 설립하였다. 동 센터는 국가 및 부문별 온실가스 감축목표 설정의 지원, 국제기준에 따른 국가온실가스 종합정보관리체계 운영, 온실가스·에너지 목표관리제 업무지원, 저탄소 녹색성장 관련 국제기구·단체 및 개발도상국과의 협력 등을 추진한다. 조직은 2012년 8월 현재 기획총괄팀, 정보관리팀, 감축목표팀 등 3개 팀, 36명으로 구성되어 있으며, 국가온실가스종합관리시스템을 운영하고 있다.

녹색성장위원회 위원으로 1년간 활동했던 세종대 전의찬 교수는 "환경부가 기후변화 총괄부서지만 국토해양부와 지식경제부, 농림식품부 등이 개입하면서 온실가스 감축에 적극적인 조정역할을 다

하지 못하고 있다"고 비판한 바 있다.[40]

(3) 지식경제부

지식경제부는 2012년 8월 현재 제1차관 산하에 성장동력실, 제2차관 산하에 에너지자원실을 두고 있다. 에너지자원실에는 기후변화에너지자원개발정책관, 에너지산업정책관, 에너지절약추진단 등을 두어 녹색성장을 견인하는 한 축으로서의 역할을 하고 있다.

(4) 글로벌녹색성장기구(GGGI)

2009년 12월 코펜하겐에서 열린 기후변화당사국 총회 기조연설을 통해 이명박 전 대통령은 GGGI(Global Green Growth Institute) 발족 의사를 밝혔다. 여기에는 다음과 같은 문제의식이 작용했다. 첫째, 기후변화의 충격은 국경을 초월해 전 지구적으로 다가오는 만큼 그 대응 역시 지구적 차원에서 이루어져야 한다. 둘째, 기후변화의 당사자는 각국 정부는 물론이고 기업과 NGO, 시민에 이르기까지 모든 행위주체에 해당한다. 같은 선상에서 녹색성장은 국내외를 불문하고 민간과 공공부문의 파트너십, 이른바 PPP(private-public partnership)를 기본 동력으로 삼아야 한다. 셋째 녹색성장은 실천적 해결책을 제시하고 변화와 행동을 이끌어냄으로써 그 존재이유를 국제사회에 증명한다는 것이다.[41]

GGGI는 2010년 5월 14일에 설립인가 및 등기를 완료하였으며, 동년 6월 16일에 비영리연구소로 개소하였다. GGGI는 다양한 국제

---

40 뉴스1, 2012.10.20.
41 김형국, 2011: 503.

기구, 지자체 및 정부 간 강력한 협력관계와 지식 공유를 촉진하기 위해 빈곤퇴치, 기회창출 및 사회개발의 목표와 지속가능한 환경, 기후변화 대처 및 에너지 안보의 목표를 녹색성장에 통합해서 창출 및 확산하는 것을 지원하고 있다.[42]

GGGI의 3대 업무 축은 다음과 같다. ① GGGI식 녹색성장 개념 제시, 개발도상국의 저탄소 녹색성장 관련 데이터 베이스 구축 및 GGGI 분석모형 개발 및 개발도상국의 내부 역량 강화 등을 통한 녹색성장 패러다임의 체계화 ② 글로벌 녹색성장 컨퍼런스 등을 통한 녹색성장 모델의 글로벌 전파 ③ 2010년도에 인도네시아, 에티오피아, 브라질 등 3개국을 우선 선정하여 시범 사업에 착수하는 등 개발도상국 녹색성장 계획 수립 지원 등이다.[43]

GGGI는 그동안 브라질과 캄보디아, 에티오피아 등 14개 개발도상국에 녹색성장 사업전략을 지원해 왔다. 카자흐스탄 농촌지역에서 정수처리시설을 개선하는 한편 주택 에너지 효율을 향상시키는 방안을 제안했다. 에티오피아·인도네시아·카자흐스탄 등에 수자원·에너지 종합계획을 세워주고 인력양성·법제정비 등을 돕고 있다. 몽골에는 녹색교통 전략으로 울란바토르시의 버스용 연료를 교체하고, 석탄의 청정사용 방안을 제안했다. 중국에서는 상대적으로 낙후된 윈난성에 수자원 관리 시설을 시범적으로 운영하는 등 환경보전과 경제발전이 가능한 5개년 실행계획을 짜주었다. 2012년 10월 현재 17개국 24개 국가사업 및 13개 연구사업을 진행 중이다.

우리나라 정부는 설립초기부터 GGGI를 국제기구로 발전시킨다

---

42 OECD, 2011a: 19.

43 김형국, 2011: 504.

는 목표를 가지고 있었다. 2012년 6월 20일 '리우＋20 정상회의' 개막식 직후 개최된 부대행사에서, 이명박 전 대통령과 덴마크 호주 아랍에미리트(UAE) 카타르 노르웨이 영국 멕시코 등 8개국 정상 및 대표는 GGGI를 국제기구로 전환하는 협정에 서명했다. 동년 10월 23일 GGGI는 서울에서 제1회 총회 및 이사회를 열고 국제기구로 공식 출범했다. 창립회원국으로 18개국이 가입하여 다자간 국제기구가 된 것이다. 그 중 8개국은 분담금을 내고 있다. 한국은 GGGI에 매년 1,000만 달러를, 나머지 7개국은 500만 달러씩 낸다. GGGI는 2010년 설립당시에 글로벌녹색성장연구소로 불렀으나, 국제기구로 전환한 다음부터는 글로벌녹색성장기구로 부르기로 했다.

GGGI 이사회는 2012년 8월 현재 한국, 덴마크, 호주 등 GGGI에 기여금을 내는 공여국 5개국, 단순 참여국 5개국, 사무총장 등 18명으로 구성되었다. GGGI 이사회의 의장은 처음에 한승수 전 국무총리가 맡았으나, 2012년 7월부터는 라르스 라스무센(Lars Rasmussen) 전 덴마크 총리가 맡고 있다. 니콜라스 스턴 런던정경대 교수와 비영리기구인 기후정책이니셔티브(Climate Policy Initiative)의 대표인 토머스 헬러 스텐포드대 교수가 부의장을 맡고 있다. GGGI 본부는 서울에 있고, 해외사무소는 아부다비, 코펜하겐 및 런던에 있다. 2013년 1월 현재 총 21개국이 GGGI의 파트너 국가로 협력하고 있고, 직원은 62명이 근무 중이며 2014년까지 160명으로 늘릴 예정이다. 2012년도 예산은 4,000만 달러에 이른다.

2013년 1월 아랍에미리트연합(LIAE) 아부다비에서 개최된 GGGI 제2차 이사회에서는 2013년 개도국 녹색성장 지원사업을 18개국으로 확대하고, 예산규모도 노르웨이, 카타르 등 새로운 기여국들의 참여를 감안해 5,000만 달러 수준으로 늘리는 데 합의했다.

정부는 2014년부터 홍릉 단지 내에 GGGI를 비롯해 한국녹색기술센터(GTCK), 온실가스종합정보센터(GIR) 등을 입주시켜 2016년까지 녹색단지 조성을 마무리할 계획이다.

(5) 한국녹색기술센터(GTC-K)

2011년 6월에 개최된 '글로벌 녹색성장 서밋'에서 이명박 전 대통령이 '녹색기술센터'를 설립하겠다는 계획을 발표한 이후, 2012년 3월에 한국과학기술연구원(KIST)의 하부조직으로 한국녹색기술센터를 개소하였다.

GTC-K는 글로벌 녹색기술 융합선도기관으로 도약하여 신성장동력 창출 및 선진일류국가 건설을 견인하는 것을 목표로 녹색기술 R&D 정책 기획 및 수립 지원, 글로벌 협력 네트워크 구축 및 녹색기술교류 추진, 미래중점 녹색기술 예측 및 전력연구 등의 사업을 수행하고 있다. 2012년 11월 현재 2개 실, 1개 팀 등의 조직에 총 19명이 근무하고 있어 아직 규모가 작은 편이지만, 앞으로 국가대표 녹색기술정책기관으로서의 위상을 강화시켜나갈 예정이다.

(6) 한국환경정책 · 평가연구원

한국환경정책 · 평가연구원은 1992년 한국환경기술개발원으로 처음 설립되었다가 1997년에 현재의 이름으로 명칭이 변경되었다. 국무총리산하 경제 · 인문사회연구회에 소속된 정부출연연구기관으로 환경문제의 국제협력 강화를 위해 글로벌녹색전략연구센터 등을 조직으로 두고 있다.

2008년 12월 확정된 '국가기후변화적응종합계획'에 따라 2009년 7월에는 '국가기후변화적응센터'가 이 연구원내에 설립되어 기후변화 적응에 대한 체계적인 연구와 적응 도구를 개발하고 있으며, 국내외 기후변화적응 네트워크를 구축 중이다. 동 센터는 2010년에 한-아시안국가연합(ASEAN) 기후변화적응 파트너십구축 및 적응기술 지원사업을 추진하였으며, 2011년에는 기후변화적응형 도시 리뉴얼 전략 등을 수립하였다.

(7) 녹색환경지원센터

환경부는 지역의 환경현안 문제를 해결하기 위해 '환경기술 및 환경산업 지원법' 제10조에 의해 전국 시·도에 녹색환경지원센터를 지정하여 지원하고 있다. 1998년 울산센터를 시작으로 18개 센터가 지역의 환경관련 대학, 연구기관, 기업체, 행정기관등과 협력하는 가운데 휘발성유기화합물질(VOC) 및 악취 문제, 염색폐수 문제, 상수원 유역의 비점오염원 문제 등을 해결하기 위한 기술을 개발하고 실용화하여 이를 기업체에 제공하고 있다. 또한, 기업과 지역에 필요한 환경전문가를 양성하고 있다. 2004년 7월에는 녹색환경지원센터연합회가 설립되어 사업을 통합적으로 추진하여 그 효과를 최대화하기 위해 노력하고 있다.

(8) 에너지관리공단

에너지관리공단은 에너지이용합리화사업을 효율적으로 추진함으로써 이산화탄소의 배출을 저감시키고 국민경제의 건전한 발전에 이바지함을 목적으로 1980년 7월에 설립되었다. 기후변화에 대비한 에너지이용문화 창조, 에너지이용효율성향상 및 미래의 에너지원인 신·재생에너지의 기술개발 및 보급 등 에너지이용합리화를 위한 다양한 사업을 추진하고 있다.

이 공단은 부설기관으로 2005년부터 신재생에너지센터를 두고 있다. 2012년 1월에는 신재생에너지센터 내에 'RPS통합운영센터'를 개소하였다. RPS통합운영센터는 신재생에너지 발전현황을 모니터링하고 신재생에너지 공급인증서(REC) 발급과 소유권 이전 등을 종합관리한다. 또한 실시간 거래시장을 감시하고 RPS 운영에 관한 통계와 자료를 관리하는 역할도 한다. 한편 에너지관리공단은 2011년에는 중소기업의 온실가스 감축 지원을 위해 전국 12개 지역센터에 '중소기업 온실가스 감축 종합지원센터'를 설치하였다.

(9) 글로벌에너지협력센터(GECC) 등

외교통상부는 재외공관과 에너지기업 간 가교역할을 수행하는 '글로벌에너지협력센터(GECC: Global Energy Cooperation Center)'를 2012년 1월에 개소했다. 재외공관이 접수한 입찰정보, 에너지·자원, 신재생에너지, 원전동향 등을 관련협회와 기업, 유관부처에 전달하는 한편 기업의 요구사항을 파악하는 등 쌍방향 기업맞춤형 서비스를 제공한다. 우리 에너지기업의 해외 진출 애로사항 지원 서비스를 온라인으로 제공하기 위해 홈페이지(http://energy.mofat.go.kr)를 구축하여 2012년 10월에 개통했다.

한편 대한무역투자진흥공사(KOTRA)는 중소기업청과 공동으로 2011년 2월 녹색중소기업 해외진출을 본격 지원하기 위해 글로벌녹색협력지원센터를 개소했고, 향후 해외 11개 코리아비즈니스센터

(KBC)에 녹색수주지원센터를 설치할 계획이다

집행기구 발전방향

녹색성장정책의 집행기구에 대한 설명과 분석을 토대로 발전방향을 제시하면 다음과 같다.

첫째, 에너지와 기후변화 문제를 총괄 관리할 중앙행정기구로서 '녹색성장부(Ministry of Green Growth)' 설치가 필요하다. 에너지와 기후변화는 21세기 지구촌이 당면한 매우 중요한 도전과제이므로 우리나라가 녹색성장분야에서 리더 역할을 지향하고 있는 것을 가시적으로 나타내는 조치를 정부조직에 반영하는 것이 바람직하다. 향후에 있을 정부조직 개편에 반영되기를 기대한다.

영국은 이미 2008년에 노동당정권에서 에너지기후변화부를 만들어 현 보수당정권에서도 그대로 운영하고 있고, 호주(기후변화에너지효율부, DCCEE)와 덴마크(기후에너지빌딩부, Ministry of Climate, Energy and Building), 프랑스(생태지속가능개발부, MEEDDM)도 기후와 에너지관련 단일부처를 두고 있는 점을 참고할 필요가 있다.

구체적으로는 녹색성장기획단, 환경부의 기후대기 및 녹색환경부문, 지식경제부의 에너지 자원부문 등을 통합하여 하나의 신설 부처를 만드는 방안을 검토할 수 있다. 세계 최초로 '녹색성장부'를 설치하여 국제적으로는 녹색성장전략을 글로벌화하고, 국내적으로는 한 부처가 중심적인 역할을 하면서 여타부처들은 시스템적으로 움직여 나갈 수 있기를 기대한다.[44]

이러한 부처 신설 필요성은 맥킨지가 '한국은 30년 이상 녹색성장을 지속적으로 추진할 수 있는 정부체계를 구축하여 녹색성장의 중단 없는 실행을 해야 한다'고 제안한 사실이나,[45] 청와대 녹색성장 기획관이 언론 인터뷰를 통해 "장차 기후변화에너지부(가칭)를 신설해 탄소를 직접 관리할 필요가 있다"고 말한 점에서도 확인할 수 있다.[46] 또한 녹색성장 관련 업무를 총괄 조정하는 녹색성장위원회가 외형적인 권한 집중에도 불구하고 조정자로서의 역할이 미흡하여 경제성장, 환경보전, 사회정의 등 큰 개념의 국가목표들을 조정해 나가는 데 한계가 있으므로 부처신설, 부처통폐합, 업무이관 등과 같이 정책조정의 효과성을 높일 수 있는 대안적 방안을 검토할 필요가 있다는 윤경준의 의견[47]에서도 확인할 수 있다.

실제로 2011년 6월 감사원 감사결과에 따르면 녹색성장 5개년 계획의 재정투자계획과 국토해양부의 추진과제들이 연계되지 않아 엇박자를 보이는 것으로 드러났다. 녹색성장위원회와 국토해양부 간에 일치하지 않는 세부사업은 총 73개로 이 중 '교통 분야 지속가능성 관리지표 개발' 등 10개는 녹색성장위원회에만, '건축물 에너지목표관리제' 등 63개는 국토해양부에만 각각 있었다. 또 국토해양부가 관리하는 녹색성장과제 121개 중 '스포츠급 클린 경량 항공기 시제기 개발' 등 18개 과제가 녹색성장과의 연관성이 낮은 것으로 확인된 바 있다.

녹색성장부의 설립은 이명박 정부가 녹색성장정책의 1단계로 4년여에 걸쳐 전체적인 그림을 그리고 시작한 데서 나아가 2단계로 진

---

44 필자는 2010년에 우리나라에서는 처음으로 이러한 주장을 신문 기고를 통해 공개적으로 주장한 바 있다(조선일보, 2010.10.28.).

45 제13차 녹색성장위원회 보고자료, 2011.12.28.

46 조선일보, 2012.2.8.

47 윤경준, 2012: 49-50.

입해야 한다는 점에서도 긴요하다. 녹색성장정책을 보다 글로벌화하고, 현재 검토단계 또는 제도형성단계에 있는 각종 규제제도와 유인책들을 보다 효율적으로 만들고 제도 안정화단계로 진행시키는 역할을 해야 하기 때문이다.

녹색성장을 전담하는 부처의 설립은 앞으로 관련 업무에 대한 부처 간 알력이나 영역 다툼, 주도권 싸움을 미리 예방하고 보다 체계적으로 관련 정책을 추진하기 위한 것이기도 하다. 2012년 5월에는 배출권거래제의 주관부처를 지식경제부로 할 것인가 환경부로 할 것인가를 두고 신경전이 벌어지기도 했다. 대통령 직속 녹색성장위원회가 있지만 행정위원회가 아니라 자문위원회이기 때문에 부처 간 업무조정 등의 역할은 할 수 없는 상황인 점도 고려한 것이다. 녹색성장은 13개 부처가 참여하기 때문에 녹색분야에도 정책 조정 및 감독 기능을 수행하는 '컨트롤 타워'가 필요한 것이다. 녹색성장 전담부처를 통해 기후변화와 에너지 문제를 포함하여 전반적인 녹색성장정책에서 관련 부처별 대응전략의 상호보완성이 강화되고, 시너지 효과가 창출되도록 하여야 할 것이다.

둘째, 2012년 6월에 국제기구화를 달성한 GGGI는 당초 설립 목적대로 녹색성장 패러다임의 체계화, 녹색성장 모델의 글로벌화 및 개발도상국 녹색성장계획 수립지원 등을 충실히 수행하여 글로벌 싱크탱크로서의 역할을 강화해 나가야 한다. 이를 위해 현재 8개국인 기여금 공여국과 21개국인 파트너 국가의 수를 증대시켜나갈 필요가 있다.

미국외교협회(CFR; Council on Foreign Relations)의 스콧 스나이더(Scott Snyder) 선임연구원이 2012년 11월 CFR 블로그에 올린 글에

서 CFR 질 코쉬 오도넬 연구원의 보고서를 인용하여 "GGGI가 기후변화 문제해결을 위한 비전을 촉진하고 있다"면서 "이는 국제사회 관료주의 미로에 갇혀있는 유엔주도의 기후변화 이니셔티브와 다른 양상"이라고 평가하고 있는 점으로 미루어볼 때 향후 역할이 기대된다.[48]

셋째, 전국의 중소기업을 대상으로 녹색산업분야에 대한 지원을 전담하는 녹색산업지원센터 설립이 검토되어야 한다. 이 센터는 녹색산업에 대한 정보제공, 녹색기술의 사업화 지원, 기술지원 및 지원사업의 추진, 이업종 간의 교류 증진 및 이종기술의 융합 촉진 등의 역할을 수행하도록 한다.

서울특별시에서는 이미 2011년 11월에 중소기업 전문지원기관으로 '서울시 녹색산업지원센터'를 설립하여 운영하고 있다. 이 센터는 구로구 구로동에 있는 서울시창업지원센터 내에 설치됐으며, 녹색산업 육성·지원을 전담할 종합지원시스템을 구축·운영한다는 목표 하에 사업을 추진 중이다. 이 센터의 기능을 확대하고 지원 대상을 전국 단위로 넓혀서 추진하는 것이 바람직하다.

넷째, 2012년 3월에 개원한 한국녹색기술센터(GTC-K)는 조직규모의 확대가 바람직하다. 당초 설립 목적인 국가 녹색기술 정책의 종합지원 역할을 하고 국제 기술협력을 강화해 글로벌 네트워크를 조직하는 일을 제대로 수행하기에는 현재의 인원이나 예산규모가 작은 것으로 판단된다. 녹색기술 연구개발정책뿐만 아니라 녹색기술이 사회에 어떠한 영향을 미치는지, 환경과 경제를 넘어 사회발전에

---

48 파이낸셜뉴스. 2012.11.8.

어떠한 역할을 할 수 있는지에 대한 부분까지 연구하는 것이 바람직하다고 생각한다.

다섯째, 한국환경정책·평가연구원과 에너지관리공단 등의 집행기구들은 녹색성장의 글로벌화를 위해 조직운영에서 국제화를 늘 염두에 두고 업무를 추진하여야 한다. 외국의 선진기관과의 공동 심포지움 개최, 공동연구 추진 및 인력교류를 활성화하고 국제적 네트워크를 구축해 나가야 할 것이다.

여섯째, 모든 집행기구들이 인터넷 홈페이지의 관리에 좀 더 관심을 기울여야 한다. 국내 이용자들을 위한 충실한 자료 업데이트뿐만 아니라 영문홈페이지 정보의 정확성과 최신성 등이 항상 보장되어야 한다. 2012년 7월 에너지 관리공단 신재생에너지센터는 홈페이지의 '신재생에너지 보급 확산을 위한 성능평가와 인증제도 사업'의 검색기능 약화와 무성의한 데이터 관리로 인해 언론으로부터 지적을 받은 바 있다. 또한 영문 홈페이지에 게시된 자료들이 국제협력의 단초가 될 수 있기 때문에 영문 홈페이지 관리도 철저히 해야 할 것이다. 아울러 각종 녹색성장 관련 통계를 홈페이지에 올려 정기적으로 업데이트함으로써 통계제공에도 만전을 기해야 할 것이다.

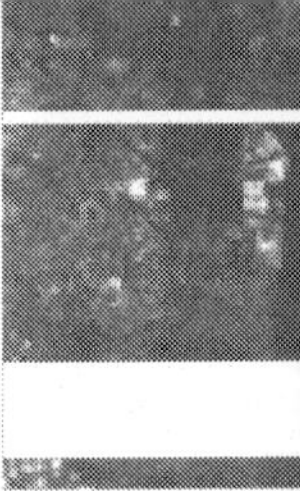

Part 6

기후변화대응정책

1. 정책목표

정책목표는 '정책(활동)을 통하여 달성하고자 하는 바람직한 상태(정책이 추구하는 바람직한 미래상), 얻고자 하는 결과'를 말한다. 이러한 정책목표는 본질상 미래 지향성과 방향성을 가지고 있다. 즉, 정책목표는 시간적으로 보아 미래에 실현하고자 하는 바람직한 상태이며, 어떤 방향으로의 변화 또는 행동화를 지향하는 것이다. 정책목표의 기능 또는 역할은 크게 두 가지로 나눌 수 있다. 첫째는 정책목표가 달성될 때 실현되는 것으로 구체적 내용에 따라 환경의 개선, 물가안정, 사회적 형평의 달성 등 사회를 바람직한 방향으로 상태로 변화시키는 역할이다. 둘째는 정책과정에서 이루어지는 것으로 정책활동의 기준 또는 지침으로서의 기능이다.[1]

기후변화 대응정책에서 체계적인 기후변화 대응은 완화(mitigation)와 적응(adaptation)이라는 두 개의 축으로 이루어진다. '완화'는 온실가스 감축과 산림의 탄소저장량 확대 등을 주요 목표로 하며, '적응'은 기후변화로 인한 영향의 취약성을 줄이고 피해를 최소화하는 것을 목표로 한다. 즉 기후변화의 기세를 꺾는 '감축'과 기후변화에 대한 '적응'을 동시에 추구한다는 개념이다.

2009년에 정부에서 발표한 <녹색성장 국가전략>에 있는 10대 정책방향 중에서 두 가지가 기후변화대응과 관련된 것이다. 즉, '효율적 온실가스 감축'과 '기후변화 적응역량 강화'가 바로 그것이다.

---

1 강근복, 2000: 86-87.

효율적 온실가스 감축이라는 정책방향은 네 가지의 실천과제를 두고 있다. 즉, ① 탄소가 보이는 사회 ② 탄소를 줄여가는 사회 ③ 탄소를 순환 흡수하는 사회 ④ 저탄소를 지향하는 그린 한반도이다.

이러한 정책방향은 주요 지표별로 연도별 목표수준을 <표 6>과 같이 정해두고 있다.

〈표 6〉 효율적 온실가스 감축의 주요 지표 및 연도별 목표수준

관련 지표	연도별 목표수준			
	'13	'20	'30	'50
온실가스 감축목표	-	BAU 대비 30% 감축	-	국제비전공유
탄소 순환율	17	17.6	18.4	19.8
산림의 탄소저장량(백만CO₂)	1,613	1,854	2,114	2,465
북한조림면적(누적, 만ha)	5	40	80	280

자료: 녹색성장위원회. 2009a:65를 토대로 수정

2009년 11월 17일 정부는 국무회의를 통해 국가 온실가스 중기감축목표를 2020년 배출전망치(BAU; Business As Usual) 대비 30% 감축하기로(2005년 대비 4% 감축) 확정하였다.[2] 이는 국가온실가스 감축목표에 대한 당초 3개 시나리오 중 가장 높은 수준이며, 교토의정서에서 정한 감축의무대상국(부속서 I 국가)이 아닌 나라들 가운데 처음으로 자발적으로 목표치를 제시한 것이다. 이 목표는 새누리당의 2012년 대통령선거 공약에도 포함되어 있다.[3]

BAU는 특별한 조치를 취하지 않을 경우 배출될 것으로 예상되는

---

2 이 목표는 미국의 22.4%, 일본 27.9%, EU 9.4~20.7% 보다 높은 수준이며, 미국 에너지정보청(EIA)이 BAU 전망을 기준으로 평가하더라도 우리나라는 22.7%로서 미국 20.1%, 일본 35.2, EU 18.1~28.3%와 비교할 때 상응성을 확보하고 있다(김용건·김익재, 2010: 172).

3 새누리당, 2012: 324.

미래 전망치를 말한다. BAU 기준은 온실가스 비의무감축국에 주로 사용되며, 우리 정부도 이 기준만을 사용하기로 했다. 과거 특정 시점 대비 감축방식으로 표기할 경우 온실가스 감축 부담이 경직화될 수 있기 때문에 BAU 기준은 경제성장률이나 유가 변동 등에 따라 탄력적이라는 장점을 가지고 있다.

추가적인 감축 노력이 없는 경우 2020년의 총배출량을 2009년에 예측한 결과는 8억 1,300만 톤 CO_2eq이었으나, 이를 2011년에 국가통계산정방식에 따라 변경한 결과 7억 7,610만 톤 CO_2eq로 수정되었다. 정부는 이 전망치 대비 30% 감축한다는 목표를 유엔기후변화협약에 따른 제3차 국가보고서(National Communication)에 포함하여 2011년 12월에 UN에 제출하였다. 이 보고서 제출은 2010년 12월의 칸쿤합의문에서 국가보고서를 4년마다 제출하도록 권고한데 따른 것이며, 비의무감축국 중 3번째(우루과이, 멕시코 다음)로 제3차 보고서까지 제출한 것이다.[4]

아울러 유휴토지 조림, 바이오 순환림, 목재펠릿 등 선순환형 산림경영과 탄소흡수능력 우수 수종 개발·보급으로 탄소흡수원을 확대함으로써 산림의 탄소저장량을 2013년 1,613백만 tCO_2에서 2020년 1,854백만 tCO_2, 2050년 2,465백만 tCO_2로 목표를 세웠다.

두 번째 정책방향인 기후변화 적응역량 강화의 세부실천과제로는 ① 기후감시, 예측 및 조기대응체제 구축 ② 기후변화 대응 국민건강관리 강화 ③ 국가 식량안보체계 확립 ④ 안정적인 수자원 관리능력 강화 ⑤ 기후친화적인 해양 이용 및 관리 ⑥ 기후변화 대응 재해

---

4 녹색성장위원회 보도자료, 2011.12.29.

관리 강화 ⑦ 지속가능한 산림경영을 제시하였다. 여기에는 주요 지표별로 연도별 목표수준을 <표 7>과 같이 정해두고 있다.

<표 7> 기후변화 적응역량 강화의 주요 지표 및 연도별 목표수준

관련 지표	연도별 목표수준			
	'13	'20	'30	'50
기후변화 감시·예측 역량 선진화(%)	80	90	100	100
폭염으로 인한 취약계층 관리(%)	90	95	100	100
친환경농산물생산비율(%)	10	18	20	20
수자원 확보(억㎥)	200	214	222	222
연안 취약성 평가 수행 면적(㎢)	800	2,000	2,400	2,400
대국민 교육 및 홍보를 통한 재해대응능력강화(%)	60	70	80	90
국가 산림자원 총량(백만㎥)	953	1,087	1,233	1,431

자료: 녹색성장위원회, 2009a:80.

기후변화에 대한 좀 더 세부적인 계획은 2008년 9월 국무총리실에서 수립한 '기후변화대응 종합기본계획'이다. 동 계획에는 ① 기후친화산업을 신성장동력으로 육성 ② 국민의 삶의 질 제고와 환경 개선 ③ 기후변화 대처를 위한 국제사회 노력을 선도하는 것 등을 목표로 설정하였다. 이를 위해 기후친화산업의 육성·보급과 수출경쟁력 강화, 기후변화 적응대책 추진으로 안전사회 구축, 개도국 지원 및 국제협력 활성화 등 총 11개의 추진과제를 설정하였다.

이 종합기본계획에 대해 비전이 추상적이라서 구체성이 떨어지고 수치목표가 산발적이라는 비판이 있다. 정책로드맵도 과거의 종합대책에 비하여 정책 및 과제의 구체성이 떨어지는 것으로 파악된다. 2005년 2월에 확정 시행된 '기후변화협약 제3차 종합대책(2005~2007)'에서는 구체적인 과제와 그 과제를 추진하는데 소용되는 비용이 포함되어 있었으나 종합기본계획에서는 이것이 포함되어 있지 않다. 계량화를 위한 지표로 생태효율성과 탄소집약도라는 지표를 제시하였으나 생태효율성이라는 개념은 모호하고 추상적으로 지표로써의 구체성이 없으며, 탄소집약도는 지표로써의 역할을 할 수 있다고 판단되나, 이를 바탕으로 온실가스 저감사업의 성과에 대한 계량화가 이루어지기 어렵다고 판단된다는 것이다.[5]

환경부는 2010년 10월에 '국가 기후변화 적응대책(2011~2015)'을 수립하였다. '기후변화 적응을 통한 안전사회 구축 및 녹색성장 지원'을 비전으로 설정하고, 7개 부문에 대한 대책과 3개의 적응기반 대책 등 모두 10개의 대책으로 구성되었다. 7개 부문별 대책은 ① 건강: 폭염, 전염병, 대기오염, 알레르기로부터 국민생명 보호 ② 재난/재해: 적응을 고려한 방재기반 강화 및 사회기반시설 구축 ③ 농업: 기후적응 농업생산체제로 전환하여 피해저감 및 기회창출 ④ 산림: 산림건강성・생산성 증진 및 산림재해 저감 ⑤ 해양/수산업: 해수면 상승 대응 및 안정적 수산식량자원 확보 ⑥ 물 관리: 홍수・가뭄 등 기후변화로부터 안전한 물 관리 체계 구축 ⑦ 생태계: 생태계 보호・복원을 통한 한반도 생물다양성 확보이다. 3개 적응기반 대책은 ① 기후변화 감시예측: 기후변화 적응 기초자료 제공 및 불확실성 저감 ② 적응산업/에너지: 산업 기후변화 적응 유도 및 적응 신사업 발굴 ③ 교육홍보/국제협력: 국내외 적응정책 추진기반 확립으로 구성된다.

---

5 경제인문사회연구회, 2008: 10.

　한편 농림수산식품부는 2011년 5월에 '농림수산식품 분야 기후변화대응 기본계획 2010~2020'을 발표했다. 동 계획은 온실가스 감축을 통한 기후변화 영향 완화와 기후변화 적응이라는 두 가지 축을 중심으로 하고 있다. 20년까지 농업분야의 온실가스 배출전망치(BAU)의 35% 감축 및 산림분야 온실가스 흡수량 전망치 6% 향상을 목표로 하며, 농업, 축산, 수산, 산림, 수자원 및 식품·유통 등 6개 분야에서 과제를 선정하여 추진하는 것이다.

　한국은 국가의 강력한 행정 지도를 통해 경제와 사회를 일사분란하게 조직하고 동원함으로써 짧은 시간에 경제성장을 압축적으로 성취하는 '발전주의 국가' 전략을 수립해 온 것처럼 기후변화 대책 마련에서도 강력한 추동력을 기반으로 한 '위에서 아래로의 (top-down)' 접근을 실시했다. 정부주도의 기후 대책은 중앙과 지방 간 권력의 충돌과 정책 간 부조화의 문제를 예방할 수 있다는 이점이 있다. 그러나 궁극적으로 권위주의적 관성을 극복하고 경제주체의 실질적 참여를 촉발하여 민간과 시장 주도의 발전 모델로 자리잡기 위해서는 더욱더 치밀한 전략이 필요하다.[6]

---

6 김형국, 2011: 464.

2. 정책수단

  정책수단은 문자 그대로 정책목표 달성을 위한 수단으로서 실질적 정책수단과 실행적 정책수단으로 대별된다. 실행적 정책수단에는 첫째, 순응확보수단, 둘째 집행기구, 집행요원, 자금, 공권력 등이 있다.[7] 이 책에서는 정책의 종류에 따라 내용이 달라지는 실질적 정책수단보다는 거의 모든 정책에 동일하게 적용되는 실행적 정책수단에 의해 분류하여 고찰하고자 한다. 녹색성장정책의 특성을 고려하여 정책수단을 집행기구, 재정, 규제, 유인 및 설득으로 구분하고자 한다.[8] 녹색성장정책의 집행기구는 하나의 기구가 여러 가지 세부정책을 다루는 경우가 많아 세부정책별로 구분하지 않고 제5장에서 하나로 묶어 설명한 바 있다. 제6장부터 제9장까지 녹색성장정책의 각론에서는 정책수단으로 재정, 규제, 유인 및 설득을 다룬다.

재정

(1) 정부 재정투자

  <녹색성장 5개년 계획>에 따르면 '09~'13년간 총 107.4조 원의 재정투자계획이 수립되어 있다. 이는 UNEP가 GGND(Global Green New Deal Policy Brief) 보고서를 통해 GDP의 1%를 녹색경제 인프라 구축에 투자하도록 권고하는 수준보다 두 배 높은 GDP의 2% 수

---

7 정정길 외, 2003: 64-68.

8 황병상, 2010: 333.

준이다. 이 계획은 연평균 10.2% 증액하여 투자하는 것으로 계속사업 투자소요, 신규 사업 추진, 국책과제 지원 필요성 등을 감안하여 정부 재정규모 증가율보다 다소 높게 설정되었다.[9] 이 중에서 기후변화 대응분야는 효율적 온실가스 감축을 위해 탄소가 보이는 사회, 탄소를 줄여가는 사회 등 4개 과제에 5.7조 원을 계획했다. 기후변화 적응역량 강화를 위해서는 기후감시, 예측 및 조기대응체제 구축, 안정적인 수자원 관리능력 강화, 기후친화형 해양이용 및 관리, 지속가능한 산림경영 등 7개 과제에 36.6조 원을 계획했다. 기후변화 대응분야는 총 42조 원이 계획되어 5년간 총 투자계획의 39.1%를 차지한다.

기후변화대응에 상당히 높은 비율의 투자가 계획된 것은 안정적인 수자원 관리능력 강화를 위해 4대강 살리기 사업이 포함되었기 때문이다. 4대강 사업은 2012년을 목표 연도로 잡고 물 확보와 홍수조절을 위해 4대강 본류에 시행하는 '본사업'과 섬진강과 같은 국가하천 정비와 하수 처리시설을 확충하는 '직접 연계 사업'에 22.2조 원을 투자하는 것이다. 4대강 살리기 사업은 물 부족과 홍수피해를 근본적으로 해결하기 위한 녹색뉴딜사업으로 계획되었다.

녹색뉴딜사업은 9개 핵심사업과 27개의 연계사업으로 구성되었다. 2012년까지 총 50조 492억 원을 투입하여 95만 6,420개의 일자리가 창출될 것으로 예상하였다. 9대 핵심사업 중 가장 큰 비중을 차지하고 있는 것은 총 예산의 35.9%를 차지하는 4대강 살리기 및 주변 정비 사업이며 다음으로 22.3%를 차지하는 녹색 교통망 구축사업이다.[10]

---

9 녹색성장위원회, 2009b: 373-374.

10 윤순진, 2009: 245-246.

4대강 살리기는 사업의 타당성과 시급성은 논외로 한다 하더라도 이의 추진에 대한 사회적인 합의가 부족한 상태에서 주요한 기후변화 적응 수단으로 선택한 점은 문제로 남아 있다. 아울러 공사가 너무 급하게 추진되어 부실이 나타나고 있다. 감사원은 2013년 1월에 4대강 사업으로 완성된 16개 보(洑) 가운데 15곳에서 강바닥이 파여나가는 걸 막기 위한 바닥 보호공이 유실되거나 침하되었다고 발표했다. 감사원은 또 제방 높낮이에 따라 준설 깊이를 달리해야 하는데도 물 부족 대비를 명분으로 4대강 전체를 일률적으로 4~6m 깊이로 준설하는 바람에 예산낭비가 빚어졌다고 지적했다. 한마디로 대통령의 업적을 위해 임기 내에 한꺼번에 끝내려는 과욕이 빚은 부실이다. 4대강 살리기 사업이 '대통령 사업'으로 분류되어 성역처럼 취급되어 견제와 내부 감시가 제대로 이루어지지 못한 결과로 보인다.

규제

(1) 온실가스·에너지 목표관리제

온실가스·에너지 목표관리제는 저탄소 녹색성장 기본법 제42조 및 동법 시행령 제42조 내지 45조에 근거를 두고, 온실가스·에너지 목표관리 운영 등에 관한 지침(환경부 고시 제2011-29호)에 따라 운영된다. 이 제도는 정부가 온실가스 다배출·에너지 다소비 업체 등 관리대상 업체나 건물을 지정하여 연간단위와 5년 단위로 온실가스 배출량과 에너지 사용량 감축에 대한 목표량을 부과 한 뒤 그 실적을 관리하는 제도이다.

실적을 원칙적으로 공개하도록 한 것은 정확한 통계자료를 확보

하고, 향후 총량제한 배출권거래제가 성공적으로 도입될 수 있는 토
대를 마련하기 위한 것이다. 아울러 기업들이 기술개발, 산업공정
개선 등을 통해 온실가스 배출과 에너지 사용을 줄이고 녹색산업에
대한 투자를 확대하는 등 녹색경영 촉진을 위한 것이기도 하다.

　관리대상은 산업, 발전, 농·축산, 건물·교통, 폐기물 관련 업체
이다. 동법 시행령 제26조에 의해 환경부에서 총괄하되, 농업·축산
분야는 농림수산식품부가, 산업·발전분야는 지식경제부가, 폐기물
분야는 환경부가, 건물·교통분야는 국토해양부가 관장한다. 이 제
도로 국가 전체 온실가스 배출량의 약 70%는 관리할 수 있기 때문
에 온실가스 감축 정책의 핵심으로 불려진다.[11]

　이 제도는 온실가스 배출량과 에너지 사용량, 특히 온실가스의 산
정, 보고 검증의 내용을 담고 있는 까닭에 선진국에서 실시하는 의
무 보고 제도를 동시에 도입하는 효과도 있다. 우리나라는 목표관리
제를 통하여 온실가스 배출량 의무 보고 제도와 대규모 배출원에 대
한 총량 제한 규제 제도를 동시에 실시하는 효과를 얻고 있다.

　이 제도의 추진절차는 다음과 같다. ① 관리업체 지정: 각 부문별
관장기관이 부문별 관리업체를 매년 6월 30일까지 지정하여 고시한
다. 관리업체 지정에 이의가 있는 업체는 부문별 관장기관에게 소명
자료를 첨부하여 이의를 신청할 수 있다. 30일 이내에 심사결과를
관리업체에 통보한다. ② 목표 설정과 이행 계획 제출: 부문별 관장
기관은 매년 9월 30일까지 관리업체의 다음 연도 온실가스 감축, 에
너지 절약, 에너지 이용 효율 목표를 설정하여 관리업체에 통보하며,

---

11 박근혜 정부의 정부조직법 개편에 따라, 농림수산식품부는 농림축산식품부로, 지식경제부는 산업
　통상자원부로 국토해양부는 국토교통부로 변경되었다(시행령 제26조).

관리업체는 매년 12월 31일까지 부문별 관장기관에게 다음 연도 이행 계획을 제출한다. ③ 이행 실적 보고서와 명세의 제출: 관리업체는 1년간의 이행 실적에 대해 다음연도 3월 31일까지 실적 보고서를 제출한다. ④ 개선 명령과 이행 계획의 반영: 부문별 관장기관은 관리업체의 이행 실적이 목표에 미치지 못하거나 측정, 보고, 검증 방법에 미흡한 사실이 발견될 경우 개선 명령을 요구할 수 있다. 관리업체는 다음 연도 이행 계획을 수립할 때 개선 명령을 반영해야 한다.[12]

관리대상 업체 기준은 해당 연도 1월 1일을 기준으로 최근 3년간 업체의 모든 사업장에서 배출한 가스와 소비한 에너지의 연평균 총량을 기준으로 한다. 업체기준으로는 온실가스 배출량이 125,000 CO_2톤, 에너지 사용량이 500 테라줄(Terajoule)[13]을 초과하는 곳이고, 사업장 기준으로는 온실가스 배출량이 25,000 CO_2톤, 에너지 사용량이 100 테라줄을 초과하는 곳이다. 관리업체 지정기준은 <표 8>과 같이 2012년 1월에 온실가스 배출량이 87,500 CO_2톤, 에너지 사용량이 350 테라줄 초과로 변경되었고, 2014년 1월 기준으로 또 상향 조정될 예정이다.

〈표 8〉 온실가스·에너지 목표관리업체 지정 기준

구분	'11.12.31.까지		'12. 1. 1.부터		'14. 1. 1.부터	
	업체 기준	사업장 기준	업체 기준	사업장 기준	업체 기준	사업장 기준
온실가스배출량(tCO₂eq)	125,000	25,000	87,500	20,000	50,000	15,000
에너지소비량(TJ)	500	100	350	90	200	80

자료: 환경부 외, 2012: 30.

---

12 김형국, 2011: 121-123.

13 1테라줄은 약 23.88 에너지환산톤(TOE)이다. 1TOE는 원유 1톤(7.41배럴)의 발열량 1,000만 kcal가 기준이 된다.

정부는 2010년 9월에 처음으로 470개 관리대상 업체를 선정했다. 2010년에는 농업·축산분야 26개, 산업·발전분야 382개, 건물·교통분야 51개 그리고 폐기물 분야 26개 등 총 485개의 대상 업체를 선정했다. 포스코, 삼성전자 등 10개 대기업이 감축해야 하는 온실가스가 250만 톤으로 전체 산업부문 감축량(470만톤)의 54.1%에 달하는 것으로 나타났다.[14] 2012년에는 농업·축산분야 29개, 산업·발전분야 450개, 건물·교통분야 67개 그리고 폐기물 분야 34개 등 총 580개의 대상 업체를 선정했다. 온실가스·에너지 목표관리 업체 부문별 지정 현황은 <표 9>와 같다.

〈표 9〉 온실가스·에너지 목표관리업체 부문별 지정 현황

구분	2010	2011	2012
농업·축산	26	26	29
산업·발전	378	382	450
건물·교통	45	51	67
폐기물	21	26	34
계	470	485	580

자료: 온케이웨더. 2013.1.29.

이 제도는 관리대상 기업에 감축목표를 강제 할당하는 대신 목표를 달성하지 못할 경우 과징금을 부과하는 형태로 운영된다. 1차 연도 목표를 지키지 않으면 개선명령이 내려지고 2차 연도부터 300만원, 3차 연도 600만원, 4차 연도 1,000만원이 부과된다. 정부의 개선명령이나 최대 1,000만원에 불과한 과태료 부과 조치가 얼마나 실효성을 거둘 수 있을지 불투명한 것도 사실이다.

---

14 한국일보, 2011.10.10.

환경부 장관이 산업계와 대화한 후 "우리 산업계가 온실가스 감축에는 동의하지만 정부의 온실가스 감축정책이 가져올 영향에 대해서는 불안해한다는 것을 느낄 수 있었다"고 말한 데서도 짐작할 수 있듯이[15], 에너지 다소비형인 우리나라 산업구조의 특성상 기업들이 부작용을 우려하고 있는 것도 사실이다.

이 제도는 2014년 말에 일몰될 예정이다. 연간 온실가스 배출량 2만 5,000톤 이상 대형사업장은 모두 2015년부터 온실가스 배출권거래제로 전환된다. 정부는 연간 온실가스 배출량이 2만 5,000톤 이하인 중소업체들에 대해서는 행정비용 등을 감안하여 목표관리제 이행의무 대신 자발적으로 배출권거래제에 참여하는 등 대안을 검토 중에 있다.

(2) 온실가스 배출권거래제

온실가스 배출권거래제는 온실가스 배출량 연평균 총량 12만 5,000톤 이상 배출업체 또는 2만 5,000톤 이상 배출사업장에 대해 감축 목표치를 설정하고 목표달성 과부족분을 배출권 매매를 통해 달성하도록 하는 제도이다. 오염물질의 배출을 줄이기 위해 시장기능을 활용하는 정책수단의 하나로 국가, 지역 및 기업 별로 온실가스의 한계 감축 비용이 다른 것이 이러한 시장 기제를 도입하는 근거가 된다.

온실가스·에너지 목표관리제는 직접적으로 규제하는 성격이 강한 반면에 배출권거래제는 시장기제를 활용한 규제의 성격을 가졌다는 점에서 차이가 있다. 아울러 온실가스·에너지 목표관리제는

---

15 유영숙, '내년 458개 사업장의 탄소 줄이기', 매일경제, 2011.11.28.

단년도를 대상으로 하는 반면에 배출권거래제는 계획기간(3년 또는 5년) 단위로 점검·관리되는 점에서 차이가 있다.

배출권거래제 도입의 필요성은 1968년 데일즈(John Dales)[16] 등의 경제학자들에 의해 제기된 것이다. 이 제도는 영국이 세계에서 처음으로 도입하여 2002년 4월 1일부터 2006년 12월까지 실시하였으며, 2005년 초부터 시작된 EU의 배출권거래제(EU-ETS)로 계승되었다.[17]

미국은 북동부의 10개 주가 연합하여 RGGI(Regional Greenhouse Gas Initiative)를 결성하여 자체적으로 온실가스 배출권 거래제를 시행하고 있으며, 우리와 GDP 규모 등이 유사한 캘리포니아주는 2012년 11월부터 시행했다. 뉴질랜드도 이미 배출권거래제를 운영 중에 있으며, 호주는 2011년 8월에 청정에너지법(Clean Energy Legislation)이 상원에서 가결되어 2015년 7월부터는 배출권 거래제도가 시행된다. 일본도 도쿄, 교토, 사이타마 등에서 지역단위로 시행 중이며, 중국은 2013년부터 베이징, 상하이 등 중국 GDP의 4분의 1에 해당하는 7개 지역을 중심으로 시범사업을 시행하고, 2015년부터 국가단위 거래제를 도입할 계획으로 있다. 인도도 타밀나두, 구자라트, 마하라쉬트라 등 3개 지역에서 2011년 3월부터 배출권 거래제를 시범 시행 중이며, 2011년 4월부터 배출권거래제와 유사한 에너지 절약 인증서 거래제를 전국단위로 도입·운영 중이다.[18]

우리나라 저탄소 녹색성장 기본법 제46조에는 시장기능을 활용하여 효율적으로 국가의 온실가스 감축목표를 달성하기 위하여 '총량

---

16 Dales, John. "Land, Water and Ownership," *The Canadian Journal of Economics*, 1(4): 791-804.

17 황병상, 2010a: 342.

18 녹색성장위원회, '온실가스 배출권거래제의 오해와 사실', 2012.2.16.

제한방식의 배출권거래제'[19]를 포함하는 온실가스 배출권을 거래하는 제도를 운영할 수 있다고 규정하고 있다. 녹색성장위원회는 산업계·학계 협의를 거쳐 배출권 거래에 관한 법안을 마련하고 2010년 11월 입법예고했다. 이후 경제단체 및 주요 기업과 간담회·공청회 등을 10차례 이상 개최해 이해관계자 의견을 수렴했다.

2011년 11월 27일에는 대한상공회의소 등 경제5단체와 한국철강협회 등 주요 업종별 15개 협회가 배출권 거래제를 유보시켜줄 것을 강력히 요구하는 산업계 공동 건의문을 국회에 전달했다. 산업계는 탄소 감축 부담에 따른 배출권 구입 등으로 연간 4조 7,000억~14조 원의 추가 비용이 발생할 것으로 주장했다. 아울러 전경련 등은 2012년 2월 16일 배출권거래제 도입에 반대 광고를 일간지에 게재하기도 했다.

그러나 산업계는 배출 감축의 가장 중요한 목적을 간과하고 있다는 비판을 받기도 했다. 배출권 거래제 등 배출 규제는 최고경영자들의 강력한 녹색경영 의지를 자극하게 되고, 그 결과로 새로운 성장동력과 일자리가 창출된다. 이를 위해 가장 중요한 것이 수요, 특히 내수의 창출이라는 것이다. 산업계는 강력한 온실가스 감축노력을 배제하고 기술개발 지원만으로 녹색성장을 이루고자 주장하지만 이는 수요 창출 없이 공급만 창출하자는 것이라는 것이다.[20]

이러한 과정을 거쳐 정부는 시행 시기를 당초 2013년에서 2015년

---

19 배출권은 할당하는 방식에 따라 총량제한방식(Cap-and-Trade)과 기준인정방식(baseline-and-Credit)으로 구분된다. 총량제한방식은 배출량 한도를 정하고 그 만큼의 배출권을 할당해 이를 서로 거래할 수 있도록 한 것으로 이 배출권이 거래되는 시장을 할당량시장이라고 부른다. 반면 기준인정방식은 기준배출량을 설정하고 이보다 적게 배출한 만큼을 저감량 인정분으로 서로 거래할 수 있도록 한 것으로 이런 배출권이 거래되는 시장을 프로젝트시장이라고 부른다.

20 양수길, '녹색성장의 핵심 배출권거래제', 중앙일보, 2012.2.22.

1월 1일로 늦추고 1차 기간(2015~2017)에 배출권을 95%이상 무상 할당하고, 2차 이후 무상할당 비율은 국제동향과 산업경쟁력을 감안하여 대통령령으로 결정한다는 내용과 온실가스 초과배출에 대해 톤당 평균가격의 3배 이하로 과징금을 부과하고, 1,000만 원 이하로 과태료를 부과한다는 내용으로 2011년 2월에 배출권 거래제법을 재입법 예고하였다. '온실가스 배출권의 할당 및 거래에 관한 법률'은 국회 기후변화대응·녹색성장특별위원회에서 2012년 2월에 통과된 후, 동년 5월 2일 국회 본회의를 통과하였다.

그 후에도 정부는 계획을 다시 수정하여 2012년 7월 23일 시행령에 대한 입법예고를 했다. 그러나 2012년 8월에 대한상공회의소 등 경제5단체와 주요 업종별 17개 협회는 산업계 공동건의문을 청와대 등에 제출하여 무상할당기간을 기존 2015~2017년에서 2020년까지 연장해야한다고 주장했다. 기업들이 우려하는 것은 배출권 수요는 많은데 공급이 부족할 경우 가격이 치솟을 수 있다는 점이다.

정부는 2012년 11월 13일 정부중앙청사에서 국무총리 주재로 국무회의를 열어 온실가스 배출권의 할당 및 거래에 관한 법률 시행령을 심의·의결했다. 이는 온실가스 배출권 거래제가 시행되는 1차 계획기간(2015년~2017년)에는 기업들에게 배출권을 무상으로 할당하고, 2차 계획기간(2018년~2020년)에는 97%, 3차 계획기간(2021년~2025년)에는 90% 이하를 무상 할당하는 것으로 후퇴한 것이다. 또한 정부는 국제 경쟁력을 감안해 철강·반도체와 같이 무역집약도가 높거나 생산비용이 높은 업종 즉, ① 무역집약도 10% 이상·생산비용발생도 5% 이상 ② 무역집약도 30% 이상 ③ 생산비용발생도 30% 이상인 업종에 대해서는 100% 무상할당을 적용하기로 했다.

아울러 업무의 효율성을 높이기 위해 담당 업무를 환경부로 일원화하되 제도 집행 과정에서 각 산업이 할당결정심의위나 배출량인증위 등의 협의 기구를 통해 입장을 개진할 수 있도록 했다. 이와 함께 배출권 거래제 시행 이전에 기업의 온실가스 감축을 유도하기 위해 감축 실적이 좋은 기업에 대해서는 총배출량의 3% 내에서 배출권을 추가 할당하기로 했다. 인증된 온실가스 배출량에 상응하는 배출권을 제출하지 않는 경우에는 이산화탄소 환산 1톤당 10만 원의 범위에서 배출권 평균 시장가격의 3배에 해당하는 과징금을 부과할 계획이다.

산업계가 져야 할 1차 부담은 2018년부터 시작되는 유상할당 비용이다. 유상할당 비용 추산은 기관에 따라 편차가 있으나 2차 기간 배출허용량의 3% 배출권 구입 시 많게는 매년 4조 5,000억 원, 3차 기간 10% 구입 시 14조 원 정도 추가비용이 발생할 것으로 예상된다.

배출권거래제는 업체지정 → 배출권 신청 → 배출권 교부(할당) → 감축활동 및 배출권 거래 → 배출량 보고 → 배출량 인증 → 배출권 제출의 순으로 진행된다. 이 제도는 온실가스 목표관리제와 달리 차년도로 감축실적의 이월이 허용되기 때문에 감축비용 절감의 여지가 있다. 그러나 범칙금은 목표 미달 정도에 비례하기 때문에 온실가스 목표관리제보다 높다.

그간 정부는 배출권거래제의 본격적인 시행에 앞서 시범사업을 실시해 왔다. 전력거래소는 2009년에 발전 5개사와 자발적으로 참여한 기업체를 대상으로 시행하였다. 환경부는 2010년부터 지방자치단체와 공공 기관 중심으로 사업을 운영하여 삼성전기(주) 등 29개 사업장, (주) 신세계이마트 등 3개 업체의 총 169개 대형건물, 15

개 광역자치단체 등 총 494개 공공기관이 참여한 바 있다.[21]

또한 지식경제부는 1단계 산업·발전부문 배출권거래제 시범사업을 2011년 7월부터 추진하여 78개 기업이 참여한 바 있다. 2012년 6월부터는 2단계 시범사업을 추진하였다. 2단계 시범사업은 온실가스·에너지 목표관리제와 연계하여 시행하되, 법안의 주요 내용(유상경매 등)을 반영하는 등 본격적인 배출권 거래제도에 대한 선행학습이 될 수 있도록 설계되었다. 산업·발전 부문 목표관리제 대상 업체 366개가 대부분 참여하고 있다.[22]

한편 탄소배출권시장 운영권 유치를 놓고 한국거래소(KRX; Korea Exchange)와 전력거래소(KPX; Korea Power Exchange)가 물밑작업을 본격화하고 있다. 부산시 관계자는 "탄소배출권은 선물·옵션 등 파생상품 형태로 거래되는 것이 세계적 추세임을 감안하면 부산에 본사를 둔 한국거래소가 배출권거래소로 지정되는 것이 타당하다"고 주장하고 있다. 전력거래소측은 2006년부터 관련 사업을 추진해왔고 시범거래도 5~6년간 진행하면서 발전 관련 정보와 사전 전력수요 예측 정보를 많이 쌓았다고 주장하고 있으며, 외국에도 탄소배출권 시장을 증권거래소가 운영하는 사례는 없다는 점을 강조하고 있다. 2013년 상반기 중에는 탄소배출권거래소가 지정될 예정이다.

EU의 경우 2005년 배출권거래제 도입이후 금융위기 발생 전까지는 산업경쟁력의 약화 없이 효과적으로 온실가스 감축에 성공한 것

---

21 시범사업 기간 중 온실가스 감축목표는 기준년도('05~'07 평균) 대비 절대량기준으로 사업장·대형빌딩은 평균 △1%, 공공기관의 경우 최소 △2% 이상이며, 제3자 전문검증기관을 활용하여 배출량 검증을 실시했다(환경부 보도자료, 2009.12.29.). 지역단위 공공기관 간 배출권거래제 시범사업을 통해 1,534회에 걸쳐 총 7,655 CO_2톤이 거래되었다(녹색성장위원회, 2010.8.3.).

22 녹색성장위원회 보도자료, 2012.5.7.

으로 평가되고 있다. EU는 1990년 이후 GDP가 40% 성장하는 동안 온실가스 배출량은 16% 감소하는 탈동조화(Decoupling) 현상이 나타났다. 배출권거래제 도입에 따른 탄소누출 사례도 없었고, 신재생에너지 발전비율도 2003년 약 12%에서 2008년 약 16.5%로 증가한 것으로 나타났다. 배출권거래제에 대해 여전히 반발도 있지만 많은 사업장에서 '불가피한' 대책으로 받아들여지고 있다. 2010년까지 EU 권역에서 배출량을 8%가량 줄였고 에너지 절약과 신재생에너지 개발을 늘리는 결과로 이어졌다. EU의 산업계 대표단체인 비즈니스유럽의 닉 캠벨(Nick Campbell) 회장은 "처음 반대했던 기업들이 이제는 대부분 불가피한 대책으로 받아들이고 있다"며 "기업들이 이제 (탄소 감축 논의를) 시작해야 30년 후에 희망을 내다볼 수 있다는 의식을 하고 있다"고 말했다. 피터 자펠 EU 기후변화총국 정책조정관도 "EU 각국은 물론 산업계에서도 ETS가 탄소감축을 위해 제기된 많은 대책 가운데 가장 현실적이고 합리적이라고 평가하고 있다"고 말했다.[23]

그러나 금융위기에 따른 경기침체는 배출량의 급감으로 이어졌고, 유럽탄소배출권(EUA) 공급과잉이 누적되면서 배출권 가격이 2012년 10월말에는 1유로대로 폭락했다. 배출권을 사들여야 하는 기업의 부담도 그만큼 줄었지만 탄소배출권 거래제의 본래 취지인 기업들의 저탄소 투자가 위축될 가능성이 높은 상황이다.

한편, 시민사회에서는 단체에 따라 배출권 거래제 시행에 대해 입장이 조금씩 다른데 최근 들어서는 배출권 거래제도가 감축을 위한

기업들의 경제적 부담을 최소화하거나 면죄부를 줄 수 있을 뿐, 온실가스를 의미 있는 수준으로 감축할 수 있을지에 대해 회의적인 입장을 보이는 경향이 늘어가고 있다. 오히려 탄소시장이 '투기자본의 놀이터'가 될 수 있다는 우려를 표명하면서 기업이 보다 큰 책임을 질 수 있도록 배출권 거래제 도입보다는 온실가스 목표관리제를 강화하고 탄소세를 도입할 것을 주문하고 있다. 반면에 기후변화행동연구소는 배출권거래제가 그나마 취할 수 있는 현실적인 정책수단이라는 입장이다.[24]

배출권거래제는 탄소세(환경세)에 비해 단기적인 기술 확산 측면에서는 유리하지 않지만, 장기적으로 다양한 종류의 온실가스 감축기술을 개발하고 확산하는 데는 바람직하므로 환경투자의 장단기 관점에서 배출권거래제와 탄소세의 혼합이 적절하다.[25] 탄소배출권은 벌금보다 적게 책정되는 것이 일반적이므로 을은 벌금으로 손해를 볼 금액을 아낄 수 있고 갑은 예상치 않은 수익을 얻을 수 있으며, 기업의 기술개발 유인을 극대화하는 장점도 있다. 또한 탄소세를 통해서는 온실가스 감축량을 예측할 수 없는 반면에 배출권거래제는 감축규모에 대한 예측이 가능하다.

2011년 2월 환경부 기후대기정책과에서 작성하여 녹색성장위원회가 발표한 자료에 따르면 배출권 거래제는 저렴한 온실가스 감축수단의 거래를 가능케 하여 목표관리제보다 온실가스 감축비용을 약 68%~44% 절감하는 것으로 나타났다. 이 자료는 에너지경제연

---

24 한진이·윤순진, 2011: 85-86.

25 박호정, '배출권거래제의 경제적 효과와 대응과제', 녹색성장위원회·한국경제학회 공동학술대회, 2011.6.15.

구원, 삼성경제연구소 및 한국환경정책·평가연구원의 GDP 등 거시지표에 대한 영향분석 연구에 근거를 두고 있다.

(3) 자동차 연비 및 온실가스 기준

녹색성장위원회는 2009년 7월 제4차 회의를 통해 '자동차 연비 및 온실가스기준 개선방안'을 마련했다. 이를 통해 자동차 제작사가 연비(17㎞/L 이상)와 온실가스 배출량(140g/㎞ 이내) 기준 두 가지 중 하나를 자율적으로 선택하도록 하는 '선택형 단일규제'를 2012년부터 단계적으로 도입하기로 했다. 이는 미국과 유럽 시장을 동시에 겨냥한 것이다.

연비 기준은 최대 수출시장인 미국(2012년부터 16.6㎞/L 이상)보다 높게, 온실가스 배출량 기준은 국내 업계의 상황을 감안해 유럽연합(EU, 130g/㎞ 이내)보다 다소 낮게 잡았다. 국내 자동차 업체들은 2012년부터 회사별로 내수 판매차 가운데 30%의 평균 연비 또는 온실가스 평균 배출량을 새로운 기준에 맞춰야 한다. 또 2013년에는 60%, 2014년에는 80%로 적용 대상이 확대되고 2015년에는 내수용으로 출고된 100%의 차량이 기준을 충족하도록 했다. 이를 지키지 않을 경우 완성차업체를 대상으로 벌과금제도를 두기로 하고 2012년 시험실시후 2013년부터 도입할 계획이다.

이에 따라 환경부는 2010년 9월 30일 자동차 평균에너지소비효율(평균연비) 기준 및 온실가스 배출허용기준과 기준의 적용·관리에 관한 세부 사항에 대한 고시(안)을 입안예고했다. 이 고시는 2012년부터 신규로 판매되는 자동차중 10인승 이하의 승용·승합자동차에 적용되며, 2015년에는 내수용으로 출고되는 모든 차량이 목표를 달성할 수 있도록 기준을 설정한 것이다. 평균에너지소비효율은 2009년 14.8km/L에서 2015년 17km/L로 14.55%(연 2.3%) 개선하도록 설계했고, 온실가스는 2009년 159g/km에서 2015년 140g/km로 12.2%(연 2.1%)를 감축하도록 한 것이다.

자동차 업계의 부담을 덜어주기 위해 온실가스 감축량만큼 발행되는 크레디트(credit) 거래를 통해 2012년부터 한 업체가 기준을 초과 달성할 경우에는 다른 업체에 크레디트를 판매할 수 있도록 했고, 50g/㎞ 이하인 '초저탄소 그린카'에 대해서는 제조사의 평균 배출량을 계산할 때 추가로 인센티브를 준다는 계획이다.

참고로 미국은 1978년부터 기업평균연비(CAFE; Cooperate Average Fuel Economy) 기준을 도입하여 미국 내에서 판매되는 자동차의 평균연비 향상을 위해 연도별 평균연비목표를 설정하고 이를 준수하지 않은 자동차 제조업체에 벌금을 부과하고 있다. 기업평균연비란 1년 중 특정 자동차 제작사가 판매한 모든 승용차의 연비를 합산하고 이를 판매대수로 나눈 값으로 말 그대로 자동차제작사가 판매한 승용차들의 평균연비를 나타낸다. 미국 환경보호청(EPA)은 이미 2016년까지 연비기준을 약 15km/L로 설정해 운영 중이다. 2012년 8월에는 2017~2025년 생산 승용차 및 소형트럭의 기업평균연비 기준안을 발표했으며, 2025년까지 연비기준을 약 23km/L로 확정한 바 있다.

한편, 행정안전부는 배기량 기준인 자동차 세제를 2010년 안에 연비 및 온실가스 배출량 기준으로 바꾸는 개편안을 마련한다는 계획을 2010년 2월 제7차 녹색성장위원회에 보고한 바 있다. 한국교통연구원은 2011년 2월 분석자료를 통해 온실가스 배출량 기준으로 세제를 개편하면 연간 200만t의 이산화탄소 배출 감소로 1,126억 원의 환경비용을 절감할 수 있다고 밝혔다. 그러나 2013년 1월 말 현재까지 자동차 세제 개편과 관련하여 진전된 내용은 거의 없다.

(4) 자동차연비 측정기준

기존의 연비 측정은 실제 도로가 아닌 실험실에서 연비를 측정했기 때문에 실제 환경에서 나타날 수 있는 요소가 포함되어 있지 않았다. 표시된 연비가 실제 연비와 큰 차이가 나 실효성에 문제점을 드러냈기 때문에 정부는 도심, 고속도로, 고속 및 급가속, 에어컨 가동, 외부저온 조건 주행 등 5가지 상황을 복합적으로 측정하는 방식으로 바꾸었다. 신·구 연비 비교가 가능한 349개 모델의 신연비는 구연비에 비해 평균 10.2%가 줄어든 것으로 나타났다. 지식경제부는 2012년 새롭게 출시돼 신고하는 판매차량에 신연비 수치를 부착하도록 했으며, 2013년부터는 출시 연도에 관계없이 생산되는 모든 차량에 신연비 기준이 적용된다.

새로운 연비 체계가 도입되면서 리터당 15㎞(도심 주행 기준)였던 에너지소비효율 1등급 기준도 16㎞(복합연비 기준)로 상향 조정됐다. 이로 인해 전체 차량의 30%였던 1등급 비중이 약 7.1% 수준으로 낮아져 등급 변별력이 높아질 것으로 예상된다.

유인

(1) 온실가스 감축실적 등록사업에 따른 인센티브 제공

온실가스 감축실적 등록사업(KVER; Korea Voluntary Reduction)은 '온실가스 배출 감축사업 등록 및 관리에 관한 규정'에 따라 국내에서 추진 중인 온실가스 감축사업을 객관적인 평가절차에 따라 평가한 후 계획량을 등록하고 검·인증을 거쳐 감축실적을 '국내 온실가스 감축 인정분(KCER; Korea Certified Emission Reduction)'으로 인증하여 주는 제도이다. 인증된 KCER을 정부에서 구매함으로써 감축사업 참여기업에 대한 인센티브를 제공하게 된다. 온실가스·에너지 목표관리제의 대상인 업체는 여기에 해당되지 않는다. 기업의 온실가스 감축실적을 등록·관리할 전담기관인 '온실가스 감축실적 등록소'가 2005년 5월 에너지관리공단 내에 설치됐다

대상이 되는 사업은 온실가스 배출 감축 예상량이 이산화탄소 환산량으로 연간 100톤 이상인 사업이면서 다음 중 하나에 해당하는 사업을 말한다. ① 에너지이용합리화를 통한 사업 ② 신에너지 및 재생에너지 개발·이용·보급 촉진법 제2조에서 규정한 신·재생에너지를 개발하는 사업 ③ 기타 정부가 인정하는 감축사업이다. 2006년부터 2010년까지 299개 사업을 등록했고 예상감축량은 5,073,987천tCO$_2$eq이다.[26]

KCER에 대한 정부구매는 2006년부터 2011년까지 총 364억원의 정부예산을 활용하여 감축실적 436건에 대해 741만 톤을 구매하였다. 지식경제부는 2012년부터 KCER에 대한 정부구매단가를 CO$_2$톤당 기존 5,000원에서 평균 국제거래가격을 반영하여 12,000원으로 상향 조정했다.[27]

---

26 에너지관리공단, 2011: 145.

27 동아경제, 2012.5.10.

(2) 청정개발체제(CDM) 사업

청정개발체제사업이라 함은 1997년에 협약된 교토의정서 제12조에 따라 교토 메커니즘의 하나로 채택된 청정개발체제(CDM)의 일환으로 추진되는 감축사업을 말한다. CDM사업은 온실가스 감축의무가 없는 개도국(비부속서 I 국가)에서 줄인 온실가스를 선진국(부속서 I 국가)의 온실가스 감축의무에 활용하도록 하는 제도이다. 기업이나 국가가 개도국에서 온실가스를 감축할 수 있는 설비·기술 투자나 조림사업 등을 통해 UN으로부터 감축한 실적만큼 온실가스 배출권을 승인받는 것을 말한다.

에너지경제연구원에 따르면 모든 CDM 사업은 당해 사업이 사업 주최국(host country)의 지속가능발전에 기여했는지 여부에 대하여 국가승인기구(DNA; Designated National Authority)로부터 승인을 받아야 하며, 우리나라는 국무총리실 소속 CDM사업심의위원회가 이 역할을 맡고 있다.[28] CDM 운영기구(Designated Operational Entity)는 당해 CDM 사업의 추가성(additionality)을 포함한 사업 전반의 타당성에 대해 평가하고 감축실적에 대한 검·인증을 실시하는 기관으로서 UNFCCC 산하 CDM 집행위원회에서 지정한다. 우리나라에는 에너지관리공단, 한국품질재단, 한국환경공단, 한국표준협회가 등록되어 있다.

초기에는 선진국-개도국 양자간 CDM 사업(bilateral CDM)만 허용되었으나 중국·인도 등 주요 개도국들이 독자적인 CDM 사업 추진의 필요성을 제기함에 따라 UN 등록 단계에서는 비의무감축국이

---

28 에너지경제연구원, <세계 에너지시장 인사이트>, 제12-44호, 2012.11.23.

독자적으로 CDM 사업을 수행할 수 있도록 허용되어 국내 CDM 사업 추진 여건이 조성되었다. 신재생에너지 등 에너지산업, 에너지효율 향상, HFCs·N_2O·PFCs·SF_6와 같은 공정배출 저감사업, 수송, 조림 및 재조림 등 총 15개 사업유형을 CDM 사업으로 인정하고 있다.

CDM 사업은 ① 사업개발(사업자) ② 국가승인(국가승인기구) ③ 사업타당성 평가(운영기구) ④ UN등록신청(운영기구) ⑤ UN심사·등록(UN) ⑥ 모니터링(사업자) ⑦ 감축량에 대한 검·인증(운영기구) ⑧ 탄소배출권(CERs) 발급의 절차를 거친다. 이 탄소배출권(CERs)은 시장에서 현금처럼 거래된다. 온실가스 감축사업이 CDM 사업으로 인정받기 위해서는 추가성의 요건을 갖추어야 한다. 예를 들면 해당 CDM 사업이 현재의 시장상황에서는 경제성이 없거나 기술적으로 도입이나 운용이 어려운 경우가 해당된다.

2004년 첫 CDM 사업이 등록된 이후 세계적으로 2012년 11월 현재 총 5,000 여건(UN 등록기준)의 사업이 추진되었고, 연간 예상감축량으로는 약 6억9천만CO_2e톤에 달하는 등 지속적으로 성장해 왔다. 국가별로는 중국이 2,607건으로 전체 등록건수의 51.7%를 차지하였고 인도(947건, 18.8%), 브라질(217건, 4.3%)이 그 뒤를 잇고 있어 지역적으로 아시아 및 중남미에 편중되고 있다. 전 세계 CDM 사업을 유형별로 살펴보면 등록건수 기준으로 신재생에너지가 전체의 69.7%로 대다수를 차지한다. 2012년 11월 20일 기준으로 우리나라에서 수행된 CDM 사업 중 국가승인을 획득한 사업은 총 117건으로 이 중 73건이 UN에 공식적으로 등록되었다.[29] 건수 기준으로는 우리나라가 세계 9위 수준이나 온실가스 감축량 기준으로 보면 연간 약 1,980CO$_2$e톤으로 세계 4위 수준이다.

EU-ETS 제3기(2013~2020)에서는 2013년 이후에 UN에 등록된 CDM 사업에서 발행된 CERs의 경우 최빈개도국에서 수행된 사업에서 나온 것만 통용을 허용하기로 함에 따라, 우리나라에서 추진된 CDM 사업은 2012년 말까지 등록된 사업에 한해 EU-ETS에서 거래가 될 수 있을 것으로 예상된다. 그러나 2015년부터 시행될 우리나라 배출권거래제에서도 국내 CDM 사업을 통한 감축실적을 상쇄로 사용할 수 있고, 호주나 일본 등의 국외시장에서는 거래가 가능하므로 국내 CDM 사업은 계속 추진될 것으로 보인다. 그러나 대규모 국내 감축사업은 점차 고갈되고 있는 실정이다.

CDM에 대해서는 비판적인 시각이 있는 것이 사실이다. CDM은 결국 유럽의 체면을 세워주기 위한 방편에 불과하며, 투자자들은 언제든 신청만 한다면 어떤 사업이라도 승인될 것이 뻔하다는 것이다. CDM을 통해서 얻어졌다고 알려진 온실가스 저감분의 절반가량은 필시 '회계조작'의 결과이며, 따라서 속 빈 강정일 뿐이라는 말도 떠돌고 있다. CDM의 효율적인 운영방식에 대해서 아무도 큰 관심을 기울이지 않는 것은 정치적인 문제가 걸려있기 때문이라는 것이다.[30] 아울러 CDM을 통해 이루어지는 상쇄가 논쟁적인 까닭은 상쇄로 이전받는 삭감의 상당수는 그대로 내버려둬도 어쨌든 이루어졌을 일이며, 또 기업이나 사람들이 상쇄를 이유로 탄소를 배출하는 자신

---

29 삼성전자는 탕정 LCD공장에서 배출되는 육불화황(SF$_6$)의 90%를 분해할 수 있는 분해설비를 새로 설치하여 연간 55만 톤을 처리할 수 있으며, 이를 2010년 2월 UN에 CDM사업 승인을 신청했다. 한솔홈데코는 뉴질랜드에 8,800ha(2,600만 평)의 조림지를 확보하여 여기서 확보된 탄소배출권을 뉴질랜드에 판매한 바 있다(조선일보, 2010.3.8.).

30 앤서니 기든스, 2009: 275-276.

의 실제 행동을 바꾸게 하지 못한다는 주장이 나오기 때문이다.[31]

한편 UNFCCC 사무국은 교토의정서 1차 공약기간이 만료됨에 따라 2013년에 CDM 관련 규정을 개편할 예정임을 언급하였다. CO_2보다 온실가스 효과가 수천 배 이상 높은 HFC-23(수소불화탄소) 관련 탄소배출권 사용 금지를 논의할 계획이라는 것이다.[32]

(3) 탄소세

탄소세(Carbon Tax)는 에너지 소비와 제품생산을 위해 석유, 석탄 등 화석연료를 연소하는 과정에서 발생하는 탄소량에 비례하여 $1tCO_2$당 부과하는 세금이다. 1990년대 초반부터 핀란드, 스웨덴, 네덜란드, 덴마크 등이 탄소세를 도입하였고, 영국도 이와 유사한 기후변화부과금(CCL)을 2001년 4월에 도입하였다. 호주는 2012년 7월 1일부터 탄소세를 부과되고 있다. OECD(2008)는 이산화탄소 1톤당 25달러의 탄소세를 도입함으로써 세계적으로 온실가스 배출을 크게 줄일 수 있으며, 온실가스로 인한 사회적 비용을 '부담 가능한' 수준인 GDP의 1% 정도로 낮출 수 있을 것으로 전망한 바 있다.

탄소세 제도는 그동안 노동자들에게 부과했던 세금을 환경오염 배출원에게 전가하는 방향으로 시행해야 한다. 물론 이 제도는 빈곤층에게 더 많은 부담을 지우기 때문에 사회정의의 차원에서 이 문제를 해결할 방안도 마련해놓아야 하지만, 모든 상품과 서비스에 포괄적인 적용이 가능하며, 법적·제도적 구속력을 갖는다는 특별한 장점이 있다.[33] 그러나 탄소세가 가격을 통제하긴 하지만 감축 목표가

---

31 마크 마슬린, 2010: 226-227.

32 www.bloomberg.com, 2012.11.2.

불확실한데다가 가격과 원가에 직접적으로 영향을 줄 수밖에 없어 EU 몇몇 국가의 정치권과 산업계에서 반대의견을 표명하고 있다.

우리 정부도 처음에는 탄소세 도입을 녹색성장을 위한 핵심과제 중 하나로 제시했다. 조세연구원은 "유럽국가들처럼 탄소세를 부과하되 소득세나 법인세 등을 감면하는 조정이 이뤄지면 연간 9조 원의 세수확보가 가능하다"고 주장한 바 있다. 정부는 유연탄 등 1차 에너지와 전기 등 2차 에너지에 세금을 매기는 방향으로 가닥을 잡고 있었던 것으로 알려졌다. 1차 에너지인 석유에는 교통에너지세가 부과되고 있어 탄소세를 도입할 경우 이중과세의 문제가 발생됨에 따라 정부에서는 탄소세와 교통에너지세를 통합하지 않고 투 트랙(two-track)으로 추진하는 것이 고려되었다. 탄소세는 GDP의 2% 정도 수준으로 예상되었으며, 녹색산업·기술, 친환경자동차 개발에 재투자하는 방향으로 세금을 사용할 방침인 것으로 알려지기도 했다.[34] 그러나 산업계의 반발에 따라 녹색 보다 성장논리가 우선하면서 탄소세 도입은 2010년부터 정부 정책과제에서 아예 사라진 상태다.

우리나라의 경우 국내 산업부문의 에너지원별 가격탄력성이 대부분 절댓값이 1보다 작은 비탄력적 특성을 갖는다. 이는 에너지 가격이 상승하더라도 에너지수요는 그에 비례하여 감소하지 않는다는 것을 의미하며. 우리나라에 탄소세를 도입하는 것이 온실가스 감축목표 달성의 효율적인 수단이 될 수 있는지에 대한 의문점을 제시하게 된다. 에너지경제연구원의 분석결과에 따르면 탄소세를 도입하는 경우 탄소배출량은 3% 이하로 감축되는데 불과한 것으로 추정하였

---

33 앤서니 기든스, 2009: 132-133, 212.

34 이투뉴스, 2010.7.2.

다. 아울러 산업 및 발전 부문의 대규모 사업장은 이미 배출권거래제 대상이므로 이들에 대한 탄소세 부과는 이중부담으로 작용하게 됨을 감안할 필요가 있다. 따라서 탄소세는 주로 수송부문과 가정 및 공공부문에 적용되어야 하나, 이 중 전력사용에 탄소세를 부과할 경우 발전부문이 배출권거래제 대상이므로 하류부문에 대한 탄소세 부과는 소비자들에게 이중 부담이 될 수 있다는 점을 고려하여야 한다.[35]

한국조세연구원은 UNESCAP 등과 함께 2011년 4월 27일 '환경친화적 조세 재정정책과 녹색성장'이라는 국제세미나를 서울에서 개최하였다. 여기서 폴 에킨스(Paul Ekins) 영국 녹색재정위원회 이사는 "신성장동력으로서의 녹색산업과 일자리 정책에 대한 관심이 높아지고 있다"며 "이를 뒷받침하기 위해서는 환경 친화적인 세제개편(탄소세 도입)이 필수적"이라고 말했다. 또한 김상협 녹색성장 환경비서관은 "탄소세는 소득세 인하 등을 통해 전체 세수가 증가하지 않는 '세수 중립적' 방식으로 도입돼야 하고, 온실가스 감축은 물론 새로운 산업을 일으키고 일자리를 창출할 수 있도록 설계돼야 한다"고 말했으며, "무엇보다 친환경적 세제개편은 전 국민적인 공감대를 모아 실현돼야 한다"고 강조한 바 있다.[36]

(4) 그린 크레딧(Green Credit) 제도

대기업이 중소기업의 온실가스 감축을 위해 자금과 기술을 지원하고, 감축실적의 일부를 크레딧으로 이전받아 온실가스 감축 이행실적으로 활용하는 제도다. 2011년 11월 현재 현대자동차와 포스코,

---

35 경제인문사회연구회, 2012: 154.
36 전자신문, 2011.4.27.

하이닉스, 삼성전기, 호남석유화학 등 5개 에너지 다소비 대기업은
14개 중소기업과 협력 양해각서를 맺고 그린 크레딧 1차 사업에 참
여하고 있다.

(5) 융자 및 세액공제 확대

2008년 9월 발표된 '기후변화대응 종합기본계획(2008년~2012년)'
에는 온실가스 감축을 위한 주요 정책수단의 하나로 저탄소 녹색경
영 및 기술개발 등에 대한 민간의 투자확대를 유도하기 위해 금융·
세제상의 다각적인 인센티브를 마련하고, 온실가스배출 저감시설 투
자 등에 대한 세액공제를 확대한다는 내용이 들어있다.

온실가스·에너지 목표관리업체들의 에너지 절약시설 투자를 촉
진하기 위한 융자금지원도 2011년 1,246억 원에서 2012년에는
1,698억 원으로 늘렸다. 에너지 절약시설에 대한 투자세액공제도
2013년까지 2년 더 연장하기로 했다. 명세서와 이행계획서 작성에
필요한 컨설팅 비용도 정부가 50% 지원하기로 했다.

(6) 저탄소차 협력금 제도

환경부는 당초에 2013년 하반기 시행을 목표로 이산화탄소 배출
량에 따라 차종별로 거액의 페널티(과태료)를 부과하거나 보조금(보
너스)를 지급하는 제도를 구상한 바 있다. 이는 프랑스가 2008년 이
산화탄소 배출량에 따른 보너스·부담금 제도를 도입한 이후 저탄
소차 판매가 매년 40%이상 증가하고 있다는 점에 착안한 것이다.
연비가 좋은 차를 구입할 경우 최대 300만원을 지원하고, 연비가 좋
지 않은 차는 구입 시 최대 300만원의 부담금을 부과하는 것이다.

그러나 정부는 2012년 11월에 이 제도 시행을 2015년 이후로 늦춘 대기환경보전법 개정안을 국회에 제출했다. 제도 시행이 연기된 원인에는 미국 측의 강한 반발도 포함된 것으로 알려졌다. 업계 관계자는 "미국 통상대표부(USTR)가 최근 외교통상부와 가진 회의에서 '저탄소 협력금 제도가 주로 미국차에 많은 대형차에 대한 차별이기 때문에 시행을 미뤄 달라'고 요구한 것으로 안다"고 말했다.[37] 개정안에 따르면 2015년 1월부터 중량 3.5t 미만인 10인승 이하 승용·승합차를 구매하는 소비자에게 적용된다.

설득

(1) 다양한 미디어 활용 홍보

2008년 9월 발표된 '기후변화대응 종합기본계획(2008년~2012년)'에는 대국민 홍보 강화 및 참여를 제고하는 것을 정책수단으로 포함하고 있다. 매스미디어, TV, 인터넷 포털 등을 활용하여 새로운 국가 발전 패러다임에 대한 국민의 전향적 수용 및 참여 제고를 위해 환경에 대한 소비자 책임의식 강화를 위한 다양한 홍보활동을 추진하며, 어려서부터 저탄소 녹색성장 개념을 이해하고 실천할 수 있도록 초·중등 교과과정에 반영한다는 것이다. 실제로 기후변화와 관련된 여러 기관에서 인터넷 홈페이지, TV 및 라디오 광고 등을 통해 기후변화의 심각성을 홍보하고 있다.

---

37 조선일보, 2012.11.26.

(2) 기후변화위크 행사

기후변화위크는 기후변화에 대한 지식 공유, 지구온난화의 심각성에 대한 범국민적 의식 제고 및 기업의 온실가스 감축활동 촉진하기 위해 2006년부터 매년 3~5일간 개최해 오고 있다. 처음에는 '기후변화협약대책 위크'라는 이름으로 운영해 오다가 2011년 제6차부터 '기후변화위크'라는 이름으로 행사를 진행하고 있다. 제7차 기후변화위크는 2012년 9월 24일부터 26일까지 지식경제부가 주최하고 에너지관리공단이 주관하는 행사로 서울 코엑스에서 '바이 탄소, 하이 산업(Bye Carbon, Hi Industry)'을 슬로건으로 내걸고 개최되었다.

(3) 교통부문 온실가스 관리시스템 운영

도로, 철도, 해운, 항공 등 교통부문에서 발생하는 온실가스의 체계적 관리와 온실가스 목표관리제 및 배출권 거래제 등 온실 가스 저감정책의 효율적인 지원을 위해 2012년 12월부터 이 시스템이 운영되고 있다. 세부적으로는 국내 및 국외의 연도·부문별 온실가스 정보를 제공하는 온실가스 배출정보 시스템, 기업 배출 저감활동의 가이드·지원을 위한 온실가스 목표관리 시스템, 저탄소에너지절감형 교통체계구축 관련 74개 추진과제의 온실가스 저감효과를 평가하는 온실가스 저감효과평가 시스템 등으로 구성되어 있다. 이 시스템은 정부 및 지자체 그리고 관련 학계와 업계 등에서 국내 교통부문 온실가스 저감을 위한 다양한 분야에 활용될 것으로 기대된다.

(4) 탄소중립 프로그램

탄소중립 프로그램은 개인 또는 단체가 생활 속 에너지 소비행위로 발생하는 온실가스 배출을 줄여 이산화탄소 배출량을 제로로 만들자는 내용의 자발적 참여 실천운동이다. 탄소중립 직접참여는 참여자가 직접 자신의 탄소배출량을 산정하고, 이를 직접 상쇄하는 참여방식으로 운영된다. 탄소중립 간접참여는 참여자가 간접상품(이산화탄소 배출량을 상쇄하기 위한 목적의 상품 또는 서비스)을 구매할 경우 참여자를 대신하여 참여단체가 탄소중립 프로그램에 참여하는 방식이다. 자발적인 감축노력에도 불구하고 중립 목표량을 달성하지 못한 경우에는 신재생에너지설비 설치지원이나 나무심기를 통해 상쇄한다. 에너지관리공단에서 관리하고 있으며, 2010년부터 2013년 3월 6일 현재까지 1,796건이 인증되었고, 인증량은 약 27,413 CO_2톤이다.

2012년 11월 3일 서울 관악산 생태공원에서 '탄소중립의 숲' 식목행사가 실시되었다. 지식경제부와 에너지관리공단이 주최하고 민간단체인 에너지시민연대와 생명의 숲이 주관한 이 행사에는 지방자치단체와 기업과 시민 등이 참여했다. 이들은 자발적 온실가스 저감 활동인 탄소중립 프로그램에 납부한 상쇄금을 활용, 3ha 면적에 소나무, 졸참나무 및 산벚나무 등 모두 4,320 그루를 심었다.

3. 정책목표 및 정책수단의 발전방향

정책목표 발전방향

기후변화대응 정책목표에 대한 설명과 분석을 토대로 발전방향을 제시하면 다음과 같다.

첫째, '2020년 BAU 대비 30% 온실가스 감축'이라는 정책목표를 흔들림 없이 지켜나가야 한다. 세계에 모범이 되는 목표를 자발적으로 세우고 이를 달성해 나간다면 우리나라의 국제적 위상을 높이는 데 기여하게 될 것이다. 다른 나라들의 뒤편에 서서 그들을 따라가기 보다는 능동적으로 온실가스 감축을 추진해 나간다면 국제사회에서 우리나라를 바라보는 시각도 달라지고, 선진국과 개도국 사이에서 발언권도 높아질 것이라 기대할 수 있다.

이 목표의 달성이 과연 가능한가에 대해 일부 학자들이 의구심을 가지고 있는 것이 사실이다. 목표의 수치가 높아 상당히 달성하기 어렵다는 것이다. 기업체로 구성된 단체들도 우리 정부가 세계의 녹색성장을 선도한다는 식의 명분론에 너무 사로잡혀 있는 것은 아닌가하는 시각을 가지고 있는 것으로 보인다. 2012년 11~12월 도하에서 열린 제18차 유엔기후변화당사국총회를 계기로 1997년 체결된 교토의정서 상의 온실가스 감축 의무국 중에서 일본·캐나다·러시아·뉴질랜드가 탈퇴를 했고, 온실가스 배출량 세계 1~3위인 중국·미국·인도가 당초부터 빠져 있는 상황에서 우리나라가 너무 과도한 목표를 세운 것이 아니냐는 것이다.

만약 국제적으로 이미 공표된 온실가스 감축목표를 축소·수정할 경우 한국에 대한 신뢰성 문제가 발생할 수 있음을 유념해야 하며, BAU를 기준으로 하는 목표가 경제성장률이나 유가 변동 등에 따라 탄력성을 가지는 이점이 있다는 사실도 인지해야 할 것이다. 또한 우리가 세운 감축목표 자체가 유럽의 선진국에 비해 그렇게 높은 것도 아니라는 점도 알아야 할 것이다.

둘째, 기후변화 대응 정책목표에 대한 일반 국민의 수용성을 높이기 위한 치밀한 전략이 필요하다. 정책목표의 결정을 위해 관련 정책과의 연계성에 대한 치밀한 검토, 정책정보에 대한 충분한 공개, 적극적인 의견 수렴 및 충분한 토론을 거쳐 결정하는 것이 필요하다. 기든스는 기후변화 정책이 여러 분야와 연결되어 있기 때문에 그런 정책에 대한 일반 대중의 지지가 지속적이기는 결코 쉽지 않다고 말한다.[38] 따라서 일반국민들이 '기든스의 역설'에 빠지지 않도록 하고, 민간과 시장의 실질적 참여를 끌어내기 위해서는 정책기획가들이 기후변화대응정책을 경제 및 환경정책 등 다양한 정책과 연계된 치밀한 전략을 마련하는 것이 중요하다.

다행히 2011년 10월 통계청의 일반국민 대상 설문조사 결과에 따르면 응답자의 85.3%가 '기후변화가 심각하다'고 인식하고 있으며, '환경을 위해선 경제성장 속도를 늦출 수 있다는 응답도 85.1%였다는 점에서 민간의 수용을 높일 수 있는 가능성은 충분하다 하겠다.

이종엽의 연구는 정책결정·집행주체와 관련하여 주민의 수용거부핵심은 "주민은 전혀 알지 못하는 사이에 정책결정 주체가 일방적

---

38 앤서니 기든스, 2009: 166.

으로 결정·집행한다는데 있다" 고 통찰하고 있다.[39] 비록 이 연구는 입지정책에 대한 주민 수용을 연구한 것이지만 기후변화 대응정책의 결정에도 시사하는 바가 크다고 생각한다. 즉, 일방적인 정책목표 결정은 일반 국민들의 정책수용성을 떨어뜨린다는 것이다.

셋째, 기후변화 적응정책의 목표는 예방에 보다 초점을 맞추어야한다. 윤경준의 지적처럼 적응은 정책의 경계가 어디까지인지 불분명하고, 기후변화 영향이 어디에서 어떤 형태로 나타날지 불분명하기 때문에 정책을 추진하더라도 그 편익이 불확실하며, 새로운 첨단기술을 요하는 것도 아니다.[40] 무엇보다도 주로 국내 그것도 특정 지방과 관련된 문제이기 때문에 외부로부터의 압력이나 위로부터의 추진동력이 상대적으로 약한 것이 사실이다. 그러나 적응정책도 최대한 미리 예측하고 예방하는 방향으로 설계하는 것이 바람직하다.

기후변화와 관련한 지방자치단체의 예산배분과 관련한 최충익의 연구에 따르면 예방투자전략이 효과적이지만 결국 의사결정단계에 이르게 되면 예방투자정책과 복구투자정책 사이의 우선순위는 복구투자로 기울어지는 경향을 갖게 됨을 확인하였다.[41] 그러나 앞으로는 사후 복구보다는 예방에 치중한 목표 설정과 예산배분이 이루어져야 할 것이다.

넷째, 기후변화 적응정책의 목표에 자연의 회복력을 키우는 것을 포함해야 한다. 잘 관리된 자연과 생태계는 기후변화에 스스로 적응하는 회복력을 가지기 때문이다. 이를 위해서는 건강한 숲·습지·

---

39 이종엽, 1997: 234.

40 윤경준, 2011: 24-25.

41 최충익, 2011: 257.

연안을 조성·관리하고, 자연과 생태계의 변화를 모니터링하는 시스템도 필요하다. 자연은 기후변화로 인한 자연재해를 스스로 막아주는 역할을 하기 때문이다. 숲과 습지 등은 엄청난 양의 온실가스를 흡수·저장한다. 2012년 9월 제주에서 개최된 세계자연보전총회(World Conservation Congress)의 주제는 '자연의 회복력(Resilience of Nature)' 이었다. 자연의 회복력이란 빠르고 불확실하게 변하는 세계 속에서 자연과 인간이 변화에 빠르게 적응할 수 있도록 도와주는 자연의 능력을 신장시키는 것을 의미한다. 기후변화는 이미 불가피한 상황으로, 이에 따른 영향력을 최소화하기 위해 자연에 충분한 복원력을 심어주는 것이 중요하다.

정책수단 발전방향

기후변화 대응정책의 정책수단인 재정, 규제, 유인 및 설득에 대해 발전방향을 제안하면 다음과 같다.

(1) 재정

첫째, 기후변화 대응분야 세부 실천과제별 재정투자액 배분 결정에 사회적 합의를 거치는 절차가 필요하다. 녹색성장정책의 세부계획 중 4대강 살리기 사업 등이 정부주도로 짧은 기간에 만들어 지는 과정에서 충분한 의견 수렴을 하지 못한 것은 아쉬운 점이다. 현 정부에서는 의사결정과정에서 전문가, 관료, 시민단체, 일반 국민 등의 의견을 충분히 수렴하여 세부 재정투자계획을 세워야 할 것이다.

둘째, 기후변화대응보다는 건설이나 토목사업의 성격이 강한 사업들은 녹색성장계획에서 제외하는 것이 바람직하다. <녹색성장 5

개년 계획>에 의하면 감축부문에 5.7조 원, 적응부문에 36.3조 원 등 총 42조원이 계획되어 5년간 녹색성장을 위한 총 투자계획의 39.1%를 차지하며, 그 중에서도 4대강 살리기 사업에 22.2조원을 배정한 것에 대해서는 논란이 많다. 4대강 살리기 사업비는 전체 기후변화 대응 재정투자의 52.9%를 차지한다. 건설·토목 분야의 사업은 그 나름대로의 필요와 타당성에 따라 별도로 추진하면 되는 것이다. 굳이 녹색성장과 연결하여 국민들의 녹색성장정책 전체에 대한 인식을 호도하지 않도록 하는 것이 바람직해 보인다.

셋째, 북한의 기후변화 대응을 위한 지원과 재정투자가 바람직하다. 오랜 식량난과 에너지난으로 산림생태계가 훼손된 북한은 기후변화에 특히 취약한 상태이다. <녹색성장 국가전략>에 북한지역 조림면적을 2013년에 5만ha까지 한다는 목표가 제시되어 있기는 하지만 경색된 남북관계로 인해 전혀 진척이 없는 실정이다. 북한의 산림 훼손지를 중심으로 한 조림사업과 온실가스 배출을 줄이는 신재생에너지 중심의 CDM 사업의 추진 등은 남북 모두에 도움이 될 것으로 생각된다. 이를 위해서는 기후변화 영향 감시와 모니터링과 같은 남북기상 협력도 강화해야 할 것이다.

새누리당의 2012년 12월 대통령선거 공약에도 최근 북한이 CDM 사업을 하는 등 자체적으로도 환경에 관심을 두고 있는 것으로 진단하고, 통일 대비 남북한 경제공동체뿐 아니라 환경공동체 실현을 위한 사전 준비 필요하다고 보고 있다.[42] 이를 위해 환경기술에 대한 남북공동연구 및 인력교류를 통해 우리의 경험·지식·기술을 공유

---

42 새누리당, 2012: 325.

하고, 북한 나무 심어주기를 통해 북한의 홍수예방과 함께 우리나라
도 탄소배출권을 확보하며, ODA 사업을 통해 북한의 환경기초시설
건설을 지원한다는 약속을 하고 있다.

(2) 규제

첫째, 온실가스·에너지 목표관리제의 실효성을 높이기 위해 규
제와 유인 수단에 대한 재검토가 필요하다. 기업이 목표를 달성하지
못할 경우 1차 년도에는 개선명령이 내려지고 2차 년도부터 과징금
을 부과하고 있으나 그 액수가 많지 않아 효과가 있을지 의심스럽
다. 아울러 실적을 초과 달성하는 기업에 대해 녹색전문기업 인증
시 가산점을 주거나, 온실가스 배출권거래제 도입 시 조기 감축실적
으로 인정하는 방안에 대한 검토가 필요하다.

둘째, 2015년부터 시행되는 온실가스 배출권거래제가 잘 정착되
도록 세부지침을 면밀하게 설계하는 것이 긴요하다. 배출권 거래제
는 온실가스 감축기술의 개발 및 확산을 촉진하고, 기후변화대응 연
구수행 등을 위한 재원으로 활용될 수 있을 뿐만 아니라 국제탄소시
장에 접근하는 수단이 될 수 있다. 또한 시장 매커니즘의 하나로 시
장 전체적으로 최소한의 비용으로 온실가스 감축 목표를 달성할 수
있는 이점이 있다.

따라서 효과성과 신뢰성을 갖춘 주도면밀한 제도설계가 요구된다.
예를 들면 총량제한방식이 제조업 중심의 우리나라 산업체의 경쟁
력을 약화시킬 우려가 없는지 분석을 먼저 한 후에 보완책이 제도에
반영되어야 할 것이다. EU의 배출권거래제도 역시 비회원국에 대한
경쟁력약화를 우려해 알루미늄·화학산업을 적용대상에서 제외시키

고 있는 점도 고려할 필요가 있다.

셋째, 온실가스 배출권거래제 운영에 가장 중요한 요소 중 하나인 적절한 배출권 할당을 위한 노하우 축적이 이루어져야 한다. 배출권의 최적할당은 배출권거래제의 기본 목표 중 하나인 온실가스 감축 목표 달성을 위한 비용 절감을 실현하는데 가장 기본이 되는 과제이다. 적절한 할당이 이루어지기 위해서는 정부가 산업경쟁력, 에너지 수급 및 가격 동향, 국제적 동향, 배출권거래제의 대상이 되는 산업에 대한 한계감축비용 등에 대한 정확한 정보 등을 토대로 한 종합적 판단력이 필요하다.

중요한 것은 배출권 할당이 과소하거나 과다하여 부작용이 발생하지 않도록 하는 것이다. 갑작스런 경기침체가 닥쳤을 때 여유 배출권은 배출권 거래 시장을 위협하는 요인이 될 수 있기 때문이다. EU-ETS 2기에서는 과다할당이 배출권의 가격을 폭락시켜 사실상 배출권거래제를 통한 온실가스 감축의 효과가 미미한 것으로 판단된다. 아울러 EU에서 할당량에 대한 소송이 많았던 점을 참고하여 신뢰성과 공평성 확립에 신경을 써야 할 것이다.

(3) 유인

첫째, 탄소세의 도입이 필요하다. 탄소세는 화석연료 가격의 전반적인 인상효과를 가져옴으로써 화석연료 이용을 억제하는 작용을 하고, 근로에 대한 세금이 아니라 환경오염 배출원에게 세금을 부과하는 방식이다. 물론 친환경적 세제개편은 국민적인 공감대를 모아 실현되어야 할 것이다. 탄소세 도입에 앞서 세계 에너지 시장, 산업경쟁력, 국가재정시스템 전반, 온실가스 감축 효과 및 국민부담 등에 대한 종합적인 분석이 전제되어 할 것이다. 특히 탄소배출권 거래제 도입과의 상관관계에 대한 연구도 심도 있게 이루어져야 한다. 유럽 국가들의 경우에 신규 배출권거래제 적용대상 부문에 대해서는 탄소세 부담을 감소시키거나 혹은 이중부담을 해소하는 방향으로 정책을 시행하고 있는 점을 참고해야 한다.

탄소세 설계 시 자발적으로 탄소배출 저감에 동참하는 기업들에 대한 혜택이 고려되어야 한다. 영국은 탄소배출 감축목표를 달성한 기업에게 기후변화부담금의 80%를 면제하는 기후변화협약(CCA)[43] 을 함께 운영 중이며, 고용주의 국립보험부담금 0.3% 완화 등으로 상쇄하고 있는 점을 고려할 필요가 있다. 아울러 추가적인 세금 부담이 크지 않도록 세수 중립 차원에서 기업부담을 줄여주기 위한 여타 세금 경감 등의 조치를 함께 검토하는 것도 바람직해 보인다.

탄소세에 따라 국제경쟁력이 저하되는 산업이 없도록 단계적으로 접근하거나 상대적으로 부담이 적은 서비스 산업 중심으로 먼저 시행하는 방법도 있다. 이런 점에서 2011년 6월 녹색성장위원회와 한국경제학회의 공동학술대회에서의 발표 내용도 참고할 수 있다. 여기서는 "탄소배출의 사회적 비용에 따른 적정 세수규모가 GDP대비 약 1%(2007년 기준 9~10조 원) 정도로 추정되나 현실적으로 탄소세의 정책 수용성과 단기적 경제부담 완화를 위해 초기에는 낮은 세율(가령 세수 1~2조 원, GDP 대비 0.1~0.2%)로 도입하고 단계적으로 인상하는 방안이 필요하며, 추가 세수의 재활용(revenue recycling)

---

43 CCA는 기후변화협약(Climate Change Agreement)의 약자로 영국에서 2000년에 도입되었다. 이는 환경식품농무부(DEFRA)와 산업체 사이의 12년간의 협약이다. 기후변화협약에 동의하는 기업은 탄소배출에서 달성된(동의된) 부가적인 감축에 대한 대가로 기후변화부담금의 80%를 할인받는다 (황병상, 2010a: 342).

방법에 따라 경제 전반적 효과가 크게 달라진다. 따라서 탄소세 도입은 단순히 에너지 부문의 세제차원을 넘어서 국가의 기타 각종 조세·재정 지원제도와 광범위하게 결합하는 범정부 '탄소세 도입 종합정책 패키지'로서 추진함이 바람직하다"는 의견이 제시되었다.[44]

둘째, 기후변화의 영향이 지역별, 인구집단별로 차별화되므로 특히 자연재해에 민감한 취약계층에 대한 보호대책 마련이 중요하다. 이를 위해 저소득층, 농어민 및 노약자 등 기후변화 취약계층을 정의하고 지방자치단체를 통해 공간적 분포와 실태를 조사한 후 이들을 위한 사업 전개와 제도적 장치 마련이 필요하다. 기후변화 유발에 책임이 있는 계층과 기후변화로 인한 피해를 많이 받는 계층이 서로 상이하여 나타나는 '기후불평등의 문제'에 대한 대책이 필요한 것이다. 기든스도 "기후변화의 영향으로부터 사회 빈곤층을 보호할 특별한 대책들이 만들어지지 않는 다면 그들은 기후변화의 가장 큰 희생자가 될 것이다"라고 말하고 있다.[45]

<녹색성장 국가전략>에도 주요 목표 중의 하나로 폭염으로 인한 취약계층 관리를 2013년까지 90% 달성한다는 목표를 세우고 있다. 실제로 1994년에는 폭염의 기준인 33도를 넘은 날이 29일이나 됐고, 우리나라에서 3,384명이 숨졌다. 그 중 65세 이상의 노약자 사망자가 평년대비 104% 증가한 적이 있다. 문제는 폭염뿐만이 아니라 각종 전염병, 홍수, 산사태 등의 피해에 기후변화 취약계층이 더 노출되어 있는 것이다.

---

44 김승래, '녹색성장 추진을 위한 조세 및 재정 개혁 방향: 탄소세 도입', 녹색성장위원회·한국경제학회 공동학술대회, 2011. 6.15.

45 앤서니 기든스, 2009: 26.

(4) 설득

첫째, 기후변화 대응정책에 대해 시민단체 및 기업 등과의 소통 강화가 필요하다. 일부 환경관련 시민단체와 기업들이 정부의 기후변화대응정책에 대해 원칙적으로는 찬성하더라도 구체적인 정책내용이나 추진방법 및 시기 등에 대해 불만과 이견을 가지고 있는 것이 사실이다. 따라서 정책대상집단뿐만 아니라 시민단체 및 기업 등과의 소통을 강화하여 기후변화대응정책의 의제형성, 결정 및 집행 등 모든 정책과정에서 의견이 수렴하고 설득하는 것이 중요하다.

둘째, 일반 국민들이 일상생활 속에서 기후변화에 대한 관심을 증대시키는데 정책의 중점을 두는 것이 바람직하다. 이를 위해 저탄소 사회를 지향하는 방향으로 일반인들의 일상생활이 변화할 수 있도록 실행방안 설계 시 넛지(Nudge)를 활용하는 것이 중요하다. 일상생활에서 때로는 강제와 지시에 의한 것 보다 팔꿈치로 툭 치는 것과 같은 부드러운 개입으로 특정한 행동을 유도하는 것이 더 효과적일 수 있는 것이다. 그리하여 저탄소 생활이 무의식적인 가운데 실천되고 심지어는 유행이 되도록 하는 것이 바람직하다.

기든스는 탄소저감을 위한 실천이나 발명품은 처음에는 대다수 사람들에게 외면당할 수 있지만, 어느 순간 유행을 만들거나 어떤 아이콘으로 부상할 경우 엄청난 중요성을 가질 수 있다고 말한 바 있다.[46] 예를 들면 뉴욕 시민들의 새로운 생활방식과 같은 것이다. 보도에 따르면 그들은 풍력으로 전기를 공급하는 전자오락 게임을 즐기고, 태양열을 사용하는 양조장의 맥주를 마시며, 청정에너지로

---

46 앤서니 기든스, 2009: 158.

헤어드라이기를 돌리는 미용실에서 머리를 가꾸고 있다. 무엇을 하든 전기의 원천부터 따진다. 화석연료를 사용하는 발전소에서 나온 것인지 아니면 바람, 태양, 물 등 신재생에너지를 이용해 나온 것인지 구별해서 사용하겠다는 것이다.[47]

셋째, 기후변화 대응을 위해 일반 국민, 기업, 시민단체 등에 대한 지속적인 홍보와 교육이 이루어져야 한다. 일반 국민들이 기후변화의 심각성에 대한 인식을 공유하고 능동적으로 저탄소·친환경 생활을 실천하도록 다양한 홍보활동이 필요하며, 기후변화 체험장 같은 시설 설치도 고려할 만하다. 시민단체들이 자발적으로 기후변화 영향과 피해 등에 대한 대국민 인식을 제고하고, 저탄소사회를 지향하는 시민참여를 유도하도록 일정한 범위 내에서 지원이 필요하다. 산업계에 대해서는 온실가스 감축활동의 당위성과 필요성을 지속적으로 홍보하고, 탄소저감형 제품 개발 등을 유도하는 것이 요구된다.

---

47 조선일보. 2011.4.11.

Part **7**

녹색에너지정책

국내에서는 법적으로 1990년대까지 화석에너지를 대체한다는 의미로 '대체에너지'로 통용되다가 2000년대부터는 '신재생에너지'라는 용어를 사용하고 있다. 법률상에는 '신·재생에너지'로 표기하고 있으나 일반적으로는 '신재생에너지'로 쓰고 있다. 기존의 화석연료를 변환 이용하는 에너지를 신(新)에너지라 하며 연료전지, 석탄액화 가스화, 수소에너지 등 3개 분야가 해당된다. 햇빛, 물, 지열, 강수 등 자연의 재생가능한 에너지를 변환하여 이용하는 에너지를 재생(再生)에너지라 하며 태양광, 태양열, 바이오, 풍력, 수력, 해양, 폐기물, 지열 등 8개 분야이다.

'신에너지 및 재생에너지 개발·이용·보급 촉진법' 제2조에 의하면 ① 태양에너지 ② 바이오에너지 ③ 풍력 ④ 수력 ⑤ 연료전지 ⑥ 석탄을 액화 또는 가스화한 에너지 및 중질잔사유를 가스화한 에너지 ⑦ 해양에너지 ⑧ 폐기물에너지 ⑨ 지열에너지 ⑩ 수소에너지 ⑪ 그 밖에 석유나 석탄이나 원자력 또는 천연가스가 아닌 에너지로서 대통령령으로 정하는 에너지로 정해져 있다.

참고로 신재생에너지에 대한 국내기준은 국제에너지기구(IEA) 기준과 다르다. IEA는 신에너지는 모두 제외하고 재생에너지만을 인정하며, 폐기물의 경우에도 재생가능한 부분만을 인정한다. 즉, 우리나라는 포함시키는 부생가스, 정제폐유, 비유기성 폐기물은 제외한다. 아울러 통계 산정방식의 차이도 있다. 많은 나라에서 사회적, 정책적 목적에 따라 IEA 기준과 다르게 운영하고 있다. 또한, IEA도 아직 통계기준이 명확하지 않아, 각국은 자국기준으로 산정하고 IEA 조사통계에 맞는 자료를 별도로 제공하고 있다.[1]

통상적으로 신재생에너지를 '그린에너지'로 부르기도 한다. 지식경제부는 2008년 9월에 '그린에너지산업 발전전략'을 대통령에게 보고하면서 그린에너지 산업을 IEA의 연구결과를 응용하여 ① 신재생에너지 분야 ② 청정연료 분야 ③ 고효율 기기 분야로 구분한 바 있다.

이 책에서는 '녹색에너지'란 용어를 사용하고자 한다. 이는 신재생에너지에 에너지 효율성 향상과 절약을 의미하는 '제5에너지', 발광 다이오드(LED), 스마트 그리드까지 포함하는 개념이다.

2009년에 발간된 <녹색성장 국가전략>에서는 원자력을 녹색성장을 위한 주요 정책수단에 포함시키고 있으나, 필자는 원자력을 녹색성장의 범주에 넣지 않는 것이 바람직하다고 생각한다. 안정적 전력 공급을 위해 원자력의 필요성은 인정하지만 안전성에 대한 우려와 핵폐기물 등의 문제가 있기 때문이다. 원자력은 2013년도에 국가에너지기본계획을 수립할 때 에너지 믹스 차원에서 다루면 될 것으로 생각한다.

한편 '청정에너지(clean energy)'라는 용어는 온실가스 배출이 많고 효율이 낮은 석탄 같은 '불량 에너지(dirty energy)'에 대비되는 일상용어로 일반적으로 신재생에너지를 가리키지만 엄밀한 의미에서 학술적 용어는 아니다.

---

1 경제인문사회연구회, 2008: 142-143.

1. 정책목표

2009년에 정부가 발표한 <녹색성장 국가전략>에 있는 10대 정책 방향 중에서 하나가 녹색에너지정책과 관련된 것이다. 즉, 탈석유·에너지자립 강화가 바로 그것이다. '탈석유·에너지자립 강화'라는 정책방향은 다시 네 가지의 실천과제가 있다. 즉, ① 에너지 저소비·고효율화 사회 구축 ② 청정에너지 보급 확대 ③ 원자력 공급능력 확충 ④ 해외자원개발 역량 확충으로 분류된다. 이러한 정책방향은 주요 지표별로 연도별 목표수준을 <표 10>과 같이 정해두고 있다.

〈표 10〉 탈석유·에너지자립 강화의 주요 지표 및 연도별 목표수준

관련 지표	연도별 목표수준			
	'13	'20	'30	'50
에너지원단위(toe/천$)	0.290	0.233	0.185	0.101
신재생에너지 보급률(%)	3.78	6.08	11.0	30.0
원자력발전 설비비중(%)	27	32	41	3E 고려 적정비중 유지
석유가스 자주개발률(%)	20	31	40	100
에너지자립도(%)	42	50	65	100

자료: 녹색성장위원회. 2009a:71.

2008년 8월에 국가에너지위원회에서 마련한 제1차 국가에너지기본계획은 2008년부터 2030년까지를 대상으로 정책의 기본방향을 3E 즉, 에너지 안보(Energy Security), 효율(Energy Efficiency), 친환경(Environmental Protection)의 조화로운 균형을 통해 저탄소녹색성장을 구현하는데 두고 있다. 동 계획에서 에너지부문 녹색성장의 5대

비전과 지표를 설정하였다. 즉, 에너지 자립사회 구현을 위해 석유와 가스 자주개발률을 2006년 3.2%에서 2030년까지 40%수준으로 끌어올리며, 태양광, 풍력 등 신재생에너지 보급률을 2006년 2.2% 수준에서 2030년 11%로 확대하는 것이다. 에너지 저소비사회로의 전환을 위해 에너지원단위를 2006년 0.347에서 2030년 0.185로 낮추며, 석유의존도를 2006년 43.6%에서 2030년 33%로 낮출 계획이다. 아울러 에너지 빈곤층 비율을 2006년 7.8%에서 2030년에는 0%를 달성하며, 녹색기술 수준을 선진국 대비 현재 60%수준에서 2030년 세계 최고수준으로 끌어올려 신성장동력화 하겠다는 것이다(<표 11> 참조).[2] 한마디로 화석연료 중심의 기존 에너지 효율성을 높이는 한편, 화석연료가 아닌 신재생 에너지를 보급하고 이용을 확대하겠다는 것이다.

〈표 11〉 에너지부문 녹색성장의 5대 비전과 지표

5대 비전	지표	2006년	2030년
에너지자립사회 구현	자주개발률	3.2%	40%
	신재생에너지보급률	2.2%	11%
에너지 저소비사회로 전환	에너지원단위	0.347	0.185
탈석유사회로 전환	석유의존도	43.6%	33%
더불어 사는 에너지사회 구현	에너지빈곤층 비율	7.8%	0%
녹색기술과 그린에너지로 신성장동력과 일자리 창출	에너지기술 수준	60%	세계최고 수준

자료: 국가에너지위원회(2008: 45)

정부는 동 계획을 통해 2030년까지 에너지수입액 344억 달러를 절감하고, 우리가 통제 가능한 에너지[3] 비중을 2007년 27.5%에서

---

2 국가에너지위원회, 2008: 44.

2030년 65%이상으로 대폭 상승시키고, 신재생에너지 분야에서 95만 명의 신규고용을 창출하는 동시에 관련 세계시장 점유율을 현재 0.7% 수준에서 2030년 15%이상으로 확대하는 효과를 기대하고 있다. 동 계획의 공급측면 하위계획으로는 신·재생에너지 기본계획, 전력수급 기본계획, 천연가스 수급계획, 석탄산업 계획, 석유비축 계획, 해외자원개발 기본계획, 해저광물자원개발 기본계획 등이 있고, 수요측면 하위계획으로는 에너지이용합리화 기본계획, 에너지자원 기술개발 기본계획 등이 있다. 정부는 2013년에 제2차 국가에너지기본계획을 수립할 예정이다

하위 계획 중 주요한 몇 가지만 살펴보면 다음과 같다. 먼저 신성장 동력으로서의 신재생에너지 산업육성을 위한 '제3차 신·재생에너지 기술개발 및 이용·보급 기본계획(2009~2030)'은 그간 기술개발 및 보급중심의 1차('97~'06) 및 2차('03~'12) 기본계획을 보완하여 2008년 12월에 수립되었다. 보급목표는 1차 에너지 대비 신재생에너지 비중을 '07년 2.4%에서 '15년 4.3%, '20년 6.1%, '30년 11.0%로 확대하여 제시했다. 발전량 목표는 총 전력생산 중 신재생에너지에 의한 발전량이 차지하는 비율을 '30년까지 7.7%로 설정했으며, 기술개발목표는 집약적인 기술개발을 통해 '20년 이전에 신재생에너지의 그리드 패리티를 달성하는 것이다.

지식경제부는 미래 그린에너지 시장을 선점하기 위해 2011년 6월에 '그린에너지 전략로드맵 2011'을 수립하였다. 이는 기술혁신을 통한 글로벌 그린 에너지 강국 실현을 목표로 그린에너지 15대 분야

---

3 통제가능에너지란 자주개발 석유·가스·석탄 + 신재생에너지 + 원자력이다.

에 대한 연구개발을 추진하는 것이다. 15대 분야는 ① 생산(9개 분야): 태양광, 풍력, 연료전지, 바이오연료, 청정연료, IGCC, CCS, 청정화력, 원자력 ② 전달(2개 분야): 스마트 그리드, 에너지 저장 ③ 활용(4개 분야): 그린카, 교호율신광원, 에너지절약형건물, 히트펌프 등이다. 이를 위해 구체적으로는 88개 전략 품목 및 288개 핵심기술 선정하였다.

2011년 10월에는 지식경제부 등 12개 부처는 공동으로 제12차 녹색성장위원회에 '신재생에너지정책 이해점검 결과 및 향후대책'을 보고했다. 여기서 향후 비전을 '신재생에너지 일류 국가－모두가 체감하고 함께 가는 신재생에너지－'로 정하고, 2015년 5대 신재생에너지 산업 강국과 2030년 11% 신재생에너지 보급을 목표로 정했다. 세부 추진과제로는 ① 생활속 '체감' ② 함께 '공생발전' ③ 건강한 '토양' ④ 합리적 '제도'에 각각 5개 씩 총 20개 과제를 정했다.

아울러 지식경제부는 2008년 5월 'LED 산업 발전전략'을 발표했다. 이는 '2012년 세계 TOP 3 LED 산업 강국' 실현을 비전으로 삼고, 2015년까지 시장점유율 15% 달성을 목표로 설정했다. 그리고 이를 달성하기 위해 세 가지 정책 곧, 선도적 시장수요 창출, 세계적 핵심역량 제고, 안정적 성장 기반 구축을 추진하기로 하였다.

한편 에너지 효율향상 정책은 2008년 12월에 수립된 '제4차 에너지이용합리화 기본계획(2008-2012)'을 근간으로 하고 있다. 이 계획은 다양한 시책을 통해 2012년까지 국가 에너지 효율을 11.3% 개선하겠다는 것이다. 주요 시책들을 살펴보면 ① 건물에너지효율 관리시스템, 전력 IT, 에너지저장, 녹색가전 등 7대 부문의 핵심기술 개발에 5년간 1조 2,000억 원을 투입 ② 2009년 7월부터 양산되는 하이브리드차에 대해 공채매입 감면을 추진 ③ 2012년까지 자동차 기준평균연비를 16.5%로 상향조정 ④ 건물에너지효율 1등급 취득 시 인센티브로 용적률 등 건축기준을 최대 6%까지 완화 ⑤ 에너지효율 1등급 제품 및 대기전력저감 우수제품을 '우수조달물품'으로 지정 ⑥ 산업의 에너지 체질개선을 위해 에너지다소비 사업장 규모별 맞춤형 시책 추진 등이다.

제1차 국가에너지기본계획에 대해 제기되는 문제는 다음과 같다. 여기에 채택된 2030년 신재생에너지 보급률 목표 11%는 물량 기준으로 2007년 대비 5.7배 증가된 수준으로, 현 상황을 고려하면 매우 높은 수준의 목표 설정이라는 것이다.(('07) 5,757천 toe, 2.4% → ('30) 33,027천 toe, 11%). 이 11%는 미국, 일본의 2030년 보급률 최대 전망치와 유사한 수준으로, 미국의 경우 2030년에 9.3%, 일본이 11.1%, OECD 평균은 13.9%이다. 우리나라의 2030년 11%의 보급목표는 국내기준으로는 4.6배, IEA 기준으로는 12배에 달하는 것으로 현 보급 수준을 고려하면 공격적이고 높은 수준이다. 아울러 신재생에너지는 국토면적과 환경여건에 큰 영향을 받는 에너지로서 그 보급률이 태양광은 면적, 풍력은 풍향과 면적, 바이오에너지는 산림과 곡물자원, 수력은 수자원 등에 의존하고 있다. 우리나라의 경우 인구밀도가 높아 가용될 수 있는 부존자원이 빈약하며, 태양광 발전의 경우 원전과 동일한 수준의 발전을 할 경우에는 여의도의 10배 공간이 필요하게 된다는 점이다.[4]

우리나라의 신재생에너지 개발은 아직 태동단계다. 정부정책은

---

4 경제인문사회연구회, 2008: 139-141.

성급하게 어떤 한 가지 에너지에 모든 것을 걸어서는 위험하다. 공공재 성격인 에너지 보급은 공급 안전성을 최우선으로 생각해야 한다. 에너지정책은 나라마다 독특한 수요와 공급구조에 입각해서 에너지 안보, 효율, 친환경 및 투자비용 등 여러 측면을 모두 신중하게 고려해야 하고 유연해야 한다. 또한 녹색에너지 간 우선순위를 정하는 것도 중요하다. 11개나 되는 모든 신재생에너지원을 어떤 비중으로 개발해야 하는가에 대한 토론이 필요하다.

2. 녹색에너지 개관

앞에서도 설명했듯이 녹색에너지는 신재생에너지에 에너지 효율성 향상과 절약을 의미하는 '제5에너지', 발광 다이오드(LED), 스마트 그리드까지 포함하는 개념이다. 2009년에 정부에서 발간한 <녹색성장 국가전략>에서는 원자력을 녹색에너지에 포함하고 있어 이 장에 소개하지만 앞에서 언급한 바와 같이 필자는 원자력이 현실적으로 필요한 에너지라는 점은 인정하지만 원자력을 녹색에너지로 보고 있지는 않다.

제5에너지

전통적으로 에너지원은 불(제1에너지), 석유(제2에너지), 원자력(제3에너지), 신재생에너지(제4에너지)로 분류되어 왔다. 미국의 시사주간지 <타임>은 2008년 12월 31일자 특집기사에서 미국의 미개발 에너지원(America's Untapped Energy Source)으로 에너지 절약을 포함하는 개념인 효율성 향상(boosting efficiency)을 강조하고, 이를 '제5에너지(the fifth fuel)'라고 부른 바 있다.

미국에서 가장 큰 전기회사 중 하나인 듀크에너지도 에너지효율을 석탄, 천연가스, 원자력, 재생에너지에 이은 '제5에너지'라고 주장하고 있다. 절약과 효율성 향상을 통해 남는 에너지를 다른 분야의 수요에 공급하면 화석연료나 핵연료 사용감소, 에너지 시설설비 억제, 온실가스 배출감소 등으로 이어질 수 있기 때문에 기업과 가정에서의 적극적인 실천이 긴요하다고 생각한다.[5]

IEA는 <에너지기술전망 2010(Energy Technology Perspective 2010)>에서 제시한 블루 맵(BLUE Map) 시나리오에 따르면 2050년까지 CO_2 발생량을 2005년의 절반으로 감축하기 위해서는 최종소비 연료 및 전기 효율이 38%, 발전 효율 및 연료 전환 5%를 담당하는 것으로 전망하고 있다. 거의 43%가 에너지 효율 향상과 관련되는 것이다.

IEA는 이미 2008년도에 '에너지 효율 향상을 위한 25개 제언(25 Energy Efficiency Policy Recommendations)'을 개발하여 세계 각국이 도입하여 추진할 것을 제안하였다. 2011년에 수정된 25개 제언은 공통사항 5개, 건물 부문 5개, 기기·장비 부문 3개, 조명 부문 2개, 수송 부문 5개, 산업 부문 4개, 에너지 시설 부문 1개로 구성되어 있다.

우리나라에서 에너지 효율이 중요한 이유는 에너지 안보, 기후변화, 경제적 영향의 세 가지 배경에서 찾을 수 있다. 먼저 에너지 안

---

5 황병상, 2010a: 347.

보측면에서는 에너지 공급은 제한되어 있는 반면에, 자원민족주의와 강대국의 공격적 자원 확보에 따라 부존자원이 거의 전무한 우리나라로서는 에너지 절약을 강조할 수밖에 없다. 기후변화와 관련해서는 우리나라 온실가스 배출량의 약 85%가 에너지 연소에 의해 발생하기 때문이다. 경제적 측면에서는 제품 원가에 에너지 비용이 반영되기 때문에 에너지 효율이 매우 중요한 요소이다.[6]

우리나라는 에너지원단위를 2006년도에 0.347에서 2030년 0.185로 47% 향상시키기 위해 <표 12>와 같이 소비부문별 에너지 절약 및 효율 향상 정책방향을 설정하여 세부정책을 추진하고 있다.

〈표 12〉 부문별 에너지 절약 및 효율향상 정책 방향

부문	정책 방향	연평균 에너지소비 증가율
산업부문	· 업종별 제품생산 원단위 지속개선 · 고효율시설투자 지속 확대 · 서비스산업 등 에너지 저소비 산업구조로 전환	1.3% → 0.8%
수송부문	· 고효율·탈석유 차량개발 및 보급 확대 · 절약형 수송·물류 인프라 구축	1.0% → 0.3%
가정·상업부문	· 주택·건물 에너지 손실 및 수요 최소화 · 소형열병합 발전 및 집단에너지 보급 확대 · 범국민 에너지절약 실천운동 추진	2.1% → 1.1%
공공·기타부문	· 신축공공건물 에너지절약기준 및 에너지소비 총량제 강화 · 공공기관 에너지절약 선도 기능 강화	1.9% → 0.3%

자료: 제1차 국가에너지기본계획. 2008: 74를 토대로 작성

그러나 에너지절약 또는 이용효율 향상을 위해 다양한 정책을 시행하고 있음에도 불구하고 국가 전체적인 에너지 효율은 선진 외국

---

6 김형국, 2011: 186-187.

에 비해 높지 않은 것으로 나타나고 있다. 이러한 에너지 비효율의 원인으로 에너지 다소비형 산업구조, 에너지가격체계의 문제점, 국민의 생활습관 및 의식구조의 문제 등 다양하게 지적되고 있다.[7]

필자는 2011년 9월 15일 예고 없이 대정전 사태가 일어나 직접 피해자가 753만 가구(기업)에 달한 직후 중앙 일간지에 기고를 통해 다음과 같이 에너지 절약의 네 가지 효과를 강조한 바 있다.[8]

첫째, 에너지원 수입에 드는 외화 절감이다. 우리나라는 에너지의 약 97%를 수입에 의존한다. 2010년 에너지 수입액은 1,217억 달러로 주력산업인 자동차와 반도체를 합한 수출액 1,036억 달러를 훨씬 상회한다. 10%만 아낄 수 있으면 매년 121억 7,000만 달러를 버는 셈이다. 일본이 원전사고로 작년 피크전력을 기준으로 전기 사용량을 15%를 줄이도록 의무화했으나, 시민들의 자발적인 참여로 전력 감소율이 20% 이상으로 높아진 사례에서 볼 때 10% 절감은 무리한 수치는 아니다.

둘째, 지구온난화 방지에 기여하는 것이다. 에너지 대부분이 화석연료에서 만들어지므로 에너지 절감은 바로 온실가스인 이산화탄소의 배출을 줄이는 것으로 직결된다. 온실가스 중 대표적인 이산화탄소 농도는 지난 65만년 동안 300ppm을 넘은 적이 한 번도 없었다. 산업혁명 이전에는 280ppm이었다. 이것이 2005년에는 379ppm, 2011년 7월 현재는 392ppm으로 증가했다. 우리나라의 2008년 기준 이산화탄소 배출량은 약 5억900만 톤으로 세계의 1.69%를 차지하지만, 이탈리아나 프랑스 보다 앞선 세계 10위이다. 정부는 국가온

---

7 경제인문사회연구회, 2008: 151.
8 황병상, '에너지 절약이 제5의 연료다', 전자신문, 2011.9.21.

실 가스 감축목표를 선진국보다 높거나 상응하는 수준인 2020년 배출전망치 대비 30%를 감축하기로 국제사회에 약속한 바 있다. 2012년부터 본격적으로 실시할 예정인 온실가스·에너지 목표관리제에 해당되는 업체는 물론 해당되지 않는 소기업이나 가정에서도 자발적으로 참여할 때 목표달성이 가능할 것이다.

셋째, 가정이나 기업, 공공기관의 지출을 줄일 수 있다. 에너지를 덜 쓰는 만큼 줄어든 지출을 다른 곳에 사용할 수 있게 된다. 전력의 경우 10%가 대기전력으로 빠져나가고 있는 것으로 파악되고 있다. 플러그를 뽑고, PC 멀티 탭을 끄고, 한 등 빼기를 실천하면 예산을 아낄 수 있는 것이다.

넷째, 건강관리에 도움이 된다. 적당한 거리는 걷거나 자전거를 타고, 출·퇴근시 버스나 지하철 등 대중교통을 이용하면 건강증진에 도움이 된다. 과도하지 않은 적정한 냉·난방이 인체에도 유익하다.

태양에너지

태양에너지(solar energy)는 태양 내부에서 진행되는 핵융합 반응으로 네 개의 수소 원자핵이 헬륨으로 변화할 때 전자기파의 형태로 방출되는 에너지이다. 태양이 방출하는 에너지는 막대하지만 지구에 오는 것은 약 20억분의 1에 지나지 않는다. 그 중에서도 70% 정도만이 지구에 흡수되는데 세계 연간 에너지 소비량은 이 에너지의 1시간분에 불과하다. 태양에너지는 무한한 청정에너지이긴 하지만 시스템 비용이 고가이며, 초기투자비가 높다는 단점이 있다. 아울러 전력생산이 날씨의 영향을 받고, 에너지 밀도가 낮아 큰 설치면적이 필요할 뿐만 아니라 설치장소 역시 한정적이다.

태양에너지는 크게 태양광 에너지(Photovoltaic Energy)와 태양열 에너지(Solar Thermal Energy)로 구분된다. 태양광발전은 태양광을 받으면 직접 전기를 발생시키는 태양전지를 이용하여 발전하는 것이다. 태양열을 이용할 경우, 태양열 가열기를 통해 뜨거운 물을 만들어 냄으로써 온수 및 냉난방에 활용이 가능하고, 물을 끓일 때 발생하는 증기를 이용하여 전기를 생산할 수도 있다.

태양광 발전은 시스템 구조가 간단하고 수명이 20~30년으로 긴 안전한 친환경 발전시스템이다. 태양광선의 조사(照射)에 의한 에너지를 직접 전기에너지로 바꾸는 반도체 장치인 태양전지(solar cell; solar battery)는 1839년에 베크렐(Edmond Becqurel)이 광전효과를 발견한 것에 기원을 둔다. 1954년에 실험실 규모의 실리콘 태양전지가 개발되어 1958년 미국에서 우주선 보조전원(5MW)으로 처음 사용되었다. 1980년대 이후 본격적인 기술개발을 추진하여 현재와 같은 대량생산체제를 갖추게 되었다. 태양전지는 구성하는 물질에 따라 실리콘, CIGS 등의 화합물반도체와 같은 무기소재로 이루어진 무기물 태양전지(inorganic solar cell)와 유기물질을 포함하고 있는 유기물태양전지(organic solar cell)로 나누어진다. 무기물 태양전지는 결정질 실리콘, 비정질 실리콘, 화합물반도체로 재분류되는데, 결정질 실리콘에는 단결정(Single Crystalline Si)과 다결정(Poli-Crystalline Si)이 있다. 유기물태양전지는 다시 염료감응형 태양전지(dye-sensitized solar cell)와 유기폴리머(organic polymer) 태양전지로 재분류되는데, 태양전지에는 구조에 따라 웨이퍼구조(벌크 실리콘 태양전지), 박막구조(화합물, 실리콘 박막 및 유기 폴리머 태양전지 등) 그리고 광전기화학구조(염료감응 태양전지)가 있다.

태양전지의 효율은 결정형이 좋고, 가격 면에서는 박막형이 장점을 가지고 있다. 최근에는 3세대로 불리는 염료감응 태양전지에 대한 연구도 진행되고 있다. 결정질실리콘시장은 점차적으로 축소되고, 반면 박막 태양광 시장규모는 확대될 전망이다.[9] 박막(薄膜) 태양전지는 기존 폴리실리콘 방식보다 효율은 떨어져도 제조가격은 저렴한 게 강점이다. 이 분야는 기존 태양전지와 달리 중국의 경쟁력이 압도적이지 않다는 장점도 있다.

2000년부터 2011년 사이에 태양광 발전의 연간 시장 성장률은 전 세계 전력발전 기술 중에 가장 빠른 증가세를 보이고 있다. 태양광 발전 총 누적 설치용량은 대략 2000년 1.5GW에서 2011년 말 70GW로 대폭 증가했다. 2011년에는 29.7GW가 증가했으며, 이 중 21.0GW는 유럽에 설치되었다.[10] 그러나 태양광 발전 기술이 등장한 지 이미 30년이 지났는데도 불구하고 현재 전 세계 전력 생산에서 태양광 발전이 차지하는 비율은 1% 정도에 불과하다.[11]

태양광 시장은 2010년까지 유럽 특히, 이탈리아와 독일이 주도(총 태양전지 생산량의 35% 차지)하면서 빠른 성장세를 보였다. 그러나 현재 태양광 분야는 유럽의 재정위기로 태양광 보조금이 줄어들고, 중국에서 많은 기업들이 태양광에 뛰어들면서 공급과잉이 발생하여 2011년부터 감소세가 시작되었다. 고효율 태양광 집적 전지를 개발해 오바마 대통령이 2010년에 직접 공장을 방문해 미국 경제의 미래라며

---

9 박노언 외, 2012: 12-15.
10 지식경제부 외, 2012a: 11.
11 앤서니 기든스, 2009: 198.

추켜세웠던 실리콘 밸리의 태양광 패널 업체 솔린드라(Solyndra)는 태양광 패널 공급이 과잉이라며 1,100명의 직원을 정리해고하고, 2011년 9월에 파산신청을 했다. 아울러 미국의 스펙트라와트(Spectra Watt)와 에버그린솔라(Evergreen Solar)도 잉리(Yingli)·트리나(Trina) 같은 중국기업의 저가공세를 버티지 못하고 연달아 파산했다. 세계 1위 태양광 패널업체인 미국의 퍼스트솔라(First Solar)도 비용 부담에 2012년 4월에 전 세계적으로 2,000명의 직원을 감축하고 독일 프랑크푸르트 공장을 폐쇄할 것이라고 밝힌 바 있다.

독일 의회는 2012년 4월에 태양광 발전업체에 대한 보조금 지급을 29% 감축하기로 결정했으며, 스페인도 2012년 1월 태양광은 물론 청정에너지산업 전체에 보조금 지급을 잠정 중단한다고 밝혔다. 2013년 3월에는 세계 최대 태양광 제조업체인 중국의 선텍(Suntech)이 빚을 갚지 못해 채무 불이행을 선언했다. 원인은 글로벌 공급 과잉과 가격 폭락에 따른 누적적자 때문이다.

2009년 kg당 170달러를 오르내리던 폴리실리콘 가격은 2011년 상반기 kg당 80달러 수준으로 내렸고, 최후의 마지노선이라는 20달러마저 2012년 9월에 무너졌다. 2012년 12월에는 16달러 수준이었다가 2013년 3월에 18달러로 반등하고 있다. 태양전지 가격은 2008년 12월에 1와트 당 3.82달러에서 2011년 초에 1.80달러, 2011년 9월에 1.14달러, 2012년 1월에는 0.48달러까지 하락했다. 한국태양광산업협회에 따르면, 2008년 1W당 3.82달러에 달하던 모듈 가격은 2010년 1달러 선으로 주저앉았다. 2011년 말엔 1달러 선이 무너졌고, 2012년 12월 현재는 0.6달러에 불과하다.

태양광 시장의 불황을 가져온 배경에는 이미 중국계를 비롯해 거대 기업들이 막강한 자본과 시설을 무기로 시장을 장악하고 있기 때문이기도 하다. 여기에 공급과잉으로 태양광 관련 제품과 소재 가격이 떨어지면서 '규모의 경제'를 달성한 업체만이 이익을 낼 수 있는 구조가 됐다는 시각도 있다.[12] 중국이 완제품에서 강세를 보이는 이유는 기술적인 진입 장벽이 높지 않은데다 월등한 가격경쟁력 때문이다. 중국은 낮은 인건비와 정부지원, 대량 생산을 통한 원가 절감 등을 통해 경쟁력을 갖추고 있다는 평가를 받고 있다.

국제에너지기구 수석 이코노미스트 파티 비롤(Fatih Birol) 박사는 공급과잉으로 존폐의 기로에 서 있는 태양광·풍력 산업에 대해 "현재의 구조조정을 거쳐 살아남는 기업은 기술발전을 바탕으로 정부 보조금 없이도 경쟁력을 갖는 단계로 진입할 것"이라고 말한 바 있다.[13]

일부에서는 태양전지의 가격 하락이 태양광발전 산업을 성장시킨다는 '가격하락의 역설'을 제기하고 있다. 제품가격인하는 태양광 발전과 기존 화석연료 발전단가가 같아지는 그리드패리티(Grid-Parity) 시기를 앞당겨 태양광 발전 시장의 본격적인 성장을 가져올 것이라는 시각이다.

지식경제부의 '그린에너지산업 발전전략' 중 태양광 분야는 화석연료 수준의 경제성확보('20년 150원/kWh)를 목표로 한다. 실리콘계는 성숙단계로 핵심 부품·소재 및 장비 국산화로 가격경쟁력을 제고하고 대규모 투자와 집적화에 의한 단가인하를 추진할 계획이다. 박막·유기물 분야는 상용화 초기단계로 고효율차세대박막태양전지 및 유기태양전지 상용화기술 개발을 추진할 계획이다.

---

12 매일경제신문, 2012.2.18.

13 조선일보, 2012.10.13.

또한 정부는 2011년 4월에 충북도내 7개 시·군을 전국에서 처음
으로 '태양광산업 특구'로 지정했다. 2012년 9월 현재 충북도내에는
61개 태양광 관련기업이 입주해 있고 충북의 태양광 셀, 모듈 생산
량은 전국의 60%에 이른다. 충청북도는 2015년까지 민간자본 등
3,000억 원을 들여 ① 태양광 부품·소재 생산 허브 육성 ② 연구개
발 기반 조성 ③ 태양광 보급 활성화 기반 및 민간보급 체계 구축
④ 태양광 산업 네트워크 구축 등 5대 특화전략에 걸쳐 12개 특화사
업을 벌일 계획이다. 정부는 이 특구를 태양광 부품산업의 중심지를
뛰어 넘어 세계 태양광산업의 중심지로 성장시키기 위한 '아시아 솔
라밸리' 청사진도 세워두고 있다.

태양광 분야는 폴리실리콘과 태양전지 회사를 수직계열화한 대기
업이 유리하다는 것이 대체적인 분석이고, 삼성, LG, 현대중공업, 한
화그룹은 이미 수직계열화를 이룬 상태이다. 한편 신성솔라에너지는
'마(魔)의 20%'로 불리는 태양전지 광변환 효율의 벽을 깼다. 기존
실리콘 웨이퍼를 이용해 광변환 효율이 20.03%인 실리콘 태양전지
를 개발해 독일 프라운호퍼 태양광연구소에서 검증을 받았다. 기존
제품 대비 태양광발전소 설치면적과 비용 등을 25%이상 절감할 수
있고, 이르면 2012년 말부터 효율 20%대 태양전지 양산에 돌입할
수 있을 것으로 보인다.[14]

그러나 태양광 산업의 불황이 계속되고 있다. 국내 1위인 OCI 군
산공장의 가동률은 50% 정도이고, 2·3위 업체였던 한국실리콘과
웅진폴리실리콘은 2012년 10월에 부도가 났다. LG화학은 2012년에

---

14 매일경제신문, 2012.5.17.

이어 폴리실리콘 신규투자를 보류한다고 밝혔다. 다행히 2013년 들어 태양광분야가 조금씩 살아나고 있는데, 이는 전통적으로 수요가 많았던 유럽뿐만 아니라 미국과 아시아에서 수요가 조금씩 증가하고 있기 때문이다.

반면에 전 세계 건물 일체형 태양전지(BIPV; Building Integrated Photo Voltaic) 시장은 유럽발 경제 위기로 인한 태양광 시장 위축에도 연평균 40% 이상 성장할 것으로 전망된다. 태양광 발전설비를 건축자재로 만들어 건물의 창호·외벽·지붕 재료로 활용하므로 별도의 설치 공간 없이 전기를 얻을 수 있고, 에너지 효율적인 건축물을 세울 수 있다 에너지 전문 조사업체 솔라앤에너지에 따르면 태양광 시장 약세 속에 BIPV 시장만 고속으로 '나 홀로 성장'을 이어가는 것은 태양전지 보조금을 지급하는 각국 정부가 BIPV에 더 많은 돈을 지원하고 있기 때문이다 우리나라도 일반 태양전지에 비해 BIPV에 두 배 가까운 설치 보조금을 지원한다.[15]

국가과학기술위원회는 2012년 4월에 태양광 R&D의 발전 방향을 논의하고 연구 성과를 공유하기 위해 '태양광 R&D 한마당 FAIR'를 열었다. 이 자리에서 세계적으로 태양광 발전규모는 2006년도부터 2010년까지 77% 이상 성장했고, 향후 2015년까지는 2011년 대비 20% 성장이 예측된다는 발표가 있었다. 2008년부터 뒤늦게 태양광 분야의 투자를 시작한 우리나라는 '5+2 광역경제권 선도산업 육성 사업'을 비롯한 기초연구 육성정책을 통해 세계와의 격차를 좁혀나가고 있다. 태양광 분야에 정부 R&D 투자 규모는 약 1,988억 원으

---

15 조선일보, '창문이 전기를 만들어 낸다 – 에너지의 마술 BIPV', 2012.10.31.

로 세계 3위 수준이며, 결정질 실리콘은 중국에 비해 가격경쟁력이 떨어지고, 고효율 실리콘, 박막, 차세대 분야도 기술선진국에 비해 전반적으로 열세로 평가했다.[16]

아울러 정부의 핵심 관계자는 앞으로 태양광 발전을 제2의 반도체산업으로 육성할 계획이며, 이를 위해 1세대부터 3세대까지 중요 기술 분야를 나눠 핵심전략을 수립할 예정이라고 밝혔다. 1세대 결정질 실리콘의 경우 중국발 위기를 극복하기 위해 중요 핵심기술에 대한 산학연 공동 프로젝트를 지원해 고효율, 저가화 기술 투자에 집중할 계획이며, 동시에 한국형 공정 및 장비개발을 진행하게 된다. 2세대 CIGS, 연료감응 기술은 시장 적용성 확대를 위한 플렉서블(Flexible) CIGS 태양전지 개발 등으로 시장의 규모를 늘리고, 선도 기술 조기 확보, 대체 태양전지, 고전압용 CIGS 등을 통해 원료수급에 따른 문제 발생을 최소화할 계획이다. 유기, 차세대가 포함된 3세대는 장기적인 관점에서 지속적인 투자를 할 것이며 원천기술 확보, 디자인과 마케팅 분야의 개척을 통해 새로운 가치 창출을 도모할 예정이라고 밝혔다.[17]

지식경제부는 2012년 5월에 태양광 산업 재도약 프로젝트(Solar Korea)를 발표했다. 이 프로젝트의 핵심은 ① 태양광 산업화 기반 국내 시장창출 ② 태양광 경쟁력 강화 해외 진출지원 ③ 통합형 R&D 및 인력육성 ④ 산업 특화적인 금융제공 등이다. 구체적으로는 업계 가동율 제고와 유동성 확보 도모를 위해 향후 3년간 총 260MW 규모의 태양광 발

---

16 박진호, '태양광 분야 국내외 동향', 「태양광 R&D 한마당 Fair」, 국가과학기술위원회, 2012.4.6.
17 홍재민, '태양광 분야 정부 R&D 투자방향', 「태양광 R&D 한마당 Fair」, 국가과학기술위원회, 2012.4.6.

전설비를 추가 조기 건설(Solar Korea)하고, 5년간(2012∼2016년) 계획된 1200MW 태양광 의무량을 4년(2015년)으로 축소하는 방안을 추진하는 것 등이다.

바이오에너지

식물유기물, 동물유기물 및 유기폐기물 등을 열분해하거나 발효시키면 메탄, 에탄올 및 수소와 같은 액체·기체의 연료를 얻을 수 있다. 이러한 모든 생물유기체(바이오매스)를 통해 얻을 수 있는 에너지를 바이오에너지(bio-energy)라고 한다. 미국이 옥수수를 원료로 한 에탄올 생산을 중심으로 하고 있는데 비해 브라질에서는 사탕수수를 원료로 한 에탄올 생산이 이루어지고 있다.

<2012년 세계에너지전망>에 따르면 바이오에너지는 세계에서 중요한 에너지원으로 2010년 세계 1차 에너지 수요 12,730Mtoe의 10.0%인 1,277Mtoe를 공급했다.[18] 그러나 아쉽게도 주로 개발도상국에서 단순히 나무를 태우는 방식이다. 24억 명이 바이오매스 연료로 요리를 하고 있다. 문제는 생물연료 생산이 식량 작물과 경쟁을 하는 데 있다. 쇠고기 1kg을 생산하려면 8kg의 곡류를 먹여야 한다. 자동차 한 대의 탱크를 채울 에탄올을 생산하는 데 드는 곡물의 양은 한 사람의 일 년분 식량이다. 기후변화 대책으로 온실가스 배출량을 줄이기 위한 정책을 편 결과가 폭동, 기근, 굶주림을 낳을 수 있다. 게다가 바이오 연료와 생분해성 플라스틱 보급에 매진한 결과

---

18 IEA, 2012a: 51.

는 열대 지역의 삼림 벌채를 가속화해 지구온난화를 가중시킨다.[19]

농작물과 폐기물로 에너지를 생산할 때 반드시 고려해야 할 점은 이에 들어가는 땅과 물이 식량과 섬유를 생산하는 데 쓰면 더욱 생산적일 수 있다는 사실과 바이오매스를 생성하고 에너지를 가공 및 운송하는 과정에서 온실가스를 배출해 지구온난화를 부추길 수도 있다는 사실이다.[20] 현재 바이오에너지의 원료로 사용되는 것은 옥수수, 보리, 유채 등 대부분 곡물이다. 나무와 볏짚 등의 식물을 이용하는 기술이나 음식물 쓰레기와 같은 유기성 폐기물을 이용하는 기술이 개발되고 있지만 아직은 경제성이 떨어지기 때문이다.

바이오 연료 사용을 향한 사람들의 열정은 그것을 대량으로 재배할 때 식량생산을 위축시킬 수 있다는 점이 분명해 지면서 이내 식어버렸다.[21] 실제로 2007년 미국은 생산된 옥수수의 3분의 1을 에탄올을 생산하는데 사용한 결과 옥수수 가격이 두 배로 상승한 적이 있다. 곡물을 이용한 바이오에너지 생산은 에그플래이션(Agflation)의 원인 중 하나이다.

우리 정부는 2008~2010년까지 437억 원 규모를 이 분야에 지원한 바 있다. 우리나라는 지형적으로 경작지가 넓지 않아 바이오 에탄올 등의 상용화와는 거리가 있다. 그러나 정부는 바다에 버리던 음식물 쓰레기로 바이오 가스를 만드는 계획은 추진하고 있다. 한국은 런던협약 가입국 중 유일하게 해양(군산에서 200㎞, 포항에서 125㎞, 울산에서 63㎞ 떨어진 바다)에 폐기물을 버리는 나라였다.

---

19 마크 마슬린, 2010: 140-141, 217.

20 제러미 리프킨, 2012: 66.

21 앤서니 기든스, 2009: 195.

런던협약에 따라 2012년부터 가축분뇨와 하수, 2013년부터는 음식물을 바다에 버릴 수 없게 된다. 환경부는 2008년부터 이러한 유기성 폐기물을 바이오 가스로 전환한다는 계획을 세우고 2013년까지 17개, 2020년까지 28개의 바이오 가스 플랜트를 공급하기로 했다. 바이오 가스 플랜트의 시공비용 중 30%를 국고에서 지원할 예정이다.[22]

풍력

인류가 풍력(wind power energy)을 에너지원으로 사용하기 시작한 것은 아주 오랜전의 일이다. 풍력발전은 바람의 운동에너지를 블레이드에서 흡수하여 회전에너지로 전환함으로써 전력을 생산하는 것이다. 풍력발전기는 1891년 덴마크의 기상학자 라쿠르(Poul la Cour)가 처음 만들었다. 대형 풍력발전은 1941년 미국에서 건설한 스미스－푸트넘(Smith-Putnam) 사의 풍력발전기가 처음이다. 풍력발전은 1980년대 미국 캘리포니아와 1990년대 덴마크에서 본격적으로 시작되었으며, 오늘날 독일, 미국, 스페인, 중국 등이 주도하고 있다.

전 세계 풍력에너지 생산량은 2000년부터 2011년 사이에 13배 이상 증가했고, 2011년 말까지 2010년 대비 20.2% 증가한 누적용량 238GW가 설치되었다. 2011년 전 세계 신규 설치용량의 44%가 중국에 설치되었다. 전 세계적으로 풍력발전은 2009년 이후 수력발전을 제외한 신재생에너지 전력생산량 중 가장 큰 몫을 차지했다.[23]

가디언지에 따르면 2012년에 세계는 풍력 발전으로 총 282GW의

---

22 조선일보, 2011.7.20.
23 지식경제부 외, 2012a: 13.

전기를 생산해 사상 최고치를 경신했다. 2012년에만 45GW를 생산할 수 있는 터빈과 발전설비가 새로 건설됐는데, 미국과 중국이 각각 13GW씩 설비를 늘렸고, 독일, 인도, 영국이 2GW로 뒤를 이었다. 총 발전량을 놓고 보면 중국이 77GW로 풍력으로 가장 많은 전기를 생산하고, 미국이 60GW, 독일이 31GW를 생산했다.[24] 덴마크의 풍력발전 컨설팅 회사인 BTM은 세계 풍력발전 시장 규모가 2007년 310억 달러에서 2017년 2,500억 달러로 성장할 것으로 전망했다. 2,500억 달러는 조선시황이 정점이었던 2007년 전 세계 신조선 발주금액과 비슷한 규모이다.

풍력발전의 장점은 무한한 청정에너지라는 점과 CO_2 감축을 위한 저비용·고효율 에너지라는 점이다. 100MW 풍력단지로는 2만 4천 가구에 전기를 공급할 수 있다. 100MW 풍력단지는 90미터 높이 발전탑 50기만큼의 규모다. 그만한 양의 전기를 석탄으로 생산하려면 매년 거의 5만 톤을 태워야 한다. 반면에 늘 일정한 전력을 생산하지 못하고, 에너지 밀도가 낮고, 풍력터빈으로 인한 소음 등의 공해가 발생하고 새들을 위협하게 된다. 또한 풍력발전기를 세우려면 넓은 부지가 필요하고. 도로와 송배전시스템까지 설치해야 하므로 산림훼손 면적이 넓어진다는 단점이 있다. 풍력발전단지가 항공관제를 위해서 사용되는 레이더에 장애를 일으킨다는 보고도 있다.

지식경제부의 '그린에너지산업 발전전략' 중 풍력 부문은 중대형 풍력발전기 독자개발을 목표로 한다. 육상에서는 2MW급 저풍속발전기 개발, 블레이드 소재 및 주축 베어링 국산화에, 해상에서는 3MW 상

---

24 http://www.guardian.co.uk/environment/2013/feb/11/wind-power-capacity-grew-2012

용화와 차세대 부유식 발전기 개발에 중점을 두는 계획이다.

육상에서의 풍력발전과 원자력 발전은 부지확보의 어려움이 있고, 태양광은 투자비 대비 판매단가가 낮기 때문에 건설사들이 해상풍력에 관심을 돌리고 있다. 해상풍력발전은 현재 유럽을 중심으로 확대되고 있는 추세이다. 풍력발전기 날개는 선박의 프로펠러와 유사하고, 대형 철구조물을 조립하는 방식으로 진행되기 때문에 조선업과 관련이 깊다.

한국전력기술은 2010년 12월 제주도와 국내 최대 규모의 해상풍력단지 조성을 위한 업무협약을 체결하였다. 제주시 한림읍 해상에 3MW급 풍력발전기 34기(총 발전용량 102MW)를 설치하는 사업으로 2013년에 공사를 완료할 예정이다. 그 중 4기는 국내 업체가 개발한 신제품을 설치해 운영실적 확보에 도움을 줄 계획이다. 아울러 한국에너지기술연구원은 2012년 5월 제주도 구좌읍 앞바다에서 해상풍력발전 시스템을 가동시켜 2MW급 전력을 생산하는데 성공하였다. 전반적인 설계와 시공, 운영 기술로 이뤄져 의미를 더하고 있다. 여기에 설치된 경사형 2단 자켓 구조로 된 해상 기초 구조물은 세계 최초로 해상풍력발전단지에 적용되는 독창적인 설계로 알려졌다.

지식경제부는 2011년 11월에 현재 0.1%에 불과한 세계 풍력 시장 점유율을 2020년까지 19%까지 높여 2020년까지 '세계 3대 해상 풍력강국'에 진입한다는 야심찬 구상과 함께 전남 부안-영광 인근 해상에 2.5GW급 서남해해상풍력단지 구축계획을 발표했다. 한국전력과 6개 발전자회사, 현대중공업, 삼성중공업 등 민간 기업들이 공동으로 정부 예산 290억 원을 포함한 총 10조 2,000억 원을 투자하여 3단계로 나누어 2019년에 완공할 예정이다. 연간 6,525GWh의 전력 생산이 가능하여 원전 2.5기와 맞먹는 규모이다. 이는 139만 가구, 556만 명이 동시에 사용할 수 있는 전력량으로 전라남·북도 주민(494만 명) 전체가 쓰고도 남는 양이다. 풍력발전기는 바람의 영향을 최소화하기 위해 600~700m 거리를 두고 설치해야 하고 1기를 설치하는데 1㎢ 넓이가 필요하므로, 500기를 모두 설치하려면 여의도(8.4㎢) 면적의 60배와 맞먹는 500㎢ 면적이 필요하다.

이 사업을 위해 설립되는 특수목적법인(SPC)인 주식회사 서남해해상풍력발전(가칭)은 2012년부터 시행되는 RPS(신재생에너지 의무할당제)를 적극적으로 활용할 예정이다. RPS는 2012년에 의무 비율이 2%, 2022년에는 10%에 달한다. 할당량을 채우지 못한 발전사업자는 시장에서 거래되는 REC(신재생에너지 인증서)를 사들여야 한다. 서남해해상풍력발전은 REC를 팔아서 수익을 올린다는 계산이다. 이번 사업에선 효성·두산중공업·대우조선해양·삼성중공업·유니슨·현대중공업·DMS·STX중공업 등 8개 국산 풍력발전시스템을 우선적으로 구매한다는 계획도 가지고 있다.

이러한 해상풍력단지 건설 계획에 대해 정부가 해상을 '주인 없는 공유지'로 간주하여 발전회사들에 사적 이윤 추구행위를 허용하는 간접지원을 하는 것이라는 비판적 시각도 있다. 이러한 간접지원이 정부 투자 부족을 보완하고 관료 주도 능력을 강화하겠지만, 그 결과는 우리 해상 풍력 전략이 사회 공동체 재산에 대한 무책임한 이윤추구 행위가 초래하는 '공유지의 비극'으로 끝날 가능성이 크다는 것이다.[25] 따라서 향후 사업을 추진하는 과정에서는 이러한 비판을 고려하여 문제를 최소화할 수 있는 방안으로 추진되어야 할 것이다.

---

25 최기련, 공유지의 비극 '풍력발전', 매일경제신문, 2011.11.15.

수력

수력(hydopower, water power)은 양수, 일반수력, 소수력으로 구분된다. 수력에 의한 발전은 높은 위치에 있는 하천이나 저수지 물의 위치 에너지인 낙차를 이용하여 수차에 회전력을 발생시켜 전기에너지를 일으키는 것이다.

IEA의 <2012년 세계에너지전망>에 따르면 수력발전은 2010년 세계 1차 에너지 수요 12,730Mtoe의 2.3%인 295Mtoe를 공급했다.[26] 지식경제부 외에 따르면 수력발전은 2011년 전 세계적으로 3,400TWh의 전력을 생산했다.[27] 수력발전에 앞장서고 있는 국가로는 중국, 브라질, 캐나다, 미국, 러시아 등이 있다. 우리나라에는 일반 수력발전소기 16개소에 설비용량은 1,592MW이다. 우리나라는 수력 분야에 2008~2011년까지 51억 원을 지원하였으며, 자동화 및 무인화 기술, 소형 수차개발 및 발전 기술 개발이 주를 이루고 있다.

그러나 수력발전을 위한 댐으로 인해 넓은 지역이 수몰되면서 대규모 집단 이주와 지역 환경의 파괴를 수반한다. 댐으로 형성된 호수에서 식물이 썩어가면서 상당한 양의 메탄이 배출되는 문제도 있다.[28]

이제는 소수력 발전(small hydro power)에도 많은 관심과 투자가 필요하다. 소수력 발전이란 용량이 1만kW 이하의 수력을 말한다. 대규모 발전이 환경에 부정적 영향을 미치는 점을 감안한다면 대안이 될 수 있다. 우리나라의 경우 강우량이 6~9월의 홍수기에 집중되어

---

26 IEA, 2012a: 51.
27 지식경제부 외, 2012a: 16, 130.
28 마크 마슬린, 2010: 218-220.

있어 연간 가동률이 40% 내외로 낮은 점과 초기 건설비가 높은 단점이 있으나, 운영비가 싸서 30년 이상 전기를 생산할 수 있는 장점이 있다. 2012년 6월 4대강 정비사업의 일환으로 낙동강 보에 계획된 8개 소수력 발전소 중 낙동강의 합천창녕보에 설치된 소수력발전소가 처음으로 시험 발전을 시작했다. 발전량이 5,000kW로 주민 2만 3,000명이 1년간 쓰는 전기를 공급한다. 이 정도면 연간 4만 2,000배럴 정도의 원유를 수입하지 않아도 되는 전력량이다.[29] 우리나라에는 소수력발전소가 97개소에 설비용량 156,854kW이며, 2011년도 소수력의 연간 발전량은 361백만kWh의 전력을 생산하였다.

수소에너지 및 연료전지

수소는 대기 중에 무한히 존재하고, 연소 시 소량의 질산화물이 발생하는 것을 제외하고는 대기오염물질의 방출이 없어 지구온난화 해결에도 기여할 수 있다. 그러나 폭발범위가 넓은 기체로서 안전성과 신뢰성에 대한 연구가 아직은 미흡하다. 제1차 석유파동 당시 지속가능한 에너지 공급의 필요성을 절감한 미국의 닉슨대통령이 1973년 11월에 에너지교서를 통해 수소에너지 개발과 같은 새로운 에너지를 개발해야 할 것이라고 원대한 목표를 제시했지만, 거의 40년이 지난 지금까지도 수소에너지는 기술적인 한계를 넘지 못하고 있다.

제러미 리프킨은 2002년에 발간한 <수소혁명(The Hydrogen Economy)>에서 태양광, 풍력 등 신재생에너지를 사용하여 수소를 생산하고 가

---

29 금동화, '전력난, 소수력도 챙길 때다', 디지탈타임스, 2012.6.1.

정용 발전 등을 통해 수소를 소비하는 수소에너지(Hydrogen Energy)가 가히 에너지 혁명이라고 부를 수 있는 새로운 시대를 열 것이라고 전망한 바 있다. 그는 그동안 탄소를 중심으로 구축되어온 에너지 기반이 수소를 중심으로 전환되는 미래의 경제 시스템을 '수소경제'로 불렀다. 수소를 만들어 도시까지 파이프라인으로 운반하고 가스탱크에 저장하여 분배하는 것을 통해 발전, 교통수단 및 가정 등에 이용하는 방식이다.

그러나 수소의 대부분(96%)은 현재 천연가스(48%), 석유(30%), 석탄(18%)을 원료로 하여 증기개질이라는 환경적으로 바람직하지 못한 공정을 통해 생산되고 있으며, 수소 연료전지에 사용되는 수소 또한 대부분이 화석연료 또는 탄화수소 화합물의 개질에 의하여 작동된다. 나머지 적은 양(4%)의 수소가 물을 전기분해하여 생산되고 있는데, 이 전기분해 과정에 필요한 전기는 대부분 화석자원이나 원자력에서 나온 것이라는 것을 생각하면 이 또한 매우 비효율적이며 오염도 발생한다. 수소는 화석자원에 비해 단위 부피당 에너지의 크기가 작아 자동차 연료로 쓰기에는 연료탱크의 크기가 매우 커야 하는 한계 또한 여전히 해결되지 않고 있다. 또한 수소를 저장하기 위해 액화할 경우 그 액화과정에만 에너지의 50%가 손실되고 만다. 따라서 수소경제를 이루기 위해서는 기술적인 난제들이 존재하며, 이러한 난제들로 인해 '수소경제'로의 전환은 사실상 매우 힘들며, 수소기술에 대한 성급한 투자는 큰 낭비만 초래하게 될 것이 분명하다는 점을 인식할 필요가 있다.[30]

---

30 조용덕 외, 2011: 25-26.

요약하자면 수소에너지는 수소를 함유한 물질을 분해하여 얻어야 하는 2차 에너지로서 수소 제조를 위해 또 다른 에너지를 필요로 하므로 수소를 생산하는 데 소요되는 비용이 수소경제가 현실화되기 위한 주요한 변수가 될 수밖에 없다. 가장 어려운 점은 수소 생산에 경제성이 없다는 점이다. 태양광, 풍력 등 신재생 에너지를 이용한 수소 생산이 대규모로 가능할 때 비로소 수소 생산의 실용화가 가능하다 고 말할 수 있다.

수소에너지 체계가 본격적으로 상용화되려면 핵심 기술인 연료전지(Fuel Cell)가 필요하다. 연료전지는 수소와 산소를 화학 반응시켜 전기와 열을 생산하는 장치이다. 연료전지는 1839년 영국의 물리학자인 윌리엄 그로브(William Grove)에 의하여 처음으로 개발되었으나 실용화 단계까지는 발전하지 못하였다. 연료전지는 설치하기 위하여 소요되는 면적이 작고 대규모의 송배전 설비가 필요하지 않으므로 장점이 많은 발전 설비다.

연료전지는 전해질 종류에 따라 인산형 연료전지(PAFC), 용융 탄산염 연료전지(MCFC), 고분자 전해질 연료전지(PEMFC), 직접 메탄올 연료전지(DMFC), 고체 산화물 연료전지(SOFC)로 구분되며, 용도를 감안한 형태로는 고정형(주거용, 상업용, 발전용), 휴대형 및 수송용으로 구분할 수 있다. 연료전지의 용도는 다양하다. 화력발전소를 대체할 수 있는 대규모 발전 용도는 물론이고 공장, 건물, 주택 내에서 사용할 수 있는 전기, 열공급, 노트북 컴퓨터, 휴대용 전화와 같은 휴대용 IT 기기의 전원, 전기자동차의 구동 전원에도 사용할 수 있다.

2011년 전 세계 연료전지 보급규모는 2007년 대비 32% 성장한 86.2MW로 추정되며, 2010년 국내 연료전지 보급량은 14.2MW로

99%가 발전용이며, 2010년 아시아 보급규모의 1/3을 점유한다.[31] 미국 Gii Research사가 2012년 11월에 발간한 연구보고서에 따르면 상업용 및 군사용 연료전지 수요는 2011년 약 4억 3,900만 달러였고, 2012년 약 5억 6,900만 달러에 도달할 것으로 분석되었다. 연료전지 총 시장 규모는 5년 동안 연평균 24.2%로 성장하여 2017년에는 17억 달러에 도달할 것으로 예상된다.[32]

우리나라는 2003년에 과학기술부의 21세기 프런티어연구개발사업의 일환으로 '고효율수소에너지 제조·저장·이용 기술개발사업단'이 한국에너지연구원 내에 설립되었다. 수소제조와 저장기술 중심의 원천기술 확보를 목표로 10년째 꾸준하게 투자되고 있다. 우리나라 전체적으로는 수소 분야에 2008~2011년까지 180억 원이 지원되었다. 수소제조, 저장 및 인프라 구축 관련 연구가 주를 이루고 있다.

반면에 연료전지 분야는 용도별 기술개발과 실증사업을 추진하고 있으며, 초기 시장에 진입하는 단계에 있다. 2008~2011년까지 2,123억 원이 지원되었으며, 시스템, 핵심구성요소, 주변장치개발, 실증연구가 주를 이루고 있다.[33] 연료전지산업을 육성하기 위해서는 소재와 부품의 국산화, 원가 절감, 고부가가치 제품 개발, 제품 성능의 신뢰성과 수명 향상이 필요하다.

지식경제부의 '그린에너지산업 발전전략' 중 수소연료전지 부문은 차세대 수소연료전지 기술의 조기 확보를 목표로 한다. 가정용은 1kW급 핵심부품소재 국산화 및 양산기술 개발로 가격 저감을 실현

---

31 에너지경제연구원, <세계 에너지시장 인사이트> 제12-12호, 2012.3.30.

32 http://www.azom.com/news.aspx?newsID=34848

33 지식경제부 외, 2012a: 129.

하고, 발전용은 2세대(MCFC) 상용화 기술개발 및 3세대(SOFC) 원천 기술의 전략적 확보를 추진한다는 계획이다. 또한 지식경제부는 부생수소[34]를 활용하여 주택 150곳과 공공·상업건물 10곳 등에 연료전지 설치를 지원하는 '수소타운 시범사업'을 2012년 5월에 공고하였다. 총사업비는 90억 원(정부 50억 원, 지자체·민자 40억 원)이 소요된다.

한편 2012년 12월 한국수력원자력, 포스코에너지 및 삼천리 등 세 기관이 공동으로 화성 발안산업단지 내 2만㎡ 용지에 세계 최대 규모인 58.8㎿급 연료전지 발전소 건설에 착공했다. 2013년 말 준공 예정인 이 연료전지 발전소는 연간 464GWh의 전기와 1,950억㎉의 1,950억㎉의 열을 생산할 예정이다. 이는 화성시 가정 전력 소모량 전체의 약 70%에 해당하는 9만 가구에 공급할 수 있는 발전량이다. 발전소가 준공되면 연간 6만 t 의 이산화탄소를 감축해 소나무 500만 그루를 심는 효과를 갖는 것으로 분석된다. 이 사업은 정부의 신재생에너지 의무할당제(RPS) 도입에 따른 한국수력원자력의 대응방안으로 2012년부터 2022년까지 발전량의 약 1.5~5%를 신재생에너지로 공급하기 위해 선택한 것이다.[35]

석탄가스화 복합발전(IGCC) 등

신재생에너지 관련법에서는 석탄을 액화 또는 가스화한 에너지 및 중질잔사유를 가스화한 에너지를 신재생에너지 범주에 포함하고 있다.

---

34 정유화학제품 제조공정 과정 및 발전소 운영 등에서 발생되는 수소.
35 매일경제, 2012.12.31.

석탄을 이용한 신재생에너지는 석탄가스화 복합발전(IGCC; Integrated Gasification Combined Cycle)과 석탄액화(CTL; Coal To Liquid) 기술로 대별된다. IGCC는 석탄이나 중질잔사유 등의 저급연료를 가스화하여 정제한 가스 연료로 가스터빈을 구동하고, 그 배열을 이용하여 증기터빈에서 다시 발전하는 복합발전시스템이다. CTL은 석탄에서 석유와 유사한 연체 연료를 제조하는 것으로 직접 액화와 간접 액화로 대별된다. 각국에서 석탄액화의 연구가 행하여지고 있으나, 석유화학의 진전과 더불어 액체연료 분야에서 석탄이 석유에 전면적으로 밀려나 실제적인 공업화는 이루어지지 않게 되었다.

세계시장 진출을 위해서는 가스화 원천기술을 확보해야 하는데 가스화 공정기술은 선진국의 소수 업체가 과점형태로 소유하고 있어 기술이전을 기대하기 어려운 상황이다.[36] IGCC 기술은 기존 석탄 발전에 비해 효율이 높고 친환경적인 기술로 평가받고 있어 신재생에너지 의무할당제(RPS)에서 10%까지 인정하고 있다.

과학기술부는 1992~2002년까지 G7프로젝트로 정부 114억 원을 포함한 총 202억 원을 투자하여 IGCC 상용화 기반기술 확보를 위한 기초연구를 수행하였다. 지식경제부는 2006년 12월 석탄 IGCC 사업단을 발족하여 10년 계획으로 '한국형 IGCC 기술확보를 위한 300MW급 설계기술 자립 및 실증플랜트 건설'이라는 목표를 가지고 추진하고 있다.

지식경제부의 '그린에너지산업 발전전략' 중 IGCC 부문은 IGCC 상용화 기술력 확보를 목표로 하며, 300MW급 설계기술 자립 후

---

36 이재훈, 2010: 156.

600MW급 상용화를 핵심기술로 예시한다. 우리나라는 네덜란드의 쉘(Royal Dutch Shell) 기술을 도입해서 충남 태안군 태안화력발전소 부지에 2015년 완공을 목표로 설비 용량 380MW의 IGCC 실증 플랜트를 건설 중이다.

해양에너지

해양에너지(Ocean Energy)는 바닷물이 가지고 있는 에너지를 이용하는 것으로서 조력발전, 파력발전 및 조류발전 등이 있다. 해양에너지는 고갈될 염려가 없고 공해문제가 없는 이상적인 에너지원이다. 그러나 발전에 필요한 지형적인 제약이 있고, 상대적으로 에너지 확보가 불안정하며 개발단가가 높다는 한계를 가지고 있다. 또한 조력발전을 위해 물막이 댐을 만들면 천혜의 갯벌을 포기해야 하고, 파도를 가로막거나 방향을 틀 경우 연안의 해양 생물에 어떤 손상을 줄지도 모른다.

조력발전(潮力發電)이란 바닷물의 조수간만 차이를 이용하여 전력을 생산하는 것이다. 경기도 안산의 시화조력발전소는 2004년 12월부터 공사를 시작하여 2010년 12월에 완공되었으며 발전량은 연간 552GWh이다. 지름 7.5m, 무게 800t 규모의 발전기 10기로 50만 명이 쓸 수 있는 전기를 생산하며, 소양강댐 발전량의 1.56배이다. 시설용량 기준으로 1966년에 완공된 프랑스 랑스(Rance)조력발전소의 544GWh보다 큰 세계 최대 규모이다.

시화조력발전소는 처음부터 조력발전소로 의도적으로 만들어진 것은 아니다. 1994년에 농업용수 공급을 위해 시화호를 조성하였으나 3년도 되지 않아 오염에 의해 죽음의 호수로 변했다. 1996년에 정부는 시화호를 살리기 위해 바닷물을 유입시키기로 결정했고, 최대 9m에 이르는 조수간만의 차이를 이용해 조력발전소를 건설하기로 한 것이다. 2011년 7월부터 가동을 시작하여 약 7개월 만에 전력생산량 1억kWh를 돌파했다. 1억kWh는 15만 6,000배럴(약 200억 원어치)의 원유수입을 대체할 수 있는 규모다.

충남 서산에 계획 중인 가로림만조력발전소는 2km의 방조제를 설치하고, 설비용량 약 52만kW, 예상발전량 약 9억 5,000만kWh를 목표로 한다. 이 사업은 2012년 8월 현재, 환경부가 환경영향평가서를 지식경제부로 반려한 상태로 가로림조력발전(주)에서 환경영향평가를 보완 중이다. 그러나 환경적인 이유와 주민들의 반대가 있어 향후 추진이 불투명한 상태이다.

또한 아산만에 2.5km 길이의 댐을 막아 세우려는 아산만조력댐 역시 아산시의회까지 반대 의견을 표명하여 추진이 불투명한 상태이다. 또한 한국수력원자력(주)가 계획 중인 총사업비가 3조 9,000억 원에 달하는 세계 최대 규모의 인천만조력발전소도 '생활터전 파괴'라고 주장하는 어민들과 환경단체의 반대에 부딪쳐있는 상황이다. 세계 5대 갯벌 중 하나인 인천 강화 갯벌이 파괴되기 때문이라는 것이다.

조력발전의 경우 어느 정도 경제성을 확보하기 위해서는 밀물과 썰물의 차가 3~4m이상은 돼야 하는데 이런 조건을 만족하는 나라가 프랑스·캐나다·러시아·중국과 함께 한국이다. 가로림만 발전소의 연간 발전 가능량이 지난 25년 동안 보급돼 온 태양광발전이나 풍력발전보다 많다. 2010년도 연간발전량은 태양광 7억 7,000만kWh,

풍력이 8억 2,000만kWh이다. 조력발전소 건설을 놓고 '환경피해가 우려된다'는 반대 측과 '일부 환경적인 문제는 있지만 우려할 정도는 아니다'는 찬성 측 주장이 맞서 있다. 조력발전은 기후 영향을 거의 받지 않기 때문에 발전 시간과 발전량을 예측할 수 있어서 신뢰성 있는 발전원이 될 수 있다.[37] 대화와 타협으로 문제를 풀어가는 자세가 필요하다.

파력발전(波力發電)이란 파도에 의해 수면이 주기적으로 상하운동을 할 때 물입자는 전후로 움직이는데 이 운동을 에너지 변환장치를 통하여 전기에너지로 변환시키는 것이다. 제주도 한경면 용수리 앞약 500미터 해상에 시험용 파력발전소가 2010년부터 건설되고 있다. 500kW(길이35m×넓이37m×높이28m) 용량이며, 총사업비는 105억 원이 투입될 예정이다.

조류발전(潮流發電)이란 빠른 해수의 흐름이 나타나는 해역에 댐이나 방파제의 설치 없이 해류를 이용하여 바다 속에 설치한 터빈을 돌려 발전하는 것이다. 2009년 5월 전남 진도군과 해남군 사이의 울돌목(명량해협)에 1,000kW급 시험조류발전소 준공식을 가졌다. 한편 전라남도와 신재생에너지 전문기업인 ㈜레네테크는 전남 진도군 조도면 장죽수도에 모두 1조 1,000억 원을 투입하여 세계 최대 규모인 200MW급 조류발전단지를 건설할 계획이다. 이곳은 수심이 40m이고 최대 유속이 초당 3.5m로 조류발전의 적지로 평가받았다. 2014년부터 본격적인 수중 터빈과 구조물 설치에 들어갈 계획이다.

---

37 김종용, '조력발전소 건설, '대화와 타협으로'. 조선일보, 2012.4.11.

폐기물에너지

폐기물에너지(waste energy)는 사업장과 가정에서 발생되는 가연성 폐기물을 처리하여 얻어지는 연료와 이를 연소시켜 발생되는 에너지를 의미한다. 폐기물 고형연료, 고분자 폐기물의 열분해 연료유, 가연성 폐기물의 가스화 연료, 소각열 등이 있다. 폐기물에너지화기술은 폐기물을 수거한 상태 그대로 소각로에서 소각하고 그 때 발생하는 폐열을 바로 활용하는 소각폐열보일러 방법과 폐기물을 물리화학적으로 가공하여 기존화석연료와 비슷한 폐기물재활용연료를 생산하는 기술이 있다.

환경부는 2008년에 발표한 '폐기물에너지화 종합대책'에서 2012년까지 에너지화가 가능한 폐기물 물량을 380만 톤으로 설정하고, 오는 2020년까지 1,200여 톤에 이르는 폐기물 전량을 에너지화하겠다는 계획을 발표한 바 있다. 폐기물에너지 생산량은 1999년 176만 TOE에서 2010년 486만TOE로 270% 증가했다. 우리 정부는 이 분야에 2008~2011년까지 321억 원 규모를 지원하였으며, RDF 연소기술, 열분해 기술 등이 주를 이루었다.

지열에너지

지열(geothermal energy)은 지구 내부에서 표면을 거쳐 외부로 나오는 열을 말한다. 지표면의 깊이에 따라 천부(shallow) 지열과 심부(deep) 지열로 구분되며, 천부지열은 10~20℃ 정도이고, 심부지열은 40~150℃이다. 지열 이용이 가능한 지역이 지리적으로 한정되어 있다는 것이 단점이다. 2011년에 전 세계적으로 지열 이용은 205TWh(738PJ)로 추정되며, 이중 1/3이 전력생산에 이용되고 2/3가 히트펌프 등에 직접열로 이용되었다.[38]

통상적으로 지열발전은 화산지대 국가에서 가능한 것으로 알려져 왔으나, 최근 독일을 중심으로 비화산 지대에 적용하는 신기술을 활용한 상용화 발전이 확산되고 있는 추세이다. 심부지열 개발에 핵심이 되는 신기술이 EGS(Enhanced Geothermal System) 즉, '인공 지열저류층 생성 기술'이다. 한국지질자원연구원은 오는 2015년까지 5㎞ 심도의 EGS 지열개발을 통해서 아시아 최초의 1.5MW급 지열발전소 건설을 목표로 연구를 진행 중이다.

지식경제부와 포항시는 2012년 9월 포항시 흥해읍 남송리에서 'MW급 지열발전소 건설 기공식' 행사를 개최했다. 포항은 2.5㎞를 파고 내려가면 90℃ 안팎의 물이 나오는 것으로 알려져 있다. 2015년까지 이 소형지열발전소를 건설하기 위한 총사업비는 총 473억 원(정부 195억 원, 민간 278억 원)으로 ㈜넥스지오가 주관한다. 2030년까지는 대형 원전의 5분의 1규모인 200MW급 발전소를 지을 계획도 가지고 있다.

히트펌프(heat pump)는 열을 퍼 올리는 기계다. 에너지는 그냥 두면 높은 곳에서 낮은 곳으로 흐른다. 히트펌프는 반대로 온도가 낮은 곳에서 높은 곳으로 열을 뽑아 올린다. 히트펌프의 성능을 증폭시킨 것이 '지열 히트펌프'다. 땅속은 여름이건 겨울이건 15도 정도로 온도가 일정하다. 가정용 지열 히트펌프 표준설치비는 2,900만

---

38 지식경제부 외, 2012a: 15.

원인데 절반은 정부가 '그린홈 100만호' 사업으로 지원해 준다. 일
반주택용 지열 히트펌프는 에어컨의 실외기에 해당하는 지중 열교
환기를 땅속에 심어야 한다. 지중 열교환기는 직경 16㎝, 깊이 150m
의 구멍 2개를 'U'자형 파이프로 연결시킨 것이다. U자 파이프가
실내에서 뽑아낸 열을 땅속으로 버리거나, 땅속 열을 실내로 옮기기
위해 끌어 모으는 역할을 한다.[39] 우리나라의 히트펌프 시장은 시작
단계라고 할 수 있는데, 최대 난점은 초기 투자비가 크다는 점이다.

LED

발광 다이오드(LED; light-emitting diode)는 미국 일리노이대학의
홀로니악(Nick Holonyak)이 1962년에 처음 개발한 것으로, 전류의
90%를 빛으로 변환하여 발광하게 하는 반도체의 일종이다. LED 제
품은 수은이나 납과 같은 오염 물질이 들어있지 않아 친환경적이며,
전기사용량이 적고 수명도 길다. 물론 가격이 기존 전구에 비해 10
배 정도 비싼 단점은 있다. LED 세계시장 규모는 2010년 343억 달
러, 2012년 694억 달러, 2015년 1,147억 달러에서 2020년에는 2,650
억 달러로 추정된다.

LED 조명은 전기요금에 대한 부담 없이 오래 켜둘 수 있어 범죄
예방에도 도움이 된다. 스코틀랜드 글래스고의 대표적인 환락가였던
뷰캐넌거리의 가로등을 LED 조명으로 바꾸자 범죄율이 30% 감소
했다고 한다. 물론 일부과학자들은 LED 조명 확대에 따른 '광공해'

---

39 한삼희, '땅속에 널린 공짜에너지 씁시다', 조선일보, 2011.7.9.

를 우려하기도 한다.

우리나라도 조명에 의한 에너지 소비 비중이 20%에 달하고 있다. 따라서 2015년까지 국내 조명의 30%를 LED 조명으로 교체할 경우, 매년 160억kWh의 전력 절감과 680만 톤의 CO_2가 저감될 것으로 기대되는 분야이다.[40] 2012년 2월 녹색성장위원회 제6차 이행점검 보고대회 자료에 따르면 지난 4년간의 정책추진 결과, 2011년 LED 수출은 35.1억 달러로(전년대비 37%) 증가하고, 11.4억 달러의 무역수지 흑자를 기록하는 등 LED 산업이 발전하고 있는 것으로 파악되었다. 정부는 LED ESCO사업[41]을 확대하기 위해 LED 사업자의 자금 회수 기간을 단축하기 위한 융자지원개선 등을 추진하기로 했다.

지식경제부의 '그린에너지산업 발전전략' 중 LED 부문은 100 lm/W급이상 비질화물계 고효율 LED 원천기술 확보와 저가 고효율화 전략을 통해 가격경쟁력 확보에 주력한다는 계획을 세웠다. 아울러 'LED 융합기술지원센터'를 경기도 광교, 경북 경산 및 전북 전주에 설치하여 지역마다 특화된 거점 산업과 연결하여 LED 기술개발, 인력양성을 하고 있다.

최근에는 LED 이외에 새로운 광원으로 유기 LED(OLED; organic light-emitting diod)와 양자점(QD; quantum dot)이 개발되고 있다. LED가 무기물 발광이라면, OLED는 유기 전계를 가하여 전기 에너지를 빛으로 바꾸어주는 반도체의 일종이다. OLED는 광시야각, 초박형, 고화질 같은 화면 표시용으로서 필요한 요소를 갖추고 있다.

---

40 이재훈, 2010: 154.

41 ESCO사업은 에너지사용자를 대신하여 ESCO가 고효율에너지 시설 설치에 선투자하고 이를 통해 발생하는 에너지 비용절감액으로 투자비 및 이윤을 분할하여 회수하는 사업을 말한다.

그러나 LED보다 수명이 짧고 광효율이 낮은 것이 단점이다. QD는 가시광선 영역의 빛을 자유롭게 만들 수 있어 LED의 단점을 보완할 수 있는 차세대 광원이다.[42]

스마트 그리드

스마트 그리드(smart grid)는 기존의 전력망에 정보기술(IT)을 접목하여 전력 공급자와 소비자가 양방향으로 실시간 정보를 교환함으로써 에너지 효율을 최적화하는 차세대 지능형 전력망이다. 양방향 정보공유를 통해 '소비자 선택권'을 강화함으로써 보다 개방적·수평적·협력적·분산적인 에너지 네트워크의 특징을 가지고 있다. 이것은 1990년대 말부터 주목받기 시작했고, 공식화된 것은 21세기 미국의 미래 전력망 비전을 담은 'Grid 2030'이 발표된 2003년부터다.

전력분야 시장 조사기관인 SBI의 2009년도 보고서에 따르면 세계 스마트그리드 시장 규모는 2009년 639억 달러에서 2014년 1,714억 달러 규모로 연평균 20%정도 성장할 전망이다. 시장 조사기관인 블룸버그 뉴 에너지 파이낸스(BNEF)에 따르면, 2012년 스마트 그리드 기술개발에 대한 전 세계 국가의 투자규모는 2011년 대비 7% 증가한 139억 달러였다고 밝혔다.

2009년 7월에 열린 주요 경제국 포럼(MEF; Major Economies Forum)에서 스마트 그리드는 온실가스 감축을 위한 기술의 하나로 선정되었고, 우리나라가 이탈리아와 더불어 스마트 그리드 분과 의장국으

---

42 김형국, 2011: 207.

로서 '스마트 그리드 기술로드맵'을 만들어 2009년 12월 코펜하겐
에서 열린 기후변화 당사국총회에서 발표한 바 있다

한국 정부는 2009년 2월 녹색성장위원회 제1차 회의에서 스마트
그리드 추진계획을 발표하였고, 동년 11월에 스마트 그리드 추진전
략을 발표하였다. 아울러 스마트 그리드 협회 발족, 스마트 그리드
사업단 구성, 제주스마트그리드실증단지 착공 등이 추진되었다. 2010
년에는 스마트 그리드 로드맵을 발표하였다. 이 로드맵은 5개 분야
(지능형 전력망, 지능형 소비자, 지능형 운송, 지능형 신재생, 지능형
전력 서비스)별로 2030년까지의 세부추진계획을 마련한 것이다.
2011년에는 스마트 그리드를 위한 '지능형전력망의 구축 및 이용촉
진에 관한 법률'도 제정하였다.

제주스마트그리드실증단지는 관련기술의 상용화와 수출산업화 촉
진을 위해 제주도 구좌읍 일대 약 6천호를 대상으로 2008년 말부터
구축하기 시작했고, 2011년 5월까지 인프라 구축을 마친 후, 2013년
5월까지 운영할 계획이다. 전력·통신·자동차·가전 등 스마트 그
리드 유관 기업들로 구성된 12개 컨소시엄(168개 사)이 참여하고 있
고, 정부 685억 원, 민간 1,710억 원 등 총 2,395억 원이 투자될 예
정이다. 이 단지는 다양한 스마트 그리드 자원(전기자동차, 배터리,
가전 및 거래 등)을 TOC(Total Operation Center)라는 단일한 운용체
계 속에서 수행한 최초의 실증단지라는 점에서 의미가 있다.

2012년 2월의 녹색성장위원회 제6차 이행점검 보고대회에서 '스
마트 그리드 정책 이행점검 결과 및 향후대책'이 보고되었다. 이 자
리에서 스마트 그리드의 조기 성장동력화 및 세계시장 선점을 위해
서는 가정용 스마트계량기(AMI)·전기차 충전기·에너지저장시스템

보급을 확산하고, 스마트 기기의 전략적 구매를 촉진하는 등 초기 시
장 창출에 가용 역량을 집중할 필요가 있는 것으로 평가하였다.

이에 따라 ① 스마트계량기(AMI)[43]를 향후 5년 내(2016년까지) 전
체 고객의 50%까지 보급(2011년 72만대, 3.6% → 2016년 1천만대,
50%) ② 정부의 '그린카 산업 발전전략 및 과제'상의 전기차 보급목
표와 연계하여 2016년까지 전기차 충전기 15만기를 설치하여 전기
자동차 보급을 촉진할 계획 ③ 현재 실증단계에 있는 에너지저장장
치를 2016년까지 20만kWh 규모로 보급(17,000 가구가 하루 사용 가
능한 전력량)하여 상가·빌딩 등이 전기요금이 낮을 때 충전하고 전
기요금이 높을 때 방전함으로써 피크 절감 및 전기료 절감에 기여하
도록 할 계획('11년 1만kWh → '16년 20만kWh) 등을 세웠다.

우리나라의 경우 국내 전력시장이 상대적으로 폐쇄적이고 전력망
이 비교적 잘 정비되어 있는 상태여서, 그 자체를 시급히 정비해야
하는 미국, 유럽과는 상황이 다르기는 하지만, 막대한 정부 예산이
투입되어야 하는 인프라 구축 사업이기에 국민적 공감대와 지지 없
이는 추진이 불가능하다. 아울러 개인정보가 확실하게 보호될 수 있
는지의 문제, 국내 전력망 전체가 네트워크로 연결되어 있을 때 발
생할 수 있는 전력망의 보안성 문제, 에너지 복지를 어떻게 보장할
것인지 하는 문제 등을 예상할 수 있다.[44] 스마트 그리드는 기술만
개발한다고 완성할 수 있는 게 아니라 국가 인프라의 틀을 모두 바
꾸는 사업이기 때문에 국가의 장기적인 발전 방향에 대한 철학과 비

---

43 수용가와 전력회사 간 양방향 통신을 이용하여 인력 없이 실시간 요금정산, 전력사정에 따른 가
　　전 제어 등을 가능하게 하는 인프라.

44 김남규 외, 2011: 197-198.

전의 관점에서 접근이 필요하다.

또한 실증단지를 바탕으로 실질적인 전력망 고도화와 수출산업화를 이끌어 내기 위해 정부 주도가 아닌 민간주도로 추진되어야 하는 몇 가지 주요한 과제들이 남아 있다. 첫째, 기존의 스마트 그리드 관련 각종 융합형 사업의 영역확대가 필요하다. 이제는 실패사례로 인식되어 온 홈 네트워크 및 u-City 등의 기술과 경험을 스마트 그리드 사업에 접목하여 스마트시티 등 새로운 사업영역으로 확대할 필요가 있다. 둘째, 정부의 적정한 역할에 대한 새로운 제시가 필요하다. '기술규제와 보조금' 정책을 보다 구체화하여 시장에 제시할 필요가 있다. 배터리 저장장치, IHD(In Home Display) 등에 대한 과감한 보조금 지원방안도 마련되어야 한다. 셋째, 제주실증단지에서 미흡하게 취급되어온 전력계통 자체에 대한 새로운 접근이 필요하다. 스마트 그리드는 전력망 고도화라는 플랫폼 위에서 전기자동차, 신재생, DR 등의 어플이 작동하는 시스템을 의미한다. 그러한 측면에서 전력시스템의 스마트 그리드화에 대한 방향제시가 필요하다.[45]

제주실증단지는 예산 투자에 비해 제대로 된 성과를 얻지 못하고 있다. 구좌읍이 농촌이고 가구주 나이가 많다 보니 스마트 그리드 확산을 위한 핵심인 양방향 전력망 소통이 잘 안 되는 상황이다. 한국전력 주도의 일방적 전력구조에서 민간 기업이 참여할 여지도 없다. 2012년 11월 대한전기학회 학술대회에서 한국전기산업연구원의 연구원들은 스마트 그리드 사업에 대해 구체적 성과 없이 R&D에만 머무르고 있다고 말했다. 아울러 "우리나라의 스마트 그리드는 시장

---

45 김창섭, '스마트 그리드의 현황과 도전', Future Horizon, 2011 여름, 통권 제9호.

창출이 지연되고 있어 사업 추진의 동력 상실이 우려되고 있다"고 주장했다. 이들은 정부 주도로 스마트 그리드 정책을 결정하기 어려운 만큼 산·학·연·관 대표로 구성된 정책협의체 설립을 제안하기도 했다. 심지어 스마트 그리드는 '밑 빠진 독에 물 붓는 격'이라는 인식까지 확산되는 양상이다.[46]

원자력

1953년 12월 미국의 아이젠하워 대통령이 UN총회에서 원자력의 평화적인 이용을 제창한 이래 많은 연구개발이 이루어져 왔다. 원자력의 평화적인 이용에는 원자로에서 발생하는 열을 이용하여 전기를 생산하는 원자력발전이 대표적이다. 1954년 구소련의 오브닌스크 원자력발전소가 세계 최초로 원자력발전을 시작했다. 그러나 원자력이라고 하면 제2차 세계대전에서의 원자폭탄, 1979년 미국 펜실베니아 주 스리마일 섬의 원전 사고, 1986년 러시아 체르노빌 원전 사고 및 2011년 후쿠시마 원전사고 등 부정적인 면을 먼저 떠올리는 사람들도 있다.

원자력 발전을 대안으로 삼을 때 가장 큰 문제는 이를 이용해서 핵무기를 생산할 가능성과 핵 테러, 핵폐기물 처리의 어려움 등이다. 이런 문제가 과연 얼마나 심각할 지에 대해서는 아무도 장담하지 못한다.[47] 아울러 원자력이 핵폐기물이나 핵발전소 폐로비용까지 계산하면 결코 값싼 에너지가 아닐 뿐만 아니라 너무나 위험한 에너지라는

---

46 매일경제, 2012.11.29.
47 앤서니 기든스, 2009: 194.

주장이 점차 설득력을 얻고 있는 것도 사실이다.[48] 그러나 원자력 발전의 장점은 믿을 만하고 수요에 맞추어 하루 중에도 가동을 조절할 수 있으며, 준비돼 있고 이미 완벽하게 시험이 끝난 기술이란 점이다.[49]

IEA의 <2012년 세계에너지전망>에 따르면 원자력은 2010년 세계 1차 에너지 수요 12,730Mtoe의 5.7%인 719Mtoe를 공급했다.[50] IPCC 제4차 평가보고서(2007)에서도 원전이 기후변화에 대응할 수 있는 기술적 대안이라 밝혔다. 원전은 1시간 동안 1기당 1,000~1,400 MWh의 발전량을 생산하는데 비해 석탄은 500MWh, 풍력은 3MWh를 생산한다. 반면 1GW 전력생산 시 배출되는 이산화탄소량은 석탄이 1,041톤, 천연가스가 469톤, 태양에너지가 39톤인 반면, 원자력은 고작 17톤에 불과하다.

GGGI 이사회 멤버이기도 한 제프리 삭스(Jeffrey Sachs) 컬럼비아대 교수는 한국을 방문했을 때, 한 신문과의 인터뷰에서 "나는 아직도 원자력발전이 저탄소 에너지원으로서 가능성이 있다고 생각한다. 원자력발전은 비용이 적게 들뿐만 아니라 자원으로서 잠재성이 있다. 나는 원자력발전을 반대하는 의견에 동의하지 않는다. 많은 사람이 원자력발전에 반대하지만 그들은 아직 더 나은 대체에너지가 없다는 사실을 모르고 있기 때문이다"라고 말했다. 아울러 모든 국가가 실제 탈탄소를 위한 장기적인 방안을 마련해야 하며, 이는 원자력발전, 재생에너지, 탄소 포집과 격리 기술 등을 통해 가능하지만 대부분 국가 계획이 이에 한참 못 미친다고 주장했다. 그는 태양

---

48 조용덕 외, 2011: 26.
49 마크 마슬린, 2010: 218-219.
50 IEA, 2012a: 51.

열 등 대체에너지가 대안으로 떠오르고 있긴 하지만 비용 측면에서 원자력 대비 효율성이 떨어진다고 역설했다.[51]

국제에너지기구 수석 이코노미스트 파티 비롤(Fatih Birol) 박사는 "원자력발전을 폐기할 경우 화석연료에 의존하게 되고 기후온난화 문제를 해결하기 더 힘들어진다"며 "원자력발전은 앞으로 중국 등을 중심으로 지금보다 더 늘어날 것"이라고 말했다.[52] 반면에 IPCC의 파차우리(Rajendra Pachauri) 의장은 "전 세계 전력 공급에서 원전은 17~18%를 차지할 정도"라며 원전을 바라볼 때 효율 높은 저탄소 에너지원이라는 매력과 환경에 나쁜 영향을 끼칠 수 있다는 위험성을 균형 있게 봐야한다고 주문했다.[53]

2012년 3월 서울에서 열린 '2012 에너지 미래 심포지엄'에 참석한 모하메드 엘바라데이(Mohamed ElBaradei) 국제원자력기구(IAEA) 전 사무총장은 기조연설을 통해 "현재 30개의 나라가 총 437개 원자로를 가동하고 있고 지금도 14개 나라에서 63개 원자로가 건설 중이다"라며, 터키와 베트남, 벨라루스 등 '새로운 원전국(Newcomer Countries)'들이 원자력 발전 분야에서 빠른 성장을 보일 것으로 예상한 바 있다.

2011년 3월 일본에서 지진과 쓰나미로 발생한 후쿠시마 원전사고의 여파로 독일, 이탈리아, 스위스 등은 새로운 원전 건설 계획을 철회하거나 보류하기로 결정한 바 있다. 그러나 스웨덴은 원전을 폐쇄하기로 한 국민투표 결정을 수정해 신규 원전 건설을 승인했다. 한

---

51 매일경제신문, 2012.5.23.

52 조선일보, 2012.10.13.

53 조선일보, 2012.3.9.

국, 프랑스, 중국, 미국 등은 원전을 계속 늘려가는 추세다.

후쿠시마 원전사고 이후 우리나라도 원전정책에 대한 전반적인 재검토와 원자력의 안전성 확보를 위한 법령체계 및 법제도적 개선의 필요성이 제기되었다. 이에 따라 2011년 7월 25일에 기존의 '원자력법'을 '원자력진흥법'으로 전부 개정했으며, '원자력안전위원회의설치및운영에관한법률'과 '원자력안전법'을 각각 분법 제정하였다.

이명박 정부에서 원자력은 저탄소 녹색성장을 위한 핵심 에너지원으로써 새로운 에너지원 체계로 전환하는 중간단계에서 완충역할을 해야 하는 것으로 간주되었다.[54] 현실적인 에너지 문제, 신재생에너지의 한계 등으로 인해 한국의 녹색성장정책은 원자력의 확대를 포함하고 있다. 녹색성장 비전 제시 후 발표된 '제1차 국가에너지기본계획(2008-2030)'에는 1차 에너지 중 원자력의 비중을 2006년 15.9%에서 2030년 27.8%로, 전체 발전설비 비중으로는 2006년 26%에서 2030년 41%로 확대하는 계획이 제시되어 있다.

우리나라는 1962년 3월 연구용 원자로 도입에 이어 1978년 4월 고리 1호기 상업운전을 시작한 이래 총 21기를 가동하고 있다. 현재 95%정도 완전 기술자립을 하였으나 핵심기술은 아직도 해외에 의존하고 있어 해외수출 때 상대방국가에서 기술이전을 요구할 경우에는 원천기술 공급자인 웨스팅하우스로부터 동의를 받아야 하는 제약이 있기는 하다. 2009년 말에는 아랍에미리트(UAE)에 한국형 원전 4기(5600MW)를 186억 달러(약 20조원)에 수출하여 세계적인 이목을 끌었다. 미국과 프랑스 캐나다 러시아 일본에 이어 세계에서

---

54 미래기획위원회, 2009: 94.

여섯 번째 원전 수출국으로 부상하기에 이르렀다.

정부는 2011년 11월에 제1차 원자력진흥위원회를 열어 2012년부터 5년간 원자력 관련 기술 개발에 2조 833억 원을 투입하는 내용을 담은 '제4차(2012~2016년) 원자력진흥종합계획'을 확정했다. 2012년부터 원자력의 기술력과 안전성을 향상시키고 국가 수출산업으로 육성한다는 목표 아래 '원자력 2.0시대'로 명명했다. 아울러 전력난이 가중되고 있는 국내 실정을 감안해 '제5차 전력수급기본계획'에 따라 전체발전량 중 원자력의 비중을 2012년 34.0%에서 2016년 37.5%까지 담당하기 위해 2016년까지 계획된 6기의 원전을 차질 없이 준공하고, 신규 원전 부지 확보에도 나서기로 했다.

한국원자력연구원은 일체형 모듈식 원자로란 의미를 내포하고 있는 SMART(System-integrated Modular Advanced Reactor)를 1997년부터 개발에 착수하여 2012년 7월에 원자력안전위원회로부터 표준설계인가를 획득했다. 우리 원자력계가 100% 독자기술로 개발한 SMART는 출력이 대형 원전의 약 10분의 1인 중소형 원전이다. 중소형 원전의 세계시장 규모는 2050년까지 50~100기, 금액으로는 약 350조 원으로 추정되어 향후 수출이 기대되고 있다.

한편 우리나라는 방사성폐기물, 특히 고준위 폐기물인 사용후핵연료의 관리방안 마련이 시급한 실정이다.[55] 한국의 경우 재처리가 허용되지 않는 국가이므로 모든 사용후핵연료를 직접 처분해야 한다. 현재까지 발생된 사용후 핵연료는 각 원전부지에 저장 및 보관되고 있다. 2016년까지의 저장공간은 확보하였으나 그 이후의 공간

---

55 참고로 중·저준위 방사성폐기물처분장은 2005년에 경상북도 경주시가 부지로 확정되었으며, 2007년에 착공했다. 2012년에 완공할 예정이었지만 2013년 1월 말 현재까지 완공했다는 소식은 없다.

은 아직 확보되지 않은 실정이다. 정부는 2011년 11월 '사용후핵연료 정책포럼'을 구성해 사용후핵연료 관리대책에 대해 논의한 바 있다. 동 포럼은 2024년까지 중간 저장 시설을 마련해야 한다는 정책제안을 2012년 8월말 정부에 제출하였다. 이 시설은 방사능이 매우 강한 사용후핵연료를 최종 처분장이 마련될 때까지 임시로 저장하는 시설이다.

정부는 2012년 11월 국무총리 주재로 제2차 원자력진흥위원회를 열어 '사용후핵연료 관리대책 추진 계획'을 의결했다. 주요 내용은 중간저장시설 설치를 위해 2013년 4월에 공론화위원회를 구성하고, 2015년부터 부지선정위원회를 가동하겠다는 것이다.

사용후핵연료를 재활용해 발전용으로 사용하면 방사성 폐기물 양을 획기적으로 줄일 수 있다. 하지만 1974년 발효된 한·미원자력협정에 따라 폐기물 재활용은 금지된 상태다. 이에 한국은 안정적인 연료 공급과 폐기물 감축을 위해 사용후핵연료를 재활용할 권리를 미국 측에 요구했지만 미국은 국제적인 핵 비확산정책 때문에 난색을 표하고 있다. 한국원자력학회장을 지낸 KAIST 장순흥 교수는 이 협정이 한국이 평화를 목적으로 농축과 재처리를 할 수 있도록 개정되어야 한다고 주장한다.[56] 한·미원자력협정은 2014년 3월 19일 종료되기 때문에 2010년 10월부터 개정에 대한 협의를 시작했다. 그러나 미국 측은 핵 비확산정책과 북한 핵문제에 미칠 영향 등을 감안해 '사용 후 핵연료' 재처리는 받아들이기 힘들다는 입장을 2013년 2월까지도 고수하고 있는 상황이다.

---

56 신동아, 2012.12.24.

지난 25년간 우리나라 일반물가는 3배 가까이 올랐지만 전기료는 10% 상승에 머물렀는데, 이는 원자력 덕분이라 볼 수 있다.[57] 우리나라는 국토면적이 좁고 풍력·태양광·수력·조력 등 자원의 밀집도가 떨어져서 신재생에너지는 보완적인 역할을 담당할 수 있을 뿐이다. 정부의 야심찬 계획에도 불구하고 2030년 신재생에너지 보급목표는 11%이다. 현재 가동 중인 100만㎾급 원자력발전소 건립에 필요한 부지는 여의도 면적의 10분이 1 수준인 33만㎡이다. 하지만 태양광 발전소를 지으려면 3,300만㎡, 풍력으로 대체하려면 1억 6,500만㎡가 필요하다는 점을 직시할 필요가 있다. 물론 원전 가동에 따른 안전성은 철저하게 점검하고 확인해야 할 것이다. 석탄과 석유에 의존하는 오늘날의 화석연료 시대와 미래의 녹색에너지 시대를 이어주는 교량역할은 원자력이나 가스에 맡길 수밖에 없는 것이 현실이다.

3. 정책수단

재정

(1) 정부 재정투자

<녹색성장 5개년 계획>에 따르면 '09~'13년간 107.4조 원의 재정투자계획 중 탈석유·에너지자립 강화를 위해 에너지 저소비·고

---

57 김명자, '원자력 딜레마', 조선일보, 2011.9.20.

효율사회 구축, 청정에너지 보급 확대, 원자력 공급능력 확충 등 4개 과제에 14.9조 원을 투자할 계획이다. 총투자계획의 13.9%를 차지한다.

지식경제부는 2008년 12월 '제3차 신재생에너지 기술개발 및 이용·보급계획'을 확정했다. 신재생에너지 보급목표를 '15년 4.3%, '30년 11.0%로 설정했으며, 현재의 폐기물 중심에서 바이오에너지, 태양에너지, 풍력 등 자연 재생에너지 중심으로 전환할 계획이다. 이를 위해 2030년까지 총 111.5조 원(정부 투자비 39.2조 원)을 투자할 예정이다.

한편, 지식경제부는 신재생에너지 해외진출지원사업을 2011년부터 시행하고 있다. 유망 수출국에 대한 해외시장조사 및 프로젝트 발굴, 해외인증 취득, 해외시장 타당성 조사, 해외 유망 전시회 참가 지원, 신재생에너지 전문 국제전시회 개최, 해외시장 정보제공 서비스 구축 등 국내 신재생에너지 기업의 해외진출 기반을 조성하기 위한 사업이다. 이 사업은 크게 해외진출기반조성사업과 해외타당성조사사업으로 나누어져 있으며, 총 7개의 세부사업으로 운영되고 있다. 2011년도 사업예산은 총 90억 원, 2012년도는 총 91억 원이다.

(2) 민간투자 유도

정부는 녹색에너지 개발 및 보급 확산을 위해 민간의 투자를 유도하는 데도 노력하고 있다. 국내 30대 대기업은 2011년부터 2013년까지 3년간 녹색성장 분야에 22조 4,000억 원을 투자한다고 제8차 녹색성장보고대회(2010. 7.12.)에 보고되었다. 이는 2008년부터 3년간 투자한 총액 15조 1,000억 원 대비 48.2% 증가한 규모다. 세부분야별로는 신재생에너지 등 청정에너지 분야에 8조 9,000억 원, 그린 카에 5조 3,000억 원, 차세대 전력장치 분야에 4조 3,000억 원이 각각 투자된다.

삼성그룹은 2010년 5월 그룹차원에서 향후 10년 간 주력하고자 하는 5대 신수종사업을 공표했다. 즉, 태양전지, 자동차용 전지, LED(발광 다이오드), 바이오 제약, 의료기기 분야에 2020년까지 총 23조 3,000억 원을 투자한다는 것이다. 삼성 측은 "2020년 5개 신사업에서 50조원의 매출을 올릴 것"이라며 이들 신사업 분야의 신규 고용창출 인원을 4만 5,000명으로 예상했다.

아울러 삼성그룹은 2011년 4월 서울 세종로 정부중앙청사에서 정부와 부지 확보 관련 양해각서(MOU)를 체결했다. 앞서 발표된 5대 신수종사업 중 일부가 포함된 것이다. 삼성은 전북 새만금 지역 350 만평 부지에 2021년부터 우선 7조 6,000억 원을 투자해 풍력·태양전지·연료전지 등을 중심으로 한 그린에너지 종합산업단지를 구축하겠다는 것이다. 이 단지에는 ① 풍력 발전기 ② 태양전지 ③ 에너지 스토리지 시스템 등 생산 시설 ④ 그린에너지 종합 연구개발(R&D)센터 ⑤ 종업원 주거 시설 등이 들어설 예정이다. 삼성 관계자는 '산업단지에는 2만 명 안팎의 직원들이 근무하게 될 것'이라고 밝혔다.

그러나 약 3년이 경과한 지금 삼성의 신수종사업의 내용을 살펴보면 그 결과는 기대 이하이다. 태양광의 경우, 결정형으로 시작해서 박막형까지 약 6조 원을 투자하고 매출 10조 원을 목표로 했었다. 그러나 결정형 태양광 사업은 추진을 포기하였고 박막형은 대형 국가 연구개발(R&D) 프로젝트의 지원을 받아 진행하고 있지만 실제적인 양산투자는 시장상황에 막혀 기약할 수 없는 상황에 처해 있다. 자동차용 이차 전지는 독일 BMW와 델파이 등 전기자동차의 고객을 확보하는 성과를 거두고 있지만, 전기자동차의 본격적인 수요확대에는 앞으로도 시간이 조금 더 필요한 것이 현실이다. 2020년까지 8조 6,000억 원을 투자하기로 한 LED사업은 별도의 LED사업이 지지부진하자 다시 삼성전자의 사업부로 흡수해 전장 및 조명 등으로 영역의 확대를 꾀하고 있다. 그러나 LED조명이 중소기업 적합업종으로 지정되는 바람에 국내시장에서는 사업을 접어야 할 지경에 있고, 글로벌 시장경쟁도 공급과다로 쉬워 보이지 않는 상황이다.[58] 한편, 2013년 3월에 삼성SDI가 폭스바겐에 전기자동차용 배터리 공급 계약을 체결한 것으로 알려져 기대를 모으고 있다.

규제

(1) 신재생에너지 의무할당제(RPS)

신재생에너지 의무할당제(RPS; Renewable Portfolio Standard)는 에너지사업자에게 공급량의 일정비율을 신재생 에너지를 사용하여 생산하도록 의무화하고, 의무량을 충족하지 못할 경우 부담금을 징수하는 제도이다. 이 제도는 이미 2000년대 초반부터 영국[59]과 스웨덴,

---

58 김광주, '신성장 발굴은 국가가적 과제', 디지털타임스, 2013.2.14.

59 영국에서는 재생에너지자원 사용의무제도(The Renewables Obligation; RO)로 시행되고 있다. 이 제도는 1990년에 도입되었던 '비화석연료의무제도(Non-Fossil Fuel Obligation; NFFO)'를 계승하여 2002년 4월부터 운영되고 있으며, 현재는 2008 에너지법 제37조에 근거를 두고 가스 및 전기시장청(Ofgem)에 의해 관리되고 있다. 이는 영국에서 재생가능한 자원으로부터의 전기생산에 인센티브를 주기위해 고안된 것으로 2010/11 회계년도의 전기생산 비율목표를 10.4%에 두었다(황병상, 2010a: 340).

캐나다, 일본, 호주 등에서 도입해 운영하고 있다. RPS가 시행되면 직접적으로 신재생에너지 공급을 의무화하므로 발전차액 지원제도에 비해 신재생 보급목표 달성에 유리할 뿐만 아니라 소요예산의 예측이 가능하여 신재생에너지 보급에 따른 재정적 부담을 완화할 수 있다. 그리고 사업자 간 시장원리에 의한 경쟁을 유도하여 신재생에너지에 대한 투자와 가격형성을 효율적으로 유도할 수 있는 장점이 있다.

이 제도를 규정하는 '신에너지 및 재생에너지 개발·이용·보급 촉진법' 개정안은 2010년 3월 국회를 통과하여 2012년 1월부터 시행되고 있다. 이는 2001년부터 운영해 오던 '발전차액지원제도(FIT)'를 2011년 말로 폐지하고 도입한 것이다. 적용대상은 원전 1기의 절반 정도인 50만kW 이상의 발전설비를 가진 발전회사 즉, 한국수력원자력과 5곳의 한국전력 발전 자회사, 수자원공사, 지역난방공사와 민간발전회사 등 13개 발전회사다. 시행령에 따르면 RPS 공급의무자의 연도별 의무비율은 2012년 2.0%로 시작해 2016년까지 매년 0.5%씩 올리고, 2016년부터는 매년 1%씩 늘려 2022년에는 10%가량의 부담을 지게 된다. 아울러 태양광 별도 의무량이 개별 공급의무자별로 고시되며, 태양광 산업의 집중 육성을 위해 초기 5년간 할당물량을 집중 배정하고 2017년부터는 별도 할당 없이 다른 신재생에너지원과 경쟁을 유도할 방침이다.

RPS는 효율적인 시스템 운영을 위해 시장메커니즘을 기반으로 하는 신재생에너지 공급인증서(REC; Renewable Energy Certificates) 거래제도가 동반된다. 에너지 공급의무자들은 신재생에너지 발전 설비를 직접 건설하거나 REC 구매 또는 과징금 납부 등을 통해 의무를 이행하게 된다. REC는 RPS 대상 신재생에너지 전력에 대한 교환·

지불·저장·가치척도의 수단으로 에너지관리공단 신재생에너지센터가 설비와 발전량을 검증해서 발급한다. 정부는 2011년 7월에 '공급인증서 발급 및 거래시장 운영에 관한 규칙'을 제정했다. REC에는 에너지원 별로 가중치가 설정되어 있다. 태양광 0.7~1.5, 석탄가스회복합발전(IGCC) 및 부생가스 0.25, 수력과 육상풍력 1.0, 연계거리 5㎞ 이상 해상풍력과 조력은 2.0 등이다.

에너지관리공단은 RPS의 본격적인 실시 전에 태양광 시장의 확대 보급을 위해 2009년부터 2011년까지 3년간 RPS 시범사업을 실시했다. 첫 해인 2009년에는 참여 희망사업자를 접수해 평가위원회를 통해 50여개의 사업자를 선정했다. 선정된 사업자는 태양광으로 생산·공급된 발전량에 대한 REC를 발급받아 RPA(Renewable Portfolio Agreement) 기관에 판매했다. RPA 기관인 한국수력원자력, 중부발전, 남동발전, 서부발전, 남부발전 및 동서발전 등 6개 발전회사는 이 사업을 통해 2009년 14.5MW를 시작으로 2011년까지 총 101.3MW의 신규 태양광 발전 시장 창출을 목표로 했다.

그러나 정부가 기대하는 데로 재생에너지 보급 확대가 이루어질지는 아직 미지수다. 예를 들면 RPS 시행으로 한전의 발전 자회사가 2012년에 확보해야 하는 신재생에너지 설비는 원전 2기와 맞먹는 180만㎾ 수준이다. 반면에 운영 가능할 것으로 예상되는 설비 규모는 30만~40만㎾로 의무량의 20%정도에 불과하다. 그럼에도 시장에서 거래될 공급인증서도 많지 않을 것으로 예상되어 과징금을 부과하는 방법 외에 뾰족한 대책이 없는 실정이다.[60]

---

60 조선일보, 2011.12.8.

실제로 2012년도에 RPS 목표를 대부분 채우지 못한 것으로 나타났다. 특히 RPS 비율이 높은 한전 발전자회사들이 문제다. 2012년에는 대부분 약 2% 미만의 발전 비율이 책정됐지만 대부분 목표량의 50~60% 선에 그치는 것으로 전해지고 있다. 이로 인해 내년으로 발전량을 이월하고도 부족한 만큼 신재생에너지 공급인증서(REC)를 구매해야 하고, 과징금을 내야 하는 상황이다.

한편 기획재정부는 2012년 10월 중장기전략위원회를 열어 전력 대수요자 대상 2단계 RPS 도입에 대해 검토해 나가기로 했다. 전력 다소비 기업에 신재생에너지 0.5% 의무공급 기준을 부여하면 태양광 발전을 기준으로 640억 원 규모의 내수 시장이 창출될 것이라는 전망이다.

(2) 에너지공급자 효율향상 의무화 제도(EERS)

EERS(Energy Efficiency Resource Standard)는 에너지공급업체가 의무적으로 에너지 효율향상을 통해 에너지를 절감하는 제도이다. 목표를 달성하면 인센티브를, 그렇지 않으면 페널티를 주는 제도로 이미 미국, 영국, 프랑스, 호주 등에서는 실시 중에 있다. 이 제도는 국가 전체적으로 한 해 사용하는 에너지 총량과 증가량을 제한하는 기능도 한다. 2011년 9·15 정전사태 이후 국가 전체적인 에너지 절감을 유도하는 강제적 도구에 대한 필요성이 제기되자 지식경제부는 EERS의 도입을 신중하게 검토하기 시작했다.

2011년 9월에 에너지관리공단 주최로 열린 'EERS 국제컨퍼런스'에서 미국 RPA의 전문가인 맥스 듀푸이는 주제발표를 통해 이 제도를 도입하는 이유는 시장에 맡기는 것보다 에너지 절약효과가 크기 때문이라며 비용대비 효과가 크고, ESCO(Energy Service Company) 사업 등 에너지 관련 산업이 발전할 수 있는 기회도 크다는 점에서 장점이 많다고 말한 바 있다. 반면에 에너지경제연구원의 이근대 박사는 패널토론에서 "우리나라와 다른 나라는 여건이 다르다. 에너지 요금체계도 크게 차이가 나고, 에너지 효율 개선에 관한 기술적인 차이도 있는 만큼 이를 고려해 신중하게 도입을 검토해야 한다"고 말했다.

(3) 신재생연료 의무화제도(RFS)

RFS(Renewable Fuel Standard)는 연료공급자에게 수송용 연료의 일정비율을 바이오디젤, 바이오에탄올 등 바이오연료로 공급하도록 의무화하는 제도로, 이미 미국, 영국, 독일, 프랑스 등에 도입된 제도이다. 쉽게 이야기하면 정유회사가 바이오 디젤과 바이오 에탄올을 각각 경유와 휘발유에 섞어서 시판하도록 하는 것이다.

지식경제부 신재생에너지과는 2012년 6월에 석유관리원에 RFS 도입 방향에 대한 연구용역을 의뢰하는 등 구체적인 방안 마련에 착수했다. 이 같은 RFS 논의 구체화는 2013년 12월까지로 예정돼 있는 바이오디젤 혼합의무화 규정(현재 바이오디젤은 경유에 2% 혼합하도록 의무화되어 있음)의 종료에 따라 새로운 제도 마련을 촉구하고 있는 업계 요구의 대응 차원으로 풀이된다. 지식경제부는 TFT를 구성해 중장기 로드맵을 만든 후 2012년 말에 RFS 도입 공청회를 갖고 법제화 내용에 대해 최종 보완 점검을 진행할 계획이다. 이 과정에서 현재 의무 혼합이 시행되고 있는 바이오디젤의 경우 혼합률이, 나머지 바이오에탄올·가스, 펠릿에 대해서는 시범사업 시기 등이 주로 논의될 것으로 예상되고 있다. 현재까지 알려진 정부의 목표는 2020년까지 바이오 제품을 석유와 경유에 20%씩 섞어서 판매하는 것이다.

(4) 에너지 소비효율 등급표시제 및 에너지비용 표시제

에너지 소비효율 등급표시제는 에너지절약형 제품의 보급 확대를 위해 에너지이용합리화법 제15조 및 제16조에 근거를 두고 1992년에 처음 도입되었다. 에너지 소비효율 등급은 정부가 제시한 에너지소비효율이나 에너지 사용량에 따라 1~5등급으로 구분되며, 생산업체로 하여금 에너지절약형 제품을 생산·판매하도록 유도하는 것을 목적으로 한다. 아울러 최저 소비효율 기준 미달 제품에 대해서는 생산과 판매를 금지하고 있다.

2012년 9월 현재 냉장고, 에어컨, 삼상유도전동기 등 35개 품목이 대상이다. 등급 표시에 2009년 7월부터는 CO_2 배출량이, 2010년 7월부터는 월간소비전력량 등 에너지 비용을 병행 표시하고 있다. 지식경제부는 2013년부터 TV, 세탁기, 전기밥솥 등 주요 가전제품의 에너지소비효율 기준이 대폭 강화된 내용을 골자로 하는 '효율관리기자재 운용규정'을 개정·시행하고 있다. 이에 따르면 TV, 시스템에어컨, 김치냉장고 등의 1등급 비중이 10% 이내로 대폭 축소된다. 가전제품의 대기전력 기준도 낮춰 TV와 식기세척기의 경우 현행 1W에서 0.5W로, 전기밥솥은 3W에서 2W로 각각 조정해 전력낭비를 최소화하였다. 아울러 자동차 연비등급의 경우 1등급이 2012년까지는 리터당 15㎞였으나 2013년부터는 16㎞이상으로 강화되었다.

'에너지비용 표시제'는 에너지관리공단이 전기냉장고, 세탁기, 에어컨 등 13개 가전제품에 대해 연간 사용하는 전기요금을 표시하는 것이다. 이는 1일 8시간 사용기준(전열보드는 12시간 사용기준)으로 30일간의 사용소비전력량을 월간 전기요금으로 환산하여 표시한다.

2012년 6월 제19차 녹색성장위원회에 보고된 '에너지 고효율제품 보급 확대방안'에 따르면 에너지 고효율제품 보급 촉진으로 국가 에너지 절감 및 에너지저소비형 선진국가 실현을 목표로 한다. 구체적으로는 ① 고효율 제품 점유율: ('11) 54% → ('17) 63% ② 고효율 제품 생산: ('11) 26조원 → ('17) 30조원 ③ 국가 에너지소비 지수 (kWh/GDP): ('10) 0.561 → ('17) 0.327 등이다. 이를 위해 에너지 효율향상 대책의 차질 없는 이행, 고효율제품 보급 인센티브 확대, 융합시대에 걸맞게 효율관리제도 개선, 에너지 효율관리 대상 확대 등 11개 과제를 추진할 계획이다.

(5) 대기전력저감 프로그램

이 프로그램은 에너지이용합리화법 제18조~제21조에 근거를 두고 전자제품을 사용하지 않을 때 소모되는 대기전력(Standby Power)을 저감시킨 제품의 보급을 확대하고 관련 기술의 개발을 촉진하기 위해 시행되는 의무적인 신고제도이다. 이는 대기전력 1W이하 달성 국가 로드맵인 'Standby Korea 2010'에 따라 2008년 세계 최초로 도입된 의무적인 대기전력 경고표시제를 포함하고 있다.

2008년 8월에 TV를 시작으로 2012년 9월 현재 컴퓨터, 복사기 등을 포함한 19개 품목에 적용하고 있다. 대기전력 저감기준을 만족하는 제품에 대해서는 에너지 절약 마크를 부착하고, 미달 제품에는 경고 표지를 의무적으로 하도록 하고 있다.

(6) 에너지공급자의 수요관리투자계획

에너지이용 합리화법 제9조는 에너지공급자 중 대통령령으로 정하는 에너지공급자는 해당 에너지의 생산·전환·수송·저장 및 이용 상의 효율향상, 수요의 절감 및 온실가스배출의 감축 등을 도모하기 위한 연차별 수요관리투자계획을 수립·시행하여야 하며, 그 계획과 시행 결과를 지식경제부장관에게 제출하여야 한다고 규정하고 있다.

또한 지식경제부장관은 에너지수급상황의 변화, 에너지가격의 변동, 그 밖에 대통령령으로 정하는 사유가 생긴 경우에는 수요관리투자계획을 수정·보완하여 시행하게 할 수 있다. 이 제도는 1996년부터 시행되고 있으며, 수행기관은 에너지관리공단, 한국전력공사, 한국가스공사, 한국지역난방공사 등이다.

(7) 에너지사용계획 협의제도

이 제도는 에너지이용 합리화법 제8조~제10조에 근거를 두고 일정규모 이상의 사업 시행 전에 에너지 수급 및 이용효율 향상 계획 등에 대하여 사전협의하여 에너지절약 설비가 설치될 수 있도록 하는 것이다. 도시개발, 산업단지개발, 항만건설, 철도건설, 관관단지개발 등의 사업부문과 건축물, 공장 등 시설 부문에 대해 공공과 민간의 사업주관자가 에너지관리공단에 계획서를 제출하여 협의하게 된다. 1993년부터 시행되었으며, 2010년도의 경우 120건의 협의가 이루어졌다.

(8) 공공기관 에너지이용 합리화 및 신재생에너지 설치 의무화

공공기관 에너지이용 합리화는 에너지절약과 이용효율 향상, 신재생에너지 보급촉진 등에서 공공기관이 솔선수범함으로써 범국민적 에너지절약의식 확산 및 기후변화 대응 등을 목적으로 한다. 에너지이용 합리화법 제8조 제1항에 따른 국가, 지방자치단체 및 공공기관을 대상으로 한다. '공공기관 에너지이용합리화 추진지침'에 따라 건물부문, 수송부문, 교육·홍보부문 등에 대한 내용을 시행하고 정기 합동이행점검을 실시한다.

공공기관 신재생에너지설치 의무화는 공공기관이 신축 또는 증·개축하는 연면적 1,000㎡이상의 건축물에 대하여 예상에너지사용량의 10%이상을 신재생에너지로 의무적으로 공급하도록 한 제도이다. 2004~2011 기간 동안 1,412개소에 신재생에너지투자비가 총 8,301.6억 원에 달했다

(9) 전기요금 현실화

정부는 2011년 6월 초에 전기요금 현실화 로드맵을 발표하여 동년 8월부터 전기료를 평균 4.9% 인상하였다. 산업용을 주택용 보다 더 올리고, 주택용 요금의 누진단계와 누진율을 수정하는 내용이다. 우리나라의 산업용 전기료는 2010년 kWh당 0.058달러였는데, 프랑스는 0.106달러, 일본 0.154달러, 이탈리아 0.285달러, OECD 평균이 0.107달러이다. 2011년 8월 산업용 전기료를 차등으로 인상한 것은 전자·철강·정유 분야 대기업들이 호황으로 이익이 증가하자 이를 반영하기 위해 시행한 것이다.[61] 한전에 따르면 인구 1인당 전력소비량은 한국 8,883kWh('10), 일본 6,739kWh('10), 미국 12,884kW h('09), 프랑스 7,020kWh('10), 독일 5,844kWh('10), 영국 5,349kWh('09), 호주 9,303kWh('09)이다. 우리나라가 일본, 프랑스, 독일, 영국보다 높은 수준이다.[62]

2011년 12월에는 전기료를 평균 4.5% 인상하였다. 2012년 8월에도 전기요금을 주택용은 2.7%, 산업용은 6% 인상했다. 2013년 1월에는 겨울철 전력 수급에 어려움이 큰 상황임을 고려해 주택용은 2%, 산업용은 평균 4.4% 인상했다.

그동안 우리나라 전기료는 산업용이 상대적으로 저렴하여 일반국민이 내는 요금으로 제조분야 대기업을 지원하는 것 아니냐 라는 비판이 있어 왔다. 한전이 공개한 2011년도 전기요금 원가보상률은 주택용이 88.3%, 산업용은 87.5%였다. 원가보상률은 전기요금의 판매단가를 생산원가와 비교한 것이다. 그러나 그 후 2012년에 두 차례에 걸친 산업용 차등 인상으로 산업용의 원가보상률이 주택용보다 높아졌다.(구체적인 숫자는 미발표). 2012년 3월에 발표한 한전의 전망은 2012년 보상률이 주택용 84.7%, 산업용 92.4%가 되어 역전될 것으로 전망되었다.[63]

(10) 절전 규제

지식경제부는 에너지이용합리화법 제7조에 의거하여 동계 전력수요 급증에 따라 계약전력 3,000kW이상 일반용, 산업용, 교육용 전기사용자에 대해 2013년 1월 7일부터 동년 2월 22일까지 공휴일을 제

---

61 조선일보, 2011.5.25.

62 한국전력공사, 2012: 160-161.

63 연합뉴스, 2013.1.10.

외하고 34일간 절전규제를 실시했다. 오전 10시부터 12시까지 2시간동안 고객별 의무감축률로 산정한 전기사용 상한량을 위반하면 과태료를 부과하는 방식으로 시행했다.

유인

(1) 에너지경영시스템(EnMS) 보급

에너지경영시스템(EnMS; Energy Management System)은 조직이 원가절감을 위해 에너지효율 향상 활동을 통합적이고 체계적인 경영전략으로 구축해 전사적·지속적으로 추진할 수 있는 기술과 경영이 조화된 시스템으로 국제표준은 ISO50001이다. 정부는 산업·발전 및 대형건물 등 에너지다소비사업장을 대상으로 EnMS 보급을 확대하기 위해 노력 중이다. 이는 제1차 국가에너지기본계획('08~'30)에 근거하여 추진되기 시작하였다.

에너지관리공단은 2011년 12월에 삼성코닝정밀소재(주) 천안사업장 등 10개 사업장에 대해, 2012년 3월에는 건물부문으로 인천국제공항공사, 한국공항공사(서울지역본부)에 대해 '에너지경영시스템 인증서'를 수여한 바 있다. 또한 기업 지원 툴(tool) 및 우수사례를 개발·보급하고 있고, 기업 실무자 및 인증심사원 양성 교육과정을 2008년부터 개발하여 운영 중이다.

(2) 에너지절약전문기업(ESCO) 사업

이 사업은 에너지 사용자가 에너지절약을 위하여 기존의 에너지 사용시설을 개체 보완하려고 해도 기술적·경제적 부담으로 인해 사업을 시행하지 못할 경우 에너지절약전문기업(ESCO; Energy Service Company)이 기술, 자금 등을 제공하고 투자시설에서 발생하는 에너지절감액으로 투자비를 회수하는 사업을 말한다. 에너지 사용자는 투자비 부담 없이 에너지절약형 시설로 개체가 가능하고, ESCO는 투자수익성을 보고 투자위험을 부담하는 벤처형 사업을 수행하는 것이다.

이는 1970년대 말 미국에서 태동한 에너지절약 투자방식으로 2008년 12월 기준으로 약 42개 국가에서 시행 중이며, 우리나라는 에너지이용 합리화법 제25조에 근거를 두고 1992년에 도입했다. 정부는 ESCO사업 활성화를 위해 저리자금을 지원하고 에너지절약시설 투자에 대한 투자세액을 공제하는 등의 혜택을 주고 있다.

우리나라는 1993년부터 1997년까지 주로 건물분야의 조명설비에 국한하여 평균 50억 원 내외의 투자사업을 실행하였으나, 1998년부터는 정부의 적극적인 정책과 국내 유가상승 등에 힘입어 공정개선, 열병합발전, 폐열이용설비 및 냉난방설비 등으로 사업영역이 다양화되고 있다. 2005년에는 투자실적이 202건(1,829억 원)으로 급증했다. 2011년은 202건(2,854억 원)의 투자를 통해 절감실적이 201,000toe/년에 이르렀다. 2012년 9월 현재 삼성애버랜드(주), 벽산건설(주), 엘에스산전(주) 등 117개 기업이 ESCO로 등록되어 있다.

(3) 신재생에너지 설비인증제도

이 제도는 '신에너지 및 재생에너지개발·이용·보급촉진법' 제13조에 따라 신재생에너지설비의 보급촉진을 위하여 일정기준 이상의 신재생에너지설비에 대하여 인증하는 것이다. 현재 태양열, 태양광, 풍력, 지열, 연료전지설비, 바이오 및 기타 등 7개 분야에서 26

개 품목을 대상으로 시행되고 있다. 각 분야의 품목별로 성능검사기관이 지정되어 있으며, 에너지관리공단 신·재생에너지센터가 총괄적으로 관리한다.

이 인증제품의 국내 판매실적은 태양광·태양열, 지열 및 연료전지 등 분야에서 총 2,200억 원에 달했다. 태양광모듈 1,700억 원(77%), 지열 200억 원(9%) 등 2개 분야가 전체 매출의 85% 이상을 점유했다.[64]

(4) 신재생에너지 테스트베드 구축

신재생에너지 기업이 개발한 제품·기술이 시장에 출시되기 전에 시험분석·성능검사·신뢰성 검증 등을 할 수 있는 장비 및 인프라 구축을 지원하는 사업이다. 지식경제부와 에너지관리공단(신·재생에너지센터)에서 2011년 8월 전국 광역권별로 6개의 테스트베드(태양광 3개, 풍력 2개, 연료전지 1개)를 지정하여 2014년 6월까지 3개년에 걸쳐 국비 480억 원을 지원하고 있다.

(5) 에너지진단제도

이 제도는 에너지 진단기관이 에너지 발생설비, 에너지 사용설비 등 사업장 전반에 걸쳐 에너지이용 흐름을 파악하여 손실요인을 발굴하고 에너지절감을 위한 대책과 경제성분석 등을 통하여 최적의 개선안을 제시하는 기술 컨설팅이다. 2007년부터 연간 에너지사용량이 2천 toe이상인 에너지다소비사업장에 대하여 3년~5년 주기로

---

64 매일경제, 2011.5.26.

실시하고 있다. 2007년부터 2010년까지 총 1,907개 사업자에 대해 진단하여 17,802건의 개선 실적이 있다. 연간 에너지 사용량 1만toe 미만인 중소기업에 대해서는 진단비용의 최대 90%까지 에너지관리공단이 지원하고 있다.[65]

(6) 고효율 에너지기자재 인증제도 및 고효율기기 장려금 지원제도

이는 에너지사용기자재 중 에너지효율 및 품질시험 검사 결과가 정부가 고시한 일정기준 이상 만족하는 제품을 고효율에너지기자재로 인증하는 제도이다. 이 제도는 고효율제품의 보급 활성화와 초기 시장 형성을 위한 것이며, 제조업자 또는 수입업자의 자발적 신청에 따라 에너지관리공단에서 고효율에너지기자재 인증서를 발급한다.

이 제도는 에너지이용 합리화법 제22조 및 제23조 등에 근거를 두고 1996년 12월부터 시행되고 있다. 2012년 9월 현재 환풍기 등 39개 품목을 대상으로 인증해 주고 있으며, 인증을 취득한 제조 및 수입업자는 고효율기자재마크를 표시할 수 있다.

고효율기기 장려금 지원제도는 '고효율에너지기자재 보급촉진에 관한 규정'에 의거 고효율에너지기자재로 인증된 품목으로 절전용량의 합이 1kW 이상인 경우에 장려금을 지급하는 제도이다. 대상은 고효율 조명기기, 인버터, 냉동기, 저소득층 조명교체 등이며, 2010년부터 한국전력공사에서 담당하고 있다.

---

65 에너지관리공단, 2011: 49-53.

(7) 그린 홈 100만호 보급 지원

그린 홈(green home)은 태양광, 태양열, 지열 등의 신재생에너지를 도입하고 고효율 조명 및 보일러, 친환경 단열재를 사용함으로써 온실가스 및 공기오염물질의 배출을 최소화하는 저에너지 친환경 주택을 말한다. 2004년에 태양광 10만호 보급사업이 시작되었으며, 2008년 8.15 경축사에서 대통령이 그린 홈 100만호 프로젝트 추진방침을 발표하였다. 2009년 초에 2020년을 목표로 '그린 홈 100만호 보급사업'으로 구체화되었다.

이 사업은 태양광, 태양열, 지열, 소형풍력, 연료전지 등의 신재생에너지원을 주택에 설치할 경우 설치 기준단가의 일부를 정부가 보조하는 사업이다. 가정집의 경우 태양광은 3㎾(태양전지 모듈 200w × 15장) 정도인데, 낮에 전기를 생산하면 한전으로 가고 밤에는 한전에서 전기를 받아쓰는 방식으로 운영된다. 설치비 1,300만원에서 4~5백만 원을 개인이 부담하게 된다. 월 6~7만 원 전기료를 내고 있다면 6~7년이면 설치비용이 상쇄된다(5만원이면 10년 정도 소요).

단독·공동주택에 신재생에너지설비 설치 시 설치비의 60%이내(단, 시범사업은 80% 이내)에서 보조금을 지급한다. 건축법 제2조 및 동 법 시행령 별표 1의 규정에 따라 단독주택 및 공동주택, 한국토지주택공사 또는 지방공기업이 임대를 목적으로 건설한 보금자리주택에 신재생에너지 설비를 설치하거나, 동일 최소행정구역단위(리, 동)에 있는 마을로써 10가구 이상에 신재생에너지 설비를 설치하는 그린 빌리지 사업에 참여하는 경우를 대상으로 한다. 단, 최근 1년간 월평균 전력사용량이 600kWh 이상인 단독주택은 태양광분야 지원대상에서 제외된다.

　단계별 보급 목표는 1단계인 2012년까지 10만호, 2단계로 2016년까지 30만호, 3단계인 2020년까지 60만호 보급을 추진할 계획이다. 2004년 태양광 주택 310호를 시작으로 2011년까지 총 111,405호에 4,610억 원의 보조금이 지원되었다. 여기에는 2007년·2008년 일반 보급사업 예산으로 추진한 태양열 주택 1,029호가 포함되어 있다.

　에너지관리공단은 2012년도 그린 홈 100만호 보급사업을 수요자가 직접 기업을 선택하는 수요자 중심의 보급체계로 전환했다. 구체적으로는 ① 참여희망 신청자는 '그린 홈 홈페이지'를 통해 시공기업의 정보(시공분야, 시공지역, 설비제품, 시공실적 등)를 확인하고 신청자가 원하는 기업을 선택 가능 ② 신청자가 설비 설치 전, 금융기관에 자부담금을 예치하도록 의무화하여 시공기업의 안정적 자금 확보에 도움을 줌 ③ 온라인상의 하나의 마켓에서 다수의 시공기업을 경쟁시킴으로써 시장원리에 따른 가격의 하락을 유도하고, 또한 설치를 완료한 시공기업에 대한 고객만족도 조사를 실시토록 하여 기업의 서비스 품질 향상을 유도하는 것 등이다.

　한편 국토해양부는 그린 홈 확산을 위해 기존 아파트에 비해 에너지 절감율이 60%에 달하는 시범단지를 서울 강남 세곡 보금자리지구에 200가구 규모로 착공하였으며, 2013년 9월에 준공될 예정이다. 또한 경기도 용인 흥덕지구에는 52가구의 단독주택 시범단지를 조성하고 있으며, 난방비를 90% 이상 줄여 기존 주택 대비 최소 70% 이상 에너지를 절감할 수 있게 설계된다. 이는 영국의 '베드제드', 독일의 '프라이브루크 주거단지 등 외국의 유명한 에너지 절감 주택단지 성능기준을 웃도는 수준이라고 국토해양부는 밝히고 있다.

(8) 신재생에너지 보급사업

보급사업은 '신에너지 및 재생에너지개발·이용·보급촉진법' 제
27조에 의해 실시되고 있다. 시범보급사업은 개발된 신재생에너지
기술의 상용화를 위한 시범보급설비로서 자가용에 한해 설치비의
최대 80% 이내에서 지원되는 사업이다. 일반보급사업은 개발된 신
재생에너지기술의 상용화된 일반보급설비로서 자가용에 한해 설치
비의 최대 50% 이내로 지원하고 있다(단, 연료전지는 75%). 시범
및 일반보급사업은 1993년부터 2011년까지 1,599개소에 1,758억 원
을 지원하였다.

지방보급사업은 1996년부터 지방자치단체의 재정형편을 고려하
여 국고보조금 지원을 시작한 것이다. 환경친화적인 신재생에너지
공급체계 구축과 에너지이용 합리화를 위하여 기반구축사업과 시설
보조사업으로 나누어 실시 중이다. 기반구축사업은 2011년까지 총
74개 사업에 60억 원 정도가 지원되었고, 시설보조사업은 2011년까
지 1,764건, 6,096억 원이 지원되었다.[66]

(9) 태양광 '햇살가득홈' 프로젝트

지식경제부는 2011년 10월 제12차 녹색성장위원회에서 신재생에
너지 저변 확대의 일환으로 전기다소비 가구(600kWh이상, 2010년
말 단독주택 기준 7.1만 가구)를 대상으로 자부담 없이 태양광주택을
확산할 수 있는 상품인 '햇살가득홈'을 2012년 3월에 출시했다.

이 상품은 금융기관이 태양광업체에 설치자금을 융자해 주면 태

---

66 지식경제부 외, 2012a: 146-157.

양광업체는 전기다소비 신청가구에 태양광 발전설비를 설치 시공 (A/S 포함)하고, 신청가구는 매월 절약되는 전기요금 절감액으로 융 자금을 상환하는 프로그램으로 상환 완료 후 잔여수명 기간 동안 전 기요금 절감액으로 수익을 실현하는 구조로 운영될 계획이다. 예를 들면 월 600kWh(전기요금 월 20만원) 이상 사용하는 가구가 3kW 태양광을 설치할 경우, 융자비 상환 기간은 6.9년으로 예상된다. 대 신에 2012년부터 600kWh 이상 사용가구에 대한 태양광 정부 보조 는 중단한다는 것이다.

지식경제부는 2012년 시범사업 형태로 5,000가구 설치를 목표로 했으며, 2013년부터는 시중 금융기관의 참여를 통해 본격 확산에 나 설 방침이었다. 그러나 대기업들의 동반성장 상생펀드 사용 여부가 불투명해지면서 제도에 활용할 수 있는 자금원이 사라지자 소비자 가 직접 대출을 받아 설치하는 방향으로 계획이 수정됐다. 일각에서 는 수요처 설정에 대한 적절성 여부를 지적하기도 한다. 월 600kWh 이상의 전기를 사용하는 가정에서 태양광 수요가 얼마나 나올 수 있 을지 의문이라는 것이다. 대상이 되는 가정의 월 평균 전기요금은 약 20만원이며 전국적으로 약 7만 가구(2010년 말 단독주택 기준)가 이에 해당되는 것으로 분석되고 있다.

(10) 발전차액지원제도

이는 신재생에너지를 이용하여 전력을 생산할 경우 기준가격과 계통한계가격(SMP; System Marginal Price)과의 차액을 지원하는 제 도로 외국의 FIT 제도와 유사하다. 이 제도는 '신에너지및재생에너 지개발·이용·보급촉진법'에서 정한 11개의 에너지원 중 태양광,

풍력, 수력, 조력, 매립지발생가스(LFG), 폐기물 및 연료전지 발전에 대하여 기준가격을 산정하여 지원하고 있다. 의무구매기간은 발전차액지원 개시일로부터 15년간(태양광은 15년과 20년 선택 가능)이다.

2002년 제도시행 이후 2011년 말 현재 총 2,128개 발전소에 대해 약 11,410억 원을 지원했으며, 그 중 2011년분은 3,960억 원이다. 2012년부터 발전차액지원대상으로의 신규진입은 불가능하지만 기존 지원 대상에 대해서는 의무구매기간 동안 계속 지원된다.

(11) 금융지원 및 세제지원

신재생에너지에 대한 민간투자와 보급 확대를 위해 신재생에너지 설비 설치 및 신재생에너지 생산시설에 소요되는 자금의 90% 이내, 분기별 변동금리(2011년 2/4분기 2.25%), 5년 거치 10년 분할 상환(바이오 및 폐기물 분야는 3년 거치 5년 분할 상환)을 조건으로 지원하고 있다. 2011년까지 총 12,545억 원을 지원하였다.

한국정책금융공사는 '그린 팩토링'을 확대 실시한다고 2012년 6월에 밝혔다. 팩토링은 기업이 재화나 용역을 제공한 대가로 보유중인 매출채권을 금융기관에 양도하고, 금융기관이 채권을 대시 회수하는 금융서비스를 말한다. '그린 팩토링'은 중개금융기관인 KDB캐피탈의 한도(700억 원) 내에서 LED와 ESCO, 태양광 등의 중소·중견기업의 팩토링 금융을 지원하는 프로그램이다. 만기가 최장 6년으로 장기이며, 금리(고정금리) 상한이 설정돼 기업들이 저금리 효과를 얻도록 설계되었다.

세제지원은 법인이나 개인이 법에서 정한 신재생에너지시설에 투자한 경우에 조세특례제한법 규정에 따라 투자금액의 일정비율을 세액에서 공제하는 것이다. 에너지절약시설에 투자할 경우 법인세의 10%를 공제하는 조치는 2013년 말을 일몰시점으로 운영 중이다. 또한 신재생에너지 생산기자재 및 이용기자재 중 국내 생산이 곤란한 물품에 한해 수입·통관 시 해당 품목의 관세를 1/2로 경감한다.

설득

(1) 에너지절약 촉진대회

에너지의 합리적인 이용과 소비절약 의식을 고취시키고 에너지절약 유공자들을 격려하는 에너지절약촉진대회가 매년 개최되고 있다. 지식경제부가 주최하고 에너지관리공단이 주관하는 이 행사는 1975년부터 시작되어 2012년에 제34회 대회를 개최했으며, 매년 11월 에너지 절약의 달에 개최된다. 2012년에는 글로벌 에너지경영시스템 기반으로 에너지절감 목표관리를 통해 424억 원의 절감효과를 달성한 삼성전기(주)에 은탑산업훈장이 수여됐다.

(2) 에너지절약 우수가구 선발 및 에너지 절약 아이디어 공모

지식경제부는 2011년에 전국 가구를 대상으로 전기·가스·난방 등 에너지 사용량을 줄인 1만 가구를 선발해 순위에 따라 포상금을 지급하는 '1만 에너지절약 우수가구 선발대회'를 개최하였다. 이 대회에 우리나라 전체 가구의 약 10%에 해당하는 150만 가구가 참가를 신청할 정도로 에너지 절약에 대한 국민 인식이 빠르게 전환되고 있는 것으로 나타났으며, 포상금으로 가구당 최대 500만 원과 단지당 최대 1억 원을 지급한 바 있다.

아울러 지식경제부는 2011년 3월 10일부터 4월 30일까지 에너지
절약 아이디어 공모전을 실시한 결과, 5,680건의 아이디어가 접수돼
이 가운데 11건을 수상작으로 선정하여 포상한 바 있다.

(3) 대한민국 녹색에너지대전

'대한민국 녹색에너지대전'은 1975년 '연료사용기기 전시회'로 시
작하여 2012년까지 32회가 개최되었다. 이 대전은 가정·상업부문,
건물부문, 산업부문, 녹색 기술·정책부문 등 4개 부문으로 구성·
진행된다. 2010년의 경우 14개국, 251업체, 1006부스가 설치되어 4
일간 27,965명이 관람하였다. 2012년 행사는 10월 9일부터 12일까
지 서울 코엑스에서 개최되었다.

(4) 정전대비 훈련

전력 위기상황을 극복하기 위해 전 국민이 자율적으로 참여하는
전국단위의 훈련을 2회 실시했다. 이는 전력 수급 여건이 어려워짐
에 따라 발생할 가능성이 있는 계획단전 상황에 대비하여 위기 대응
능력을 제고하기 위한 것이다. 2012년 6월 22일 오후 2시에 처음 실
시되었다. 전국의 가정, 상가, 산업체는 자발적인 절전을 통해 참여했
고, 공공기관은 실제 단전 훈련을 실시했다. 20분간 훈련에서 전력
수요가 548만kW까지 줄었다. 훈련 시작 후 10분 만에 대형 화력발전
소 7~8기 용량에 해당하는 전력 수요를 감축할 수 있음을 확인했다.

두 번째 훈련은 2013년 1월 10일 오전 10시부터 20분 동안 겨울
철 전력수급 불안으로 발생할 수 있는 대규모 정전상황에 대처하기
위해 실시되었다. 이 훈련은 예비전력이 200만kW 미만(경계)과

100kW 미만(위험)으로 떨어지는 위기상황을 가정한 것이다.

4. 정책목표 및 정책수단 발전방향

정책목표 발전방향

녹색에너지정책의 정책목표에 대한 분석을 토대로 발전방향을 제안하면 다음과 같다.

첫째, 원자력은 녹색에너지의 범주에서 제외하는 것이 바람직하다. 2009년에 발간된 <녹색성장 국가전략>에서는 원자력 공급능력 확충을 녹색성장을 위한 주요 정책수단으로 삼고 있으나, 필자는 원자력을 녹색성장의 범주에 넣지 않는 것이 좋다고 본다. 안정적 전력 공급을 위해 원자력의 필요성은 인정하지만 안전성에 대한 우려와 핵폐기물 등의 문제가 있기 때문이다. 그러나 원자력은 에너지 안보나 에너지 공급의 안정성 측면에서 현실적으로 필요한 에너지이므로 2013년도에 국가에너지기본계획을 수립할 때 에너지 믹스 차원에서 다루면 될 것으로 생각한다.

둘째, 에너지 효율 향상을 포함하여 녹색에너지 공급 확대와 같은 장기적인 목표 달성을 위해서는 좀 더 긴 호흡과 시야로 접근할 필요가 있다. 프리드만도 언급하듯이 지금까지 풍력·태양광·지열·태양열·수소·바이오 에탄올에서 우리가 이루어낸 그 모든 진전은 점진적이며, 그 밖의 다른 에너지원에서도 약진은 없었다.[67] 녹색에너지는 기존 에너지와 비교할 때 경제성이 부족하다는 것이 계속 지적되고 있다. 그나마 선진국은 녹색에너지 개발을 시작한 지 20년 이상이 지났지만 우리나라가 본격적으로 착수한 것은 4년여에 불과하므로 투자의 성과가 나올 때 까지 긴 호흡으로 접근하는 것이 필요하다.

셋째, 2013년에 향후 20년을 계획기간으로 수립되는 제2차 국가에너지기본계획에서 녹색에너지를 포함한 에너지 믹스를 재설정하는 것이 요구된다. 이 때 에너지 안보(Energy Security) 차원에서 기존의 화석에너지에 대한 고려도 충분하게 이루어져야 할 것이다. 에너지의 안정적·합리적인 공급은 모든 경제활동의 토대이자 국가의 안전과도 깊이 연관되어 있기 때문이다. 대부분의 녹색에너지는 초기단계이고, 원자력발전소나 수력발전소를 짓는데도 상당한 시일이 걸린다는 점을 반드시 고려해야 한다. 아울러 우리나라는 유럽지역 국가와 달리 전력을 다른 나라에서 끌어 올 수도 없는 지리적 환경에 처해 있다는 점도 염두에 두어야 할 것이다.

삼성경제연구소의 보고서에 따르면 신재생에너지 산업의 성장세는 지속되겠지만, 주력 발전원으로서 화석연료를 대체할 가능성은 낮다는 것이다. 박막태양전지, 해상풍력 등 차세대 신재생에너지는 현재 효율 및 비용 등에서 문제가 있어 단기간에 기술혁신을 기대하기가 곤란하며, 신재생에너지의 경제성이 확보되더라도 일사량이나 풍량 등의 자연조건과 부지 제약으로 대규모 건설이 어려운 단점이 있다.[68]

---

67 토머스 프리드만, 2008: 350.
68 박환일 외, 2012: 10.

넷째, 시장침체기에 놓여있는 태양에너지 분야는 설비의 생산보다 차세대 기술개발에 주력할 필요가 있다. 특히 태양광 분야는 유럽의 재정위기로 정부지원금이 줄어들고, 중국 기업들의 참여로 인한 공급과잉이 발생하여 2011년부터 감소세가 시작되었다. 따라서 시장에 대한 신중한 접근이 필요하며, 시장에서의 생존을 위한 전략수립이 필요한 상황이다. 태양전지 중 박막형, 연료감응형과 같은 차세대 기술개발에 대한 투자와 노력이 중요한 시점으로 판단된다.

정책수단 발전방향

녹색에너지정책의 정책수단인 재정, 규제, 유인 및 설득에 대한 설명과 분석을 토대로 발전방향을 제안하면 다음과 같다.

(1) 재정

첫째, 녹색에너지 기술개발 및 보급 확대를 위한 정부 재정투자의 지속적인 확대가 이루어져야 한다. 에너지경제연구원이 2012년 8월에 발표한 에너지통계월보에 따르면 2011년도 1차 에너지 소비량은 총 271.4백만toe 중에서 수력이 0.6%, 신재생에너지는 2.3%를 겨우 차지하고 있다. 녹색에너지 기술은 대규모 투자를 요구하고, 투자비 회수까지 오랜 시간이 소요된다. 게다가 대외적인 환경에 크게 영향을 받는 특성이 있기 때문에 기업으로서는 투자 매력도가 떨어지는 분야이다.

따라서 2030년도 신재생에너지 보급률 목표인 11% 달성을 위해서는 정부가 먼저 움직이고 지원해야 할 필요성이 있는 것이다. 예를 들면 제주 구좌읍에 6,000가구를 대상으로 스마트 그리드 단지를 만들고 있지만 제대로 성과를 얻지 못하고 있는 상황에서 2012년 11월 스마트 그리드 업계 관계자가 "스마트 그리드가 정착되려면 정부가 신성장동력 분야로서 확고한 정책 의지를 보여줘야 한다. 그 래야 민간 기업들도 추가 투자를 검토할 수 있을 것"이라고 말한 점 에서도 시사점을 얻을 수 있다.

둘째, 재정 투자의 '선택과 집중'이 필요하다. 10가지가 넘는 신재 생에너지 중 우리나라의 여건에 맞고 발전가능성이 높은 에너지를 정하여 집중적으로 육성하는 것이 중요하다. 녹색에너지 기술은 전 자공업 및 중공업과 같은 성숙기술에 기반을 두고 있기 때문에 기존 사업의 연장선상에서 진출하기가 용이하다. 태양전지는 반도체와 연 결되고, 풍력은 조선업과 연결된다. 특히 풍력산업은 트랙 레코드 확 보가 가장 중요하므로 2011년부터 시작한 테스트베드 및 해상풍력 프로젝트에 지속적인 투자가 필요하다. 연료전지 분야는 발전, 자동 차산업 및 휴대용 IT 기기 등에 이용되어 발전이 기대되는 분야이다.

(2) 규제

첫째, 현재 제도형성단계에 있는 규제제도들이 한국의 상황을 감 안하여 효율적으로 만들어지고 제도 안정화단계로 진행되어야 한 다.[69] 이러한 제도들이 제조업 비중이 높은 우리 경제의 특성과 활력 을 저해하지 않으면서 녹색성장에 순기능적으로 작용하도록 면밀한 제도설계가 요구된다. 예를 들면 RPS와 목표관리제 및 배출권거래

---

69 황병상, 2010b: 197

제와 같은 온실가스 규제가 동시에 시행되면 전력산업은 이중규제를 받게 되는 데 이와 같은 것에 대한 세부적인 검토가 필요한 것이다. 유럽연합도 에너지·기후변화대응정책의 기본방향 가운데 하나로 자국 산업의 경쟁력이 위협받지 않아야 된다는 점을 강조하고 있다.

둘째, 신재생에너지 의무할당제(RPS)가 보다 다양한 에너지원에 적용되도록 하는 등의 개선이 필요하다. 우리나라는 RPS의 성공조건 중 하나인 신재생에너지를 대규모로 공급할 수 있는 환경이나 자원이 부족하기 때문에 제도의 성공 가능성은 높지 않으며, 신재생에너지 공급인증서(REC) 입찰 물량이 너무 적어 아직 시장이 활성화되지 못한 상황이다. 아울러 RPS를 태양광과 비태양광 부문으로 나눠 사업을 추진한 결과 태양광 부문으로 별도 부과된 의무이행량 220MW 중 약 70%가 이행되는 등 높은 성과를 거뒀지만 다른 에너지원은 상대적으로 크게 부진한 상황이다.

셋째, 전기요금을 원가수준으로 올려 불필요한 전기 사용을 억제하는 것이 필요하다. 시장원리에 근거한 가격 체계가 자원배분의 효율성을 제고할 것이기 때문이다. 유럽의 여러 도시에서 녹색마을이나 탄소제로 도시를 지향하는 이유 중에 하나도 전기료가 비싸기 때문도 하나의 이유이다. 국제컨설팅업체 맥킨지도 2011년 12월 제13차 녹색성장위원회에서 한국 녹색성장의 실행력을 강화하기 위해 방안의 하나로 에너지 가격 현실화 등을 제안한 바 있다.

한전이 전망한 2012년 원가보상율은 주택용 84.7%, 산업용 92.4%이다. 산업용이 더 높아지기는 했지만 현재의 전기요금 제도는 여전히 저가(低價)전력 정책을 지향하고 있다. 그 결과 한국은 OECD 국가 중 전기요금이 가장 낮고 전력소비는 가장 빠른 속도로 증가하는 나라가 됐다. 인구 1인당 전력소비량도 우리나라가 일본, 프랑스, 독일, 영국보다 높은 수준이다. 기업에 대한 전기료 혜택이 에너지 절감을 위한 기술개발을 소홀히 하게 만드는 요인이 될 수도 있다. 기업이 낮은 전기료를 바탕으로 가격 경쟁력을 유지하는 것은 녹색경제 시대에 맞지 않는 정책이므로 전기료의 현실화가 요구된다.

(3) 유인

첫째, 그린홈 100만호 사업에 참여하는 업체 기준과 하자 보수 등에 대한 개선이 이루어져야 한다. 영세한 업체가 참여하여 시공 후 하자보수 등이 제대로 진행되지 않는 경우가 있고, 하자보수기간도 3년으로 되어 있어 그 이후에는 보수비를 개별적으로 부담하는 것이 농촌 지역의 경우 어려우므로 이에 대한 개선이 요구된다.

매일경제 2013년 1월 17일자에 다음과 같이 보도된 사례가 있다. 광주광역시 남구 송암동 입암마을은 '그린 홈 100만호 보급사업'으로 45가구에 9억 원을 들여 태양광 시설을 설치했다. 설치비용은 국비 절반과 마을 인근에 위치한 광역위생매립장에서 발생한 수익금 절반으로 충당했으나, 고장이 나기 시작하면서 문제가 발생했다. 무상 보수 기간 3년이 넘어 소유자가 전액 부담해야 했기 때문이다. 주민들은 수리비를 마련할 수 없어 가정용 전기를 사용하여 2배가 넘는 전기세를 감당하고 있는 형편이라는 것이다.

둘째, ESCO사업의 사업대상범위와 사업자당 지원 한도액을 늘리고, 대출 금리를 인하하고 대출 상환 기간도 연장하는 것이 필요하다. 이 사업을 통해 에너지소비자는 초기 투자비용 없이 고효율의 설비교체가 가능하고, 업체에도 이득이 되기 때문이다. 이를 위해

ESCO 정책자금의 확대, 공공부문에서의 에너지 효율개선 수요 창출 및 관련 인프라 강화 등이 요구된다.

셋째, IEA가 2008년도에 개발한 '에너지 효율 향상을 위한 25개 제언(25 Energy Efficiency Policy Recommendations)'을 심층적으로 검토하여 우리나라의 제도 개선에 반영하는 것이 바람직하다. IEA의 이 제언은 개발기기·설비, 건물, 수송, 산업, 전력회사, 기타 부문으로 나누어 권고사항이 정리되어 있다. 물론 여기에는 유인과 규제에 대한 내용이 복합적으로 들어있지만 특히 유인책에 관한 내용을 벤치마킹한다면 에너지 절약과 효율향상이 제5에너지로 중요하게 여겨지는 시대에 큰 도움이 될 것으로 생각한다. 구체적으로는 우리나라에서 현재 시행되고 있는 에너지진단제도, 고효율 에너지기자재 인증제도 및 고효율기기 장려금 지원제도 등을 개선하는데 효과가 있을 것으로 생각된다.

넷째, 신재생에너지 개발 및 에너지 효율 제고를 위해서는 막대한 초기 투자비용이 필요하므로 금융지원의 확대가 요구된다. 신재생에너지 개발의 경우에는 에너지의 종류에 따라, 에너지 효율향상은 산업, 수송, 가정·상업, 공공·기타 등 부문별로 차등적인 금융지원이 이루어져야 할 것이다.

(4) 설득

첫째, 신재생에너지의 분산적 특징을 사회 구성원들에게 인식시켜 에너지 소비자에서 에너지 생산자로 변화시켜 나가는 것이 매우 중요하다. 태양광, 태양열, 가정용 연료전지 등과 같은 신재생에너지는 에너지밀도가 낮고 분산적인 특성을 가지고 있기 때문에 보다 많은 국민들이 규모는 작지만 폭이 넓게 참여할 때 확산이 이루어질 것이다. 그렇게 되면 일반 시민들은 종래의 에너지 소비자에서 벗어나 적은 양이지만 에너지 생산자로 발전해 나갈 수 있다.

둘째, 일반 국민들에게 네가와트(negawatts)와 비전력(非電力)이라는 개념을 잘 홍보하여 전기에 대한 인식을 바꾸어 나가는 것이 바람직하다. 네가와트는 에너지 효율성 덕분에 생산되지 않은 전기를 의미하며, 생산된 전기인 메가와트(megawatts)의 상대적 개념이다. 이 용어는 미국 록키마운틴 연구소의 환경학자 에머리 로빈스(Amory Lovins)가 1989년 캐나다 몬트리올에서 열린 그린 에너지 학회에서 처음 사용한 것이다.

비전력이라는 개념은 일본의 후지무라 야스유키(藤村靖之) 박사가 주장하는 개념이다. 전기를 가능한 한 사용하지 않거나, 비전력 기기를 사용하는 것을 의미한다. 전기청소기를 사용하기 보다는 몸을 직접 움직여 빗자루와 쓰레받기를 사용하는 것이 건강과 환경에 좋다는 것이다.

셋째, 일반 국민들에게 녹색생활을 강조할 때 기후변화에 대비하기 위해 필요하다고 설득하기 보다는 에너지 효율을 증진하기 위한 목적으로 설득해 나가는 것이 더 바람직하다. 시민들이 기후변화와 같은 거대 담론 보다는 에너지 효율을 더 직접적으로 느끼기 때문이다. 기든스도 현재까지 온실가스 배출을 줄이는 데 성공적이었던 새로운 시도들은 대부분 기후변화 억제를 위해서라기보다 에너지 효율 증진의 목적에서 추진되었다고 말하며, 사람들은 기후변화를 위해서보다는 에너지 효율 증진을 위한다는 관점을 훨씬 더 쉽게 받아들인다고 했다.[70]

---

70 앤서니 기든스, 2009: 158-159.

Part **8**

녹색기술개발 및
녹색산업 정책

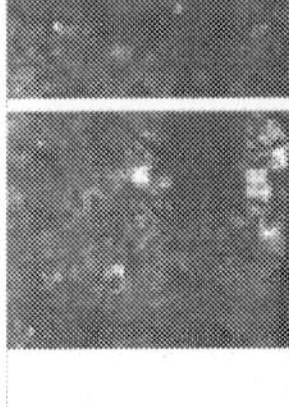

1. 정책목표

녹색성장정책의 핵심 중 하나가 바로 녹색기술개발 및 이를 기반으로 한 녹색산업의 육성이다. 독일 연방환경부가 2012년 9월에 발표한 녹색기술 전망보고서(GreenTech-Atlas 3.0)에 따르면 전 세계 녹색기술 시장은 2025년 약 4조 4,000억 유로 수준으로 2011년도(약 2조 440억 유로) 대비 약 2배 이상 확대될 전망이다. 이는 연평균 성장률 5% 이상을 의미한다. 이 보고서는 독일 정부가 컨설팅 전문기업 Roland Berger사에 의뢰하여 작성한 것으로 녹색기술을 에너지효율화, 지속가능한 수자원, 친환경 에너지 및 에너지 저장, 이동성, 원료 효율화, 폐자원 재활용 등 6대 대분야로 구분하여 정의한 것이다.

<2012 신재생에너지 백서>에 따르면 우리나라 신재생에너지 산업분야 매출은 '07년 1조 2,490억 원에서 '09년 4조 7,490억 원, '11년 9조 8,540억 원으로 7.9배 늘었다. 제조기업 수는 '07년 101개에서 '09년 193개, '11년 224개로 2.2배 증가했다. 그러나 우리나라는 녹색에너지산업의 후발주자로서 미국, 독일, 일본과 같은 선진국은 물론 중국, 인도 등 개도국에 비해서도 역량이 많이 부족한 상황이다.

에너지경제연구원이 녹색에너지산업의 국제경쟁력을 분석한 결과 우리나라 태양광산업의 경우 기술역량 수준은 4위지만 종합 순위는 9위이다. 풍력산업의 경우도 기술역량 수준은 6위이지만 종합 16위로 두 분야 모두 기술역량은 높은 수준이지만 산업화 역량은 이에 못 미친다는 것을 확인하였다.[1]

2009년에 정부에서 발표한 <녹색성장 국가전략>에 있는 10대 정책방향 중에서 네 가지가 녹색기술개발 및 녹색산업 정책과 관련된 것이다. 즉, 녹색기술개발 및 성장동력화, 산업의 녹색화 및 녹색산업 육성, 산업구조의 고도화, 녹색경제 기반 조성이 바로 그것이다. 첫째, 녹색기술 개발 및 성장동력화는 여섯 가지의 실천과제가 있다. ① 녹색기술개발투자의 전략적 확대 ② 효율적 녹색기술개발 체계의 구축 ③ 녹색기술이전 및 사업화 촉진 ④ 녹색기술·산업 개발을 위한 인프라 확충 ⑤ 녹색기술 개발을 위한 국제협력 활성화 ⑥ 녹색기술산업 분야 신성장동력 육성으로 분류된다. 이러한 정책방향은 주요 지표별로 연도별 목표수준을 <표 13>과 같이 정해두고 있다.

<표 13> 녹색기술개발 및 성장동력화 부문 연도별목표 수준

관련 지표	연도별 목표수준			
	'13	'20	'30	'50
정부 녹색기술개발투자 규모(억 원)	35,000	80,000	120,000	200,000
신성장동력 녹색기술산업투자 규모(억 원)	17,500	40,000	60,000	100,000
녹색기술제품 세계시장 점유율(%)	8	10	13	18
녹색기술인력 양성수준(명)	37,000	45,000	50,000	70,000
녹색기술수준 향상실적(선진국 대비 %)	80	90	94	100
온실가스 배출 저감량(백만CO_2톤)	47	129	356	700

자료: 녹색성장위원회. 2009a: 87.

둘째, 산업의 녹색화 및 녹색산업 육성은 네 가지의 실천과제가 있다. 즉, ① 자원순환형 경제·산업 구조 구축 ② 산업별 녹색전환

---

1 경제인문사회연구회. 2012: 140.

및 혁신 확산 ③ 녹색 중소·벤처기업 육성 ④ 지식주도형 녹색클러
스터 육성이 바로 그것이다. 이러한 정책방향은 주요 지표별로 연도
별 목표수준을 <표 14>와 같이 정해두고 있다.

<표 14> 산업의 녹색화 및 녹색산업 육성 부문 연도별목표 수준

관련 지표	연도별 목표수준			
	'13	'20	'30	'50
자원순환율(%)	17.0	17.6	18.4	19.8
주력산업 녹색제품 수출비중(%)	15	22	30	35
대중소 그린 파트너십 참여기업(개)	1,500	2,900	5,000	9,000
그린산업단지 구축 대상(개)	10	20	30	45

자료: 녹색성장위원회. 2009a: 93.

셋째, 산업구조의 고도화는 두 가지의 실천과제가 있다. 즉, ① 첨
단융합산업 육성 ② 고부가서비스산업 육성이 바로 그것이다. 이러
한 정책방향은 주요 지표별로 연도별 목표수준을 <표 15>와 같이
정해두고 있다.

<표 15> 산업구조의 고도화 부문 연도별목표 수준

관련 지표	연도별 목표수준			
	'13	'20	'30	'50
IT융합 기술 수준(%)	90	95	100	100
로봇산업 국내 생산 규모(조 원)	4	25	30	30
외국인 환자 수(만 명)	20	35	50	60
MICE 관광객 수(만 명)	158	320	380	450

자료: 녹색성장위원회. 2009a: 98.

이 분야는 <녹색성장 5개년 계획>에 구체화되어 '산업구조의 고

도화' 부문에 신성장동력 첨단융합산업 육성을 위해 방송통신융합산업 육성, IT융합시스템 육성, 신소재 나노융합 육성, 바이오제약 (자원)·의료기기 육성 및 고부가 식품산업 육성에 대한 계획을 세웠고, 고부가 서비스산업 육성을 위해서는 글로벌 헬스케어, 글로벌 교육서비스 육성, 콘텐츠 SW 육성, MICE 관광 육성에 대한 계획을 세웠다.[2] 그러나 이런 산업분야는 녹색성장과 직접적으로 관련이 없는 산업으로 판단된다.

넷째, 녹색경제 기반 조성은 아홉 가지의 실천과제가 있다. 즉, ① 녹색기술·산업에 대한 정책금융 활성화 ② 녹색금융 인프라 구축화 ③ 탄소시장 육성 ④ 친환경적 세제 운영 ⑤ 녹색상품·산업에 대한 조세지원 ⑥ 저탄소 사회를 위한 규제 및 유인 혁신 ⑦ 에너지 복지 ⑧ 녹색일자리 창출 촉진 ⑨ 녹색인재 양성 확대가 바로 그것이다. 이러한 정책방향은 주요 지표별로 연도별 목표수준을 <표 16>과 같이 정해두고 있다.

<표 16> 녹색경제 기반 조성 부문 연도별목표 수준

관련 지표	연도별 목표수준			
	'13	'20	'30	'50
국내 탄소시장 창출 규모(조 원)	0.5	2	3	5
에너지 빈곤가구 비중(%)	5.0	3.5	3.0	1.0
Green 사회적 기업 수(개)	40	500	600	800

자료: 녹색성장위원회, 2009a: 109.

저탄소 녹색성장 기본법 제2조 제3호에는 '녹색기술'을 구체적으

---

2 녹색성장위원회, 2009b: 213-235.

로 예시하였다. 온실가스 감축기술, 에너지 이용 효율화 기술, 청정생산 기술, 청정에너지 기술, 관련 융합기술을 포함한 자원순환 및 친환경 기술 등 사회·경제 활동의 전 과정에 걸쳐 에너지와 자원을 절약하고 효율적으로 사용하여 온실가스 및 오염 물질의 배출을 최소화하는 기술이 바로 그것이다.

정부는 2009년 1월에 '녹색기술연구개발종합대책'을 수립하였다. 이 대책의 3대 목표는 ① 녹색과학기술역량 부문에서 기술수준을 2009년 현재 선진국대비 50~70% 수준을 2012년에 선진국대비 80%, 2020년에는 선진국대비 90%를 달성하며 ② 세계시장점유율을 2008년에 에너지 분야 1.4%와 환경 분야 3.3%인 것을 2012년에 7%이상, 2020년에 10%이상 달성하며, 2012년에 녹색기술 일자리를 16만 명 창출하며 ③ 환경지속성 부문에서는 2012년에 20위권 진입으로 설정하였다. 이를 위해 녹색기술에 대한 R&D 투자를 2008년 1조 원 규모에서 2012년까지 2조 원 규모로(2008~2012 기간 중 총 누적투자 규모는 7.3조원 이상) 확대하기로 했다. 아울러 핵심원천기술을 예측기술, 에너지원기술, 고효율화기술, 사후처리기술, 무공해 산업경제(지식기반) 육성으로 대분류하고, 75개 후보 기술 가운데 '기후변화 예측 및 모델링개발 기술' 등 '27대 중점녹색기술'을 선정하였다. 이 기술을 현재의 투자규모, 기술수준, 상용화 시점을 종합적으로 고려하여 단기(5~10년) 집중개발, 중장기적(10~20년) 개발, 장기(20년 이상) 지속개발로 분류하였다.

27대 중점녹색기술에도 원자력이 포함되어 있으나, 녹색기술에서 원자력을 제외하는 것이 바람직하다. 아울러 이 대책의 목표설정에서 환경지속성을 지표로 사용하는 것은 문제가 있다. 왜냐하면 환경

지속성지수(ESI)는 미국 예일대학의 환경법·정책센터(Yale Center for Environmental Law and Policy)가 콜롬비아대학, 세계경제포럼(WEF) 및 EU집행위원회의 Joint Research Center와 공동으로 발표한 지표인데 2005년까지만 발표되었으며[3], 2006년 이후에는 2년마다 환경성과지수(EPI)만이 발표되고 있기 때문이다. 앞으로는 국가적인 목표설정 시 좀 더 세심한 준비가 요구된다.

한편 '27대 중점녹색기술'에 대해 기술수준을 조사한 결과 주요 5개국(한국, 미국, 일본, EU, 중국) 중 미국이 세계최고 수준의 기술을 가장 많이 보유하고 있으며, 한국과 중국은 보유한 최고기술이 없는 것으로 조사되었다. 미국의 기술수준을 100%로 할 때 한국의 기술수준은 77.7%로 4위로 조사되었으며, 2011년 현재 세계최고 기술보유국(미국)과 한국과의 기술격차 년수는 4.1년으로 나타났다. 특히 131개 전략제품·서비스 기술에 대한 주요국별 최고기술 보유 현황은 미국(67개, 51.1%), EU(46개, 35.1%), 일본(18개, 13.7%) 순이다. 세계 최고기술 대비 수준이 가장 높은 우리나라 녹색기술은 개량형 경수로 설계 및 건설기술로 나타났다. 이 분야에서 90.1%의 평가를 얻었다. 이어 실리콘계 태양전지의 고효율 저가화 기술이 85.0%, 고효율 저공해 차량기술이 84.5%, 차세대 고효율 연료전지 시스템 기술이 82.1% 등으로 나타났다. 반면 석탄가스화 복합발전 기술은 63.5%, 기후변화 예측 및 모델링 개발 기술은 65.6% 등으로 평균 77.4%에 훨씬 못 미치는 것으로 나타났다. 또한 2014년 한국의 기

---

3 우리나라의 2005년도 환경지속성지표는 조사대상 146개국 중 122위를 기록하였으며, 이는 OECD 가입국으로서 조사대상이 된 29개 국가 중 최하위이다(Yale Center for Environmental Law and Policy, 2005: 4-5).

술은 선진국의 80% 중반에 머무는 반면 현재 한국보다 10% 이상 떨어진 중국은 0.5%까지 쫓아와 이후 추월이 확실시된다고 예측되었다.[4]

정부는 저탄소 녹색성장 기본법에 근거하여 녹색성장산업 육성을 위한 계획을 수립하였다. 지식경제부는 2008년 12월 '지식혁신 주도형 저탄소 녹색성장산업 발전전략'을 발표했다. '3G 6-9-6 전략'을[5] 통한 산업부문 녹색변환 완성을 목표로 하며, 지식과 기술의 집약형 신성장 동력을 창출하여 저탄소형 산업 구조로 전환하고 산업 발전과 환경문제 해결의 선순환적인 구조를 정착시키는 것이 주요 내용이다. 구체적으로는 ① 주력산업의 녹색화 ② 저탄소형 산업 구조로의 재설계 ③ 생산, 물류, 마케팅, 서비스, 자원 순환에 이르는 전 과정 가치 사슬(value chain)의 녹색화를 위한 계획을 수립하였다.

이 전략에 앞서 지식경제부는 2008년 9월 '그린에너지산업 발전전략'을 발표하였다. 이는 신재생에너지와 화석연료 청정화, 에너지 효율 향상 등 그린에너지산업 중에서 성장동력화가 필요한 9대 분야에 민관이 공동으로 5년간 총 3조 원(정부 1.7조 원, 민간 1.3조 원)을 투자하여 2012년까지 선진국 수준의 기술력을 확보하는 것을 목표로 한다. 세계시장이 급성장하고 있고 국내에도 산업 토대가 어느 정도 형성되어 있어 조기에 육성이 가능한 그룹으로서 태양광, 풍력, 고효율조명(LED), 전력IT 등 4개 분야를 선정하였고, 세계시장의 잠재력이 크고 경쟁이 치열할 것으로 예상되나 아직 국내 기반이 없어 우선 기술적 우위확보가 시급한 그룹으로 수소연료전지, 청

---

4 홍미영 외, 2011: 4-7. 9.

5 '3G 9-6-6 전략'이란 녹색혁신, 녹색산업 구조 재설계, 녹색 가치사슬 3가지 전략을 뜻하는 것으로 각 부문별 9개, 6개, 6개의 하위 전략으로 구성되어 있다는 의미이다(김형국, 2011: 288).

정연료(CTL, GTL), 석탄가스화복합발전(IGCC), CCS, 에너지 저장 등 5개 분야를 선정하였다.

이에 대한 후속조치로 지식경제부는 2009년에 1차 로드맵 수립에 이어 2011년 6월에 2차 로드맵인 '그린에너지 전략로드맵 2011(2011∼2030)'을 발표하였다. 당초 9대 분야를 태양광과 풍력, 연료전지, 석탄가스화복합발전, 바이오연료, 이산화탄소 포집 저장, 청정연료, 에너지 저장, 고효율 신광원, 그린카, 에너지 절약형 건물, 원자력, 스마트 그리드, 청정 화력발전 등 15개 그린에너지 분야로 좀 더 세분하였다. 2030년까지 집중적인 육성을 통해 150만 개의 일자리를 만들고 94조 원의 내수시장을 창출하는 한편, 328조 원의 수출실적을 올려서 2011년 현재 1.2% 수준인 그린에너지 세계시장 점유율을 2030년에는 18%까지 끌어올리겠다는 목표를 세웠다.

지식제부는 또한 2010년 10월 '신재생에너지 산업발전 전략'을 발표했다. 이는 2015년까지 총 40조 원(정부 7조 원, 민간 33조 원)을 투자해 2015년 태양광 및 풍력 분야 세계시장 15%를 점유하여 수출 362억 달러, 고용 11만 명의 세계 5대 신재생에너지 강국으로 도약하는 것을 목표로 한다. 이를 위해 전략적 R&D 및 사업화, 산업화 촉진 시장창출, 수출산업화 촉진, 기업 성장기반 강화 등 크게 4개 분야의 과제를 추진하는 것으로 하였다.

한편 국가과학기술위원회와 대통령 직속 미래기획위원회는 2009년 1월에 합동회의를 열어 2008년에 신성장동력기획단 등 민간이 제안한 6대 분야 22개 신성장동력을 3대 분야 17개로 조정하여 확정 발표했다. 신성장동력산업 분야는 ① 녹색기술산업 ② 첨단융합산업 ③ 고부가 서비스산업을 포괄한다. 이 중에 녹색기술산업은 미래 성장을 위해 기후변화와 자원 위기에 대한 해결 능력을 갖추려는 분야이다. 녹색기술산업 분야는 신재생에너지, 탄소 저감 에너지, 고도 물처리, LED 응용, 그린 수송시스템, 첨단 그린 도시 등 6가지로 분류하였다.

2009년 5월 녹색성장위원회 등은 '중점녹색기술 개발 및 상용화 전략'을 수립하여 관련 기술의 개발에서 상용화에 이르기까지의 전 과정을 체계적으로 추진하기 위한 실천전략을 마련하였다. 이 전략에서 우리나라 중점녹색기술의 전반적인 기술수준은 최고기술 보유국 대비 44~65% 정도로 평가되었고, 산업 관련 경쟁력 요인인 국산화율은 40~68%로 분석되었다.

2010년 2월 녹색성장위원회는 투자의 중복을 방지하고 투자 효율성을 높이기 위해 10대 핵심 녹색기술을 선정하여 지원을 강화하겠다고 발표했다. 10대 핵심 녹색기술이란 ① 차세대 이차 전지 ② LED 조명 및 디스플레이 ③ 그린 PC ④ 고효율 태양전지 ⑤ 그린 카 ⑥ 지능형 전력망 ⑦ 미래 원자력 ⑧ 연료 전지 ⑨ 이산화탄소 포집 및 저장기술 ⑩ 고도 수처리 등이다. 정부는 이들 10개 핵심기술을 보유한 기업을 연구·개발 지원 등을 통해 집중 육성할 것이라고 밝혔다.

아울러 정부는 녹색성장에 따라 늘어나는 인력 수요에 대응하기 위하여 2009년 11월 녹색성장위원회 제6차 보고대회를 통해 '녹색 일자리 창출 및 인력 양성방안'을 마련했다. 녹색성장을 주도할 핵심 인재에게 2013년까지 1조 1,000억 원을 투입하여 약 10만 명을 양성한다는 계획이다. 우선 고급 핵심 녹색기술 인력양성을 위해 2012년까지 13개의 녹색전문대학원을 지원하고, 녹색기술 관련 특성화 대학원을 선정하여 지원을 강화하기로 했다. 글로벌 경쟁력을 강화하고, 국제적 수준의 녹색연구인력을 키우기 위해 세계수준 대학교와 연구소 사업의 지원도 강화하기로 했다. 아울러 지역 녹색인재를 키우기 위해 '광역경제권 신성장 선도산업 육성'과 연계하여 비수도권 6개 광역권 내 19개 우수지방 대학을 녹색교육 기관으로 육성해 나갈 계획이다. 녹색 경제기반 조성을 위해 녹색 금융, 녹색경영, 탄소배출권 거래와 같은 녹색 서비스 분야의 전문 인력도 늘릴 계획도 포함하고 있다.

그러나 여기서 2013년까지 녹색 인재 10만 명 양성목표는 2009년 7월에 정부에서 발표한 <녹색성장 국가전략> 상의 녹색기술 인력 양성 목표인 2013년 37,000명과 큰 괴리가 있다. 어떤 차이가 있는지 명확한 설명도 없다. 아울러 2012년까지 13개의 녹색전문대학원 설립 목표도 2010년에 3개 녹색전문대학원을 설립하는데 그친 상태다.

지식경제부는 가파르게 증가하는 미래 에너지저장시스템(ESS) 시장을 선점하기 위해 2011년 5월 '에너지저장 기술개발 및 산업화 전략(K-ESS 2020)'을 발표하였다. ESS는 전기를 대규모로 저장하여 필요할 때 사용하는 '전력저수지'이며, 태양광, 풍력 등과 같이 출력이 불규칙한 전기를 저장하여 안정적으로 전력망에 연계를 가능하게 함으로써 신재생에너지 확산을 위한 필수 기술이다. 이 전략은 2020년까지 세계 시장 30% 점유를 목표로 에너지저장 R&D 투자 확대 및 전략성 강화, 에너지저장 실증을 통한 산업화 촉진, 에너지저장 R&D 인프라 구축, 국내시장 활성화를 위한 제도적 기반 조성 등을 추진할 계획이다

녹색성장을 달성하기 위하여 기술변화가 매우 중요하나 두 종류의 시장실패는 시장의 자발적인 기술혁신을 가로막는 장애가 되고

있다. 하나는 환경오염이 가지는 부정적인 외부성이다. 시장 내에서 사적인 경제주체들은 에너지 절약이나 환경개선을 위한 경제적 유인이 없기 때문에 친환경기술에 대한 수요가 미흡함을 의미한다. 다른 하나는 기술혁신이 가지는 긍정적인 외부성이다. 일반적으로 기술혁신은 유출효과(spillover effect)를 통해 사회 전체에 확산되어 경제적 후생을 증진시키지만 기술혁신에 성공한 기업 입장에서는 성과나 이득을 전유(appropriate)하거나 충분히 보상받지 못하기 때문에 마찬가지로 경제적 유인이 미흡하여 사회 전체적으로 적정수준의 기술혁신이 이루어지지 못한다. 이와 같은 이중의 외부성으로 인하여 친환경기술의 개발과 확산은 자발적인 시장의 힘에 의존하기보다는 공공정책의 개입에 의해 사회적으로 적정한 수준까지 확대해 나갈 필요가 있다.[6]

송위진 등은 녹색기술혁신체제론에 입각하여, 현재의 녹색기술정책의 한계를 4가지로 정리했다.[7] ① 녹색기술은 그 특성 상 기존의 산업발전 양식을 따르기 어려움에도 불구하고 기존의 양식(대기업-거대기술·첨단기술-대규모사업-수출)을 답습하고 있으며, 부처 간 경쟁에 따라 통합적 접근이 제약되고 있다. ② 녹색성장 및 녹색기술개발 정책 결정 및 집행에 다양한 관련 행위자(또는 혁신주체)가 참여하는 거너번스 구축이 필수적이나, 우리나라의 경우 정책결정과정이 공무원과 전문가 중심의 하향식 전개과정이므로 참여형 거버넌스 운영이 힘들다. ③ 녹색기술은 '사고의 전환'을 통하여 기존 기술분류 체계에서 고유의 '기술적 지위'(technological niche)확보

---

6 윤우진, 2009: 11-12.
7 송위진 등, 2011.

가 필요하다. 즉, 현재 기술분류 체계에서 녹색기술은 하나의 분야라기보다는 '지속가능성'이라는 대전제에서 파생된 흐름을 반영한 기술의 총칭이라 할 수 있으므로 명확한 기술적 지위를 확보하지 못한 것으로 판단된다. ④ 경제·사회 시스템 전환을 염두에 두므로 통합형 정책의 틀이 요구되나, 미시적 수준이나 중범위 수준에서 통합형 정책을 추진하기 위한 구체적인 프로그램이 미흡하고, 다양한 정책수단들을 종합적으로 고려하여 패키지 형태로 추진하는 정책군 사업도 미비하다는 것이다.

한편 '녹색기술연구개발종합대책'에서 제시된 녹색기술 개념에는 경제성장 수단으로서의 역할이 강조되어, 향후 환경과 사회 지속가능성에 대한 고려를 보다 많이 담을 수 있도록 개념 재정립이 필요하다는 의견도 있다. 아울러 2012년 5월에 127명의 분야별 기술전문가 및 기술경영전문가들을 대상으로 한 설문조사 결과에 따르면, 27대 중점기술 중 몇몇 기술은 경제성 및 환경 지속가능성 향상에 큰 영향을 주지 못하는 것으로 인식되고 있어 중점기술에 대한 재검토 시기가 도래한 것으로 판단된다. 이 기술들을 환경성 및 경제성이 상대적으로 높은 기술군(그룹1), 환경성은 높지만 경제성은 상대적으로 낮은 기술군(그룹2) 그리고 두 특성 모두 상대적으로 낮은 기술군(그룹3) 등으로 구분할 경우, 그룹3에는 개량형 경수로 설계 및 건설 기술, 친환경 핵비확산성고속로 및 순환핵주기시스템 개발 기술 등이 포함된다는 것이다.[8]

아울러 정부가 2009년부터 2011년까지 추진한 17개 신성장동력

---

8 이성진 외, 2012: 12-24.

사업의 성과가 크게 미흡한 것으로 드러났다. 지난 3년간 신성장동력 분야 설비투자에만 37조 원이라는 천문학적 자금을 투입하고도, 리튬 이차전지, 스마트폰 등 일부 품목을 제외한 대부분 품목은 뚜렷한 성과를 내지 못했다. 정부는 2012년 9월 5일 대통령 주재로 민관합동 '신성장동력 성과보고대회'를 통해 리튬 이차전지가 2009년 수출 33억 달러에서 2011년에 51억 달러로 50%이상 증가하여 세계시장 1위를 차지했고, LED는 4년 만에 매출이 5배 증가하며 세계 2위 강국으로 부상한 것만을 확인했다. 셰일가스와 전력저장장치(Energy Storage System; ESS)[9]를 새로운 신성장품목에 넣는 등 연말까지 신성장동력 품목을 조정키로 했다.

2. 주요 녹색기술 개관

주요 녹색기술은 제7장에서 다룬 12가지(원자력 제외)의 녹색에너지를 개발하기 위한 기술에 추가하여 몇 가지의 녹색기술이 있다. 여기서는 5가지를 소개하고자 한다.

그린 IT

그린 IT란 환경을 의미하는 녹색(green)과 정보통신기술(IT)의 합

---

9 리튬이차전지와 같은 소형 이차전지를 대형화한 것으로 전력을 저장해서 피크시간대 또는 정전시 비상전원으로 활용할 수 있는 전력공급장치를 말한다.

성어로 'IT 부문 녹색화(Green of IT)'와 '녹색성장을 위한 IT 융합
(Green by IT)'를 포괄하는 의미이다. 'IT부문 녹색화'는 IT 제품 및
서비스의 라이프 사이클 전반을 녹색화하고 신성장동력으로 육성하
는 것을 말하며, '녹색성장을 위한 IT 융합'은 IT 융합으로 에너지/
자원의 효율적 이용을 극대화함으로써 저탄소 사회 전환을 촉진하
고, 실시간 환경감시 및 조기 재난 대응 체계를 마련해 기후변화 대
응력을 강화하는 것이다.[10]

지식경제부는 2009년 1월에 IT의 녹색화, IT 기반 녹색성장 기반
구축, 그린 IT 기반 조성 등 3대 분야 37개 세부 과제로 구성된 '녹
색성장을 위한 IT 산업 전략'을 발표하였다. 행정안전부도 거의 같
은 시기에 정보자원 그린화, 녹색정부 구현, 녹색사회 전환 촉진, 녹
색사회 전환을 위한 정책지원이라는 4대 전략과 12개 중점과제로
구성된 '녹색 정보화 추진계획'을 발표하였다. 2009년 4월에는 방송
통신위원회가 '녹색 방송 통신 추진을 위한 녹색성장 구현'을 비전
으로 6대 분야 19개 과제로 구성된 '녹색 방송 통신 추진 종합 계획'
을 발표하였다.

그러나 각 부처별 계획에 대해 사업의 중복성 문제나 부처 간 연
계사업의 시너지 창출이 미흡하다는 지적에 따라 전 부처를 아우르
는 '그린 IT 국가전략'이 수립되었다. 2009년 5월 녹색성장위원회
제3차 회의에서 발표한 '그린 IT 국가전략'은 그린 IT 제품·서비스
의 생산·활용·기반구축 등 전 주기를 연계한 범국가 차원의 전략
이다. '글로벌 그린 IT 선도국가 실현'을 비전으로 IT의 녹색화와 신

---

10 녹색성장위원회 외. 2009: 3.

성장 동력화, IT 융합 스마트 저탄소 사회 전환 촉진, IT 기반 기후 변화 대응 역량 강화를 주요 목표로 삼고, 2대 부문 9대 핵심과제를 선정했다. 2대 부문 중 'IT 부문 녹색화'는 월드 베스트 그린 IT 제품 개발 및 수출 전략화, IT 서비스 그린화 촉진, 10배 빠른 안전한 네트워크 구축 등 3대 과제를 추진하기로 했다. 'IT 융합 녹색성장'은 IT를 통한 저탄소 업무 환경으로 전환, IT 기반 그린 생활혁명 구현, IT 융합 제조업 그린화, 스마트 녹색 교통·물류 체계로의 전환, 지능형 전력망 인프라 구축, 지능형 실시간 환경 감시 및 재난 조기 대응 체계 구축 등 6대 핵심과제를 추진하기로 했다.

이러한 9대 핵심 추진과제의 이행을 위해 2009년부터 2013년까지 5년간 4조 2,528억 원이 소요될 것으로 추정하였다. 이를 통해, 2013년까지 7조 5,107억 원의 생산유발 효과 및 5만 2,594명의 신규 일자리 창출, 18,402천 톤의 탄소 배출량 저감 효과(2013년 기준)를 거둘 것으로 전망하였다.

이산화탄소 포집 및 저장(CCS) 기술

이산화탄소 포집 및 저장(CCS; Carbon Capture and Storage) 기술이란 발전소·철강·시멘트 산업 등에서 발생되는 이산화탄소를 흡수제·분리막·순산소연소 등의 기술을 이용하여 포집하고, 포집된 이산화탄소를 압축 및 이송하여 지중이나 해양에 저장하거나 반응 촉매, 화학소재 및 연료 등으로 전환처리(고정화)하는 기술이다.

2008년 7월 일본 홋가이도에서 열린 G8 정상회담에서 2020년까지 CCS 상용화 촉진에 합의한 바 있다. 국제사회는 교토의정서의 청정개발체제(CDM) 사업에 CCS 기술을 포함시켜 CCS 기술의 상용화를 지원하고 이산화탄소 배출 감축 노력을 가속화하자는 논의를 진행하고 있다. IEA가 <에너지기술전망 2010(Energy Technology Perspective 2010)>에서 제시한 블루 맵(BLUE Map) 시나리오에 따르면 2050년까지 CO_2 발생량을 2005년의 절반으로 감축하는 목표를 달성하기 위해 CCS기술이 19%를 담당할 것으로 보고 있다.

2010년말 기준으로 총74개의 대형 CCS 프로젝트가 각국에서 추진 중에 있으며 이중 대부분이 미국, 유럽, 호주 및 중국에 집중되어 있다. 우리나라의 CCS 관련연구는 구 과학기술부 '중점국가연구개발사업'의 일환으로 1998~2003년에 걸쳐 8개 과제로 시작되었다. 이후 '21세기 프론티어 연구개발사업'으로 2002~2012년에 걸쳐 해양 및 지중저장 기술개발과 실증사업을 추진한 바 있다.[11]

CCS 기술에서 가장 중요한 문제는 포집의 경제성과 저장의 안정성이다. CCS에 들어가는 비용의 70~80% 정도가 포집단계에서 차지하므로 포집 기술의 경제성이 중요한 것이다. 이산화탄소를 포집하는 위치에 따라 '연소 후(post-combustion) 포집기술', '연소 전(pre-combustion) 포집기술', '순산소 연소(oxyfuel combustion) 기술'로 구분된다.

지식경제부의 '그린에너지산업 발전전략' 중 CCS 부문을 보면 연소후 기술은 선진국과 기술격차가 작고, 단기간 내 상용화가 가능한 습식흡수공정의 실증기술을 개발하는 데 치중할 계획이다. 연소전·연소중 기술은 기존기술을 대체하여 저가의 포집비용($10/tCO_2$ 이하)을 달성할 수 있는 차세대 혁신기술개발 추진에 중점을 두고 있다.

---

11 최준영, 2012.

정부는 CCS 기술의 중요성을 인식하고, 범부처 종합계획인 '국가 CCS 종합추진계획'을 2010년 7월 제8차 녹색성장위원회에 보고하여 확정하였다. 동 계획은 100만 톤 처리규모의 포집·수송·저장 통합 실증완료 등을 포함하여 '2020년까지 플랜트 상용화 및 국제 기술 경쟁력 확보'를 목표로 설정하였다. 이를 위해 2010년부터 2019년까지 정부자금 1조 2,000억 원 등 총 2조 3,000억 원을 투자하여 2030년까지 누적 매출 약 100조 원, 10만 명 이상의 일자리 창출과 2030년 국가 온실가스 감축전망치의 10%인 3,200만 톤의 온실가스를 감축할 수 있을 것으로 기대하고 있다.

정부는 CCS 기술관련 주요 정책결정 및 총괄조정 기능을 위해 'CCS 총괄협의체'를 구성하였으며, 관련 R&D를 전담하는 '한국 이산화탄소 포집 및 처리 연구개발센터'를 교육과학기술부 주관으로 2011년에 설립하였다. 이와 병행하여 개발된 기술의 상용화 및 산업 육성 지원을 위한 '한국 이산화탄소 포집 및 저장협회'를 지식경제부 지원 하에 설립되었으며, CCS 안정성과 신뢰성 확보를 위한 'CCS 환경센터'가 환경부와 국토해양부 주관으로 설립되었다.

CCS 기술 개발과 보급에 있어 고려할 사항으로는 ① 안정된 조건의 저장소 확보를 위한 충분한 조사와 연구가 선행되어야 한다. 대규모 이산화탄소의 지중저장은 지진활동을 유발할 수 있으며, 저장 후 누출 시에는 해양환경에 대한 부정적 영향을 미칠 수 있기 때문에 이러한 점을 감안하여 지질구조에 대한 면밀한 조사와 더불어 해양환경 영향평가 및 리스크 관리 기술개발이 요구된다. ② CCS 기술 개발과 관계없이 기존의 온실가스 감축노력은 지속되어야 할 것이다. ③ CCS 기술도입에 관한 사회적 합의 및 관련 제도의 정비가 요구된다. 기술의 안정성과 리스크 관리를 둘러싼 사회적 갈등의 발생을 예방하기 위해서는 각종 연구 및 모니터링 자료의 충분한 공개와 체계적인 안정성 검증 절차 등이 병행되어야 할 것이다.[12]

이산화탄소를 저장할 경우 저장위치에 따라 지질구조를 이용하는 방식과 해양을 이용하는 방식으로 구분된다. 저장 공간 확보와 저장 비용의 문제와 함께 이산화탄소는 아주 위험하므로 저장의 안전성이 중요하다. 1986년 카메룬 서쪽 니오스 호수에서 엄청난 양의 이산화탄소가 호수에서 분출해 25킬로미터 떨어진 곳까지 영향을 미쳐 1,700명의 인명을 앗아갔고 가축을 몰살한 적이 있기 때문이다.[13]

국토해양부는 2012년 4월에 동해 울릉분지 인근 해저퇴적층(800～3,000m 깊이)에 온실가스 50억 톤을 영구적으로 저장할 수 있는 'CO$_2$ 지중저장소'를 국내 최초로 확인했다. 2030년에 우리나라가 이산화탄소 포집 저장 방식에 의해 달성하고자 하는 연간 감축목표량인 3,200만 톤을 기준으로 계산할 경우, 이곳에서만 150년 이상을 저장할 수 있는 방대한 규모이다. 2014년에 시험시추를 거쳐 2015년까지 대상지를 최종 확정하여 고시할 예정이다.[14]

CCS는 남은 화석연료를 사용하기 위해 중요한 기술이므로 적극 개발해 활용하는 것이 필요하다. 그러나 CCS의 경제성은 2020년 이후에나 판가름할 수 있을 것으로 보인다.

---

12 최준영, 2012.

13 마크 마슬린, 2010: 221-223.

14 녹색성장위원회 보도자료, 2012.4.4.

이차 전지(secondary battery)

한 번 쓰고 버리는 일차전지와는 달리 이차 전지는 전기를 저장하여 반복사용이 가능한 전지이다. 서로 다른 양·음극 소재의 전압 차이를 통해 전기를 저장하고 발생시킨다. 최초의 이차 전지는 1859년 프랑스의 물리학자 플랑테(Gaston Planté)가 개발하였다. 현재도 사용하는 연축전지(보통 '납축전지'라 불림)가 바로 그것이다. 이차 전지는 크게 모바일 전자기기용 소형 이차전지와, 전기차용 이차전지 및 대형 에너지저장장치(ESS)용으로 구분된다.

2009년 5월 녹색성장위원회는 '중점녹색기술 개발과 상용화 전략'을 제시하면서 이차 전지의 연구개발 일정을 발표했다. 이어 2010년 2월에는 이차 전지를 10대 핵심기술 과제로 선정하였다. 2010년 7월에 열린 제8차 녹색성장위원회 보고대회에서는 '이차 전지 경쟁력 강화방안'을 발표하였다. 이 방안에 따르면 2020년까지 전지생산 세계 1위 및 소재 수출국가로 부상하기 위하여 중대형 전지제조 및 소재산업 지원에 역량을 집중할 계획이다. 이차전지 세계시장 규모는 2010년 123억 달러에서 2020년 779억 달러로 급성장할 것으로 전망되므로 정부는 이차전지의 산업경쟁력 강화를 위하여 중대형 전지 경쟁력 강화, 소재산업 육성, 선순환적 산업생태계를 구축하기로 하였다. 산·학·연 공동으로 R&D 로드맵을 수립하고 민관합동 4~5조 원 규모의 투자목표를 수립함으로써 2020년까지 성능은 두 배, 가격은 1/5 수준의 전지를 제조할 수 있는 역량을 키우는 한편, 10개 이상의 글로벌 소재기업을 육성할 예정이다. 또한 석·박사 전문 인력 1,000명을 육성하고 실증사업을 추진함으로써 선순환적 산업

생태계를 구축한다는 내용이다.

휴대전자기기의 급속한 보급과 함께 시장을 주도한 니켈수소전지가 최근에는 에너지 저장밀도와 가격경쟁력, 경량화, 소형화, 안전성을 확보한 리튬이차전지로 급속히 대체되고 있다. 리튬이차전지는 크게 리튬이온전지(LIB; Lithium Ion Battery)와 리튬이온폴리머전지(LPB; Lithium Ion Polymer Battery)로 구분된다. 이차 전지 선진국인 일본에 비해 10여년 늦게 이 분야 산업에 뛰어든 우리나라가 2011년에는 소형 리튬이온전지 시장에서 세계 1위를 차지했다. 개별 기업단위에서는 이미 2011년에 삼성 SDI가 사업시작 11년 만에 처음으로 일본의 산요를 제치고 리튬이온전지 세계 1위 기업에 오른 바 있다.

관세청이 2012년 7월 발표한 '이차전지 수출입동향'에 따르면 우리나라 이차전지 수출은 2007년 19조 3,600만 달러에서 2011년 38조 2,800만 달러로 4년간 약 두 배로 성장했다. 연평균 증가율 약 20%로 빠른 성장세를 이어왔다. 수출품목별로는 스마트폰 등에 많이 쓰이는 리튬이온전지가 56.6%를 차지하고, 이어 산업동력용으로 주로 이용되는 피스톤식 엔진시동용 연산전지(31.2%), 리튬이온전지의 대체재로 수요가 늘고 있는 리튬폴리머전지(10.9%) 순으로 비중이 높았다.[15]

그러나 우리나라의 전지 제조기술은 세계 최고 수준임에도 불구하고, 부품·소재 및 원천기술에서는 일본의 30~50% 수준으로 미흡한 수준이며, 특히 소재 국산화율이 미흡하다. 일본 IIT 2008년 자료에 따르면 일본의 기술력을 100으로 했을 때 핵심소재는 50, 원

---

15 디지털타임스, 2012.7.23.

천기술은 30 정도의 수준이다. 이차 전지 4대 핵심소재 가운데 양극소재, 분리막, 전해질 등에서 일본과의 기술 격차를 줄이고 있으나, 음극소재는 국산화율이 1%에 불과한 실정이다. 전반적으로 보면 논문과 특허의 양적 성과를 제외하고는 기술수준이 낮은 실정이며, 세계 최고 기술보유국 대비 4~7년의 기술격차를 보여주고 있다. 또한 최근에는 중국 업체의 급격한 발전으로 가격 경쟁력 측면에서 고가와 저가 시장 모두에서 일본과 중국에 샌드위치로 끼인 상태에 직면하고 있다.[16]

우리나라 전지산업은 소형전지 및 전기차용 전지 중심으로 발전하였기 때문에, 중대형 전지시장에서의 기반은 취약한 실정이다. 이차 전지 시장은 자동차, 에너지 저장 분야에 접목되며 폭발적인 성장을 예고하고 있다. 구체적으로는 IT기기용 소형 전지 중심에서 자동차, 전력저장용 중대형 전지로 시장 확대가 예상되고 있다. 전기자동차용 전지는 휴대폰용 전지보다 6,000~8,000배 용량이 더 크다. 대형 이차전지 시장은 아직 1조 원 미만이지만, 미래시장의 승부는 이곳에서 갈릴 것이라고 업계는 전망한다. 앞으로 태양광, 풍력 등 녹색에너지의 보급을 확대하기 위해 MWh급 이상의 대용량저장장치(ESS) 개발이 필요하며, 전기자동차용 리튬이온전지는 현재 한번 충전으로 내연기관 자동차의 주행거리인 약 500㎞의 주행이 이론적으로 어렵기 때문에 새로운 소재와 시스템 개발이 필요하다.

LG화학은 리튬이온전지를 1993년부터 개발하기 시작하여 1999년에 한국에서 처음으로 대량생산 체제를 구축했으며, 차세대 성장

---

16 조성호, 2011: 16-18.

동력으로 이차전지 사업을 집중 육성하고 있다. 2009년 1월 미국 디트로이트 모터쇼에서 GM이 전기차 볼트를 공개하며 LG화학 리튬이온 배터리를 단독 공급업체로 선정하였다. 2010년 7월 중순에 LG화학은 전기 자동차용 배터리 현지공장 기공식을 미국 미시간주 홀랜드시에서 개최하였으며, 여기에 오바마 대통령이 참석한 바 있다. 이 공장에는 미국 연방정부가 1억 5,100만 달러를 지원했으며, 연간 2,000만 셀 생산능력을 확보한다는 목표를 세웠다.

그러나 홀랜드 공장은 2012년 6월 완공됐지만 전기차의 불황으로 개점휴업 상태나 다름없다. 2015년을 내다보고 연 35만 대 전기차에 들어갈 배터리를 생산할 수 있는 체제를 갖추었지만 가장 큰 고객인 GM 전기차 '볼트의 판매가 워낙 저조하기 때문이다. GM은 전기차 '쉐보레 볼트'의 판매 부진으로 늘어난 전기차 재고물량을 줄이기 위해 생산을 2012년 3월~4월에 5주간, 9월~10월에 4주간 중단한 바 있어 배터리를 공급하는 LG화학에도 영향을 미친 것이다.

LG화학 오창공장은 연간 850만 셀의 리튬이온전지 생산능력을 갖고 있어 전기차용 리튬이온 배터리 공장으로는 세계 최대 규모다. 오창공장을 차세대 배터리산업의 메카로 키우기 위해 2013년까지 총 2조 원을 투자하여 연간 6,000만 셀 생산체제를 구축할 계획이다. 2012년 5월 LG화학 관계자는 "2015년에 세계 전기차 배터리 시장점유율 25%, 매출 4조원을 달성해 세계 1위를 더욱 확고히 하는 것이 목표"라고 말했다.

아직 전기차 배터리는 갈 길이 멀다. 삼성 SDI와 독일 보쉬가 50 대 50으로 합작 설립한 전기차 배터리업체 SB리모티브는 2011년 매출 306억 원에 영업 손실 1,755억 원을 기록했다. 2013년 1월 1일부로 삼성 SDI는 SB리모티브를 흡수 합병했으며, 동년 3월에는 폭스바겐에 전기차용 리튬이온전지를 공급하는 계약을 체결한 것으로 알려졌다. 아울러 2013년부터는 BMW에도 전기차 배터리를 납품할 예정이다. 현대중공업도 2012년 4월 글로벌 자동차 부품회사인 캐나다 매그너이카와 손잡고 전기차 배터리 사업을 위한 합작사를 설립하기로 했다. 전지생산 공장은 캐나다 온타리오주에 들어서며 현대중공업이 8,000억 달러, 매그너이카가 1억 2,000만 달러를 투자하여 2014년부터 본격적으로 연간 1만 팩 규모의 배터리를 생산할 계획이다. 전기차용 배터리 시장이 2011년까지만 해도 30억 달러 규모였으나 2020년에는 300억 달러를 넘어서는 것으로 예측되는 등 시장의 가능성이 높기 때문이다.

한편, 지식경제부는 중장기적인 전력피크 대응과 신재생에너지 확산을 위해 2013~2017년까지 3,035억 원(정부 1,067억 원, 민간 1,968억 원) 규모의 중대형 에너지저장 시스템 실증 사업을 추진할 계획이다. 바로 '전력피크대응을 위한 ESS 실증 연구' 사업인데, 이 사업은 수십 MW 이상의 대규모 에너지저장시스템을 국내 실증하는 것을 목표로 100MW급 압축공기저장시스템 실증과 세계 최대 규모(출력 기준)의 리튬이온전지 실증 등 2가지 과제를 추진할 계획이다.

그린 카

그린 카(green car)는 에너지 효율이 높은 저공해 차량을 말한다. 우리나라에서는 통상 환경친화적인 자동차라고 부른다. '환경친화적 자동차의 개발 및 보급 촉진에관한 법률' 제2조에 따르면 전기자동차, 태양광 자동차, 하이브리드 자동차, 연료전지 자동차, 천연가스 자동차 및 클린디젤 자동차가 여기에 해당된다.

'전기자동차'란 전기 공급원으로부터 충전 받은 전기에너지를 동력원으로 사용하는 자동차로서 기존 차량에 비해 가격이 비싸다는 문제가 있다. 전기자동차가 상용화되기 위해서는 배터리 성능 강화와 급속 충전과 같은 인프라가 마련되어야 하며, 주행 속도가 느리고 1회 충전에 채 200㎞를 가기 어려운 짧은 주행거리도 보완되어야 한다. '태양광자동차'란 태양에너지를 동력원으로 사용하는 자동차이며, '하이브리드자동차'는 휘발유·경유·액화석유가스·천연가스 등의 연료와 전기에너지를 조합하여 동력원으로 사용하는 자동차를 말한다. '연료전지자동차'는 수소를 사용하여 발생시킨 전기에너지를 동력원으로 사용하는 자동차이다. '클린디젤자동차'는 경유의 연소가 기관의 내부에서 이루어져 열에너지를 기계적 에너지로 바꾸는 기관을 동력원으로 사용하는 자동차로서 오염물질을 하이브리드자동차나 천연가스자동차와 유사한 수준으로 배출하는 자동차를 말한다.

주우진 교수는 총보유비용(TCO) 개념을 적용해 10년 뒤 친환경차 수요를 예측한 결과 세계 자동차 시장에서 내연기관차가 75%, 하이브리드는 16%, 전기차(플러그인 하이브리드 포함)는 9%의 시장점유율을 보일 것으로 예상했다.[17]

정부는 2009년 녹색산업 육성 핵심과제로 '전기차 산업 활성화 방안'을 내놨다. 2012년까지 4000대, 2020년까지 100만 대를 보급

---

17 조선일보, 2011.10.28.

해 20조 원 시장을 만들겠다는 계획이다. 그러나 2011년 말 기준으로 불과 344대만 등록되어 있는 실정이다. 일반 판매는 거의 없고 정부와 지방자치단체에서 시범사업으로 구매한 물량이 대부분이다. 가격도 2,000만 원 선으로 경차보다 1,000만 원이 비싸다는 약점이 있다.

환경부는 목표를 약간 축소하여 2012년에 전기자동차 2,500대 보급목표 달성 의지를 밝혔다. 그러나 2012년 8월까지 국내 보급대수는 700여대가 고작이다. 경형 고속전기차 레이 EV는 최고속도가 130㎞/h, 1회 충전시 최고 135㎞까지 주행이 가능하다. 이는 국내 최초 전기차 양산모델로서 기아자동차에서 만든다. 판매가격은 1대당 4,500만 원인데 1,500만 원의 보조금과 충전 인프라 구축비용 880만 원을 지원하고 개별소비세 등 최대 420만 원의 세제감면 혜택도 줄 계획이다.[18]

전기차는 휘발유 차량에 비해 유지비용이 적고, 엔진이 없기 때문에 오일을 교환할 필요도 없다. 이차 전지 가격이 낮아지면 전기차가 가격 경쟁력을 갖게 될 것으로 기대된다. 그러나 배터리의 획기적 발전이 없으면 대중화가 어려울 것으로 보인다. 하루에 2번 충전하면 수명 5년 정도밖에 안되는 단점 때문이다. 도요타는 1997년에 세계 최초로 양산형 하이브리드 자동차 '프리우스'를 선보였다. JP모건 증권에 따르면 세계적으로 하이브리드카의 판매 대수가 2008년 48만대에서 2020년에는 1,128만 대로 23배나 늘어날 것이란 전망이다.

1990년대 들어 독일의 자동차 부품업체 보쉬가 디젤엔진을 비약적으로 진화시킨 고압 연료분사, 일명 커먼 레일이라고 하는 혁신적인 기술을 개발하였다. 이후 유럽의 대부분 자동차 업체는 배기가스

---

18 녹색성장위원회, 2012.4.19.

의 클린화와 소음 및 진동의 저감에 큰 진전을 이루었다. 이 엔진을 이전의 디젤과 구별하여 '클린 디젤'이라고 한다. 클린디젤 하이브리드 자동차는 현재 보급 도입기에 있다. 미국과 일본에 비해 상대적으로 유리한 클린디젤 기술을 가진 우리나라로서는 세계 시장에서 선점할 수 있는 차종으로 클린 디젤 하이브리드 자동차를 선택하는 것이 가장 적합하다는 의견도 있다.[19]

수소연료전지차는 차에 수소를 주입해 공기 중의 산소와 결합하는 과정에서 발생하는 전기로 달리는 차다. 물을 전기분해하면 수소와 산소로 분리되는 것을 역이용한 원리다. 현대자동차는 2012년 말에 수소연료전지차 '투싼ix FCEV'를 개발했다. 2015년까지 총 1,000대를 제작해 국내외 공공기관에 공급할 계획이고, 2015년 이후에는 일반 소비자용으로도 판매할 계획이다. 수소연료전지차는 한 번 충전하면 600㎞ 넘게 갈 수 있는 것이 전기차에 비해 장점이지만 가격이 대당 1억 5,000만 원이라는 것이 문제다. 현대자동차는 2~3가지 부품을 국산화해 제작원가를 5,000만 원 수준까지 낮추겠다는 계획이다.

핵융합

핵융합이란 수소와 같이 가벼운 원소들의 원자핵을 1억℃ 이상의 초고온 상태에서 강제로 결합하여 헬륨과 같은 좀 더 무거운 원소의 원자핵을 형성하는 과정에서 발생하는 질량결손으로 인해 에너지가 발생되는 물리적 현상이다. 간단한 공식으로 표현하자면 D(중수소) +

---

19 김형국, 2011: 277.

T(삼중수소) $\rightarrow$ ^{4}He(헬륨) + n(중성자) + Energy이다.[20]

1929년에 엣킨슨(Atkinson)과 회터만(Houtermans)은 가벼운 원자핵들의 질량 차이를 아인슈타인의 질량－에너지 등가 법칙을 적용하여 계산해 본 결과 엄청난 에너지가 발생하며 이것이 태양과 별의 에너지 원일 것이라고 주장하였다. 러더포드(Rutherford)와 올리판트(Oliphant)는 1934년 영국 캠브리지에서 최초의 핵융합을 시연한 바 있다. 1억℃ 이상의 초고온 플라즈마를 만들기 위해서는 핵융합로가 있어야 하는데, 인공태양 실용화에 가장 근접한 방식은 토카막(tokamak)이다. 이는 1950년대에 구소련의 사하로프(Andrey Sakharov)가 발명하였으며, 1968년 아치모비치(Lev Achimovic)가 기술적으로 발전시킨 것이다.

핵융합은 바닷물에 풍부한 중수소와 지표면에서 쉽게 추출할 수 있는 리튬(삼중 수소)을 원료로 하기 때문에 자원이 거의 무한하다. 아울러 발전과정에서 온실가스인 이산화탄소를 발생시키지 않는다. 또한 원자력 발전의 0.04%에 불과한 소량의 방사능에 의해 중·저준위 폐기물이 발생하지만, 10년에서 길어도 100년 이내에는 모두 재활용이 가능해지는 장점이 있다.[21]

문제는 핵융합에 필요한 엄청난 온도에 이르기까지 들어가는 막대한 에너지와 핵융합을 발전소 크기로 확대하는 어려움이다.[22] 현재 기술은 플라즈마를 몇 분 정도 가두는 수준이나, 상용화를 위해서는 수십 시간 이상 가둘 수 있는 기술 개발이 필요하다. 핵융합의 상용화 시점은 2050년경에나 가능할 것으로 전망된다.

---

20 황병상, 2003: 6.
21 김형국, 2011: 279.
22 마크 마슬린, 2010: 219.

국가핵융합연구소는 '차세대 초전도 핵융합 연구장치(KSTAR)'를 국
내기술로 제작했다. KSTAR는 2007년 9월 완공되어 종합 시운전을 거
쳐 2008년 7월 최초 플라즈마 발생을 선언하고 본격적인 운영에 들어
갔다. KSTAR는 국제핵융합실험로(ITER; International Thermonuclear
Experimental Reactor)의 약 25분의 1 규모로 ITER 완공 때까지 ITER
건설 및 운영에 필요한 기초 실험의 기술 자료를 제공하고 있다.

ITER 사업은 핵융합발전 실험로를 건설하는 국제협력 프로젝트
이다. 이를 위한 국제협정은 2007년에 정식 발효되었다. 현재 우리
나라, EU, 일본, 러시아, 미국, 중국, 인도가 공동으로 참여하고 있
다. ITER 사업의 열 출력은 한국 표준 원전의 1/6 규모인 500MW이
며 건설, 운영, 감쇄, 해체 기간을 포함하여 2006~2040년 사이에
이루어진다. 건설장소는 프랑스 카다라쉬이며, 예상 사업비 규모는
약 112억 유로에 이른다. 재원 조달은 이 실험로를 유치한 EU가
45.46%, 한국을 포함한 6개 참여국이 각 9.0%씩 분담하는 방식을
택하고 있다.[23] 우리나라는 이 사업 가입 및 공동이행 협정을 2007
년 4월에 국회에서 비준하였다.

과학기술부는 2007년 8월 '제1회 국가핵융합위원회'를 열어 '제1
차 핵융합에너지 개발진흥 기본계획'을 확정했다. 2012년부터 2021
년까지 핵융합 에너지 기술 5대 강국에 진입하고 국제적 리더십을
확보한다는 장기 목표를 가지고 핵융합 핵심연구 개발 추진체계 구
축과 핵융합 기술에 대한 산업화를 마련하기 위해 2011년까지 총
7,000억 원을 투자한다는 계획이다.

---

23 김형국, 2011: 280.

이어 2012년 1월에 '제2차 핵융합에너지개발진흥 기본계획(2012~2016)'을 심의·확정하였다. 국가 핵융합에너지개발 로드맵은 2007년부터 2011년까지의 1단계와 2012년부터 2021년까지의 2단계, 2022년부터 2036년까지의 3단계로 이루어진다. 국가 핵융합에너지 개발 로드맵 상 2단계 목표는 '데모(DEMO) 플랜트 기반기술 개발'이다.

정부가 수립한 제2차 기본계획은 2단계 기간 중 전반부인 2012년부터 2016년까지다. 'KSTAR와 ITER를 활용한 핵융합 기반기술 연구·개발'을 목표로 설정했으며, 오는 2016년까지 ① KSTAR 고성능 플라즈마 달성 및 DEMO 기초기술 개발 ② 핵융합 기초연구 및 인력양성 확대 ③ 국제협력 강화 및 ITER 건설 사업 주도 ④ 핵융합·플라즈마 기술 사업화 촉진 및 사회적 수용성 제고 등 4대 중점 전략을 중심으로 핵융합에너지 개발을 추진할 계획이다.

이를 위해 2016년까지 5년 동안 KSTAR 연구에 2,378억 원, ITER 사업에 6,009억 원, 기초연구인력양성사업에 587억 원, 핵융합 사업 등에 1,022억 원 등 총 1조 원을 투자한다는 계획이다. 연구 인력은 지금보다 740명 늘어난 2,370명으로 확대된다. 이 계획을 통해 2016년까지 KSTAR의 플라즈마 유지시간은 50초까지 늘어날 전망이다. 핵융합에너지 실용화를 위해서는 중수소 등 원료를 플라즈마 상태로 300초 이상 유지시켜야 하지만, KSTAR는 2012년 12월에 고성능 운전조건인 'H-모드'에서 17초간 유지했다.

3. 정책수단

녹색기술개발 및 녹색산업 정책을 위한 정책수단 중 규제와 설득 관련 정책수단은 기후변화대응정책이나 녹색에너지정책 등에서 다른 수단들이 공통적으로 적용되는 부분이 있기 때문에 여기서는 중복되지 않는 범위 내에서만 다룬다.

재정

(1) 정부 재정투자

2009년에 발표된 <녹색성장 5개년 계획>에 따르면 '09~'13년간 107.4조 원의 재정투자계획 중 녹색기술개발 및 녹색산업 육성에 28.6조 원을 투자할 계획으로, 총투자계획의 26.6%를 차지한다. 녹색기술개발 및 성장동력화를 위해 녹색기술개발투자의 전략적 확대, 효율적 녹색기술개발 체계의 구축 등 6개 과제에 11.3조 원을 투자하고, 산업의 녹색화와 녹색산업 육성을 위해 자원순환형 경제·산업구조 구축, 녹색 중소·벤처기업 육성 등 4개 과제에 4.6조 원을 투자할 계획이다. 산업구조의 고도화를 위해 신성장동력 첨단융합산업 육성, 고부가 서비스산업 육성 등 2개 과제에 10.9조 원을 투자하고, 녹색경제 기반 조성을 위해 녹색기술·산업에 대한 정책금융 활성화, 녹색금융 인프라 구축 등 9개 과제에 1.8조 원을 투자할 계획이다.

정부의 투자계획은 각 부처별 사업으로 구체화된다. 지식경제부는 신재생에너지기술개발사업과 에너지자원 기술개발사업 등이 있고, 교육과학기술부는 원자력기술개발사업과 21세기 프론티어연구개발사업 등을 추진하고 있다. 국토해양부는 해양환경기술개발사업과 해양에너지/자원 이용기술개발사업 등이 있고, 환경부는 차세대핵심환경기술개발 등이 있다. 문화관광부는 첨단융복합컨텐츠기술개발사업 등이 있고, 중소기업청은 중소기업기술혁신개발사업과 산·학·연 공동기술개발사업, 그리고 2011년부터는 KOTRA와 공동으로 '녹색중소기업 해외진출 지원사업'을 추진하고 있다. 이 사업은 해외 녹색사업 발주정보 제공부터 프로젝트 수주, 글로벌기업의 벤더 참여지원까지 녹색 중소기업의 해외진출을 일괄 지원하는 사업이다.

정부는 2010년 10월 제9차 녹색성장위원회에서 '신재생에너지 산업발전 전략'을 통해 2015년까지 신재생에너지 생산 50조 원, 수출 362억 달러, 고용 11만 명을 달성하여 세계 5대 신재생에너지 강국으로 도약하겠다는 목표를 세웠다. 2015년 세계시장 점유율을 태양광과 풍력분야에서 각각 15% 달성하기 위해 총 40조 원(민간 33조 원, 정부 7조 원)을 투자하기로 했다. 이를 위해 ① 전략적 R&D 및 사업화 ② 산업화 촉진 시장창출 ③ 수출산업화 촉진 ④ 기업 성장 기반 강화라는 네 가지의 추진과제를 정했다.

먼저 전략적 R&D 및 사업화 과제를 위해서는 핵심 원천기술을 선정하여 2015년까지 1.5조 원을 투자하며, 중소·중견기업 주도의 부품·소재·장비 기술개발 및 국산화에도 1조원을 지원하는 등의 세부계획을 세웠다. 산업화 촉진 시장창출 과제에는 Green Post, Green Port, Green School 등 10대 중점 대상에 태양광, 풍력 등을 집중 설치하며, 시장창출 지원제도를 혁신하는 계획을 세웠다. 수출산업화 촉진 과제에는 해상풍력 Top-3 로드맵 수립을 추진하며, 해외시장진출 종합지원시스템 구축, 신재생에너지 글로버 스타 기업 50개 육성이라는 세부과제를 도출했다. 기업 성장기반 강화 과제에는 기업 성장지원 금융·세제 지원 메커니즘 구축, 수요 단계별 기업 맞춤형 전문인력 양성 등의 세부과제를 설정했다.

한편 지식경제부 R&D전략기획단은 2011년 5월에 3~5년 조기성과 창출형 '미래산업선도기술개발' 5개 과제에 대한 컨소시엄 사업단을 선정했다. 이 중에서 차세대 전기차와 그린수송시스템 과제는 현대자동차-테너지-피앤이솔루션-자동차부품연구원 컨소시엄이, 고효율 대면적 박막태양전지는 삼성SDI-LG전자 컨소시엄, 코리아 마이크로 에너지그리드(K-MEG)는 삼성물산-KT-효성-나라컨트롤-KD파워 컨소시엄이 각각 선정됐다. 특히 대면적 박막태양전지 사업단에는 삼성SDI와 LG전자가 공동 참여해 대기업간 협력도 기대된다. 정부는 이 5대 과제에 2011년부터 2013년까지 정부 3,500억 원, 민간 2,600억 원 등 총 6,100억 원의 R&D 예산이 투입되며, 이를 통해 2020년 105조 원의 매출을 달성하는 것을 목표로 하고 있다.

(2) 민간자금 투자유도

저탄소 녹색성장 기본법 제29조는 녹색기술 및 녹색산업에 자산을 투자하여 그 수익을 투자자에게 배분하는 것을 목적으로 하는 녹색산업투자회사를 설립할 수 있는 근거를 제공하고 있다. 정책금융공사는 2010년 6월에 녹색산업펀드(녹색산업투자회사 1호)를 1차로 500억 원 규모로 조성했다. 동 공사가 470억 원을 투자하고 민간운용사들이 30억 원 규모로 참여하는 것이다. 펀드운용은 상은자산운용이 맡는다. 한편 비상장 중소벤쳐기업의 녹색인증 기술자금을 지원하기 위해 별도의 자(子)펀드로 중소기업창업투자조합도 조성할 계획이다.

　중소기업청에서는 주요 녹색부품·소재의 국산화를 위해 2010년 7월 현재 1,000억 원대인 녹색·신성장투자펀드 규모를 1조 1,000억 원대로 늘리기로 했다. 아울러 산업은행, 기업은행을 중심으로 녹색펀드를 조성(2,500억 원 규모)하여 투자에 착수할 예정으로 알려졌다. 아울러 녹색기업에 대한 신용보증기금·기술보증기금의 보증을 2009년 2.8조 원에서 2013년 7조 원으로 확대할 계획이다. 2009년에는 계획금액을 크게 상회한 4.3조 원을 지원한 바 있다. 아울러 녹색 중소기업에 대한 정책자금 지원을 2009년 1,300억 원에서 2013년 6,600억 원으로 확대할 계획이다. 2009년에는 이미 계획보다 많은 1,730억 원이 지원되었다.

　2010년 7월 제8차 녹색성장 보고대회에서는 '녹색투자현황 및 활성화 방안'이 발표되었다. 이에 따르면 녹색산업에 대한 민간기업의 투자와 참여도 증가하여, 지난 3년간(2008~2010) 30대 그룹의 녹색투자 총액은 15.1조원 규모로 연평균 74.5%의 높은 증가율을 나타내고 있으며, 향후 3년간(2011-2013) 녹색성장분야에만 22.4조 원 투자할 계획이다. 그러나 투자는 급성장하고 있는 반면, 녹색산업은 시장창출, 인프라 구축, 규제완화 측면에서는 아직 취약한 구조를 가지고 있는 것으로 나타났다. 이러한 문제점을 해소하기 위해 정부는 ① 초기 시장 형성지원, ② 전 주기적 기술개발, ③ 글로벌 해외진출 전략 마련 등을 중심으로 기업의 녹색투자 확대를 유도할 계획이다.

　그러나 실제 대기업들의 녹색산업 매출을 살펴보면 초라한 상태다. 포스코의 그린 비즈니스 부문 매출액이 2011년 총 매출 68조 원

중 1%도 안되며, 삼성SDI도 태양전지, 전기차 배터리, 대용량 저장 장치용 전지 등 3대 신사업의 매출이 2011년도에 전체 매출에서 2%, 2012년에도 3%에 불과할 것으로 전망되고 있다.[24]

(3) 인력양성 투자

녹색기술과 녹색산업에 필요한 인력을 공급하기 위한 목적으로 교육과학기술부와 한국연구재단은 2010년 5월에 2010년도 녹색성장분야 전문대학원 3곳을 최종 선정했다고 발표하였다. 이 사업은 신성장동력 3대 분야(녹색산업, 융합신산업, 소프트파워산업 등)의 성장동력화를 이끌어갈 우수인재를 양성하는 전문대학원을 육성·지원하는 것을 목표로 하고 있다. 녹색산업분야에서는 충남대 녹색에너지기술전문대학원, 융합신산업분야에서는 서울대 융합과학기술대학원, 소프트파워분야에서는 홍익대 국제디자인전문대학원이 선정되었다. 대학원 당 연간 5억 원 이내로 3년간 지원을 원칙으로 하며, 운영성과를 평가하여 계속 지원여부를 결정하기로 했다.

그러나 3개 전문대학원 선정 이후로는 전문대학원 선정이 이루어지지 않고 있다. 당초 <녹색성장 국가전략>에는 2012년까지 13개의 녹색전문대학원을 지원하겠다고 되어 있으나 나머지 10개는 추진되지 못했다. 계획이 실행되지 못하고 계획으로만 끝난 것이다.

한편 KAIST는 경영대학 산하에 녹색성장대학원을 설치한다고 2013년 1월에 밝혔다. 이 대학원은 ① 녹색금융 부전공을 포함한 녹색정책 석사과정 ② 녹색경영 및 녹색정책학 제분야 연구를 하는 녹

---

24 매일경제, 2012.6.15.

색성장 석·박사과정 ③ 녹색사업 전문가를 육성하는 녹색 MBA과정으로 운영된다. KAIST는 우선 2013년 가을학기부터 녹색정책 과정을 개설하여 20여명 규모로 신입생을 선발한 후 2014년 봄학기에는 전 과정을 개설해 운영한다는 방침이다

규제

환경규제는 사회전체 환경오염의 양이 적정수준으로 유지되도록 규제당국이 각 환경오염 원인자의 오염배출량을 적정수준으로 직접 통제하려는 정책수단을 의미한다.[25] 미첼리스(P. Michaelis)는 환경규제수단을 투입규제, 공정규제, 산출규제로 나누어 설명하고 있다.[26] 투입규제는 어떤 원자재, 재료, 에너지원을 사용하거나 사용하지 말아야하는가에 관해 규제하는 것이고, 공정규제는 생산공정에 있어서 사용되는 기술 혹은 기술의 사용방식 등을 규제하는 것이다. 산출규제는 생산된 제품에 내재된 오염물질 혹은 이미 발생한 환경오염을 제한·제거하기 위해 환경폐해적 생산활동 자체를 규제하는 것으로 수량제한, 제품기준 및 배출기준으로 나눌 수 있다.[27] 비근한 예로는 폐수나 대기오염물질 배출에 대한 기준과 같은 것이 있다.

이러한 환경에 대한 규제가 녹색기술과 녹색산업을 촉진하는 측면이 있다. 온실가스 감축목표가 기업들에게 새로운 기술을 개발하게 하고, 기후변화에 대한 대응이라는 변화의 흐름 속에서 새로운

---

25 이정전, 1994: 162; 정선양, 1999: 175.에서 재인용.

26 Michaelis, 1996.

27 정선양, 1999: 176-183.

사업기회를 준다. 현대자동차가 정부의 배기가스 기준 상향조치에 맞추기 위해서는 외국산 부품이 필요하다는 논리로 처음에는 다소 반발하다가 부단한 기술 개발을 통해 필요한 부품의 국산화 수준을 높인 사례도 있다.

유럽연합(EU)을 중심으로 환경규제가 강화되는 추세이다. 신화학물질관리제도(REACH), 유해물질사용제한지침(RoHS) 및 전기전자폐기물처리지침(WEEE)이 시행 중이며, 미국에는 독성화학물질관리제도(TSCA) 등이 있다. 이 지역으로 수출하는 물품에는 이러한 기준에 맞추기 위한 기술 개발이 요구되고 있다.

유인

(1) 금융지원

기획재정부 등은 2009년 7월 제4차 녹색성장위원회에 '녹색투자촉진을 위한 자금유입 원활화 방안'을 보고하였다. 실물투자 여건 개선과 자금유입 체계 구축으로 녹색투자를 촉진시킨다는 내용이다. 2010년 7월 제8차 녹색성장위원회에는 '녹색경쟁력 강화를 위한 재정·금융지원 강화방안'이 보고되었다. 이에 따르면 녹색산업 핵심 원재료에 대한 기본 관세율 인하, 신재생에너지 생산 및 이용기자재에 대한 관세경감 대상 품목확대, 탄소저감 및 친환경자동차 관련 기술 등 녹색성장 관련 신기술을 외국인투자 조세감면 대상에 추가하는 등의 지원내용이 포함되어 있다.

2011년 10월 제12차 녹색성장위원회 보고대회에서 정부는 녹색산업 수출금융 지원규모를 2010년 6조 6,000억 원에서 2012년에는

10조 5,000억 원으로 확대하겠다고 보고했다.

우리나라 녹색산업 육성을 위한 금융지원 메커니즘의 골격은 다음과 같다. 즉, 신재생에너지센터 또는 기술보증기금이 지원대상 기업을 평가하며, 신용보증기금이 신용평가, 중소기업청이 M&A 지원평가, 한국수출입은행이 수출지원 업무를 각각 맡고 있다.

2012년 5월 녹색성장위원회 제8차 이행점검결과 보고대회에서 '녹색금융·재정지원 이행점검 결과 및 향후계획'이 보고되었다. 이에 따르면 2009년 7월 이후 녹색금융·재정지원 정책을 마련·추진해 온 결과 녹색금융지원이 확대되고 제도적 기반이 마련된 것으로 평가하였다. 지난 3년간 녹색기업에 16.9조 원('09년 3.2조 원 → '10년 5.7조 원 → '11년 8.0조 원)의 정책자금 대출 지원과 신용보증기금과 기술보증기금에서 17.5조 원('09년 4.3조 원 → '10년 5.4조 원 → '11년 7.8조 원)의 보증이 이루어졌다. 아울러 녹색·신성장펀드 등 약 5조 원 규모의 녹색 투자펀드가 조성되었으며, 2011년 3월 녹색금융 종합포털(http://www.green-finance.or.kr)이 구축되어 정보제공을 하고 있다.

그러나 녹색산업의 성장가능성에 비추어 민간의 자금지원이 기대에 못 미치고 있는 것으로 평가되어 보완대책을 실시하기로 했다. 녹색산업 지원은 크게 시장형성 지원, 성장환경 개선, 녹색수출 지원 확대, 녹색금융 지원 강화 등 총 4개 부문으로 구성되었다. 주요 내용은 다음과 같다. ① 일반 국민이 자기 돈을 들이지 않고도 아파트 지하주차장의 등을 LED등으로 쉽게 교체할 수 있도록 팩토링 금융지원을 확대한다. 이를 위해 정책금융공사는 팩토링 지원금융의 한도를 상향조정('12년 350억 원 → 700억 원)하고, 지원대상도 LED뿐만 아니라 태양광 사업, 에너지절약사업으로 확대한다. ② 신재생

융자자금을 활용하여, '햇살가득홈'사업에 참여하는 600kWh 이상의 전기다소비 가구에게 태양광 설비 설치비용의 90%까지 저리('12년 4월 현재 2.25%) 융자 지원한다. ③ 태양광 모듈 등의 성능을 장기간 보장해 주는 '장기성보장보험상품' 출시를 유도한다. ④ 녹색 금융지원을 강화하기 위하여 정책금융기관에 녹색금융지원 전담 조직을 설치한다. 즉, 기술보증기금에 녹색기술 평가를 전담하는 전문인력과 조직을 확충하고, 정책금융공사에도 녹색산업분석, 녹색여신 승인 등을 담당할 전담조직을 2012년 중 신설한다. ⑤ 2012년 말 일몰예정인 신성장동력・원천기술 분야 R&D 세액공제 제도를 녹색분야 기업에 대해 연장하는 방안을 검토한다. ⑥ 녹색전문기업요건을 완화(녹색기술을 활용한 제품이 전체 매출액의 30% → 20%)하여 녹색투자대상을 확대한다.

한편, 펀드평가사 에프엔가이드에 따르면 2011년 11월 16일 기준 운용되고 있는 국내 녹색성장펀드는 74개이다. 이 중 설정액이 10억 원을 넘는 펀드는 30여개가 채 안된다. 전문가들은 전 세계적으로 녹색산업 경기가 위축된 점도 녹색성장펀드가 활성화되지 못한 이유라고 분석했다.

또한 금융감독원에 따르면 2012년 9월 기준으로 5억 원이 넘는 녹색대출은 4,478건에 13조 5,000억 원이다. 그 중에서 16%인 2조 2,000억 원이 자본잠식, 부채비율 300% 이상, 3년 연속 적자 등 재무구조가 나쁜 기업에 대한 대출인 것으로 나타났다. 녹색대출 중 담보가 없는 신용대출이 66%에 달한다. 글로벌 금융위기 이후 녹색 기업들이 정체에 빠졌기 때문으로 풀이된다.[28]

(2) 녹색인증제

녹색산업은 새로운 사업영역이어서 사업성을 평가하기 어렵다는 문제가 있다. 녹색인증제는 정부 인증을 통해 적격한 투자대상을 제시함으로써 녹색투자의 불확실성을 해소하기 위해 도입된 제도이다. 이 제도는 녹색기술, 녹색사업 및 녹색전문기업을 정부가 확인해주고, 확인된 기술과 기업에 각종 금융지원 혜택을 제공하며, 정부가 인증한 녹색사업과 기업에 투자하는 일반인 대상 녹색펀드·녹색예금·녹색채권에 이자소득 비과세와 같은 세제지원을 하는 것이다.

네덜란드 정부는 녹색펀드계획(green funds scheme)을 마련하여 특정 프로젝트가 녹색 프로젝트에 적합한지 여부를 결정하고 적합한 프로젝트에 대해 녹색확인서를 발급하고 있다. 은행은 채권을 발행하거나 녹색투자펀드의 지분을 발행하고 자금을 조달하여 저금리의 자금을 지원하고, 소비자는 은행에 자금을 제공하는 역할을 담당하고 있다.[29] 영국도 2008년 6월부터 '저탄소 녹색기업 인증제'를 도입하여 운영 중이다.

우리나라는 '저탄소 녹색성장 기본법' 제32조에 근거를 두고 2010년 4월에 고시된 '녹색인증제운영요령'에 따라 시행하고 있다. 지식경제부는 민간전문가와 정부산하 평가기관관계자 총 17명으로 녹색인증심의위원회를 구성하고, 2010년 5월에 첫 회의를 개최했다. 녹색인증의 전담기관은 한국산업기술진흥원이 맡고 있고, 분야별로 에너지기술평가원, 산업기술평가원 등 9개 기관이 평가기관으로 지정되어 있다. 녹색인증은 신청에서 발급여부 안내까지 모두 온라인상에서 이루어지므로 녹색인증 홈페이지(www.greencertif.or.kr)에 기관

---

28 '13조 넘는 녹색산업 대출 리스크 관리 빨간불', 조선일보, 2013.1.8.
29 김형국, 2011: 299.

회원으로 가입해 기관등록인증서를 발급받아야 한다.

지식경제부와 기획재정부 등 8개 부처는 논의를 통해 2010년 8월에 녹색인증 활성화 방안을 내놓았다. 즉, 녹색산업 융자지원 확대(녹색인증기업의 신재생에너지설비와 에너지절약시설 등 산업별 보급융자사업 참여시 우대 등), 판로마케팅 지원강화(정부발주공사 우대 등), 기술사업화 기반 조성(녹색전문기업 부설연구소의 병역특례 지원 강화 등), 사업화 촉진 시스템 구축(국가 R&D사업 참여시 우대, R&D성과물의 녹색인증 신청과 국내외 특허출원을 지원) 등이다.

2012년 9월 현재 인증대상 기준은 다음과 같다. 녹색기술 인증은 사회·경제활동의 전 과정에 걸쳐 에너지와 자원을 절약하고 효율적으로 사용하여 온실가스 및 오염물질의 배출을 최소화하는 기술로서 10대 분야 1,750개 핵심기술을 대상으로 한다. 녹색사업은 녹색기술 10대 분야 중 기업의 수요가 없는 신소재를 제외한 9대 분야 105개 사업을 대상으로 하며, 녹색전문기업 인증은 창업 후 1년이 경과된 기업으로서 인증 받은 녹색기술에 의한 직전년도 매출액 비중이 총매출액의 30% 이상인 기업을 대상으로 한다. 2013년 2월 25일 현재 녹색기술 936건, 녹색사업 27건, 녹색전문기업은 111개 기업으로 총 1,074건이 녹색인증을 받았다.

지식경제부 등 8개 부처는 2012년 12월 '녹색인증제 운영요령'을 개정·고시하여 '녹색기술제품 확인제도'를 도입키로 하였다. 녹색기술제품 확인은 녹색기술인증을 받은 기술이 적용된 제품을 대상으로 기술인증, 제품생산, 품질경영 및 제품성능 등 4개 항목을 평가하여 확인할 예정이다. 녹색기술제품 확인을 받은 제품에는 '녹색기술제품 마크'를 표시하여 구매자들이 쉽게 인식할 수 있게 할 계획이다.

(3) 저탄소상품 인증제 및 저탄소 농축산물 인증제

정부는 녹색소비와 저탄소 기술개발 유도를 위해 제품 및 서비스에 대한 저탄소상품 인증 제도를 2011년 12월 세계에서 처음으로 도입했다. 환경부 산하 한국환경산업기술원이 운영하며, 인증기준은 '최소탄소배출량'과 '최소탄소감축률'을 기준으로 구성된다. 이 제도의 도입으로 기업에서는 먼저 탄소배출량 인증(탄소성적표지제)을 받고, 온실가스 감축노력을 통해 저탄소상품 인증기준을 충족한 경우에 한해 저탄소상품 인증을 받을 수 있다.

다만, 제도 도입 후 2014년까지 3년간 한시적으로 두 기준 중 한 가지만을 충족하더라도 저탄소상품 인증을 받을 수 있도록 하여 많은 기업이 참여할 수 있게 했다. 2011년 12월에 첫 번째로 인증을 받은 제품은 CJ제일제당 햇반 등 생활밀착형 제품 4종, 리바트 가구 등 생산재 및 내구재 2종, LG전자 등 가정용 전자제품 3종 등 총 9종이다.

한편, 농림수산식품부는 저탄소 농축수산물의 생산과 소비를 촉진하기 위해 2011년에 7개 업체에서 생산한 쌀·방울토마토·고추·배추·복숭아·배 등 7개 품목의 농산물을 저탄소 농산물로 시범 인증했다. 영국, 일본, 프랑스 등에서는 농축산물에 대한 CO_2표시제가 추진되고 있으며, 특히 일본에서는 CO_2 표시인증이 된 쌀이 인증을 받지 못한 동일브랜드 쌀보다 가격이 평균 10% 정도 높게 형성돼 있으나 소비자 만족도는 약 12% 높은 것으로 조사됐다.[30] 정부는 2014년부터 저탄소 농축산물 인증제를 본격적으로 도입할 계획이다.

---

30 파이낸셜뉴스. 2011.12.1.

(4) 그린파트너십 사업

그린파트너십 사업은 모기업과 협력사 간의 공급망을 활용하여 모기업의 녹색경영 노하우와 저탄소 청정생산 기술을 협력사에 지원하여 환경과 자원 에너지 위기에 공동으로 대응하는 것이다. 이 사업은 2003년부터 지식경제부에서 주도적으로 추진해 왔다. 지식경제부는 2011년 7월에 보고회를 통해 2003~2010년간 제조업 분야 13개 업종, 22개 모기업, 969개 협력기업에 국비 총 220억 원을 지원했다고 밝혔다. 이를 통해 연간 에너지 비용 681억 원을 절감하고, 온실가스 33,288톤을 감축하는 성과를 거둔 것으로 보고되었다.

2012년 12월 지식경제부는 '2012 대중소 그린파트너십 착수보고회'를 개최하였다. 협력사의 녹색 소재·부품 개발과 생산 체계 확립, 해외진출 지원 등 다각적 성장 기반을 확충하는 데 중점을 두고 있으며, 탄소 파트너십 3건, 녹색제품개발 파트너십 3건, 글로벌 그린 파트너십 1건 등을 계획했다.

정부는 앞으로 그린 파트너십 개념을 제조, 물류, 유통업체 간 협력 체제 구축으로 까지 확대할 예정이다. 소니나 필립스 같은 경우에도 협력업체에 대해 그린 파트너 인증제도를 시행하고 있다.

(5) 생태산업단지 구축

2005년 지식경제부와 산업단지공단 주도로 시작된 '생태산업단지(EIP; Eco Industrial Park)'는 한 기업의 생산 공정에서 발생되는 부산물과 폐기물을 다른 기업의 원료 또는 에너지로 활용하는 산업공생 네트워크를 구축함으로써 온실가스 배출을 최소화하고 자원 효율성을 극대화하는 산업단지이다. 정부는 생태산업단지를 기존 5개에서 8개 단지로 확대하고, 3~4개의 산업단지를 하부로 지정하는 '대도시 터미널 집중방식'으로 산업단지를 광역화할 예정이다.[31]

2012년 11월 기준으로 투입된 정부 자금이 520억 원에 달한다. 사업이 만 7년을 넘기면서 성과도 가시화되고 있다. 동년 11월 말 기준으로 64개 산업간 공생이 이루어지면서 연간 1,983억 원의 비용 부담을 줄였고 온실가스 저감량도 68만t에 이른다.[32]

(6) 녹색기술 특허 초고속 심사제도

특허청은 2009년 10월부터 녹색기술의 조기 권리화를 지원하고자 초고속심사 제도를 도입했다. 특허심사 처리기간은 일반 특허심사의 경우 평균 17개월 정도 소요되지만 초고속 특허심사를 이용하면 1개월 이내로 단축된다. 2011년 8월까지 총 278건에 대해 초고속 특허심사가 이루어졌다.

(7) 세제 혜택

정부는 R&D지원에 관한 '조세특례제한법 시행령'을 개정하여 2010년 1월부터 신성장동력 및 원천기술분야 연구개발비용의 20%(중소기업은 30%)를 소득세와 법인세에서 공제하고 있다. 이는 OECD국가 중 최고수준이며, 일반적인 R&D 세액공제율 3~6%(중소기업 25%) 보다 최대 7배나 높은 수준이다. 신성장동력 분야에서는 LED응용·바이오제약의료기기·탄소저감에너지 등 10개 분야 46개 기술이 선정됐

---

31 김형국, 2011: 295.

32 대표적인 사례로는 충북 청원군에 있는 전해콘덴서 부품 제조회사인 한국JCC의 제조공정에 서 발생하는 알루미늄박과 염화알미늄 함유 부산물을 화공약품 제조업체인 수정케미칼에서 구입하여 응집제인 폴리염화알루미늄(PAC)를 제조·판매하는 것이다(매일경제, 2012.12.13.).

고, 원천기술에는 금속·원자력·우주 등 18개 분야 45개 기술이 최종 세제지원 대상기술로 선정됐다. 정부는 국회에 조세특례제한법 개정안을 제출해 2012년 말로 조세지원이 종료되는 신성장동력산업 및 원천기술 R&D 세액공제의 일몰기한을 2015년 12월 말까지로 연장했다. 연구 및 인력개발 비용 세액공제 역시 그대로 유지되고 있다.

아울러 에너지절약시설 투자세액공제 시한을 2009년 말에서 2011년 말로 연장하고 대상을 확대하였으며, 하이브리드 자동차에 대한 개별 소비세 면제 및 신재생에너지 생산 및 이용기자재 관세 경감의 일몰도 당초 2009년 말에서 2011년 말로 연장한 바 있다. 또한 2010년부터 고효율에너지기자재, 에너지효율 1등급 제품, 신재생에너지 설비 인증 제품 등을 생산하는 에너지신기술 중소기업에 대한 조세 지원이 강화되었다. 이에 따라 창업 후 3년 이내 에너지신기술 중소기업으로 확인받는 기업은 최초 소득이 발생한 과세연도를 포함해 4년간 법인세, 소득세의 50%를 감면받게 되었다.

한편 2010년 1월부터 적용된 조세특례제한법 개정에 녹색금융에 대한 세제 혜택(녹색금융 상품에 대한 이자 소득세 및 배당 소득세 등 면제)을 포함하였다. 녹색펀드(가입한도 1인당 3000만 원)는 배당 소득 비과세를 지원하고 녹색예금(가입한도 2000만 원)과 녹색채권(가입한도 3000만 원)에는 이자소득 비과세 혜택을 준다.

또한 에너지신기술 중소기업에 대한 세액감면을 신설했다. 적용 대상은 창업 후 3년 이내 에너지신기술 중소기업에 해당하는 경우로서, 에너지이용합리화법 제15조에 따른 에너지이용효율 1등급 제품 및 제22조에 따른 고효율에너지 기자재로 인증 받은 제품을 제조하는 기업이다. 감면기간은 에너지신기술 중소기업 해당일 이후 최초로 소득이 발생한 과세연도와 그 다음 3과세연도로 4년간이다. 감면대상소득 및 감면율은 당해 사업에서 발생한 소득에 대한 소득세 또는 법인세의 50%를 감면한다. 적용 시기는 2010년 1월1일 현재 창업 후 3년이 경과하지 않은 기업 중 2010년 1월1일 이후 에너지 신기술 중소기업에 해당하는 분부터 적용된다.

(8) 에너지 복지 확대

정부는 2012년 4월 제16차 녹색성장위원회를 통해 저소득층에 대한 창호·단열·보일러 교체 등을 위해 2012~2015년간 약 25만 가구를 대상으로 주거 에너지 효율 개선사업을 지원하기로 했다. 이를 위해 온실가스·에너지를 의무적으로 감축해야 하는 목표관리업체가 저소득층의 에너지 효율 향상, 노후 화물 자동차 교체지원 등의 사업을 시행할 경우 해당업체의 외부감축실적으로 인정하기로 했다. 또한 전통시장·소상공인·화훼농가 등의 LED 조명 설치를 위한 재정지원을 2015년까지 2012년 대비 2배 수준으로 확대하기로 했다.

설득

(1) 포상

정부는 기업 및 연구기관의 녹색기술 개발을 촉진하기 위해 2009년부터 국가녹색기술대상을 시상하고 있다. 5대 기술 분야 즉, 신재생 에너지 개발, 에너지 고효율화, 산업·공간의 녹색화 기술, 환경보호·자원순환 기술 및 녹색 융·복합 기술에서 기술수준이 높고 저탄소·환경지속성에 대한 기여도가 큰 우수기술을 선정하여 시상한다.

2009년 제1회 국가녹색기술대상에는 (주)LG화학의 '고출력 고에너지 리튬폴리머 전지기술' 등 24개 기술이 선정되었으며, 2010년에는 LS산전(주)의 'Smart Grid 에너지 효율화 시스템' 등 28개 기술이 선정되었다. 2011년에는 (주)경동세라텍의 '고효율 산업용 단열재' 기술 등 15개 기술이 선정되었고, 2012년에는 한전의 '친환경 건식 CO_2 포집기술' 등 15개 기술이 선정되었다.

지식경제부는 신재생에너지 보급확대와 신성장 동력산업 육성을 위해 2007년부터 신재생에너지대상을 신설하여 매년 포상하고 있다. 한편 이명박 전 대통령은 2011년 6월 '글로벌 녹색성장 서밋 2011'에서 앞으로 '글로벌 녹색기술상'을 제정하겠다고 발표한 바 있다.

(2) 녹색통계

통계청 통계개발원은 국·내외 녹색성장 관련 지표들을 한 곳에서 통합해 관리·제공하기 위한 '녹색성장지표 홈페이지(http://green.kostat.go.kr)'를 구축해 2012년 7월 5일부터 운영하고 있다. 녹색성장정책지표, 녹색생활지표, OECD녹색성장지표, 지속가능발전지표 등이 제공되며, '나의 녹색생활 점수는?'이란 메뉴도 구축해 이용자의 녹색생활 실천수준을 확인하고 녹색생활 양식을 학습할 수 있게 했다. 녹색성장 정책지표는 <녹색성장 국가전략>상의 10대 방향에 따라 각각 3개 지표씩 총 30개의 지표가 제공되고 있다. 'GDP 단위당 온실가스 배출' '정부 R&D 중 녹색 R&D', '1인당 생활권 도시림' 등의 지표이며, 2005~2010년의 통계치를 제공하고 있다.

그러나 통계개발원이 제공하는 통계는 좀 더 세분화가 필요하다 아울러 온실종합정보센터와 국가에너지통계종합정보시스템 등에서 제공되는 통계 그리고 국제기구 등에서 개발한 녹색통계와의 연계성 등을 종합적으로 접근할 필요가 있다. 참고로 OECD와 UNEP 등은 유엔통계국(UNSD), 세계은행, 유럽통계처(EUROSTAT), 유럽환경청(EEA) 등과 긴밀하게 협력하여 녹색경제 진척도 평가를 지원하기 위한 녹색경제용 공통핵심지표를 개발한 바 있다.

4. 정책목표 및 정책수단 발전방향

정책목표 발전방향

녹색연구개발 및 녹색산업 정책의 정책목표에 대한 분석을 토대로 향후 발전방향을 제안하면 다음과 같다.

첫째, 녹색기술의 성격에 맞는 연구개발정책을 통해 선진국 수준의 기술수준을 확보해야 한다. 녹색기술은 온실가스 감축이나 에너지 효율 향상과 직접적으로 연관되며, 초기에 대규모 투자를 요구한다. 녹색기술이 장기적으로는 생산성 향상에 기여한다고 해도 상용화되어 경제성장을 견인하기 까지는 긴 시간이 필요하다는 점을 고려해야 한다. 녹색기술개발이 느리게 이루어지는데 비해 온실가스 감축은 정해진 기간 내에 달성해야 한다면 기업의 생산 활동을 위축시킬 가능성이 크므로 환경과 성장이 동시에 달성되는 시점까지 간극을 잘 관리해야 한다. 과거의 기계, 자동차, 조선, IT 기술이 추구하는 생산성 향상과 달리 녹색기술개발을 위한 제도적·정책적 변화가 필요한 것이다.

아울러 2011년에 미국의 녹색기술수준을 100으로 할 때 한국은 77.7로 조사되었으므로 혁신적 녹색기술 분야를 전략적으로 선정하여 독자적인 연구개발, 국제공동연구 및 기술제휴 등을 통해 R&D 역량을 선진국 수준으로 향상시켜야 할 것이다. 물론 여기에는 OECD(2011a: 11)가 지적하는 녹색혁신을 육성하기 위한 정책당면 과제 즉, 녹색혁신에 대한 불충분한 수요, 혁신역량의 부족, 기술적 안주와 급진적 혁신의 부족, 기존 기술에 치우친 연구 및 투자, 금융 지원 부족, 신규 기업에 대한 규제 장벽, 녹색혁신을 도입하는 중소기업의 역량 부족, 비기술적 혁신, 국제 기술이전 등이 앞에 놓여 있다.

둘째, 녹색산업의 유치산업(infant industry)적·자본집약적 특성에 적합한 기술혁신체제 구축이 필요하다. 우리나라의 녹색산업은 아직 초기단계로 장차 성장잠재력은 있지만 아직 국제경쟁력을 갖추지 못했으며, 금융적인 어려움을 겪고 있다. 녹색산업은 앞으로도 여러 차례 부침을 겪을 것으로 예상된다. 따라서 관세 등의 세제 및 금융 지원을 통해 일정기간동안 보호함으로써 규모의 경제와 기술적 효율 및 국제경쟁력을 배양하도록 해야 한다. 아울러 생산, 유통, 소비 및 폐기에 이르는 전 과정에서 녹색산업에 적합한 혁신체제 마련이 필요하다. 아울러 녹색 산업이 장치산업에 가까워 자본집약적인 경우가 많으므로 상당한 규모의 자금이 투입돼야 하는 점을 인식해야 한다.

셋째, 신재생에너지산업의 내수시장 확대를 위한 노력이 요구된다. 영국의 BP가 발간한 보고서에 따르면 한국은 2010년에 전 세계 에너지 수요의 2.1%를 차지하여 8위를 기록했다. 우리나라가 에너지 대소비국인 만큼 에너지 산업에서 충분히 규모의 경제를 이룰 수 있는 시장 확보가 가능한 것으로 보인다. 그럼에도 불구하고 ESCO 사업의 난항으로 LED의 생산단가 인하에 장애가 발생하고 있고, 그린 카 보급 미흡으로 이차 전지 기술의 발전에 걸림돌이 되는 등 녹색산업의 발전이 답보상태에 있다. 따라서 보급사업, 정부구매 및 환경규제 강화 등을 통해 신재생에너지산업의 수요를 창출 신재생에너지산업의 내수시장을 확대해 가는 정책이 필요하다. 튼튼한 내수 기반이 국제경쟁력 확보와 해외 수출의 기반이 될 것이기 때문이다.

넷째, <녹색성장 5개년 계획>에서 녹색성장과 직접적으로 관련이 없는 '신성장동력 첨단융합산업 육성'과 '고부가 서비스산업 육성'부문은 제외하는 것이 바람직하다, 즉, 방송통신융합산업, IT융합시스템, 신소재 나노융합, 바이오제약(자원)·의료기기, 고부가 식품산업, 글로벌 헬스케어, 글로벌 교육서비스 육성, 콘텐츠 SW 육성및 MICE 관광에 대한 계획은 향후 녹색성장 계획 수립 시 배제하고, 녹색성장과 직접 관련 있는 산업으로 선택과 집중을 해야 한다.

다섯째, 녹색제품 수출 확대에 좀 더 역점을 두어야 한다. 2009년에 발표된 <녹색성장 국가전략>에는 녹색기술제품 세계시장 점유율 목표를 '13년 8%, '20년 10%로 두고 있다. <2012 신재생에너지 백서>에 따르면 신재생에너지 수출이 '07년 778백만 달러에서 '09년 2,424백만 달러, '11년 5,105 백만 달러로 6.56배 증가 한 것으로 나타났다. 물론 녹색산업에서는 중국이 이미 세계 최대의 제조 강국으로 부상해 한국이 반도체 산업 및 중공업의 공정기술 역량을 활용하더라도 중국의 원가경쟁력을 앞지르기는 쉽지 않은 상황이다. 그러나 우리나라의 강한 제조업 기반을 활용하여 녹색산업 분야에서 제조업이 약한 나라와 파트너십을 하다든가, 그린 ODA와 연계할 경우 수출신장이 기대된다.

일곱째, 가치사슬(value chain)의 전 과정을 통해 기존산업의 녹색화 추진이 긴요하다. 알려진 바와 같이 마이클 포터(Michael Porter)가 처음 사용한 가치사슬이란 용어는 기본활동과 지원활동으로 이루어져 있다. 기본활동은 내부물류, 생산활동, 외부물류, 마케팅 및 판매, 그리고 서비스로 이루어져 있다. 지원활동은 기본활동을 보조하기 위하여 기업하부구조, 인적자원관리, 기술개발, 구매활동 등을 제공하는 것이다. 이러한 전 과정에서 CO_2 배출정도, 유해물질 발생정도, 에너지 효율성, 폐기물의 최소화, 녹색경영 등 환경친화성이 경쟁력의 중요한 요소가 되기 때문에 기존산업의 녹색화가 요구되는 것이다.

여덟째, 에너지 빈곤층 지원 대책을 전반적으로 재검토해야 한다. <녹색성장 국가전략>에는 에너지 빈곤가구 비중을 '13년 5%에서 '20년 3.5% 등으로 낮춰가는 것을 목표로 하고 있다. 한국보건사회연구원 조사에 따르면 2011년 가구 소득의 10% 이상을 난방비 등으로 지출하는 에너지 빈곤 가구는 전체의 12.4%인 120만 가구로 추정되고 있다. 그런데 문제는 이 중 에너지 복지 혜택을 받는 가구는 8.3%인 10만 가구에 불과하다는 점이다. 하지만 더 큰 문제는 에너지 빈곤 120만 가구 중 노인 가구가 32.7%, 장애인 가구는 21.3%로 이른바 취약계층이 절반을 넘어서고 있다는 현실이다. 특히 노인이나 장애인들은 오래 집에 머물기 때문에 난방비 소모가 많다. 2011년 에너지 빈곤층 지원 예산은 4,500억 원에 달했다. 하지만 담당 기관, 지원 조건 및 지원체계 등이 통일되어 있지 않아 혼란을 가중시키고 있다. 이제 출범한 새 정부가 에너지 빈곤층 지원 정책을 전반적으로 재점검할 필요가 있다.

정책수단 발전방향

녹색기술개발 및 녹색산업정책의 정책수단인 재정 및 유인에 대한 설명과 분석을 토대로 향후 발전방향을 제안하면 다음과 같다.

(1) 재정

첫째, 한정된 예산으로 개발하고 육성할 녹색기술과 녹색산업에 대한 선택과 집중이 필요하다. 녹색기술 중에서도 에너지 효율 향상과 온실가스 저감 기술 개발에 집중하는 것이 중요하다고 생각한다. 녹색산업 역시 아직 초기 단계이므로 선도기업과의 격차가 크지 않기 때문에 집중적으로 육성한다면 성공가능성이 충분하다고 본다. 현재의 시장상황을 잘 판단하되 반도체 산업이나 조선업 같은 우리나라가 가진 기반을 잘 활용하는 것이 중요하다. 아울러 에너지저장 기술은 분산형 에너지 공급의 전환에 있어 가장 필수적인 요소이므로 적극적인 투자와 개발이 필요하다.

이를 위해서는 엄정한 연구개발평가시스템도 갖추어야 할 것이다. 기든스는 정부가 관여하는 기술개발에서는 특히 기술개발 전략을 수립하는 초기 단계에서부터 기술 퇴출 방안도 함께 고려해야 한다고 말했다.[33] 그렇지 못할 경우 귀중한 자금이 헛된 곳에 함부로 지출되는 경우가 분명히 생기기 때문이라는 것이다.

둘째 녹색기술개발에 있어 정부와 민간의 역할 분담을 적정하게 하는 것이 바람직하다. 정부는 중·장기적으로 기술적 파급효과가

---

33 앤서니 기든스, 2009: 210.

크거나 기초·원천기술 중심의 연구개발을 중점적으로 추진하고, 민간은 조기상용화가 가능하고 단·중기적으로 경제효과가 크거나 응용연구개발 및 상업화에 초점을 두는 방향이 바람직하다. 녹색기술개발을 위한 인프라 구축, 기후변화 예측, 온실가스 감축 및 에너지효율성 향상기술 개발은 공공재적 성격이 크므로 정부의 연구개발지원이 필요하다. 구체적으로는 녹색기술별로 정부와 민간의 역할을 적절하게 조합하여 추진하는 것이 바람직하다.

셋째, 민간기업의 녹색기술개발을 위한 투자유도가 긴요하다. 정부의 녹색성장을 위한 투자는 궁극적으로 기업들의 행동을 변화시키기 위한 것이므로 민간기업이 자발적으로 재정투자를 하도록 유도해야 한다. 2010년 3월에 미국의 환경전문 비영리단체인 퓨환경그룹이 펴낸 <G20 신재생에너지 정책보고서>에 따르면 2009년 한국의 신재생에너지 부문에 대한 민간 투자는 2,000만 달러로 19위이며, 전체 G20회원국 투자의 0.02%에 불과했다. 이는 기업이 단기적으로 이익을 창출하기 어려운 분야라고 생각하여 아직 투자를 하지 않고 있는 것이므로 선진국과의 격차가 더 벌어지지 않도록 정부의 투자유도가 필요하다.

(2) 규제

규제 측면에서는 환경규제와 기술개발 간의 적절한 조화가 가능하도록 현실성 있는 환경규제가 필요하다. 환경규제를 통해 창출되는 녹색기술과 녹색산업은 규제의 내용과 속도에 따라 규모가 달라지기 때문이다. 환경규제의 기준이 너무 높거나 속도가 빠른 경우 기업에게 부담이 되고 생산 활동을 위축시키거나 규제기준의 완화 또는 연기를 위한 로비를 촉발할 수 있다. 반면에 녹색기술의 개발 속도가 빠른 경우에는 관련 시장이 늦게 조성되어 녹색산업 발전이 더디게 되는 결과를 초래할 수 있다.

아울러 선진국들이 온실가스 배출 규제나 제품 환경규제 등을 강화해서 세계시장을 자국에 유리한 방향으로 유도하는 만큼 국제적인 환경규제에 선제적으로 대응하는 체계 구축도 필요하다.

(3) 유인

첫째, 녹색기술개발의 연구주체인 기업, 대학, 정부출연연구기관이 개방형 혁신[34]을 할 수 있도록 제도적 정비가 필요하다. 신재생에너지기술 등 새로운 기술을 개발하는데 있어서 내부역량에만 의존하지 말고 국내적으로는 산학연협력, 국제적으로는 국제협력을 적극적으로 활용해야 한다. 특히 국제적으로 여러 국가의 비교우위를 다양한 형태로 활용할 필요가 있다.[35]

둘째, 녹색중소기업의 국제협력, 금융 및 인력 등에 대한 지원이 보다 활성화될 필요가 있다. 이두희 등에 따르면 산업연구원이 녹색산업 관련 기업 390개사를 대상으로 한 설문조사에서 선진국 및 개도국 등의 해외시장 개척이 가장 큰 애로사항이라는 결과가 도출된 바 있다.[36] 인력과 재정이 부족한 녹색중소기업이 글로벌 시장에 진

---

34 개방형 혁신(Open innovation)은 미국 UC 버클리대학의 겸임교수인 Henry W. Chesbrough가 2003년에 제창한 기술혁신의 새로운 패러다임이다. 즉, 기업이 연구, 개발, 상업화에 이르는 기술혁신의 과정을 개방하여 외부자원을 활용하는 것을 말한다. 이러한 개념은 기존의 혁신 네트워크와 유사한 개념이지만 네트워크 자체에 그치지 않고 기술의 외부원천을 다양한 방법론을 통해 내부로 흡수하는 역할을 강조한 개념이다(안치수, 2010: 1)

35 황병상, 2010b: 200.

36 이두희 외, 2010: 5.

입할 수 있도록 지원이 필요하다. 이를 위해 국제협력 지원 대상에 대한 조사를 통해 제품별, 지역별 등으로 우선순위를 정하는 것이 먼저이다. 주요 선진국의 녹색기술 및 산업에 대한 정보를 수집하여 중소기업에 제공하는 것도 필요하며, 한국 중소기업의 녹색제품 전시회 등을 외국에서 개최하도록 지원하는 것은 중요하다. 아울러 녹색중소기업에 대한 금융 및 인력지원을 통해 생산역량과 산업경쟁력을 제고하고 고용창출까지 도모할 필요가 있다.

셋째 녹색기술이 고급 일자리 창출에 실질적인 효과를 가져올 수 있도록 정부차원의 세부적인 대책이 마련되어야 할 것이다. 녹색성장을 통해 좋은 일자리의 증대가 가능하겠지만 실제로 일자리 창출에 도움이 되는지에 대해서는 이견이 있기 때문이다. 맥킨지 그룹 산하 맥킨지글로벌연구소의 '녹색성장산업에 대한 정책대안' 보고서에 따르면 풍력, 태양광 같은 청정에너지나 녹색산업이 고용률이나 경제성장률을 끌어올리기에는 역부족이라고 평가했다. 대신 일자리를 늘리는 데는 서비스산업이 최고라고 조언한 바 있다. 미국에서는 수년전부터 녹색산업의 열풍이 불었지만 미국노동통계청이 2009년 8월 기준으로 발표한 자료에 따르면 바이오 기술과 청정기술이 만들어 낸 고용율은 전체의 0.2%와 0.6%로 건설(4.9%), 금융(5.9%), 소매업(11.3%)에 훨씬 못 미치는 실정이다.

이명박 정부의 녹색 뉴딜 프로젝트는 4대강 살리기, 녹색교통망 확충, 녹색 숲 가꾸기, 그린 홈·그린스쿨사업 등을 통해 건설·단순생산 등 '일시적 일자리'를 주로 창출하는 것이라고 비판받고 있다. 또한 세계 여러 나라가 자국의 신재생에너지 설비를 구매할 때 자국 내에서 생산된 제품으로 한정하는 경향에 따라 국내기업이 신재생에너지 설비의 수출을 위해 해외 현지에 공장을 세우고 있다. 이에 따라 국내고용 증가에는 별 도움이 되지 않는다는 보고도 유념할 필요가 있다.[37]

넷째, 녹색금융 활성화를 위해 영국과 같은 녹색투자은행의 설립을 검토해야 한다. 영국정부는 저탄소 경제로의 전환과 경제회복을 위한 투자증진을 목적으로 녹색투자은행을 설립하고 30억 파운드를 초기자금으로 지원한 바 있다. 이 은행이 설립된다면 자금 회수기간이 길고 대규모 시설투자가 필요한 녹색산업 진흥에 큰 도움이 될 것이고, 녹색기업이 '죽음의 계곡(death valley)'을 건너는 데도 기여할 것이다. 신재생에너지 개발 지원과 함께 에너지의 효율을 높이며 환경을 개선하는 상품 및 생산에 자금을 제공할 수 있고, 환경을 파괴하는 활동에 자금이 공급되는 것을 효과적으로 차단하는 감시 메카니즘을 만드는 활동에도 기여할 것으로 판단된다.

(4) 설득

설득 측면에서는 보다 종합적이고 세부적인 녹색통계의 제공이 긴요하다. 특히 기후변화, 녹색기술 및 녹색산업, 녹색에너지 등에 대한 양질의 통계정보를 제공하는 데 노력을 더 기울여야 한다.

발터 라드마허(Walter Radermacher) 유럽통계처장은 친환경 정책을 위해 통계체계를 갈색통계(Brown Statistics)에서 녹색통계(Green Statistics)로 재조정할 필요가 있다고 말한 바 있다. 갈색통계는 화석연료와 소득세 기반 사회에서 필요한 통계로 GDP 등 기존 통계를

---

37 황병상, 2010b: 200-201.

지칭한다. 녹색통계는 저탄소 기반사회에서 필요한 통계로, 온실가스 배출량, 재생가능 에너지 자원 비중, 국토면적 중 산림자원 비율 등 기후변화 적응 및 에너지 자립을 위해 필요한 지표 또는 새로운 시장인 녹색서비스 녹색 산업 등을 측정할 수 있는 방법 등을 말한다.[38] 물론 녹색성장을 측정하는 지표는 신중하게 해석되어야 한다. 녹색경제와 관련된 경제적 기회, 기업가 정신 및 혁신은 경제 전 부문에서 일어나기 때문에 녹색산업을 바탕으로 평가하는 것은 환경 관련 활동의 경제적 중요성을 간과하는 것이 된다는 것이다.[39]

---

38 매일경제, 2011.7.11.

39 OECD, 2011a: 20.

Part **9**

녹색국토, 녹색생활 및 녹색외교 정책

1. 정책목표

<녹색성장 국가전략>에 있는 10대 정책방향 중에서 세 가지가
녹색국토, 녹색생활 및 녹색외교 정책과 관련된다. 즉, 녹색국토·교
통의 조성, 생활의 녹색혁명 및 세계적인 녹색성장 모범국가 구현이
다. 첫째, 녹색국토·교통의 조성은 다섯 가지의 실천과제가 있다.
즉, ① 녹색 국토·도시의 조성 ② 생태공간의 확충 ③ 녹색 건축물
확대 ④ 녹색교통체계 구축 ⑤ 자전거 이용 활성화로 분류된다. 이
러한 실천과제는 주요 지표별로 연도별 목표수준을 <표 17>과 같
이 정해두고 있다.

〈표 17〉 녹색국토·교통 조성의 주요 지표 및 연도별 목표수준

관련 지표	연도별 목표수준			
	'13	'20	'30	'50
UN 녹색우수도시 조성(개소)	2	5	7	10
1인당 생활공원 면적(m^2)	15	20	25	30
보호지역 면적추이(만ha)	12	15	18	25
철도 여객수송 분담율(%)	22	26	28	30
자전거 교통수단 분담율(%)	5	10	15	20

자료: 녹색성장위원회, 2009a: 117.

여기서 주요 지표로 자전거 교통수단 분담율을 2013년 5%, 2020
년 10% 등으로 높이고, 철도 여객수송 분담율도 2013년 22%, 2020
년 26% 등으로 증가시킬 계획으로 있다. 그러나 이러한 개별 교통
수단별로 목표를 설정하기 보다는 전체 교통수단을 녹색교통과 접

목시키는 것이 바람직할 것으로 생각된다.

둘째, 생활의 녹색혁명도 다섯 가지의 실천과제가 있다. 즉, ① 녹색성장 교육 및 녹색시민 양성기반 구축 ② 녹색생활의 실천 확산 ③ 녹색소비 생활화 ④ 녹색마을 조성 및 운동 전개 ⑤ 생태관광 활성화로 분류된다. 이러한 실천과제는 주요 지표별로 연도별 목표수준을 <표 18>과 같이 정해두고 있다.

〈표 18〉 생활의 녹색혁명 주요 지표 및 연도별 목표수준

관련 지표	연도별 목표수준			
	'13	'20	'30	'50
녹색구매 금액(조 원)	4	10	20	30
녹색시민(만 명)	100	500	700	1,000
탄소라벨링 인증 품목(개)	500	1,000	2,000	4,000
지속가능관광 인증제 참여율(%)	—	30	80	100

자료: 녹색성장위원회. 2009a: 124.

셋째, 세계적인 녹색성장 모범국가 구현은 네 가지의 실천과제가 있다. 즉, ① 글로벌 녹색성장 실현에 협력하는 국가 ② 녹색성장 모범으로 인정받는 국가 ③ 개도국의 녹색성장을 도와주는 국가 ④ 녹색성장의 모델을 보여주는 국가로 분류된다. 이러한 실천과제는 주요 지표별로 연도별 목표수준을 <표 19>와 같이 정해두고 있다. 필자는 이 책에서 이러한 활동들을 '녹색외교정책'으로 묶어서 설명한다. 녹색외교정책이란 녹색성장정책의 국제적 확산을 위한 외교정책을 의미한다.

관련 지표	연도별 목표수준			
	'13	'20	'30	'50
녹색 ODA 비중(%)	20	30	33	40
환경성과지수(위)	30	20	10	8
GEF 공여도(공여액/GEF목표액)	0.25	0.46	0.69	1.15

자료: 녹색성장위원회. 2009a:129.

　　여기에 정한 세 가지 주요 지표도 물론 중요한 것이기는 하지만 우리나라가 선진국과 개도국 사이에서 기후변화대응정책을 중재하는 역할을 하고 녹색성장정책을 확산시켜나가려고 한다면 좀 더 도전적인 목표를 설정하는 것이 바람직할 것이다.

　　좀 더 세부적인 분야의 목표도 설정되어 있다. 2009년 11월 제6차 녹색성장위원회에 '녹색도시·건축물 활성화 방안'이 보고되었다. 이 방안은 인간, 자연, 기술이 조화된 세계 일류 '저탄소 녹색도시'를 구현하는 것과 2020년까지 건물부문 온실가스 배출량을 BAU 대비 31%(2005년 대비 동일수준)까지 감축하고 2025년 신규 건축물의 제로에너지 의무화를 목표로 하고 있다. 구체적으로는 녹색도시 건설을 위해 에너지 절약형 도시계획 수립, 자원 순환형 도시기반 구축 및 생태형 도시공간 창출이라는 과제를 제시하고 있다. 건축물 부문에서는 신규 건축물의 에너지 기준 강화, 기존 건축물의 에너지 효율 개선 촉진, 건축물 사용자의 에너지 절약 유도, 그린 빌딩 기술 개발 및 인프라 구축 등을 주요과제로 제시하고 있다.

　　2011년 6월 제11차 녹색성장위원회에는 '녹색건축물 활성화 추진 전략'이 보고되었다. 그간의 성과를 정리하고 녹색건축물의 탄생, 유지관리 및 재탄생 등의 단계별로 추진 전략을 제시하는 내용이었다.

2020년까지 그린 홈 200만호 건설과 2025년까지 제로에너지 목표 달성을 위해 공동주택 에너지 절감율을 강화(2012년에 2009년 대비 30% 감축 → 2017년 60% 감축 → 2025년 100% 감축)하는 것을 포함하고 있다.

이어 녹색건축을 활성화하기 위해 마련된 녹색건축물조성지원법이 2011년 12월 30일 국회 본회의를 통과하였다. 이 법은 2012년 2월에 공포되었으며, 2013년 2월부터 시행된다. 국토해양부는 2012년 9월에 이 법의 시행령·시행규칙 제정(안)을 마련하여 한 달 간 입법예고 하였다. 주요 내용을 살펴보면, 우선 체계적인 녹색건축물 조성 촉진을 위해 5년마다 수립하는 기본계획(국토부장관) 및 지역별 조성계획(시·도지사) 수립절차(공람 및 심의 등) 및 방법 등을 규정한 것이다.

또한 에너지 효율이 낮은 도로 중심의 교통 체계를 저탄소 사회에 부합하도록 근원적으로 개편할 필요성이 제기되자 정부는 2009년 11월 제6차 녹색성장위원회 보고대회에서 '저탄소 녹색 교통 추진 전략'을 확정하여 발표하였다. 이 전략은 구체적으로 철도, 해운, 그린 카, 사람 중심의 '저탄소 녹색교통'을 실현하여 2020년 교통부문 온실가스 BAU 대비 33~37% 감축을 목표로 ① 교통수요 관리정책 강화 ② 생활 밀착형 저전거와 보행의 활성화 ③ 빠르고 편리한 대중교통 구현 ④ 철도와 연안 해운 위주 녹색물류 구축 ⑤ 녹색교통 기술개발 등 5대 과제를 추진하고 있다. 이 전략에서는 무엇보다 전체 SOC 투자 중 철도 비율을 2009년 현재 29%에서 2020년 50%까지 확대하는 대신 도로의 신규투자는 억제할 계획이다. 기존 교통 시설의 효율 극대화를 위해 스마트 교통 시스템을 실현하는 것을 포함해서 기존의 도로 중심 교통체계를 녹색 교통으로 바꾸는 패러다임 전환을 목표로 하고 있다. 정부는 이 전략을 통하여 4,650만 톤의 온실가스 감축이 가능할 것으로 예상하고 있다. 이어서 정부는 2010년 9월 1일 녹색국토 구현을 위한 KTX 고속 철도망 구축의 장기 구상을 확정했다. 구상의 요체는 KTX망으로 전국을 하나의 경제권으로 묶겠다는 것이다.

선박이나 항공기의 온실가스 배출 저감을 위해 녹색해운이나 녹색항공이 주목받고 있다. 우리나라는 세계 6위의 선박 보유국인 만큼 녹색해운에도 관심을 기울이고 있다. 국제적인 해운문제를 관장하는 국제해사기구(IMO)의 환경관련 규제 역시 점점 더 강화되고 있다.[1] IMO는 2011년부터 새로 건조하는 선박의 질소 산화물 배출량을 종전kWh당 17.0g에서 14.4g으로 줄이도록 의무화했고, 2015년부터는 배기가스 중 황산화물 비율을 0.1%로 낮춘 배만 발트해나 북해 같은 해상 청정구역을 통과할 수 있도록 했다. 정부는 이런 추세에 맞추어 2009년 12월에 그린포트 종합계획을 수립하였다. 주요 내용은 항만 내 에너지 소비효율을 높이고 신재생에너지를 통해 에너지 자립형 항만을 구축하고, 지능형 항만하역시스템을 보급한다는 것이다.

녹색항공의 대상은 항공 운송과 공항 운영으로 구분된다. UN은 글로벌 항공분야의 기후변화 대응을 위해 국제민간항공기구(ICAO)

---

1 2012년 7월부터 미국 LA항이 북미·태평양 지역에서 처음으로 국제항만협회 환경선박지수(ESI) 프로그램을 적용하기 시작했다. 이 프로그램은 국제해사기구(IMO)가 정한 규제적 환경표준을 넘어 선박이 배출하는 배기가스를 줄이기 위해 자발적으로 엔진, 연료, 기술 강화 등을 실시한 해운업체에 항만비용 할인 등 인센티브를 주는 제도다. 반면 배기가스 감소 노력을 하지 않은 업체에 대해서는 최악의 경우 입항을 거부할 수 있다(매일경제, 2012.7.15.).

를 대표 기구로 선정하여 법, 제도 및 기술적인 방안 등을 모색하고 있다. ICAO는 '기후변화 대응을 위한 국제 항공 이행 프로그램'을 만들어 온실가스 목표 설정, 저감 대책, 지속적인 모니터링, 재원 확보방안을 논의하고 있으나 아직까지 모든 국가들의 동의를 얻어 구체화시킨 목표나 계획을 내놓지는 않았다. 녹색성장 5개년 계획상에는 단축항공로 확대 및 그린 에어포트 구축을 실천과제로 제시하고 있다.

한편 정부는 2008년 3월 폐자원 순환 체계 구축을 위해 제품의 자원 순환성 평가와 자원 순환 기준 마련이 포함되도록 '자원의 절약과 재활용 촉진에 관한 법률'을 개정하여 2009년 3월에 시행했다. 자원순환사회란 폐기물의 발생 억제, 순환 이용, 적정한 처리를 통해 환경 부하를 최소화하면서 자연자원을 가장 효율적으로 이용하는 사회형태를 말한다. 곧, '생산 → 소비 → 폐기'의 일방적 물질 및 에너지의 흐름을 순환형(생산 →소비 → 재활용 → 열회수 → 처리)으로 전환시켜 자원의 순환적 이용률을 높여 환경문제를 해결하고, 아울러 자원의 절약과 국가 경제에도 기여하는 사회 시스템이다.

이어 2008년 7월 지식경제부와 행정안전부는 관계부처와 합동으로 '폐자원 및 바이오매스 에너지 대책 실행 계획'을 수립하였다. 주요 내용은 소각, 매립, 해양 배출의 형태로 버려지는 자원을 다시 회수하여 활용하고 나아가 땅속에 이미 버려져 썩고 있는 쓰레기도 잘 활용하여 에너지원이 될 수 있도록 하자는 것이다. 아울러 정부는 2009년 9월에 '폐금속 자원 재활용 대책'을 확정하여 발표하였다. 구체적으로는 가전제품과 자동차 생산자의 재활용 의무를 강화하고, 재활용 산업을 성장시킬 수 있는 기반 마련을 위해 재활용 가능 자원의 수거 체계를 정비해 나갈 계획이다. 또한 폐금속을 추출하여 정제하는 기술을 개발하고 자원순환산업 특화단지도 확대하여 조성할 예정이다. 2010년 3월에는 '폐금속자원 재활용 대책 세부 실행계획'을 수립하여 시행하고 있다. 동 계획의 4대 분야는 재활용 체계 강화, 수거 체계 효율화, 재활용 기술개발 및 산업 경쟁력 제고, 제도개선 및 기반 구축이다. 이 분야에 대해 총 18개 과제를 제시하고 있다.

녹색생활 확산을 위해 정부는 2012년 6월 제10차 이행점검 결과 보고대회에서 2009년 8월 및 2011년 6월에 보고한 녹색생활 실천과제 중 녹색소비 및 녹색생활 확산 내용을 중심으로 4개 분야 총 14개 세부과제에 대하여 추진상황을 점검·보고하였다. 여기서 공공부문 녹색제품 의무구매제, 산업부문 녹색구매 참여 확대 등 12개 과제는 정상추진 중이나 녹색제품 보급 확대, 일상의 녹색생활 실천 등 2개 과제는 국민인식이 녹색생활 실천으로 연결될 수 있도록 보완이 필요하다고 평가하였다. 아울러 '녹색소비 활성화 및 녹색생활 실현을 통한 Eco-life 실현'을 비전으로 다음과 같은 녹색생활 실천 지표율 향상을 목표로 설정했다. ① 녹색제품 구매: 녹색제품 구매율 20% 향상(32.2%→38.6%) ② 녹색소비 기반확충: 환경표지 인증제품 확대 (7,777개→8,500개 이상) ③ 녹색생활 운동 활성화: 녹색생활 포인트[2] 향상(1.6억 원 → 15.7억 원) 등이다.

한편 녹색경영은 <녹색성장 국가전략> 자체에는 언급되어 있지는 않지만 녹색성장의 주요한 부문 중 하나이므로 여기에 소개하고자 한다. 녹색경영은 기업이 경영활동을 하면서 자원과 에너지를 절

---

2 녹색제품 구입 및 대중교통 이용에 따른 적립 포인트를 말한다.

약하고 효율적으로 이용하여 온실가스 배출과 환경오염의 발생을 최소화하면서 사회－윤리적 책임을 다하는 경영을 말한다. 곧, 제품, 서비스 개발, 조직, 공정, 마케팅, 협력사 관리와 같은 기업 경영의 전 가치 사슬을 대상으로 저탄소 고효율 경영체제로 재편하는 것이다.[3]

2009년 11월에 녹색성장위원회와 지식경제부, 환경부, 중소기업청은 공동으로 '기업의 녹색성장 실천을 위한 녹색경영 확산방안'을 수립하여 발표하였다. 이 방안은 각 부처별 녹색경영과 관련된 추진 정책들을 새롭게 정비하여 ① 녹색경영 촉진 기반구축 ② 중소기업의 녹색경영 역량강화 ③ 기업 간 녹색경영 파트너십 확산 ④ 녹색경영 저변 확산의 관점에서 세부 추진 시책들을 적극적으로 추진하는 것을 목표로 하고 있다. 이 방안에서는 녹색경영 정의에 부합하고 기업 활동의 지속적인 개선을 위해 '녹색경영 기준 및 지표'도 제시하였다. 이것은 녹색조직 체제정비와 개선 활동을 중심으로 5대 분야 39개 세부지표로 구성되어 있으며, 이를 근거로 업종별, 규모별 특성에 맞게 적용하여 이용할 것을 권장하고 있다.

---

3 김형국, 2011: 291-292.

2. 정책수단

재정

(1) 정부재정 투자

<녹색성장 5개년 계획>에 따르면 '09~'13년간 107.4조 원의 재정투자계획 중에서 녹색국토, 녹색생활 및 녹색외교 정책분야에 27.9조 원을 투자할 계획으로, 총투자 계획의 약 26%를 차지한다. 세부적으로는 녹색국토·교통의 조성을 위해 녹색국토·도시의 조성, 녹색 건축물 확대, 자전거이용 활성화 등 5개 과제에 25.2조 원을 투자할 계획이다. 생활의 녹색혁명을 위해 녹색성장 교육 및 녹색시민 양성기반 구축, 녹색생활의 실천 확산 등 5개 과제에 2조 원을 투자하고, 세계적인 녹색성장 모범국가 구현을 위해 글로벌 녹색성장 실현에 협력하는 국가, 개도국 녹색성장을 도와주는 국가 등 4개 과제에 0.7조 원을 투자한다는 것이다.

(2) 개발도상국 녹색성장 지원

우리나라는 '개도국의 녹색성장을 도와주는 국가'를 지향한다. 대표적인 것이 공적개발원조(ODA; Official Development Assistance)다. ODA는 개발도상국의 경제 개발 및 사회개발을 증진하기 위해 제공하는 공적이면서 양허적인 자금과 기술협력을 말한다. 한국은 2009년 11월 25일 OECD 개발원조위원회(DAC)에 24번째로 가입했다. 우리나라의 ODA 규모는 2011년 말 13억 2,000만 달러로 OECD 개발원조위원회 23개 회원국 가운데 17위에 머물렀다.

국제적으로 녹색성장이 지속가능한 발전을 위한 핵심요소라는 인식이 확산됨에 따라 각 국의 원조사업도 녹색화하는 추세다. 녹색 ODA는 개발도상국의 기후변화 대응과 저탄소 녹색성장을 지원하는 공적개발 원조를 의미한다. 우리나라가 역점을 두는 녹색 ODA의 사업 범위는 에너지 효율, 신재생 에너지, 물 관리, 환경보전, 산림관리 등 환경 분야 전반이다. 녹색 ODA의 비중을 전체 사업비용 가운데 2009년 14%에서 2020년에는 30%로 확대할 예정이다. 지난 3년 간('07~'10) 녹색 ODA 정책을 추진해 온 결과, 녹색 ODA 규모가 2.3배 증가하고, 비중이 11.3%('07)에서 14.1%('10)로 증가했다. 금액은 2007년 55백만 달러에서 2010년 127백만 달러로 2.3배 증가했다.

대표적인 녹색 ODA 사업은 동아시아 기후파트너십(EACP; East Asia Climate Partnership)이다. 이는 기후변화에 취약한 동아시아 지역을 지원하자는 것이다. 정부는 2008년 7월 일본 도야코에서 열린 G8 정상회의에서 2008년부터 2012년까지 2억 달러를 들여 지원하겠다고 약속한 바 있다. 그동안 총 재원의 40%를 투자하여 몽골, 필리핀, 아제르바이잔 등 3개 전략국가를 대상으로 대규모 물관리 랜드마크사업을 추진한 바 있으며, 5대 중점분야(물관리, 저탄소 에너지, 산림, 폐기물, 저탄소 도시)에 대해 10개국에서 17개 프로젝트를 수행했다. 이를 통해 대내외적으로 녹색지원 선도국의 이미지 확립에 기여하고 우리 기업의 지출을 지원하는 등의 성과를 거두었다.[4] 또한 2009년 5월에는 '1회 동아시아 기후파트너십 포럼'을 개최하

---

4 녹색 ODA 이행점검 결과 및 향후 계획, 녹색성장위원회 제8차 이행점검결과 보고대회, 2012.5.2.

여 14개국 150여 명이 참석한 가운데 '동아시아 녹색성장 서울 이니셔티브'를 채택한 바 있다.[5]

한편 황사 주발원지인 네이멍구 쿠부치사막 지역에 길이 28㎞, 폭 3~8㎞에 이르는 숲을 만드는 '한·중 우호 녹색장성' 사업이 추진 중에 있다. 이 사업에는 대한항공 외에도 경기도, 경상남도, 한국국제협력단, 산림청 등이 참여하고 있으며, 유엔사막화방지협약의 성공사례로 인정을 받고 있다.

대통령은 2011년 6월 '글로벌 녹색성장 서밋 2011'에서 개도국의 녹색성장을 지원하는 녹색 ODA를 계속 늘려갈 방침이라고 밝힌 바 있으며, 2011년 7월부터는 ODA 기본법이라 할 수 있는 국제개발협력기본법도 시행되고 있다. 세계은행 내에 한국 녹색성장협력 신탁기금을 설치하여 2012년부터 4년간 총 4,000만 달러를 출연할 계획도 가지고 있다.

2012년 5월 녹색성장위원회 제8차 이행점검결과 보고대회에 '녹색 ODA 이행점검 결과 및 향후 계획'이 보고되었다. 주요 내용은 ① 일반원조의 녹색화(Greening ODA): 무상 원조사업의 녹색화 이행지침을 개발하고, 대외경제협력기금(EDCF; Economic Development Cooperation Fund)으로 지원하는 대규모 SOC 사업의 환경성 제고를 위해 독자적인 환경·사회 영향기준을 도입 ② 맞춤형 녹색 ODA 수요 발굴 및 지원: 녹색 정책 컨설팅 확대로 개도국 맞춤형 수요를 발굴하고, 수원국의 특정 목표 달성이 가능하도록 다양한 유형의 사업을 유기적으로 결합한 녹색원조 패키지를 구성 ③ 녹색 ODA 활성화 지원: 정책금융, 민간

---

5 김형국, 2011: 492-496.

투자협력을 통해 녹색사업을 지원하고, 대규모 녹색사업에 대해서는 다자개발은행(ADB, WB 등)과의 협조융자 추진 ④ 총리실, 기획재정부, 외교부, 환경부, 녹색성장위원회 등 관계부처 중심으로 '녹색 ODA 추진협의회' 설치 ⑤ 우리나라의 녹색성장 리더십을 국제적으로 확산시켜나갈 수 있도록 녹색 ODA 이니셔티브 사업 추진 등이다.

2012년 6월 21일 대통령은 리우+20회의에서 2013년부터 2020년까지 그린 ODA 총액을 50억 달러 이상으로 확대하고 이를 토대로 2012년에 종료되는 동아시아 기후파트너십에 이어 '글로벌 녹색성장 파트너십'[6]을 전개해 나갈 계획이라고 밝혔다. 아울러 정부는 우리나라의 녹색성장정책 가운데 개발도상국이 참고할 만한 세분화된 정책대안을 2012년 연말까지 마련해 주요 20개국(G20) 회의에 제출할 예정이다. 이는 2012년 6월 멕시코 로스까보스(Los Cabos) G20 정상회의의 개발이슈에서 녹색성장이 주요 의제로 논의된 후 후속조치로 이루어지는 것이다.

규제

(1) 건축물 에너지소비 총량제

정부는 2011년 7월 1일부터 '건축물 에너지소비 총량제'를 시행하고 있다. 이 제도는 1년 동안 건축물에서 소비하는 총에너지사용량을 건물면적으로 나눠 1㎡당 연간 에너지소비량이 기준 이하인

---

6 양자·다자간 협력 프로그램을 통해 개도국 에너지의 효율적 발전과 전력망 구축, 에너지 저장시스템, 재생에너지, 녹색 교통과 건물, 수자원 인프라 구축 등을 집중 지원하는 동시에 한국녹색기술센터(GTC)를 국제적 기술협력 및 인재양성의 가교로 활용할 계획이다(녹색성장위원회 주요소식, 2012.6.21.).

건축물만 허가하는 제도이다. 이는 건축물 에너지 관련 허가기준인 '건축물의 에너지절약 설계기준(국토해양부 고시)'에 근거를 두고 있다. 적용대상은 당초에 연면적 1만㎡ 이상 업무시설 등 대형 건축물로 정해졌으나, 국토해양부가 2012년 9월에 적용대상을 3,000㎡ 이상으로 확대하기로 결정했다.

(2) 건축물 에너지절약 설계기준

'건축법'과 '건축물의설비기준등에관한규칙'에 근거하여 신축 건물의 에너지 효율적 설계를 위한 의무기준을 정하고 있다. 세부적으로는 건축, 기계, 전기, 신재생에너지 항목으로 나누어 정했다. 예를 들면 설계 시 창호·단열기준을 강화하고, 에너지절약 유도기기[7] 설치를 의무화하는 것 등이다. 추진 절차는 일정규모 이상 신축건물의 건축허가 신청시, 동 기준에 의거 에너지절약계획서를 제출하고, 자치체장은 동 계획서의 적정성 여부를 확인하여 건축허가를 결정하게 된다.

(3) 친환경건축물인증제도 및 주택성능등급표시제도

2000년대 초부터 운영되고 있는 친환경건축물인증제도(GBCC)는 건축물을 초기 계획단계부터 폐기단계까지 전 과정에 걸쳐 환경성능에 대한 평가를 수행하고 그 결과에 따른 환경성 등급을 인증하는 것이다. 건축법의 위임에 따라 만들어진 '친환경건축물의 인증에 관한 규칙'이 2008년 5월 제정되었으며, 2010년 5월에 일부 개정되었

---

7 대기전력차단장치(전체 콘센트의 30% 이상 설치 의무화), 일괄소등스위치, 자동온도조절장치 등을 말한다.

다. 이에 따라 공동주택, 업무용 건물, 학교, 판매시설, 숙박시설 등 모든 용도의 신축 건물로 대상이 확대되었으며, 1만㎡ 이상의 면적을 가진 공공건축물에 대해서는 인증을 의무화하였다.

인증등급도 최우수, 우수, 우량, 일반 4단계로 세분화해 최우수와 우수등급에만 취득·등록세를 감면하는 등의 인센티브를 부여한다. 아울러 기존 건축물이 친환경 건축물 인증을 받을 때에도 친환경 건축물 등급에 따라 취득·등록세를 최대 15%까지 경감해주고 환경개선 부담금도 감면하는 등의 혜택을 제공한다. 인증을 위한 평가는 에너지 분야 외에도 토지이용과 교통, 생태환경, 실내환경 등 4개 분야에 대해 실시한다. 인증실적은 2005년에 33건에 불과했으나 2011년 12월말 기준 2,631건으로 증가했다.

국토해양부와 환경부는 '친환경건축물 인증기준'을 2011년 12월에 개정하여 2012년 7월 1일부터 시행하고 있다. 이는 '친환경건축물 인증제도'와 주택법에 따른 '주택성능등급 표시제도'의 평가기준이 상당 부분 중복되고 건축주의 부담이 많다는 점을 고려해 두 제도를 하나로 묶어 한 번만 신청하면 두 가지 인증을 받을 수 있게 한 것이다. 이에 따라 친환경건축물 인증제도에서 부여하는 취득세 감면(5~15%), 용적률 등 건축기준 완화(4~12%), 환경개선부담금 경감(20~50%)과 주택성능등급 표시제도에서 부여하는 분양가상한제 가산비(1~4%) 부과 등 인센티브는 모두 받을 수 있게 됐다.

주택성능등급표시제도는 2006년 1월 9일부터 주택 품질향상과 국민의 알권리를 위해 주택을 건설해 공급하는 사업주체에게 주택의 성능을 인정받아 의무적으로 표시하게끔 하는 제도다. 평가대상은 모든 공동주택을 대상으로 하되, 1,000세대 이상 공동주택은 의무적으로 성능등급을 인정받아 입주자모집 공고 시 표시하여야 한다. 심사·평가는 사업계획승인 설계도서에 따라 소음, 구조, 환경, 생활환경, 화재소방 등 5개 부문 18개 범주 27개 항목에 대해 이루어지며, 1∼4등급으로 표시한다. 한국감정원, 한국건설기술연구원, LH, 한국시설안전공단 등 4개 인정기관에 의해 감정이 이루어진다.

그러나 이 제도는 법상 입주자 모집 공고 시 한 차례만 공고하게 되어 있어 분양 이후 자료를 삭제하는 경우가 많아 기분양된 아파트를 구매하려는 소비자들의 경우에 성능등급을 확인하기 어렵다. 또한 설계도만 보고 평가하기 때문에 실제 아파트가 설계도대로 지어졌는지 나중에 검증할 방법이 없다. 본 제도는 2013년부터 500가구 이상 단지로 확대될 예정이다.[8]

아울러 660만 동에 이르는 기존 건축물을 친환경으로 전환하기 위해서는 인증제도로는 부족하다는 점 때문에 녹색건축물지원법을 제정했다. 이 법은 에너지소비 총량제와 에너지절약 계획서 제출, 에너지효율등급 판정 등 신축 단계에서 필요한 규정은 물론 에너지통합관리시스템구축, 목표관리제, 에너지소비자증명제, 에너지평가 전문인력 양성 등 준공 이후 유지단계와 관련된 세부사항도 규정한다. 기존 건축물이 친환경 녹색 건축물로 전환하면 세제 혜택 등을 주는 방안도 검토되고 있다.[9] 이 법은 2012년 2월 22일 공포되어 2013년 3월 23일부터 시행되었다.

---

8 조선일보, 2013.2.20.

9 녹색건축물로의 전환사례로는 녹색청사로 리모델링된 보성군청 본관 건물을 들 수 있다. 기존의 난방시스템(경유)을 공기열 냉난방시스템(EHP)으로 바꾸고 고기밀성 단열창호, LED 전등, 외벽단열 시스템 등을 사용해 연간 40%의 에너지를 절감했다. 이를 돈으로 환산하면 연간 4,300만 원이나 된다. 옥상에 설치한 50kW 용량의 태양광 발전기가 완공되면 추가로 연간 1,600만 원의 연료비가 줄어든다(월간조선, 2011년 5월호).

(4) 건축물 에너지소비증명 제도

이는 기존 건축물을 매매하거나 임대하는 경우, 에너지소요량 또는 온실가스 배출량 등이 표시된 건축물 에너지효율등급 평가서를 첨부하도록 하는 제도이다. 이를 통해 자발적인 건축물 녹색전환 및 에너지 절약활동 동참을 유도하는 것이 목적이다. 우선 2013년 2월 23일부터는 서울시 소재 500채 이상 공동주택단지나 3,000m² 이상 업무시설 건축물을 매매할 경우 매도인이 매수인에게 에너지평가서를 발급하여 거래계약서에 첨부해야 한다. 2016년 이후에는 전국을 대상으로 시행할 계획이다.

(5) 쓰레기종량제 및 음식물쓰레기 종량제

쓰레기종량제는 쓰레기 배출 시 오염자 부담원칙에 근거하여 배출량에 따라 차등적으로 처리비를 부과하는 제도이다. 1994년 4월부터 일부 지역에서 시범 실시된 후 1995년 1월 1일부터 전국적으로 시행되었다. 종량제 적용대상 폐기물은 일반 가정과 소규모 사업장에서 발생한 생활폐기물, 즉 일반 쓰레기이다. 일반 쓰레기 배출자는 지정된 판매소에서 구입한 규격봉투에 담아 배출해야 한다. 건축 쓰레기, 냉장고, 가구 등 대형 쓰레기는 동사무소에 신고하면 동사무소에서 나와 품목을 확인한 뒤 고지서를 발부하며, 대금은 금융기관에 납부한다. 규격봉투에 넣지 않고 버리는 쓰레기는 수거해 가지 않으며, 무단으로 버리다 적발될 경우 100만 원의 과태료를 물어야 한다.

음식물쓰레기 종량제 역시 배출량에 따라 수수료를 부과함으로써 배출량을 줄이기 위한 제도이다. 음식물 쓰레기의 해양투기가 금지되면서 도입하게 된 이 제도는 지자체별로 조금씩 다르지만 대부분 2013년 중반부터 실시 예정이다. 현재는 음식물쓰레기 배출량과 상관없이 일반주택은 매월 1,500원의 납부필증 부착 방식으로, 공동주택에서는 매월 1,500원을 관리비에 부과하는 방식으로 운영 중이다.

서울특별시는 2013년 1월부터 5월까지 시범 실시한 후 6월부터 실시한다. 서울시는 정부가 제시한 표준방식으로 'RFID 음식물 쓰레기 종량장비'를 설치하여 운영할 예정이다. 그러나 한 대에 2백만 원이 넘는 측량기계를 아파트 각 동마다, 골목마다 설치할 지자체 예산이 부족하기 때문에 2013년 초를 기준으로 전국 144개 지자체 가운데 표준방식을 도입하는 지역은 17곳, 단 12%에 불과한 실정이다. 대부분의 지자체에서는 주민들이 음식물 쓰레기 전용 봉지를 사서 배출하는 방식으로 시작될 전망이다.[10]

(6) 확대생산자책임제(EPR; Extended Producer Responsibility)

이 제도는 재품을 생산해서 판매하는 시점까지만 생산자가 책임을 지는 것이 아니라 사용 후 생기는 폐기물의 재활용까지 생산자가 책임지는 것으로 우리나라는 2000년에 도입하였다. 독일, 프랑스, 영국, 체코, 헝가리를 포함한 유럽과 일본, 호주, 뉴질랜드, 멕시코 등에서도 시행되고 있다.

우리나라는 두 가지 법률에 근거를 두고 있다. 먼저 '자원의 절약과 재활용 촉진에 관한 법률'에 따라 포장재를 중심으로 하는 생산자책임 재활용제도가 있다. 이는 유리병, 알루미늄 캔, 종이팩, PET

---

10 MBC 뉴스, 2012.11.11.

병 등을 이용하여 식품이나 음료를 생산 또는 수입하여 판매하는 모든 생산자들이 매년 환경부장관이 고시하는 재활용 의무율에 해당하는 수량의 폐포장용기를 회수하여 재활용하도록 하는 것이다. 의무량에 미달하는 수량에 대해서는 재활용 부과금을 납부하게 되어 있다.

둘째로, '전기·전자제품 및 자동차의 자원순환에 관한 법률'에 의하여 전기·전자제품 및 자동차에 적용된다. 대상은 텔레비전, 냉장고, 세탁기, 에어컨, 개인용 컴퓨터, 오디오, 이동전화 단말기, 복사기, 프린터, 팩시밀리 등 10대 전자제품과 승용 자동차, 승합 자동차, 경·소형 화물자동차이다. 이들 제품의 제조업자와 수입업자들은 폐제품의 회수 재활용의무외에도 제품의 환경성 보장을 위한 재질 구조 개선의무와 재활용 관련 정보의 공개 의무가 추가되어 있다. 역시 매년 환경부 장관의 고시에 따르며 미달수량에 대해서는 재활용 부과금을 납부해야 한다.

(7) 타이어 에너지소비효율등급제

이 제도는 국내에서 판매되는 모든 타이어에 대해 회전저항(마찰력·Rolling Resistance)과 젖은 노면 제동력(Wet Grip)을 측정해 이를 1~5등급으로 표시한 라벨을 제품에 의무적으로 부착하도록 한 것이다. 주행 중 열이나 마찰에 의해 타이어에 걸리는 저항이 적은 타이어와 젖은 노면에서 제동거리가 짧은 타이어가 좋은 등급을 받는 방식이다. 2011년 12월부터 자율적인 시행을 시작하였고, 2012년 12월 1일부터 본격적으로 시행되었다.

타이어를 만들 때 회전저항을 줄이게 되면 젖은 노면 제동력이 나빠지고, 젖은 노면 제동력을 향상시키면 회전저항이 커지게 된다는 점이 타이어업계의 애로사항이다. 이미 라벨링 제도를 실행하고 있는 유럽에서도 두 가지 항목에서 모두 1등급을 받은 사례는 거의 없다. 회전저항이 적은 타이어는 마찰을 줄여주는 효과를 내기 때문에 당연히 연료 소모를 줄여주는 역할을 한다. 에너지관리공단에 따르면 회전저항이 10% 감소하면 약 1.74%의 연비 개선 효과가 있다고 한다.[11]

유인

(1) 신재생에너지 이용 건축물 인증제도

건축물에 총에너지 사용량의 일정비율 이상을 신재생에너지 설비로 설치할 경우 비율에 따라 인증등급을 받을 수 있는 제도이다. 국토해양부와 지식경제부는 이 제도의 시행을 위하여 '신·재생에너지 이용 건축물 인증에 관한 규칙'과 '신·재생에너지 이용 건축물 인증에 관한 규정'을 2011년 3월에 제정·공포하여 동년 4월 13일부터 시행하고 있다. 인증대상은 연면적 1,000㎡이상인 신축 업무시설이며, 신·재생에너지 설치의무화 대상건물(공공기관의 연면적 1,000㎡이상인 신·증축 건물)은 제외된다. 인증등급은 1~5등급으로로 구분된다.

이 제도에 따라 인증을 받을 경우의 혜택은 다음과 같다. ① 건축물 인증서를 받은 사실을 인쇄물 광고물 등을 통해 홍보 할 수 있으며 인증마크가 표시된다 ② 건축물 인증을 받은 건축물의 소유자에

---

11 매일경제, '친환경차의 완성, 그린 타이어', 2012.11.20.

게 신재생에너지 공급인증서가 발급되며, 거래시장에서 공급의무기관과 거래가 가능하다 ③ 보급사업에 참여시 건축물 인증을 받은 자를 우대하여 지원할 수 있다 ④ 2012년 1월부터 지방세 특례제한법 시행령에 따라 1~3등급의 인증을 받은 건물에 대한 취득세를 감면한다.

(2) 건물 에너지효율등급 인증제도

이 제도는 에너지 성능이 높은 건축물의 건축을 확대하고, 건축물 에너지관리를 효율화하기 위하여 2001년에 도입되어 국토해양부와 지식경제부가 운영하고 있다. 인증 대상건축물은 당초 건축법에 따른 건축물로서 20세대 이상의 공동주택, 사무용도로 사용하는 업무용 건축물 및 공공건물이 대상이었으나 2013년 2월부터 주거용 및 주거용 이외의 모든 건축물로 확대되었다.

당초 에너지 효율이 높은 18가구 이상 신축공동주택을 대상으로 에너지 절감율에 따라 1~3등급으로 인증을 부여하던 제도였으나 2010년부터 신축 업무용 건물까지 확대되었고 등급도 5등급으로 세분화되었다. 2013년 2월부터는 등급을 다시 10개로 세분함으로써 현행 1등급 보다 높은 수준의 건축물과 5등급 보다 낮은 수준의 건축물도 등급화할 수 있도록 하였다. 아울러 그간의 지속적인 단열기준 강화 등으로 건축물의 에너지효율이 전반적으로 상향된 점을 감안하여 인증등급 기준을 상향조정하였다. 업무용 건축물의 경우 1등급 기준을 300kWh/㎡·년 미만에서 260kWh/㎡·년 미만으로 상향조정했다.

효율 등급을 우수등급 이상 취득할 경우 용적율, 조경 면적, 건축물 높이 제한의 건축기준을 완화하여 신청할 수 있다. 또한 인증 건축물에 대해 지방세법에 따라 5~15%의 취득세와 등록세를 경감해 주고 있다. 특히 건물에너지효율 1등급과 친환경건축물인증 최우수 등급을 모두 받을 경우 취득·등록세의 15%를 감면한다. 2010년 7월에 개최된 제8차 녹색성장위원회에 보고된 공공녹색시장 확대방안에 따르면 공공건물의 입찰참가자격사전심사(PQ)와 적격심사에서 친환경건축물인증과 건물에너지효율등급인증 등의 실적을 우대할 방침이다.

(3) '에너지절약 표준설계 가이드라인' 운영

국토해양부는 2010년 1월 '혁신도시 공공청사 에너지 절약설계 가이드라인'을 마련했다. 이는 '공공기관 지방이전에 따른 혁신도시 건설 및 지원에 관한 특별법'에 따라 혁신도시 내에 건축하는 공공청사 건축물에 대하여 에너지 부하 저감, 신재생에너지 활용 등 에너지 절약형 건축을 권장하기 위한 설계기준을 정한 것이다.

2012년 7월에는 국토해양부에서 '건축물 에너지 절약을 위한 창호 설계 가이드라인'을 발표했다. 이는 최근에 디자인 등을 이유로 건축물의 창호 면적은 증가하는 추세이나, 열손실이 많은 창호(벽체에 비해 6~7배 낮은 수준)의 적정 비율 등에 대한 구체적인 설계기준이 없기 때문에 만든 것이다. 이 가이드라인은 중부·남부·제주로 지역을 구분하고 창호가 면한 향(동·서·남·북)별로 창 면적에 따른 열손실량을 예측할 수 있도록 하였다.

한편 서울시는 2009년에 '친환경 그린에너지 건축물설계 가이드라인'을 만들어 리모델링을 포함한 신축 건축물에 대해 성능중심의 친환경·저에너지, 대기전력 제로화 및 숨어있는 전력 손실 찾기 등

설계기준의 강화를 유도해 오고 있다. 서울시가 2007년 8월부터 2011년 3월까지 건축심의를 마친 친환경 건축물 230건에 대해 분석한 결과 총 5,328억 원에 달하는 자원 절감 성과를 거둔 것으로 알려졌다.

(4) 국가 건물에너지 통합관리시스템 구축

국토해양부는 '2012 공공정보화 대상 경진대회'에 '국가 건물에너지 통합관리시스템'을 출품하여 대통령상을 수상했다. 이 시스템은 건축물 정보와 에너지 정보(전기, 가스, 지역난방 등)를 통합·연계하여 인터넷을 기반으로 모든 건축물(약 680만 동)에 대한 에너지 정보를 제공하는 세계 최초의 시스템이다. 정부(중앙정부, 지자체 등)는 시스템에 구축된 DB를 활용하여 녹색건축 정책 수립 시 의사 결정을 지원받을 수 있으며, 국민들은 온라인으로 접속하여 거주하는 건축물에 대한 에너지 정보 확인, 주변 유사 건축물과 비교, 에너지 절약 커뮤니티 활동 등을 통하여 국가 온실가스 감축에 자발적으로 참여할 수 있다. 온라인은 녹색건축 포털인 '그린투게더'에서 이용 가능하다.

(5) 자전거 이용 권장

대통령이 2009년 신년사에서 "전국 곳곳을 자전거 길로 연결해 생태 문화가 뿌리 내리게 하겠다"고 선언한 것을 계기로 2009년 12월에 '자전거이용 활성화에 관한 법률'이 일부 개정되었다. 자전거 주차장 설치 의무 확대, 개발 계획 수립 시 자전거 이용시설 설치 의무화, 지자체장과 학교장에게 자전거 안전 교육 의무부과 등이 그 내용이다. 이어서 행정안전부는 2010년 3월에 '2010년 자전거 정책

추진계획'을 발표했다. 자전거 교통 수단 분담률을 2009년의 1.2%에서 2012년에 5%로 확대한다는 목표로 ① 자전거 인프라 확충 ② 이용문화 확산 ③ 제도개선을 실현하겠다는 것이다.

정부는 전 국토를 자전거 네트워크로 연결하는 국토종주 자전거 길을 2012년 초에 개통한 이후 본격적인 자전거 시대의 개막을 준비하고 관련 부처 간 정책협력을 강화하기 위해 '자전거 정책협의회'를 구성했다. 이 협의회는 자전거정책을 총괄하는 행정안전부 차관보를 위원장으로 총 20인 이내로 운영되고 분기별로 회의를 개최해 자전거 이용 활성화를 위한 각종 정책과 제도 등을 협의하며 조율하게 된다. 제1차 자전거정책 협의회는 2012년 6월에 개최되어 자전거 인프라, 이용활성화 정책, 제도·문화개선, 자전거 산업 및 교통 등 분야별 자전거 관련 현황을 진단하고, 향후 정책 방향에 대해 논의했다.

한편, 대전광역시의 자전거대여제인 '타슈'는 시민들이 자유롭게 자전거를 이용하여 목적지로 이동할 수 있는 녹색대중교통 수단이다. 2009년 10월부터 시범운영을 시작한 후 2012년 6월부터는 본격적으로 운영되고 있다. 2013년 2월 현재 114곳의 대여소에 1,000대의 자전거를 운영 중이다. 사용료는 1시간 미만은 500원, 1년 권은 30,000원, 30일 권은 5,000원, 7일 권은 2,000원이다. 이용자만족도 설문조사에서도 90%가 만족하는 것으로 나타났다.

(6) 녹색도시 조성

국토해양부는 저탄소 녹색도시 조성을 위한 제도적 기반을 마련하기 위해 2009년 7월에 '녹색도시 조성을 위한 도시계획 수립 지침'

을 제정했다. 2009년 11월 제6차 녹색성장위원회에는 '녹색도시·건축물 활성화 방안'이 보고되었다. 녹색도시는 산업, 건축물, 수송 분야 등의 온실가스 배출을 절감하고 흡수하여 도시민의 삶의 질을 제고하고, 저탄소 녹색성장을 견인할 공간의 기본단위이다. 이는 친환경도시, 지속가능도시 및 탄소저감도시를 포괄하는 개념이다.

이 방안에 따르면 녹색도시 조성에 필요한 계획요소로 친환경 도시계획, 녹색교통, 녹지생태공간, 자원 재활용, 에너지 효율, 신재생 에너지 및 그린 IT 등 7개 부문으로 분류하고 있다. 인간, 자연, 기술이 조화된 세계 일류 저탄소 녹색도시 구현을 비전으로 에너지 절약형 도시계획 수립, 자원 순환형 도시기반 구축 및 생태형 도시공간 창출 등 3가지 추진과제를 명시하고 있다.

녹색성장위원회는 2009년부터 녹색환경과 지역경제의 통합발전이 가장 우수한 '생생(生生)도시'를 선정하고 있다. 생생도시는 녹색성장의 7개 핵심요소인 녹색에너지, 녹색교통, 물 순환, 자원 재활용, 녹색산업, 생태축, 녹색 시민운동의 고른 발전을 지향하며, 영어로는 영문의 머리글자를 따서 'EcoRich City'로 쓴다. 2012년이 4회째이며 그동안 108개의 기초자치단체가 응모하여 현재까지 44개의 생생도시를 지정하였다. 종합부문 최우수 생생도시로는 2009년 전남 순천시, 2010년 대전광역시 대덕구, 2011년 수원시, 2012년에는 경남 창원시가 선정되었다.

한편 환경부는 기후변화 시범도시사업을 추진하여 2009년 7월 강원도 강릉시를 시범 지역으로 선정하였다. 2011년 7월에는 강릉 경포 일대 18.3㎢에 단계별로 나눠 29개 사업에 1조 원이 투입되는 '강릉 저탄소 녹색시범도시 종합계획'을 확정하였다. 아울러 행복도

시건설청은 세종시를 세계 최고 수준의 저탄소 녹색도시로 조성하기 위한 '세종시 그린시티 조성 종합계획(2009.12)'에 따라 사업을 진행시키고 있다. 2012년 6월에는 세종시~유성 자전거도로의 태양광시설을 포함해 모두 3곳에 5MW의 태양광발전 시설을 완공, 연간 7,116MWh(2,200가구 사용량)의 전력 생산과 2,642톤의 온실가스 감축효과를 보고 있다. 2015년까지 중앙호수공원과 주차장, 진입도로, 자전거도로 등에 설비용량 93MW급 태양광 발전을 추진할 계획이다.

(7) '우수 그린비즈' 선정

'우수 그린비즈'란 기업활동 전반에 걸쳐 자원·에너지 절감 및 온실가스·환경오염 저감 등의 녹색경영을 선도적으로 실행하여 개선실적이 우수한 중소기업을 말한다. 중소기업청은 2010년 6월부터 이 제도를 시행했으며 2012년 12월에 '우수 그린비즈' 100호 기업을 선정했다. 중소기업청이 그동안 총 896개 중소기업을 대상으로 평가했으므로 '우수 그린비즈' 선정율은 11.2%이다.

'우수 그린비즈'는 '녹색경영 평가 심의위원회'를 통해 선정되며, 녹색경영 평가 등급은 S, A, B, C, D 등 5개 등급으로 구분된다. 이 중 상위 2개 등급(S, A)에 대해 심의를 거쳐 '우수 그린비즈'로 선정되며, '우수 그린비즈' 100개 회사 중 녹색경영 최고 등급을 받은 기업은 현재 6개에 불과하다. '우수 그린비즈'로 선정된 기업은 정책자금 융자 및 보증 우대, 방송광고 지원뿐만 아니라 인력, 공공구매, 수출 등 중소기업청 R&D 지원사업 참여 시 우대 혜택을 받을 수 있다

(8) 환경표지제도 및 환경성적표지제도

환경표지제도는 동일 용도의 제품 중 생산 및 소비자과정에서 오염을 상대적으로 적게 일으키거나 자원을 절약할 수 있는 제품에 환경표지를 표시하여 제품에 대한 정확한 환경정보를 소비자에게 제공하고, 기업으로 하여금 소비자의 선호에 부응해 환경제품을 개발·생산하도록 유도하는 제도이다.

1979년 독일에서 처음 시행된 이 제도는 현재 유럽연합(EU), 북유럽, 캐나다, 미국, 일본 등 40여개 국가에서 성공적으로 시행되고 있다. 우리나라는 1992년부터 시행하고 있으며, '환경기술 및 환경산업지원법' 제17조 등에 근거하여 한국환경산업기술원이 관리하고 있다. 2012년 8월말 현재 8,789개 제품이 환경표지를 취득했다.

환경부는 녹색소비 확산을 위해 환경표지를 취득한 녹색제품 제조 중소기업에 대한 지원사업을 2012년에 본격적으로 추진한 바 있다. 포장디자인 개발, 해외 환경표지 취득, 해외전시회 참가 및 마케팅 지원 등 4개 사업을 새롭게 도입하는 등 지원의 폭을 넓혔다.

한편, 환경성적표지제도는 2001년 2월부터 시행되었으며, 한국환경산업기술원이 운영 중이다. 제품의 원료채취, 제조, 소비 및 폐기 등 제품의 전 과정에서 자연자원의 사용, 배출되는 오염물질 및 동 오염물질이 지구환경(지구온난화 등)에 미치는 환경영향을 계량화하여 도표 및 그래프 등으로 표시함으로써 환경성 수준에 따라 소비자의 차별적 구매를 유도하는데 그 목적이 있다.

이 제도의 특징은 ① 제품 전 과정에 대한 환경성평가 도구인 전 과정 평가를 수행하여야 하며, 그 결과가 환경성 정보로 제공되어야 한다. ② 법에 의해 강제되는 것이 아니라, 소비자와 지구환경보호를 위하여 자발적으로 참여하는 제도라는 것이다. 환경성적 표지 유형은 제품 또는 포장이나 용기에 부착하는 1형과 2형이 있으며, 제품설명서와 인터넷 등에 게재하는 3형이 있다.

(9) 공공조달 최소녹색기준제품 구매제도

정부는 녹색제품에 대한 혜택을 주기 위해 '공공조달 최소녹색기준제품 구매제도'를 운영하고 있다. 이 제도는 조달청이 환경요소(대기 전력, 에너지 소비 효율, 재활용 등)를 구매물품 규격에 반영한 공공조달 최소 녹색기준을 고시하고, 이를 만족하는 제품만 조달물품이 거래되는 '나라장터 종합쇼핑몰'에 입점하도록 함으로써 정부기관의 물품구매 시 자연스럽게 녹색제품을 구입하도록 유도하는 것이다. 2010년 2월에 컴퓨터 등 17개 품목, 동년 9월에 자동차 등 14개 품목, 2011년 9월 진공청소기 등 19개 품목, 2012년에 25개 품목을 최소녹색기준 적용제품으로 지정함으로써 총 75개 제품이 이 기준의 적용을 받고 있다. 조달청은 대상 제품을 2013년까지 100여 개 품목으로 늘려나갈 계획이다.

조달청은 이 제도가 시행된 2010년부터 2012년 6월까지를 대상으로 분석한 결과 에너지절감 효과 약 3,050억 원, 환경개선효과 약 1,450억 원으로 총 4,530억 원의 경제적 효과가 있는 것으로 발표한 바 있다. 아울러 환경부는 녹색제품 의무구매 대상 공공기관을 2011년 816개소에서 2012년에 50개소를 추가하는 등 녹색제품 확산에 노력하고 있다. 최소녹색기준제품의 공공조달 규모는 지정 첫 해인 2010년에 약 3,000억 원 상당에서 2012년에는 6배 이상인 약 2조 원 규모로 늘어날 전망이다.

한편 조달청은 2011년 9월에 여러 곳에 흩어져 있던 녹색관련 제품정보, 구매정보, 인증정보, 관련 법령 및 규정 등을 한 눈에 볼 수 있게 하여 공공녹색구매의 편리성을 제공하는 '공공녹색구매 통합정보망'을 구축하여 운영 중이다. 한국환경산업기술원도 2010년 6월에 국민의 녹색생활 활성화 지원을 위해 환경표지인증제품과 우수재활용제품에 대한 정보를 제공하는 '녹색제품정보시스템'을 구축하여 운영하고 있다.

(10) 우수재활용제품(GR) 인증제도

우수재활용제품(GR; Good Recycled Product) 인증제도는 국내에서 발생한 재활용 가능자원을 활용, 녹색기술개발 및 실용화를 촉진하여 자원순환 및 에너지절감을 도모하고 저탄소 녹색성장 기반조성을 지원하는 제도이다. '자원의 절약과 재활용촉진에 관한 법률'에 근거하고 있으며, 지식경제부 기술표준원이 관리하고 있다. 2006년부터 2011년까지 총 353건이 인증을 받았으며, 인증유효기간은 3년 이내이다. GR 인증제품에 대해서는 공공기관 의무구매 대상으로 지정하고, 공공·민간 구매지원 및 홍보지원이 이루어진다.

(11) 탄소성적표지제도

이 제도는 제품(서비스 포함)의 원료채취, 생산, 수송(유통), 사용, 폐기 등 전 과정에서 발생한 온실가스 배출량을 이산화탄소 배출량으로 환산하여 제품에 라벨형태로 부착함으로써 궁극적으로 온실가스 감축을 도모한다. '저탄소 녹색성장 기본법'에 근거를 두고 있으며, 2008년에 시범사업을 거쳐 2009년부터 이 제도를 시행하고 있다. 환경부가 한국환경산업기술원(KEITI)를 통해 운영하고 있으며, 1단계인 탄소배출량 인증과 2단계인 탄소성적표지로 구성된다. 탄소성적표지 인증제품은 2009년에 111개에서 2012년 8월 현재 비내구재일반제품 287개, 에너지사용내구재 138개 등 총 549개로 늘어났다. 이 제도는 의무가 아닌 임의제도라는 한계가 있다.

참고로 영국은 2007년에 세계 최초로 탄소발자국(carbon footprint) 표시를 시작하여 전구와 감자, 오렌지주스와 의류 등 다양한 제품에 탄소감축 라벨을 부착하고 있다. 우리나라가 시행하는 제도는 영국, 스웨덴, 미국, 캐나다 등에서 현재 시행되고 있는 탄소라벨링제도(Carbon Labelling)와 유사하기는 하나 아직까지 국제기준에 충족하는 보고서를 제출할 수 있는 수준은 아니다. 지식경제부에 따르면 2010년 5월 프랑스 의회는 자국 내에서 판매되는 상품에 대해 '탄소라벨' 부착을 강제하는 법을 통과시켰다. 1년 6개월의 시범운영기간이 지나면 프랑스에서 생산되거나 수입·유통되는 모든 제품에는 탄소라벨을 부착해야만 한다.

(12) 녹색구매 자발적 협약

환경부는 민간부문에서 자율적으로 녹색생산, 녹색유통 및 녹색소비가 순환되도록 하기 위해 2005년 9월에 30개 기업과 함께 '녹색구매 자발적 협약'을 시작했다. 2012년 9월 현재 기아자동차, 두산중공업(주), 롯데제과(주) 등 120개사가 참여하고 있다. 협약기업들은 친환경 제품 사용을 위한 가이드라인을 만들어 실천하고, 녹색구매 교육·홍보 등 친환경 상품 구매 활성화를 위한 다양한 활동을 벌이고 있다.

한국환경산업기술원의 <산업계 녹색구매 2012 성과보고서>에
따르면 정부공인 녹색제품과 에너지 절약마크 인증제품, 기업에서
자체적으로 규정한 녹색구매 대상제품인 친환경 원·부자재 등을
포함할 경우 2011년도 녹색구매 규모는 27조 933억 원에 달했다.
2010년도의 23조 2,397억 원에 비해 약 16.6% 증가한 것이다. 2011
년 녹색구매 중 정부공인 녹색제품(환경마크, GR마크) 구매액은 총
4,218억 원으로 약 15.6%를 차지한다.

(13) 녹색매장지정제도

이 제도는 '녹색제품 구매촉진에 관한 법률' 제18조(녹색제품 판
매 활성화)에 근거를 두고 환경친화시설 설치와 환경친화적 매장운
영을 통하여 환경개선에 이바지하는 유통 매장을 녹색매장으로 지
정하는 것이다. 건축시설, 물류 및 차량운영, 상품판매 및 포장관리,
매장운영 및 교육·홍보 부문에서 유통매장의 친환경성을 평가하여
일정기준을 충족할 경우에 지정한다. 이를 통해 유통매장의 에너지
소비 감소, 온실가스 발생 저감, 대국민 녹색생활 의식 확산 및 녹색
제품 판매확대 등의 효과를 기대하고 있다. 지정기간은 3년이며,
2013년 2월 현재 대형 유통매장 82개, 친환경농산물매장 22개 등
총 104개소가 지정되어 있다. 정부는 2015년까지 녹색매장의 수를
600개까지 늘리는 것을 계획 중이다.

(14) 탄소포인트제 및 탄소 캐쉬백

탄소포인트제는 국민 개개인이 온실가스 감축활동에 직접 참여하
도록 유도하는 제도로 가정, 상업시설 및 기업이 자발적으로 감축한

온실가스 감축분에 대해 포인트를 산정하고 이에 대한 인센티브를 지방자치단체로부터 제공받는 제도이다. 2008년 11월부터 2009년 6월까지 시범사업이 실시되었으며, 2009년 6월에 '탄소포인트제 운영에 관한 규정'이 제정되면서 본격적으로 시행되었다.

2011년 12월 현재 230개 전국 모든 지방자치단체와 250만 세대가 참여하고 있으며, 한국환경공단이 이 제도의 운영을 지원한다. 탄소포인트는 현금, 탄소캐쉬백, 교통카드, 상품권, 종량제 쓰레기봉투, 공공시설 이용 바우처, 기념품 등 지자체가 정한 범위 내에서 선택할 수 있으며, 탄소포인트를 탄소캐쉬백으로 전환하는 경우 5만여개의 OK캐쉬백 가맹점 및 탄소캐쉬백 가맹점에서 현금처럼 사용이 가능하다.

탄소 캐쉬백은 에너지 절약형 행동 및 구매를 장려하기 위해 지식경제부와 에너지관리공단에서 시행하는 제도로 탄소캐쉬백 참여사의 제품을 구매하거나 서비스 이용시 구매자에게 캐쉬백 포인트를 제공한다. 적립된 포인트는 탄소 캐쉬백 가맹점, OK 캐쉬백 가맹점에서 사용이 가능하며, 앞으로는 대중교통을 이용할 때도 현금처럼 사용이 가능하게 된다. 탄소 캐쉬백 참여사는 2012년 10월 현재 17개 회사, 2개 금융사, 2개 지방자치단체 등이다.

(15) 그린카드

환경부는 2011년 7월에 그린카드 제도를 도입했다. 에너지 절약, 녹색제품 구매 등 녹색생활을 실천할 때 정부, 지자체 및 기업 등에서 현금처럼 쓸 수 있는 포인트를 지급하여 국민의 친환경생활문화 정착을 목표로 한다. 연간 약 20만 원 이상의 포인트가 제공되며, 출시 약 1년만인 2012년 7월에 300만 장을 돌파했다. 2012년 4월에는 포인트 적립 유통매장을 기존 대형마트, 유기농산물매장에서 중소형 수퍼마켓과 편의점, 나들가게까지 지속적으로 확대할 예정이라고 발표한 바 있다.

한편 2011년 말에 출시된 법인용 그린카드는 2012년 8월 기준 42,806 장이 발급됐다. 기업이나 공공기관이 친환경 이미지를 제고하고 녹색제품 구매 시 할인 등 실질적인 혜택을 받는 한편, 일부 기관은 적립한 포인트를 정부에 기부해 환경보호에 기여하고 있다.

설득

(1) 녹색정보포탈 운영, 홍보책자 발간 및 언론홍보

녹색성장위원회 홈페이지(http://www.greengrowth.go.kr)는 국내외 소식, 녹색정책, 녹색생활·참여 및 녹색지식 등 녹색성장과 관련된 다양한 정보를 제공하고 있다. 녹색기술정보포털(http://gtnet.go.kr) 은 그동안 여러 곳에서 분산적으로 제공하던 녹색기술정보 즉, 기술정보, 산업·시장정보, 정책정보 및 연구성과 정보 등을2009년 12월 말부터 원스톱으로 제공하고 있다. 환경부 산하 국립환경과학원은 환경연구종합정보서비스(http://erip.nier.go.kr)를, 환경부와 한국환경공단은 기후변화홍보포털(http://www.gihoo.or.kr)을 운영하고 있다.

문화체육관광부는 녹색성장의 개념과 의미, 해외사례 등을 소개한 단행본인 <녹색부국으로 가는 길>과 <녹색성장, 대한민국의 그린오션 전략>을 2008년 12월에 발간했다. 2009년에는 미래기획위원회가 <녹색성장의 길>을, 녹색성장위원회가 <세상을 바꿀 한

국의 27가지 녹색기술>을 발간했다.

한편 정부는 신문과 방송 등에 녹색성장에 대한 공익광고와 녹색생활 실천에 관한 홍보를 다수 시행하고 있으며, 인터넷에 녹색성장 관련 UCC도 제작하여 올리고 있다. 녹색성장위원회는 2010년 2월에 유명 연예인들을 녹색성장홍보대사로 위촉하여 녹색성장 홍보물 출연, 각종 행사 참석 등을 통해 대중들이 친근감을 느끼도록 노력하고 있다. 또한 '2010 대한민국 공익광고제'는 학생부와 일반부를 대상으로 '저탄소 녹색성장'을 주제로 동년 8월 17일부터 9월 7일까지 작품을 접수한 바 있다.

(2) 녹색건축 포털 '그린투게더' 운영

국토해양부는 신축 건축물의 단열기준을 강화하고 기존 건축물 사용자의 자발적인 에너지 절감을 지원하기 위해 인터넷 포털 '그린투게더'를 2013년 2월 23일에 개설했다. 여기에 접속하면 자신이 거주하는 주택의 에너지 사용량을 확인할 수 있고 에너지 절약을 위한 동호회 활동 등에 직접 참여할 수 있게 된다. 또 서울지역부터 건축물 에너지 소비증명을 위한 온라인 발급이 가능해졌다.

(3) 녹색생활 실천 촉진 및 캠페인

녹색생활은 협의로는 자원의 낭비 및 과소비를 줄이는 것이며, 광의로는 자연친화적이며 여유로운 삶을 추구하는 것을 포함한다.[12] IMF 구제금융 요청 사태가 발생한 이듬해인 1998년에 등장한 '아나

---

12 이재훈, 2010: 183-184.

바다 운동'은 우리 국민들이 불필요한 지출을 줄이자고 만든 운동이다. 이는 '아껴 쓰고 나눠 쓰고 바꿔 쓰고 다시 쓰고'의 준말인데, 녹색생활이라는 면에서도 중요한 캠페인으로 볼 수 있다.

녹색생활은 기후변화와 저탄소 시대의 인프라 역할을 한다. 개인 차원의 녹색생활 노력을 유도할 수 있는 사회적 역량과 녹색생활 확산의 잠재력을 평가하기 위해 '녹색생활역량지수'를 개발하여 평가한 결과 한국의 녹색생활역량은 OECD 29개국 중 24위로 하위 수준이었다. 핀란드가 0.78로 1위를 차지했으며, 한국의 지수는 0.41로 OECD 평균인 0.52보다 낮은 편이다. 낮은 녹색생활역량으로 GDP 1달러당 CO_2 배출량은 선진국의 1.6배 수준으로 조사되었다.[13]

이대통령은 2008년 8월 10일 라디오 연설에서 "녹색기술을 개발하려면 많은 시간과 돈이 들지만, 녹색생활은 누구라도 오늘 당장 할 수 있기 때문입니다. 국제에너지기구(IEA)에 따르면 에너지 절약과 효율화를 통해서 온실가스 배출의 3분의 1이상을 줄일 수 있다고 합니다. 우리나라 4인 가정에서 한 달간 내뿜는 이산화탄소는 700kg 이상입니다. 난방이나 취사 등으로 400kg 이상, 승용차 이용으로 300kg 이상의 이산화탄소를 배출하고 있습니다. 학자들은 각 가정에서 매년 소나무 3천여 그루를 심어야 한 가정에서 배출하는 이산화탄소를 상쇄할 수 있다고 합니다."라고 말하면서 녹색생활을 강조했다.

환경부는 2009년 8월 24일에 '저탄소 녹색생활 실천 확산방안'을 제5차 녹색성장위원회에서 발표하였다. 먼저, '범국민 녹색생활운동 본격화'라는 전략을 추진하기 위하여 '녹색생활의 지혜'[14]를 전국에

---

13 강희찬 외, 2010: 4-10.

14 사회의 각 부문별·생활패턴별 녹색생활 실천사항으로 10개 분야(가정, 직장, 학교, 군부대 등) 80개

확산하고, 각 단체가 자율적으로 특성에 맞는 '1사 1기후운동'을 추진하며 지역에서는 주민참여형 녹색생활 체험행사(4월 기후변화주간, 반기별 온실가스 진단주간, 피서철 녹색여행 만들기 등)를 지속적으로 전개하기로 하였다. 아울러 가정의 녹색생활과 녹색소비를 촉진하기 위해 가정에 '저탄소 녹색생활 양식'을 보급하고, 녹색 식생활 국민운동을 전개하는 등 노력을 기울이기로 했다. 특히, 친환경농산물의 비중을 '09년 5%에서 '12년 9%로 대폭 확대할 계획이다. 또한 직장에서는 '쿨맵시 운동' 전개, '친환경운전 10계명' 등 다양한 녹색교통 캠페인 실시, 자전거 활성화 기업·사업장에 대한 포상, '보행자의 날' 지정과 같은 걷기 활성화를 위한 대책 등을 추진하기로 했다. 환경부는 2009년 11월에 '녹색생활의 지혜'를 더 구체화한 가정 내 '저탄소 생활 양식'[15]과 '친환경 운전 10계명'[16]을 보급하고 있다.

환경부는 2008년 10월부터 그린스타트(Green Start) 운동을 본격 전개하고 있다. 이 운동은 온실가스 줄이기 실천운동으로서 가정, 상업, 수송부문의 온실가스 배출량을 효율적으로 감축해 나가자는 국민운동이다. 이 운동을 추진하는 그린스타트 네트워크는 민·관 협력을 통한 거버넌스 기구로 2011년 12월 현재 공공, 기관, 단체 등이 참여한 전국네트워크와 245개 지역네트워크가 구성되어 활동

세부실천사항으로 구성되어 있다. 예를 들면 가전제품 플러그 뽑아두기, 여름철 냉방온도는 26∼28℃, 겨울철 난방온도는 18∼20℃ 유지하기, 출·퇴근 시 대중교통 이용하기 등이다.

15 실내난방 온도를 20℃ 유지, 플러그 뽑기, 백열등을 형광등으로 교체, TV 시청 1시간 줄이기, 세탁기 주3회 이내 사용 등이다.

16 ① 경제속도 준수 ② 내리막길 운전 시 가속페달 밟지 않기 ③ 출발은 천천히 ④ 공회전은 이제 그만 ⑤ 타이어 공기압을 체크하는 센스 ⑥ 한 달에 한 번 자동차 점검 ⑦ 정보운전의 생활화 ⑧ 트렁크를 비우자 ⑨ 친환경자동차를 선택 ⑩유사연료, 인증 받지 않은 첨가제는 No 등이다.

을 전개하고 있다. 주요 활동으로는 온실가스 줄이기 실천서약 운동, 그린리더 양성, 기후변화 주간 행사(매년 4월), 온실가스 진단주간 행사(반기별), 녹색생활 실천 우수사례 공모전 및 그린스타트 공모전 등이 있다.

기후변화주간은 2009년 4월부터 지구의 날(4월 22일)을 전후로 한 1주간을 기후변화주간으로 선포하여 기후변화의 심각성과 녹색생활 실천을 체험할 수 있는 행사를 시작하였다. 이 행사에는 2009년 77만 명, 2010년 75만 명이 참석하는 등 참여인원이 계속 증가하고 있으며, 2012년까지 4회의 행사가 개최되었다.

여성가족부는 2009년 4월부터 전국의 여성단체, 아파트 부녀회, 학부모회 등을 중심으로 'G-Korea 여성실천단'을 구성하여, 여성이 주체가 되어 의식과 생활양식을 녹색으로 변화시키는 'WE Green 운동'을 펼쳐나가고 있다. WE Green은 W(Woman, With)와 E(Environment, Ecology, Earth)의 결합어로 '우리 함께 생활 속에서 녹색성장을 이끌어나가자'는 의미이다.

또한 지식경제부는 에너지관리공단을 통하여 2009년 5월부터 에너지 절약 실천을 위한 그린 에너지 패밀리 운동을 적극적으로 전개하고 있다. 구체적으로는 에너지절약 지킴이, 에너지 절약 '녹색황금' 직거래 장터, 에너지사랑 따뜻한 겨울나기 및 전기 모으기 시민운동 등을 펼치고 있다. 아울러 지식경제부는 2012년도 절전 슬로건인 '아싸가자' 캠페인을 펼치고 있다. '아(끼자 2~5시), 싸(사랑한다 26℃), 가(볍다 시원차림), 자(뽑자 플러그)'라는 의미로, 전력부족을 슬기롭게 극복하는데 중점을 두고 있다.

그러나 통계청이 발표한 '2011년 녹색생활지표 작성결과'에 의하

면 가정에서 사용하지 않는 전기제품의 플러그를 뽑아 대기전력을
차단한다는 답변은 70.4%로 양호한 반면에 직장에선 57.9%에 그치
고 있다. 통근할 때 대중교통을 이용하는 비율은 27%에 그치고, 자
동차 요일제에는 17.5%밖에 참여하지 않고 있다. 녹색생활 관련 제
도에 대한 인지율은 에너지소비효율 등급표시가 72.7%로 높았으나
환경마크(40.4%), 탄소성적표지(28.0%), 탄소포인트제도(19.4%) 등
을 인식하는 국민은 적은 것으로 조사됐다. 1인당 하루 물 사용량은
2000년 380 L 에서 2005년 351 L, 2010년 333 L 등으로 꾸준히 감
소하고 있지만 덴마크(114 L) 영국(139 L) 프랑스(232 L) 등 선진국
보다는 아직도 꽤 많은 편이다. 1인당 생활폐기물 배출량은 2001년
1.02kg, 2005년 1.01kg, 2009년 1.04kg 등으로 별다른 변화가 없는
것으로 나타났다.[17] 이 결과들을 살펴보면 녹색생활을 실천하는데
개선의 여지가 많다는 것을 알 수 있다.

(4) 녹색교육

우리나라에서 본격적인 환경교육이 시작된 것은 제6차 교육과정
이 개정된 1995년부터이다. 이 때 7개 선택과목 중 하나로 '환경과
학'이란 명칭으로 환경을 주제로 한 교육을 실시하였으며, 1997년의
제7차 교육과정에서는 과목 명칭을 '생태와 환경'으로 변경하였다.
2007년에는 '환경', 2009년에는 '환경과 녹색성장'이란 과목으로 개
정하여 교육을 하고 있다.

녹색성장위원회와 교육과학기술부 등은 '녹색성장교육 활성화 방

---

17 매일경제, 2011.10.7.

안'을 마련하여 2009년 8월 동위원회 제5차 회의에 보고하였다. 이 방안은 3대 전략, 8대 정책과제로 수립되어 있다. 먼저, 초중등 녹색성장교육 강화전략은 ① 녹색성장 교육과정 개발 및 제도화 ② 녹색성장교육 교과서 및 교재개발 ③ 녹색성장교육 교원 연수체계 구축 ④ 녹색성장교육 선도 교육기관 육성 ⑤ 학교안-학교밖 녹색성장교육 연계 등 5개 과제로 구성되어 있다. 대학 및 범시민 녹색성장교육 강화전략은 ⑥ 녹색성장교육 거점대학 육성 ⑦ 녹색생활을 위한 범시민 교육기반 조성 과제로 구성되었고, 녹색성장교육 세계화전략은 ⑧ 녹색성장교육 관련 국제사회 공조 과제로 구성되어 있다.

이상과 같은 8대 정책과제는 녹색성장 교육센터 지정·운영, 녹색경진대회 개최 , 지역의 다양한 교육시설과 연계 체험학습 강화, UN 지속가능교육 10년(UNDESD)의 국제이행에의 협조 등 총 29개의 세부과제로 구체화되어 있다. 교육과학기술부, 환경부, 행정안전부, 지식경제부, 국방부 등이 수행하는 2009년부터 2012년까지의 추진일정도 마련되었다.

세부적인 내용을 몇 가지 살펴보면 다음과 같다. 먼저 녹색성장위원회는 2010년부터 녹색성장정책을 체계적이고 효율적으로 전파할 수 있는 학습 공간 마련 및 녹색생활 실천문화 확산을 위해 '녹색교육기관'을 지정하고 있다. 2010년 48개 기관, 2011년 16개 기관 지정에 이어 2012년에 강원도 자연환경연구사업소 등 11개 기관을 추가로 지정함으로써 총 75개 기관으로 늘어났다. 2011년 동안 64개 기관에서 253천 시간, 492천 명에 대한 교육을 실시한 것으로 보도된 바 있다.

아울러 2009년부터 매년 1회씩 '그린 칼리지' 프로그램을 진행하고 있다. 대학생들을 '녹색 비전을 가진 녹색인재'로 성장하도록 유도하고, 대학교 및 지역 사회 내에 녹색성장 및 녹색생활 실천 공감대 확산을 유도하는 프로그램이다. 제4기인 2012년 입학생 130여명은 지난 4월 입학식을 시작으로 약 3개월간 미션수행 등 다양한 활동에 참가하고 졸업한 바 있다. 또한 '글로벌 녹색캠프 2012'가 한·중·일 3개국의 학생 및 지도교사 등 약 100명의 참가자 2012년 1월에 3박 4일간 개최된 바 있다.

한편 녹색성장을 주제로 13개 공공기관이 각 기관별로 보유하고 있는 전문지식과 인력·첨단설비·생태자원 등을 활용, 체험 중심의 녹색성장 교육을 적극 지원하는 녹색교육기부 약정식이 2012년 5월에 있었다. 이 기관들은 녹색성장의 주요 분야인 에너지, 생태, 교통, 건축, 소비 등에서 24개의 체험형 녹색성장 교육기부 프로그램 운영을 약속하였으며, 이를 통해 2012년 한 해 동안 약 13만 명의 국민(학생·교사·학부모)이 혜택을 받을 수 있을 것으로 기대되었다. 예를 들면 에너지관리공단은 약 2만 명의 학생들이 참여하는 연중 프로그램 'SESE나라' 동아리 활동과 약 500개교를 대상으로 에너지·기후변화 창의체험 교육프로그램을 보급한다. 한국가스공사는 'ECO그린스쿨'을, 한국전력공사는 '2030 스마트 그리드' 미래도시 생활체험 프로그램 등을 운용하는 것이다. 이 기관들은 한국과학창의재단을 통해 전국 유·초·중등 교육현장에 녹색교육 프로그램을 무상 공급하게 되었다.

(5) 녹색성장체험관 및 녹색경영대상

녹색성장체험관은 녹색성장의 필요성, 녹색기술 발전 현황 및 생활 속에서 실천할 수 있는 녹색성장에 대해 이해하고 배울 수 있는 체험관으로 2009년 8월에 서울 종로구 통신센터 빌딩에서 문을 열었다. 개관 3년만인 2012년 8월에 관람객 50만 명을 돌파했고, 1일 평균 600명이 찾고 있다.

녹색에너지체험관은 에너지 절약과 에너지의 효율적 이용, 신·재생에너지 활용 모습 등을 국민들이 직접 체험토록 함으로써 녹색생활 실천 문화 확산을 유도하기 위해 2000년 12월에 경기도 용인에 있는 에너지관리공단 내에 개관하였다. 3개 층, 843㎡ 규모로 2010년도 관람 인원이 482개 단체를 포함한 총 56,012명에 이르렀다. 이 체험관은 2010년 3월에는 광주광역시에 2,980㎡(지하 1층, 지상 3층) 규모로 문을 열었고, 2011년 5월에는 대구광역시에도 758.4㎡(지상 2층) 규모로 개관했다. 한편 대전 엑스포과학공원 내에 있는 에너지관은 1993년 세계 엑스포박람회 때 세워졌으며, 2012년 10월 현재 에너지관리공단이 운영 중이다.

국토해양부와 녹색성장위원회 및 국가건축정책위원회는 2011년에 이어 2012년 6월 25일에 '제2회 녹색건축 한마당' 행사를 개최했다. 녹색건축에 대한 정보를 공유하고, 국민관심을 제고하기 위해 마련된 행사이다.

한편 '대한민국 녹색경영대상'은 2006년부터 지식경제부와 환경부가 공동으로 주최하는 정부포상으로서, 녹색경영 확산에 기여한 우수기업과 개인을 발굴·선정하여 포상을 수여하고 있다. 2012년에는 기업체 부문 19개 업체와 개인 21명에 대해 포상했다. 기업부문 종합대상(대통령 표창)에는 웅진코웨이(주)가 선정되었다. 협력사의 녹색경영체제 구축을 지원하고 플라스틱 폐기물 회수·재활용

자발적 협약 참여 등을 통해 자원순환 촉진에 기여한 공로를 인정받은 것이다.

(6) 녹색성장 모범국가 지향

우리나라는 개발도상국에서 출발하여 2010년 초에 경제협력개발기구(OECD) 개발원조위원회(DAC)에 공식적으로 가입하였다. 국제사회에서 '원조를 받던 나라'에서 '원조를 주는 나라'로 전환하는데 성공한 유일한 국가가 됨으로써 선진국과 개도국 사이에서 두 그룹의 의견을 조율할 수 있는 좋은 위치에 서게 되었다.

한국은 '녹색성장 모범으로 인정받는 국가'를 지향한다. 국제사회가 권고하는 높은 수준의 온실가스 감축목표를 설정했고, 스스로 성장과 환경보전이 조화된 녹색성장정책을 펼쳐 나감으로서 국제사회의 모범이 되려고 한다. 우리 정부는 G8, APEC, OECD, MEF 등 국제적인 다자무대에 적극적으로 참여하여 녹색성장이라는 새로운 패러다임의 확산에 노력하고 있다.

한국 정부는 효과적인 Post-2012 기후체제 형성에 기여하기 위해 선진국과 개도국의 입장을 조율하는 역할을 수행하였다. 이명박 전 대통령은 2009년 9월 23일 유엔 기후변화정상회의에 참석해 선진국의 재정과 기술지원을 받는 개도국의 감축활동은 인정하지만 선진국의 지원을 받지 않는 개도국의 '독자적인 감축활동'도 국제적인 인정을 받아 기후변화 협약 사무국이 관리하는 감축활동 등록부에 등재되어야 한다는 절충안을 제시하였다. 즉, 개발도상국의 적극적인 참여를 촉진할 수 있는 방안으로서 개도국 감축행동(NAMA, Nationally Appropriate Mitigation Actions) 등록부 설치를 제안한 것이다. 이외에도 우릴 정부는 2009년 12월 코펜하겐 기후변화당사국총회에서 개도국 감축행동을 통한 탄소 크레딧 제공, 개도국의 자발적인 감축행동에 관한 차별화된 검증체제(Measurement Reporting and Verification) 등 건설적인 대안을 제안하였다.

특히, 우리정부가 적극적으로 주장했던 NAMA 등록부 설치[18], 개도국의 자발적 감축행동에 대한 검증체제 등은 2009년 코펜하겐 합의문에 반영되어 국제협상에서 소기의 성과를 거둔 것으로 평가된다. 기후변화협상은 내용 측면에서 뿐만 아니라 형식적인 측면에서도 우리 정부의 높아진 외교력과 위상을 보여주었다.[19] 한국이 2010년 유엔 기후변화협상 16차 당사국회의에서 칸쿤협상을 이루는 데 주요한 역할을 했던 점은 마틴 유든 주한영국대사도 인정하고 있다.[20]

남아공 더반에서 2011년 12월에 개최된 제17차 유엔기후변화협약 당사국총회(COP17)에서 우리나라가 2009년 코펜하겐 회의 시 제기하여 채택된 개도국의 자발적 감축행동을 등록하는 등록부(NAMA registry)의 인정기능이 반영되어, 자발적 감축행동을 국제사회로부터 인정받을 수 있게 되었다.

한편 한국은 녹색성장 패러다임의 국제적 확산을 위해 2011년 5월 이명박 전 대통령의 덴마크 방문 시 양국 정상의 임석 하에 한·덴마크 녹색성장동맹(Korean-Danish Green Growth Alliance)을 맺었다. 이는 세계 최초의 녹색성장 가치동맹이기도 하다. 이에 따라 한

---

18 개발도상국의 감축행동인 NAMA에는 세 가지가 있다. 개도국이 선진국의 재정지원을 받아 시행하는 행동, 스스로 자신의 재원으로 하는 감축행동, 탄소 크레디트를 받기 위해 하는 감축행동 등이다. 이번 코펜하겐 합의는 이 중 첫 번째 감축행동에 대해서만 등록부에 기록하도록 합의가 됐고 향후 유엔의 검증을 받게 된다(국민일보 정래권대사 인터뷰, 2009.12.21.).

19 박태주, 2010: 376-377.

20 조선일보, 2011.5.20.

국의 KAIST는 덴마크 공과대학과 '한국－덴마크 녹색기술연구원' 설립에 과한 양해각서를 체결했다. 두 대학은 ① 교직원, 학생, 연구원 교환 프로그램 ② 협력연구의 결과 공동 논문 발표 ③ 우수 이공계 학생을 위한 석·박사 프로그램 개발 ④ 협력연구결과에 대한 공동 특허 신청 등에 협력하기로 했다.

2012년 5월에는 김황식 국무총리와 프레데릭 덴마크 왕세자 등이 참석한 한－덴마크 녹색성장동맹 제2차 회의가 서울에서 개최되었다. 이 회의에서 양국은 향후 녹색성장동맹을 법적 구속력이 있는 정부간 협정으로 제도화해 나가기로 했다. 김총리는 2012년 10월 덴마크에서 개최된 글로벌 녹색성장포럼(3GF)에 참석을 계기로 덴마크 총리실에서 한－덴마크 녹색성장동맹 제도화 협정에 정식 서명하였다. 아울러 우리나라 녹색기술센터(GTC)와 덴마크 전략연구소는 연구협력 MOU를 체결하여 양국 연구기관 간의 녹색기술 공동연구를 위해 2013~2014년간 매년 360만 달러 규모의 자금을 지원하기로 하는 등 총 14건의 양해각서가 체결되었다.

한편 2011년 12월 제13차 녹색성장위원회에서 '2012년 녹색성장 아젠다의 국제적 확산전략'을 논의했다. 이를 통해 국제적인 녹색성장 논의와 관련하여 ① 신기후변화협상에의 선도적 대응 ② RIO＋20, G20 정상회의 등의 녹색성장 논의 선도 ③ 녹색성장 연대 강화 ④ 녹색 ODA 확대 ⑤ GGGI 국제기구화 추진을 5대 핵심과제로 제시하고 과제별 대응방안을 마련하였다.

(7) 글로벌 녹색성장 서포터즈 선발

외교통상부는 2012년 8월 녹색성장 분야를 주도할 국제환경 전문가를 육성하고 녹색성장에 대한 올바른 인식 함양을 위해 '글로벌 녹색성장 서포터즈(Global Green Growth Supporters)'를 발족하였다. 서포터즈로 선발된 전국 44개 대학 100명의 대학(원)생들은 6개월간 녹색성장, 기후변화, 환경 관련 강의 및 세미나, 모의 유엔 기후변화회의 참가, 그린캠프, 논문·정책 제안서 제출 및 발표대회 등에 참여했다. 2013년 1월에 제1기 글로벌 녹색성장 서포터즈 수료식을 개최하였으며, 이 과정을 성실히 이수한 70명에게 수료증을 수여했다.

(8) UN 녹색기후기금(GCF) 유치

녹색기후기금(GCF; Green Climate Fund)는 개발도상국의 온실가스 감축과 기후변화 적응을 지원하기 위해 UN 기후변화협약 당사국총회에서 설립키로 한 최초의 기후변화 특화기금이다. 2009년 덴마크 코펜하겐에서 열린 유엔기후변화당사국 총회에서 '코펜하겐 녹색지구기금'이라는 명칭으로 필요성이 처음 제기되었으며, 2010년 멕시코 칸쿤에서 열린 UN 기후변화협약 당사국총회에서 GCF를 설립하기로 합의했다. 2011년에는 남아프리카 더반에서 회의를 열고 GCF를 어떻게 운영할지에 대한 논의를 펼쳤다.

GCF 사무국 유치를 놓고 한국, 독일, 스위스, 멕시코, 폴란드, 나미비아 등 6개국이 출사표를 던졌다. 2012년 10월 20일 인천 송도에서 열린 GCF 제2차 이사회에서 사무국을 한국 인천(송도)에 두기로 결정하였다. 이는 우리 정부가 송도에 국제기구용 'I-Tower'를 2012년 9월까지 건립해 이중 15개 층(2만 1,500㎡)를 무상으로 임대하고, 2017년까지 4,000만 달러의 기금을 지원하고, 사무국 운영비를 2019년까지 연간 1백만 달러를 지원하겠다는 등의 제안과 함께 그동안 녹색성장의 세계화에 기여한 점을 인정받았기 때문으로 보인다.

문제는 기금의 조성이다. 2010년 칸쿤에서 열린 당사국 총회는 '2020년까지 연간 1000억 달러로 증가한 기금(funds rising to USD 100 billion per year by 2020)'을 조성해 개발도상국의 완화활동에 지원하겠다고 발표한 바 있다. 이 문구에 대해 개도국은 2020년까지 매년 1,000억 달러씩이라고 주장하는 반면, 선진국은 매년 늘려나가 2020년에 내는 규모를 1,000억 달러로 하자고 맞서는 상황이다. 누가 얼마나 낼지에 대해서는 아직 아무런 합의가 없는 상태다.

2012년 6월 한국개발연구원과 캐나다 국제거버넌스혁신센터(CIGI)가 서울에서 공동주최한 국제회의에서 베리캐린 CIGI 선임연구위원은 "유럽연합과 미국의 재정 상황으로 볼 때 선진국이 연간 1,000억 달러의 재원을 모으기는 불가능할 것"이라고 주장한 바 있다. GCF가 온전히 자리매김하려면 2020년 출범하는 신기후체제에 대한 협약이 타결되는 2015년까지 가야한다는 전망도 나오고 있다.

(9) 생물다양성 보존 노력

아주 오랫동안 사람들은 지구상의 생물자원을 '인류공동의 자산'으로 생각해왔고, 자유롭게 접근하여 이용할 수 있었다. 그러나 생물다양성협약(CBD; Convention on Biological Diversity)으로 이런 생물자원에 대해 각국의 자원주권이 인정받게 되었다. 이 협약은 1992년 6월에 브라질의 리우 데 자네이루에서 열린 유엔환경개발회의(UNCED)에서 158개국 대표가 서명함으로써 채택되었고, 1993년 12월 29일부터 발효되었다. 생물다양성의 보전, 생물다양성의 지속가능한 이용, 그리고 그 이용으로 생기는 이익의 공평한 공유를 3대 목적으로 삼고 있다. 여기서 생물 다양성이란 '육지, 해양, 수중 생태계와 이들을 구성하는 모든 유기체들 간의 변이(variability)'를 말한다. 여기에는 종(種)내, 종간, 그리고 생태계의 다양성이 포함되어 있다.

생물다양성은 우선 의식주의 재료를 제공하고, 의약품의 원료가 될 뿐만 아니라 공기와 물의 정화, 가뭄과 홍수 완화, 토양 형성 및 보전과 비옥도 재생산, 폐기물의 분해와 독성제거, 농작물과 자연식생의 꽃가루 받이, 종자 전파, 양분 순환, 농업 및 인류의 병해충 제어, 생물다양성 유지, 해안침식방지, 자외선으로부터 보호, 기후 안정, 악기상 완화, 인간 정신의 지적 자극 및 미학적 아름다움 제공, 교육 효과, 생명공학의 재료를 제공하고, 심지어 고향의식과 문화적 다양성을 창출하는 가치를 지닌다.[21]

유엔환경계획(UNEP)과 생물다양성협약(CBD) 사무국이 2010년 발표한 '제3차 생물다양성 전망보고서'에 따르면 1970년부터 2006년까지 지구상에서 서식하는 생물 종 가운데 31%가 사라졌다. 유엔은 2000년에 매년 5월 22일을 '국제생물다양성의 날'로 지정해 인류사회의 적극적 대처를 환기시키고 있다. 2006년에 유엔총회는 2010년을 '세계 생물다양성의 해'로 선포했으며, 2011년부터 2020년을 '생물다양성 10년'으로 선포한 바 있다.

2010년 10월 일본 나고야회의에서 채택한 '생물자원의 접근과 이익 공유(ABS)'에 대한 나고야의정서에 따라 앞으로는 생물유전자원 또는 관련 전통지식을 이용할 때 해당 유전자원을 제공한 국가에게 사전에 허가를 받고 그로부터 발생한 이익에 대해서는 상호합의조

---

21 신준환(http://navercast.naver.com/contents.nhn?rid=21&contents_id=4857).

건에 따라 공유하게 되었다. 나고야의정서는 이르면 2014년 말에 본격 발효될 것으로 예상되고 있다.

2012년 10월 인도에서 개최된 제11차 UN 생물다양성협약 당사국총회에서 개도국의 생물다양성 보전을 위한 기금을 '15년까지 2배 증액하는 것에 합의했다. 아울러 한국이 2014년 제12차 당사국총회 개최국으로 결정되었으며, 여기서 생물다양성 보전기금 활용에 대한 검토가 진행될 예정이다.

우리나라는 '생물다양성 보전 및 이용에 관한 법률'을 2012년 2월 1일 제정했고, 2013년 2월 2일부로 시행했다. 이에 따라 환경부가 국가생물다양성전략을 5년마다 수립하여 국무회의 심의를 거쳐 시행하는 등 생물다양성에 관한 사항을 총괄관리하게 됐다. 국립생물자원관과 국립생태원이 중심이 되어 국내 생물 유전자원을 발굴하고 자원 이용을 위한 데이터베이스를 만들어 나고야의정서에 대비할 계획이다.

2012년 11월 특허청은 나고야 의정서 발효에 대비해 '특허 생물자원 데이터베이스(DB)'를 구축했다고 밝혔다. 최근 2년 반 동안 공개된 국내 특허 중 식물, 미생물, 동물, 바이러스, 곤충 등 생명자원에 관한 7,973건을 추려 그 내용을 분석, 가공한 것이다. 특히 생물자원의 구체적인 종류와 용도, 원산지, 입수경로, 관련 특허 내용 등이 포함돼 있다. 분석결과에 따르면 특허 생물자원의 80%가 의약품, 식품, 화장품에 사용되고 있는 것으로 나타났다. 그러나 아직까지 나고야의정서에 대비한 정부의 관련법 마련과 업계의 구체적인 대응은 아직 미진한 상황으로 파악된다.

국립생물자원관이 2008년에 발간한 <생물자원 통계자료집>에 따르면 한국의 생물종 수는 미생물 1,219종, 동물 21,168종, 식물 4,130종, 균류 2,078종, 원생생물 4,658종으로 도합 33,253종으로 조사되었다.[22]

생물다양성 보전은 <녹색성장 국가전략>에 포함되어 있지는 않지만 녹색성장의 추진에 매우 중요한 부문이다. 2012년 9월 녹색성장위원회 제22차 이행점검 결과 보고대회에서 '생물다양성 정책 이행점검 결과 및 향후 대책'이 보고되었다. '생물다양성의 체계적 보전과 지속가능한 이용이 공존하는 선진 국가'를 비전으로 제시하고 ① 보호구역 확대('11년 20,000㎢ → '20년 23,000㎢) ② 고유 생물종 발굴 가속화('11년 3만8천 종 → '20년 6만 종) ③ 생물자원을 이용한 재화·서비스 창출('10년 6조 1,604억 원 → '20년 40조 원, 매출액 기준)을 목표로 설정했다. 생물다양성 보전 강화, 생물자원의 지속가능한 이용 촉진, 생태계 위협요인 대응능력 강화 및 거버넌스 구축 등을 주요과제로 정하고 9개 세부과제를 마련하였다.

3. 정책목표 및 정책수단 발전방향

정책목표 발전방향

녹색국토, 녹색생활 및 녹색외교 정책의 목표에 대한 설명과 분석을 토대로 발전방향을 제시하면 다음과 같다.

---

22 최재천 외, 2011: 118.

첫째, 인간과 자연의 공존을 추구하는 녹색도시의 개념을 도시의 고유한 문화와 전통까지 아우르는 '녹색문화도시'라는 개념으로 발전시켜 나가는 것이 바람직하다. 기존의 녹색도시 개념은 녹색교통, 녹지생태공간, 에너지 효율 및 신재생에너지 사용 등에 맞춰져 있으나 여기에 문화와 전통이라는 요소를 조화시켜 그야말로 사람이 사람답게 사는 도시로 만들어가는 것이 앞으로의 중요한 발전방향으로 생각된다.

이러한 녹색문화도시의 예로는 브라질 남동부 파라나주(州)의 주도(州都)인 쿠리치바(Curitiba)를 들 수 있다. 쿠리치바는 종합도시계획 덕분에 브라질에서 공공교통 이용율이 가장 높고, 도시 공기오염률이 가장 낮은 도시이다.[23] 20세기 중반의 쿠리치바는 범죄 등 각종 사회문제가 많았으며, 급속한 공업화로 인해 도시의 환경문제는 최악의 상태에까지 이르렀으나, 1970년대 초부터 하이메 레르네르 시장의 비전과 강력한 리더십 아래 계획적인 행정을 추진했다. 특히 급행간선버스노선(BRT; Bus Rapid Transit)과 같은 대중교통 체계를 잘 갖추었으며, 사적(史跡) 지역을 보존함으로써 세계에서 가장 창의적인 도시라는 칭송을 듣고 있다. 쿠리치바는 세계의 유명단체로부터 환경보전 뿐만 아니라 도시계획, 사회보장, 교육 등 도시 행정 전반에 있어서 수차례에 걸쳐 모범 도시 표창도 받은 바 있다.

둘째, 주민들이 자연과 가까이 할 수 있도록 생태공원과 도시공원 확충이 지속적으로 이루어져야 한다. <녹색성장 국가전략>에도 1인당 생활공원 면적을 2013년 15㎡에서 2020년 20㎡로 늘리고, 보

---

23 OECD, 2011a: 15.

호지역 면적도 2013년 12만ha, 2020년 15만ha로 증대시키려는 계획을 가지고 있다. 생태공원은 자연생태계를 보호·유지하면서 자연학습 및 관찰, 생태연구, 여가 등을 즐길 수 있도록 하여 도시 인근에서도 자연을 쉽게 접할 수 있도록 조성한 공원을 말한다. 1952년 네덜란드에서 학습 및 교육을 위한 목적으로 조성한 것이 시초며, 이후 1980년대 이후 영국을 중심으로 생태공원의 개념이 도입되면서 독일, 캐나다 등으로 확산되었다. 우리나라에는 순천만자연생태공원이 성공사례로 꼽힌다. 이러한 생태공원을 전국적으로 확대하고, 지역의 생태적 가치를 보존하면서도 생태관광과 접목시킴으로써 관광자원화해 나가는 것도 미래지향적인 방향이 될 것이다. 관광자원화를 위해서는 음식·숙박·홍보 및 지역 농·수·특산물 판매 등에 대책도 세워야 할 것이다.

아울러 도시민들이 쉽게 다가갈 수 있는 도시공원의 확충이 필요하다. 새누리당도 도시공원 조성율이 2011년 현재 48%이고, 2020년까지 미집행되면 일몰제에 의해 도시계획시설 지정이 무효화되기 때문에 도시공원의 조속한 조성이 필요하다는 점을 인식하고 있다.[24] 아파트로 가득 찬 도시에서 주민들이 산책을 하거나 휴식시간을 보낼 수 있고, 도시 열섬현상의 저감에도 일정 부분 기여할 수 있는 녹색 공간의 가치는 삶의 질 제고에도 상당한 기여를 할 것으로 생각된다.

셋째, 녹색외교정책 분야의 주요목표를 좀 더 도전적으로 설정하는 것이 필요하다. <녹색성장 국가전략>에는 녹색 ODA비중, 환경

---

[24] 새누리당, 2012: 316.

성과지수 및 GEF 공여도를 주요 지표로 설정하고 있으나 우리나라가 선진국과 개도국 사이에서 어떤 역할을 하겠다고 하는 의욕적인 지표 설정을 기대한다. 한국이 개도국에서 출발하여 OECD 개발원조위원회(DAC)에 가입한 나라로서 선진국과 개도국의 사정을 잘 알고 중간에서 중재하는데 적격이고, 녹색성장을 처음으로 주창했기 때문이다.

넷째, 국가별·지역별 특성에 맞는 녹색 ODA를 추진해 나가는 것이 긴요하다. <녹색성장 국가전략>에는 녹색 ODA 비중을 2013년 20%에서 2020년 30% 등으로 증대시킬 계획을 가지고 있다. 그러나 이것이 단순한 숫자의 증가가 아니라 그 국가와 지역에 맞는 원조를 하여 실제로 도움이 되고 효과가 나도록 해야 한다.

기든스도 온실가스 감축효과를 가지면서도 개발도상국들의 이해관계와 맞아 떨어지는 정책 대안을 찾아야 한다고 주장한다.[25] 그는 단순히 하이테크(high-tech) 기기와 제품을 개발도상국에 수출하는 데 그치지 말고, 하이테크와 로테크(low-tech) − 말하자면 지역의 특화된 기술−가 조화를 이루도록 서로 연결해 주는 노력이 있어야 한다고 말한다. 그러기 위해서는 교토 의정서나 발리 로드맵과는 상당히 다른 관점 즉, 개별 국가들과 국가 및 지역 연합들끼리 맺는 협정이나 협력관계에 기반을 둔 접근방식이 더욱 합리적이라고 주장 한 바 있다.

---

25 앤서니 기든스, 2009: 318.

정책수단 발전방향

녹색국토, 녹색생활 및 녹색외교 정책의 정책수단인 재정, 규제, 유인 및 설득에 대한 설명과 분석을 토대로 발전방향을 제안하면 다음과 같다.

(1) 재정

첫째, 교통, 통신 등 녹색성장에 필요한 인프라 구축을 위해 지속적인 재정투자가 요구된다. 이는 교통체계에 IT 첨단기술을 이용한 지능형 교통시스템을 설계한다든가 유무선 네트워크를 포괄하는 통합정보통신 인프라를 구축하여 각종 지능형 서비스를 제공하기 위한 것이다. OECD도 녹색성장을 위해서는 에너지, 교통, 물, 통신 등 차세대 기술에 적합한 네트워크 기반시설 구축이 필요하다고 언급한 바 있다.[26]

둘째, 개별 개도국의 여건에 맞게 자금, 기술 및 인프라를 지원하고 정책자문 등을 통해 녹색성장을 지원할 수 있도록 녹색 ODA의 지속적인 확대가 필요하다. 지금까지 선진국의 개도국에 대한 ODA가 한국을 제외한다면 막대한 원조에 비해 별다른 성과를 거두지 못했던 역사를 직시하여 효과적이고 효율적인 녹색 ODA가 되도록 힘써야 할 것이다. OECD도 ODA는 녹색성장 여건을 조성할 수 있도록, 민간 투자에 대한 인센티브가 제한적이고 투자가 부족한 대상지역에 대해 핵심 기반시설과 인적 및 체계적 역량 구축에서 중요한

---

26 OECD, 2011a: 14.

역할을 할 수 있다고 언급한 바 있다.[27]

(2) 규제

첫째, 건축물관련 각종 규제제도의 강화를 적절한 범위에서 지속적으로 추진해 나가야 한다. 구체적으로는 건축물 에너지소비 총량제의 적용대상을 현행 3,000㎡ 이상에서 좀 더 확대해 나가는 것이 필요하다. 건축물 에너지절약 설계기준도 좀 더 세분화하고 기준을 강화하며, 친환경건축물인증제도와 주택성능등급표시제도의 대상을 넓히고 인센티브를 확대해 나가는 것이 바람직하다. 물론 기업이나 일반 국민의 부담을 고려하면서 적절하게 추진하는 것이 필요하다.

둘째 확대생산자책임제가 효율적으로 운영되도록 폐기물 재활용을 위한 인프라 구축에 정부의 지원이 필요하다. 개별 기업만의 힘으로 관련 인프라를 구축하는 것은 어려운 일이므로 동종 업계의 기업들이 서로 역할을 분담하여 재활용시스템을 구축하는데 정부가 뒷받침을 한다면 보다 효율적인 체계가 구축될 수 있을 것이기 때문이다. 물론 일차적으로는 개별 기업이 폐기물을 줄이는 녹색경영이 경쟁력 향상과 직결되는 점을 최고경영자를 비롯한 모든 조직 구성원들의 인식하고 능동적으로 실천해 나가는 것이 중요하다.

(3) 유인

첫째, 건축물에 대한 각종 인증제도 간에 상호 연계성을 향상시킬 수 있도록 세심한 주의가 요구된다. 건축물의 신재생에너지 이용과

---

27 OECD, 2011a: 18.

에너지 효율 향상을 위해 신재생에너지 이용 건축물 인증제도, 건물에너지효율등급 인증제도, 친환경건축물 인증제도, 주택성능등급 표시제도 및 건축물 에너지소비증명 제도 등 다양한 제도가 있다. 각종 제도 사이에서 허점이 발생하여 효과가 반감하지 않도록 세부적으로 검토하여 개선할 것은 개선하는 것이 필요하다.

둘째, 도시를 자동차가 아니라 사람이 중심이 되도록 보행자 위주의 교통 환경을 구축하는 것이 바람직하다. 이를 위해 보행우선구역, 보행자전용지구 등을 조성하여 걷고 싶은 도시로 탈바꿈시키고, 버스정보안내시스템 및 어린이·노인보호구역에 대한 개선이 필요하다. 이러한 노력은 결국 녹색교통도시라는 개념과 맞닿아 있다.

경제인문사회연구회에 따르면 녹색교통도시는 교통혼잡 등 교통부문의 정책목표 달성뿐만 아니라 탄소 저감이라는 환경 목표, 그리고 국민건강 증진이라는 보건복지의 목표, 그리고 최종적으로 인간의 삶이 행복해지고 윤택해지는 삶의 질 목표가 통합적으로 설정되어 추진되어야 하는 도시 개념이라고 할 수 있다.[28] 한 마디로 보행 등 녹색교통이 중심이 되면서 승용차의 이용 저감이 효율적으로 관리되는 도시라는 것이다. 이러한 녹색교통도시 개념은 도시계획, 도시설계, 교통계획의 통합적 접근이 매우 중요하다.

셋째, 일반 시민들을 위한 공용자전거와 자전거 도로를 늘리고, 1시간 이내 이용 시 무료로 하는 것이 바람직하다. 이를 위해 외국의 우수 사례를 벤치마킹할 필요가 있다. 프랑스의 파리는 2007년 7월에 공용자전거 서비스인 벨리브(Vélib)를 도입했다. 요금은 1일 1.70

---

28 경제인문사회연구회, 2012: 202-203.

유로, 1주 8유로, 1년 29유로이며, 2012년 2월말 현재 파리 전역 1,800개의 대여소에 있는 2만대가 넘는 자전거를 필요할 때마다 사용할 수 있는 서비스다. 자전거를 빌려 탄 후에 자신이 가려는 목적지와 가장 가까운 곳에 보관하면 된다. 이 서비스의 장애물 중 하나인 도난과 자전거 훼손 문제는 사용자의 신원정보가 담긴 칩이 내장된 '스마트카드'를 통해 해결했다. 자전거를 빌릴 때와 반납할 때 스마트카드를 보관지점에 갖다 대는 방식이다.

중국의 항저우는 2008년에 공공자전거를 도입했다. 2012년 말 현재 자전거 정류장은 2,962개소이고 공공자전거 대수는 69,000여대로 급증했다. 2012년에 연 이용인원은 하루 257,600명씩, 연간 9,400만 명에 달했다. 1시간 이내로 타면 요금이 무료라는 점이 성공요인 중 하나이다.[29] 뉴욕시도 2012년 7월부터 1만 대의 공용자전거를 운영하고 있다. 자전거가 다니는 길을 자전거 전용 도로(Bike Path), 자전거 전용 차선(Bike Lane), 그리고 자전거 공용차선(Shared Lane)의 세 종류로 구분하여 안전에 만전을 기하고 있다.

넷째, 녹색제품의 사용이 활성화되도록 녹색제품 생산업체, 유통업체 및 소비자에 대한 유인제도 개선과 함께 시민들의 적극적인 참여와 감시가 필요하다. 생산업체에 대해서는 친환경 부품과 소재의 개발 및 녹색 구매 등을, 유통업체에 대해서는 녹색 제품의 입점 확대와 녹색제품 정보 제공 등에 촉진하도록 지속적인 제도개선이 요구된다. 소비자들에 대해서는 보다 많은 녹색제품을 구매할 수 있도록 포인트 적립방안 등 유인제도 보완을 검토해야 한다. 제도 보완

---

29 조선일보, 2013.3.30.

과 함께 궁극적으로는 시민들의 참여와 감시 등 의식전환이 이루어져야 녹색제품 구매와 사용이 촉진될 것으로 생각된다.

다섯째, 녹색생활이 개개인의 경제적 이익에도 연결되도록 각종 유인제도를 지속적으로 개선해 나가야 한다. 녹색생활을 개인의 자발적인 참여만을 강요하는 방식으로는 한계가 있게 마련이다. 녹색생활이 온실가스 감축 및 에너지 절약에 기여할 뿐만 아니라 경제적 이익도 가져올 수 있도록 적절한 인센티브를 제공한다면 개개인의 삶 속에 스며들게 될 것이기 때문이다. 따라서 현재 시행되고 있는 탄소포인트제, 탄소 캐쉬백 및 그린카드 등과 같은 경제적 인센티브 제도를 더 활성화시켜 나가는 것이 중요하다. 한국환경정책평가연구원(2013)의 보고서도 그린카드 등을 통해 친환경 소비를 유도하는 녹색생활 정책이 '참여와 사용실적이 부진해 성과가 불투명하다'고 지적하고 있는 만큼 캠페인과 함께 적절한 유인 제공이 필요하다고 생각한다.

(4) 설득

첫째, 녹색생활 확산을 위한 보다 효과적이고 지속적인 캠페인이 이루어져야 한다. 대중교통 이용 등 녹색교통 활성화, 기업과 가정부문의 에너지 절약 등에 대한 홍보와 설득을 어린이, 청소년, 직장인, 주부, 노인 등 대상에 맞게 펼치는 것이 필요하다. 정부 각 부처와 지방자치단체의 노력으로 녹색생활 실천이 확산단계에 있지만 아직까지 국민들의 실생활에 깊이 스며들고 있지는 못한 듯하다. 다양한 언론매체를 활용하여 녹색생활이 뿌리내리도록 지속적인 노력이 필요하다.[30]

영국 환경식품농무부(DEFRA)의 연구는 기후변화의 진행을 완화시키기 위해서 자신들의 일상생활을 얼마나 기꺼이 바꿀 수 있는지 정도에 따라서 국민을 7개 그룹으로 분류했다. 즉, 적극적 녹색주의자들(positive greens), 안 버리는 사람들(waste-watchers), 관심 갖는 소비자들(concerned consumers), 방관적 지지자들(sideline supporters), 신중한 참여자들(cautious participants), 발뺌하는 출발자들(stalled starters) 및 솔직한 제3자들(honestly disengaged) 등이다.[31] 소극적인 부류에 속하는 국민들이 더 책임감 있는 행동을 하도록 유도하기 위해서는 다양한 노력이 요구되는 것이다.

둘째, 3R 캠페인이 지속적으로 이루어지고 실천되어야 한다. 이 캠페인은 폐기물 발생을 감소시킴으로써 자원이 순환되는 사회를 만들고자하는 취지로 2008년 말 영국 웨일즈에서 시작된 것이다. 잘 알려진 바와 같이 '쓰레기를 줄이고, 버릴 물건을 다시 사용하고, 재활용 제품을 적극 사용하자(Reduce, Reuse, and Recycle)'는 의미의 운동이다.

셋째, 선진국과 개도국 총 195개 당사국이 모두 참여하여 2020년에 출범할 신기후체제를 위한 협상에서 한국이 선진국과 개도국 간의 중재역할을 충실히 수행하여 국제무대에서 리더십을 향상시켜나가야 한다. 2011년 12월 제17차 기후변화당사국 총회에서 채택된 '더반 플랫폼'에 따라 2020년 이후 모든 당사국에 적용 가능한 의정서(protocol), 법적 체제(legal instrument) 또는 법적 결과물(agreed outcome with legal force) 채택을 위한 협상은 2015년까지 마무리하도록 되어 있다. 한국

30 황병상, 2010b: 210-211.
31 앤서니 기든스, 2009: 152-154.

이 바로 이 협상에서 선진국과 개도국 간 가교역할을 강화하여 국제
기후체제형성에 기여한다면 국제무대에서 우리의 영향력이 커질 수
있을 것이다.

　이 협상에서 개도국은 선진국의 역사적 책임을 강조하고, 선진국
은 개도국도 함께 미래에 대한 책임을 져야한다고 강조하는 식의 악
순환에 빠지지 않도록 구체적인 방안을 가지고 양측을 설득하는 것
이 필요하다. 물론 개도국의 녹색성장을 위한 선진국의 재정적 지원
이 필요하다. 이러한 지원이 없다면 개도국은 단기적인 경쟁력 저하
와 다른 국가의 성공사례 부족 등의 이유로 자생적으로 녹색성장 경
로를 선택하지 않고 선진국들이 걸어온 길과 같은 경로를 택할 가능
성이 높기 때문이다. 이 과정에서 OECD의 지적처럼 선진국, 신흥국
및 개발도상국은 정치·경제적 상황이 다른 것처럼 녹색경제화의
당면 과제와 기회가 서로 다르다는 점을 고려해야 하고, 한편으로는
공통의 고려사항이 모든 국가별 상황에서 다루어져야 할 것이다.[32]

　넷째, 사무국을 유치하는 데 성공한 녹색기후기금(GCF)의 기금
조달과 운영전략 등 청사진 마련에 한국의 선도적 역할이 필요하다.
칸쿤에서 합의한 기금규모는 어디까지나 목표일 뿐 어느 나라가 얼
마나 낼지에 대해서는 정해진 바가 없다. GCF가 현재 모금한 기금
은 고작 300만 달러에 불과하다. 또한 기금운용에 대해서도 개도국
은 자연재해 방지에, 선진국은 온실가스 감축을 위한 기술개발에 써
야 한다고 주장하는 등 선진국과 개도국 모두가 교감할 수 있는 방
안을 모색하는 데 사무국을 유치한 우리나라의 역할이 기대된다.

---

32 OECD, 2011a: 7.

GCF가 자리를 잡기 위해서는 신기후체제에 대한 협약이 타결되는 2015년까지 가야한다는 전망도 나오고 있으므로 그 때까지의 시간을 잘 활용해야 할 것이다.

다섯째, 생물다양성을 보전하기 위한 멸종위기 야생 동·식물 보호, 습지 보호 및 자연환경 보존 등이 체계적으로 이루어져야 한다. 자연계를 구성하는 미생물부터 동물에 이르기까지 모든 종들은 종 상호간에, 생물종과 자연환경 간에 상호의존적이기 때문에 균형을 유지할 수 있도록 체계적으로 감시하고 유지·보전해야 하는 것이다.

그러나 생물다양성의 고갈이 그 중요성에 비해 대중을 설득하는 데 훨씬 큰 어려움을 겪는다. 북극 지방의 빙하가 녹으면서 얼음 섬 사이의 간격이 벌어져 북극곰들이 익사하고 있다는 뉴스를 듣는 순간에는 누구나 걱정하게 되지만, 늘 우리 눈앞에서 벌어지는 일이 아니기 때문에 생물다양성의 문제는 기후변화의 문제만큼 절실하게 다가오지 않기 때문이다.[33] 이러한 어려움에도 불구하고 생물다양성의 유지와 보전은 결국 인간을 위한 일이기 때문에 소홀히 해서는 안된다.

여섯째, 나고야의정서의 발효에 대비하여 '자원이용국'과 '자원제공국'의 두 입장이 모두 고려되도록 법률과 제도에 대한 정비가 요청된다. 나고야의정서에 대한 합의가 어려워지자 모호하게 정리된 측면이 있으므로 유연한 해석이 가능하다는 점에서 특히 그러하다.

자원이용국 입장에서는 해외 생물자원 또는 관련 전통지식을 이용해 고부가가치 상품을 생산해내는 바이오산업계에 미치는 영향이

---

33 최재천 외, 2011: 7.

클 것이기 때문에 그에 대한 대처방안과 생물자원제공국과의 전략적 협력 관계 등 원활한 해외 생물자원 확보에 대한 대응책이 필요하다. 자원제공국 입장에서는 우리나라 자원에 대한 보호대책, 생물자원 DB의 확충방안, 관련 지식재산권의 국내 등록 시 원산지 기재 등을 통한 이익 공유의 근거 마련 등의 조치가 필요하다.

Part 10

새로운 미래를 향하여

우리나라는 이명박 대통령이 2008년 8월 15일 건국 60주년 기념식에서 '저탄소 녹색성장' 이라는 새로운 60년의 비전을 제시하고, 정부의 각 부처가 중심이 되어 녹색성장정책을 적극적으로 추진하였다. 정부는 온실가스 감축목표를 선진국에 비해 높거나 상응하는 수준인 '2020년까지 온실가스 배출전망치(BAU) 대비 30% 감축'으로 정하는 등 분야별로 원대한 목표를 천명한 바 있다. 1960년대부터 경제개발에 착수한 이래 수출주도 성장전략, 수입대체 및 중화학공업 육성, 시장개방과 국제화의 전개 등 각 시대를 이끌어왔던 개발성장전략을 넘어서는 새로운 전략인 것이다.

그러나 이명박 정부는 '녹색성장'의 '녹색'이 그저 단순히 '성장'을 꾸며주는 수식어정도로만 여기고, 녹색보다는 성장에 방점을 두고 있는 것같이 보인다는 비판을 받기도 했다. 우리나라가 국제사회에 녹색성장이라는 새로운 발전 모델을 제안하여 국제기구들이 공식적으로 채택하도록 하였지만 정작 녹색성장의 실질적인 역할 모델이 되는 데는 부족했던 것이다.

에너지경제연구원이 2012년 12월에 발표한 에너지통계월보에 따르면 2011년도 1차 에너지(primary energy)[1] 소비량은 총 275.7백만 toe[2]이며, 석유 38.1%, 석탄 30.4%, LNG 16.8%, 원자력 11.7%, 수력 0.6%, 신재생 및 기타에너지 2.4%이다. 미국을 비롯한 선진국의 경우 전체 에너지 소비량에서 신재생에너지 비율이 19% 정도를 차

---

1 1차 에너지는 자연에서 채취한 대로의 물질을 근원으로 한 에너지다. 석탄, 석유, 천연 가스, 수력, 원자핵 에너지, 태양력, 풍력, 지열 등이 이에 속한다. 1차 에너지를 변환하거나 가공한 에너지를 2차 에너지라 하는데, 전력, 도시 가스 등이 그 대표적인 것이다.

2 toe(Ton of Oil Equivalent)는 석유환산톤을 의미한다. 지구상에 존재하는 모든 에너지원의 발열량에 기초해서 이를 석유의 발열량으로 환산한 것이다.

지하는 것과 대비가 된다.

아울러 GDP 100만 원(2005년 연쇄가격 기준)을 생산하는데 소요되는 에너지의 양을 살펴보면 1990년 0.253toe에서 1997년 0.295toe까지 계속 상승했다. 그 뒤로 11년간은 매년 낮아져 2008년 0.246toe까지 떨어졌으나, 녹색성장정책의 추진에도 불구하고 2009년 0.248toe, 2010년 0.253toe, 2011년 0.255toe 등 3년 연속 상승한 점은 녹색성장의 어려움을 수치로 말해주는 것처럼 보인다.[3]

이에 따라 이명박 정부가 녹색성장의 환상에 빠져있었다는 비판을 받기도 한다. UNEP 공인 세계 최고 수준인 녹색투자(GDP 2%대)에도 불구하고 우리나라 성장잠재력이 3%대로 하락하는 등 단기 녹색투자 효과는 거의 없으며, 더욱이 장기 녹색효과 역시 기대에 미치지 못한다는 것이다. 대체에너지 의무 공급과 에너지 사용규제, 배출권 거래제, 에너지 가격 인상 등 기업과 소비자의 고통을 가중시키는 대책을 '녹색이 글로벌 선(善)'이라는 경직된 생각으로 강행하고 있다고 비판한다. 물론 장기적으로 자본의 탐욕을 방치한 신자유주의 폐해 보정을 위해 녹색전략 도입이 불가피하지만 지금 같은 경제위기 속에서는 서두를 일이 아니라는 것이다. 더욱이 최근 글로벌 에너지·지구환경 재점검 과정에서 녹색전략 도입을 10년쯤 연기해도 될 것 같다는 의견도 나오고 있다.[4]

또한 녹색성장정책이 가져올 기회만을 부각하면서, 녹색성장으로 인해 국민들과 기업들이 감내해야 할 불편과 고통, 그리고 대가를 지불해야 할 당위성에 대한 충분한 설득과 국민들과의 공감대가 결

---

3 에너지경제연구원, 2012a: 10.
4 최기련, "녹색성장 환상에서 빠져나와야", 매일경제신문, 2012.1.17.

여되어 있다는 비판도 받고 있다. 또한 이명박 정부가 실용주의를 강조하다보니 때와 상황에 따라 언제든지 바뀔 수 있는 것으로 비춰지기도 한다. 아울러 정책의 수립과정에서 일반 국민과 이해관계 당사자 간 의견을 모으는 과정이 좀 미흡했던 것으로 보인다.

특히 녹색성장정책의 집행기구 측면에서 보면 뚜렷한 정책기조와 목표를 탄탄하게 뒷받침해 줄 단일화된 집행조직이 없었다는 것이 큰 문제이다. 아울러 우리나라가 그동안 '발전주의 국가' 전략을 취해 온 것처럼 기후변화 대책마련에서도 강력한 추동력을 기반으로 한 '위에서 아래로의(top-down)' 접근방식을 따름으로써 정책에 대한 합의가 부족하고 정책참여자들의 의견을 제대로 수렴하지 못한 아쉬움이 있다. 4대강 살리기는 사업의 타당성과 시급성은 논외로 하더라도 이의 추진에 대한 사회적인 합의가 부족한 상태에서 주요한 기후변화 적응 수단으로 선택한 점은 문제로 남아 있다. 또한 원자력을 녹색에너지의 범주에 넣은 것도 재고되어야 한다.

그럼에도 불구하고, 녹색성장정책은 이명박 정부의 정책 중에서 호평을 받는 정책이다. 녹색성장위원회와 한국리서치가 2013년 1월 12일~13일 양일에 걸쳐 전국의 성인남녀 1,000명을 대상으로 실시한 '녹색성장 정책에 대한 국민인식조사' 결과(신뢰수준 95%, 표본오차 ±3.1)에 따르면, 국민의 97.2%가 녹색성장 정책이 향후에도 지속적으로 시행되어야 하며, 응답자의 84%가 녹색성장 정책이 기후변화에 대응하고 에너지 위기를 극복하는데 기여하고 있다고 평가했다. 아울러 국민 열 명 중 아홉 명은 기후변화가 심각(94.6%)하다고 보고 있었으며, 차기 정부에서 강화되어야 할 정책으로는 신재생에너지 개발(54.6%), 녹색생활 실천을 위한 대국민 홍보(34.5%), 온실가스를 줄이기 위한 규제 확대(32.8%) 등의 순으로 나타났다.

아울러 이명박 정부 과학기술정책에 대한 인식에 대해 산·학·연 전문가 938명을 대상으로 한 조사에서는 '녹색기술전략 추진의 시의성과 타당성'에 대해 5점 척도에서 3.41로 상당히 긍정적 인식을 보여준 바 있다.[5] 또한 조선비즈가 전문가 32명을 대상으로 한 설문조사에서도 이명박 정부가 잘한 것으로 글로벌 금융위기 극복, G20 정상회의 유치 등 국격 상승, 미국·EU와의 FTA 발표 등 자유무역 확대에 이어 녹색성장이 4위로 조사된 바 있다.[6]

이상과 같은 지난 4년여의 녹색성장정책에 대한 종합적인 평가를 토대로 박근혜 정부를 위한 정책 발전방향을 간략히 정리하면 다음과 같다.

첫째, 정책기조 측면에서는 지속가능 발전과 녹색성장 간의 법체계 재정립이 필요하며, 새 정부 출범에 따라 제2차 <녹색성장 국가전략> 및 <녹색성장 5개년 계획>의 수립이 요구된다. 녹색기술혁신과 녹색산업 발전이 새로운 성장동력을 확보하고 나아가 경제발전의 토대가 될 수 있도록 경제정책 및 환경정책과의 조화로운 발전이 필요하다. 녹색성장정책의 정책네트워크가 보다 광범위한 정책행위자들로 구성되고, 수평적이며 개방적인 정책네트워크로 기능하도록 해야 한다. 아울러 녹색성장정책이 궁극적으로 국민의 삶의 질 향상 및 행복 증진에 기여할 수 있도록 보완되어야 할 것이다.

둘째, 정책수단 중 집행기구 측면에서는 에너지와 기후변화 문제

---

5 황용수, 2012: 19.

6 조선일보, 2012.5.11.

를 총괄 관리할 중앙행정기구로서 '녹색성장부(Ministry of Green Growth)' 설치가 필요하다. 2012년 6월에 국제기구화를 달성한 GGGI는 녹색성장 모델의 글로벌화 및 개발도상국 녹색성장계획 수립지원 등을 충실히 수행하여 글로벌 싱크탱크로서의 역할을 강화해 나가야 할 것이다. 아울러 전국의 중소기업을 대상으로 녹색산업분야에 대한 지원을 전담하는 녹색산업지원센터 설립이 긴요하다.

셋째, 기후변화 대응정책의 정책목표 측면에서는 '2020년 BAU 대비 30% 온실가스 감축'이라는 정책목표를 흔들림 없이 지켜나가야 한다. 기후변화 적응정책의 목표는 예방에 보다 초점을 맞추어야 하며, 자연의 회복력을 키우는 것을 포함해야 한다.

동 정책의 정책수단 측면에서는 세부 실천과제별 재정투자액 배분 결정에 사회적 합의를 거치는 절차가 필요하며, 북한의 기후변화 대응을 위한 지원과 재정투자가 바람직하다. 탄소세를 도입하고, 자연재해에 민감한 취약계층에 대한 보호대책 마련이 필요하다. 시민단체 및 기업 등과의 소통을 강화하고, 일반 국민들이 일상생활 속에서 기후변화에 대한 관심을 증대하는 데 정책의 중점을 두어야 한다.

넷째, 녹색에너지정책의 정책목표 측면에서는 원자력을 녹색성장의 범주에서 제외하는 대신에 에너지 믹스 차원에서 다루는 것이 바람직하다. 에너지 효율 향상을 포함하여 녹색에너지 공급 확대와 같은 장기적인 목표 달성을 위해서는 좀 더 긴 호흡과 시야로 접근할 필요가 있으며, 시장침체기에 놓여있는 태양에너지 분야는 설비의 생산보다 차세대 기술개발에 주력하는 것이 바람직하다.

동 정책의 정책수단 측면에서는 신재생에너지에 대한 재정 투자 시 '선택과 집중'이 필요하며, 신재생에너지 의무할당제(RPS)가 보다

다양한 에너지원에 적용되도록 하는 등의 개선이 요구된다. 전기요금을 원가수준으로 올리고, 그린홈 100만호 사업에 참여하는 업체 기준과 하자 보수 등에 대한 개선이 긴요하다. 신재생에너지 개발 및 에너지 효율 제고를 위해 막대한 초기 투자비용이 필요하므로 금융 지원의 확대가 필요하다. 신재생에너지의 분산적 특징을 사회 구성원들에게 인식시켜 에너지 소비자에서 에너지 생산자로 변화시켜 나가야 하며, 국민들에게 네가와트(negawatts)와 비전력(非電力)이라는 개념을 잘 홍보하여 전기에 대한 인식을 바꾸어 나가는 것이 필요하다.

다섯째, 녹색기술개발 및 녹색산업 정책의 정책목표 측면에서는 녹색산업의 유치산업(infant industry)적·자본집약적 특성에 적합한 기술혁신체제 구축과 신재생에너지산업의 내수시장 확대를 위한 노력이 요구된다. <녹색성장 5개년 계획>에서 녹색성장과 직접적으로 관련이 없는 '신성장동력 첨단융합산업 육성'과 '고부가 서비스산업 육성' 부문은 제외하는 것이 바람직하며, 에너지 빈곤층 지원대책도 전반적으로 재검토할 필요가 있다.

동 정책의 정책수단 측면에서는 환경규제와 기술개발 간의 적절한 조화가 가능하도록 현실성 있는 환경규제가 요구되며, 녹색기술개발에 연구주체인 기업, 대학, 정부출연연구기관이 개방형 혁신을 할 수 있도록 제도적 정비가 필요하다. 녹색중소기업의 국제협력, 금융 및 인력 등에 대한 지원이 보다 활성화되어야 하며, 종합적이고 세부적인 녹색통계의 제공이 요구된다.

여섯째, 녹색국토, 녹색생활 및 녹색외교 정책의 정책목표 측면에서는 인간과 자연의 공존을 추구하는 녹색도시의 개념을 도시의 고

유한 문화와 전통까지 아우르는 '녹색문화도시'라는 개념으로 발전시켜 나가는 것이 바람직하다. 주민들이 자연과 가까이 할 수 있도록 생태공원과 도시공원 확충이 지속적으로 이루어져야 하며, 국가별·지역별 특성에 맞는 녹색 ODA를 추진해 나가는 것이 필요하다.

동 정책의 정책수단 측면에서는 확대생산자책임제가 효율적으로 운영되도록 폐기물 재활용을 위한 인프라 구축에 정부의 지원이 필요하며, 건축물에 대한 각종 인증제도 간에 상호 연계성을 향상시킬 수 있도록 세심한 주의가 요구된다. 녹색제품의 사용이 활성화되도록 녹색제품 생산업체, 유통업체 및 소비자에 대한 유인제도 개선이 필요하며, 녹색생활이 개개인의 경제적 이익에도 연결되도록 각종 제도를 지속적으로 개선해 나가야 한다. 2020년에 출범할 신기후체제를 위한 협상에서 한국이 선진국과 개도국 간의 중재역할을 충실히 수행하여 국제무대에서 리더십을 향상시켜나가야 할 것이며, 사무국을 유치하는 데 성공한 녹색기후기금(GCF)의 기금 조달과 운영 전략 등 청사진 마련에 선도적 역할이 필요하다. 아울러 나고야의정서의 발효에 대비하여 '자원이용국'과 '자원제공국'의 두 입장이 모두 고려되도록 법률과 제도에 대한 정비가 요청된다.

노벨 경제학상 수상자인 로버트 루카스(Robert Emerson Lucas, Jr) 시카고대 교수가 한국의 성장을 기적이라 했듯이, 대한민국의 현대사는 산업화와 민주화를 함께 이루어낸 세계에서 보기 드문 성공사례이다. 2012년 6월 우리나라는 세계에서 일곱 번째로 '20-50 클럽'(1인당 소득 2만 달러-인구 5,000만 명)에 올랐다. 국제 사회에서 1인당 소득 2만 달러는 선진국 문턱으로 진입하는 소득기준으로,

인구 5,000만 명은 인구 강국과 소국을 나누는 기준으로 통용되고 있다. 일본이 1987년에 처음으로 가입한 이후, 미국이 1988년, 프랑스와 이탈리아아가 1990년, 독일이 1991년, 영국은 1996년에 가입했다. G7 회원국 중 캐나다 대신 한국이 들어가면 20-50클럽과 G7 국가가 똑같아진다.

한국은 수출실적 면에서도 괄목할만한 증가세를 보여 왔다. 1948년 건국 첫해 수출액은 1,900만 달러로 아프리카 카메룬의 수출액 4,000만 달러의 절반도 안됐으며, 세계 100위였다. 당시 수출품은 소금이나 해삼 같은 수산물이 고작이었다. 박정희 대통령이 수출입국(輸出立國)을 선언한 이래 1964년에 1억 달러, 1977년에 100억 달러를 돌파했다. 1995년에 1,000억 달러를 돌파한 후 2012년에 5,000억 달러에 이르렀다. 우리나라보다 수출 5,000억 달러를 먼저 돌파한 나라는 미국·독일·중국·일본·프랑스·네덜란드·이탈리아 등 7개국밖에 없다. 이들 국가는 수출액 1,000억 달러에서 5,000억 달러로 늘어나는 데 평균 20.1년이 걸렸지만 우리는 16년 만에 달성한 것이다.

한국의 무역규모는 2002년에 세계 13위에서 2010년에는 9위에 올랐다. 2011년에는 수출·수입을 합한 무역액 1조 달러를 세계 9번째로 달성하였다. 세계에서 무역 1조 달러 달성국은 미국, 독일, 중국, 일본, 프랑스, 네덜란드, 영국, 이탈리아가 전부다. 2007년 금융위기 이후 2008년부터 2010년까지 세계 교역은 6.2% 감소한 반면에 한국은 4.0%가 증가했다. WTO의 집계결과 2012년에 한국은 무역 규모 1조675억 달러로 이탈리아(9,869억 달러)를 제치고 8위에 올랐다. 국가별 순위는 ① 미국(3조 8,824억 달러) ② 중국(3조 8,668

억 달러) ③ 독일 ④ 일본(1조 6,844억 달러) ⑤ 네덜란드 ⑥ 프랑스 ⑦ 영국의 순이다.

미국 외교전문지 포린 폴리시(Foreign Policy)는 2012년 5월 12일자 기사에서 '한국은 이미 신흥 강국이 아닌 선진국 대열에 합류했고, 향후 5년 내 1인당 소득(구매력 평가기준·PPP)이 일본을 넘어설 것'이라고 전망한 바 있다. 이 잡지는 또 한국을 독일·미국·터키와 함께 묶어 영어 앞 글자를 딴 'GUTS(영어로 용기 또는 배짱이라는 뜻)'로 표현하면서 '놀라운 르네상스를 누리고 있는 세계 4대 강국'이라고 소개한 바 있다.

녹색성장은 한국 정부가 2008년부터 이니셔티브를 쥐고 국제화시킨 의제라는 점에서도 앞으로 지속적으로 발전시킬 충분한 가치가 있다고 생각된다. 녹색성장이라는 개념은 국제기구인 OECD에서 2011년 5월에 녹색성장전략보고서를 완성하여 국제사회에 제시했다는 점에서 이미 국제적인 자산으로 승화된 상태이다. 새로운 보편적 담론을 한국이 처음으로 제안하여 국제적 담론으로 발전시킨 사례이므로 우리나라의 국제적인 위상 향상에도 기여한 것으로 판단된다. 따라서 어느 정권 차원에서 한시적으로 추진할 정책이 아니라 한국 정부 차원에서 영속적으로 추진할 정책이라는 것이다.

물론 녹색성장은 선진국들이 중심이 된 세계환경개발위원회(WCED)가 1987년에 제시한 '지속가능 발전'보다 하위의 개념이다. 경제-환경-사회의 조화로운 발전을 추구하는 개념인 지속가능 발전은 모든 것을 그 안에 포함할 정도로 광범위하고 포괄적인 것이 사실이다. 그런 점이 이론적인 발전을 더디게 하였으므로 녹색성장이 구체성을 보완할 수 있는 개념이 될 수 있다. 즉, 녹색성장은 지속가능발전의 추상성과 광범위성을 정책실현 가능성면에서 보완하는 개념이며, 지속가능 발전으로 가기 위한 실천전략인 것이다.

2007년 10월 1일 스페인 마드리드에서 열린 에너지관련 학술대회에서 조제 마누엘 두라옹 바호주(José Manuel Durão Barroso) EU 집행위원장은 우리가 새로운 시대의 직전에 서 있다고 연설했다. 약 250년 전 영국인 제임스 하그리브스(James Hargreaves)가 처음으로 제니방적기(Spinning Jenny)를 발명하면서 제1차 산업혁명이 시작되었고, 이 증기시대(The Age of Steam)는 작업과 여행 및 소통의 새로운 방식을 창조하면서 사회를 변화시켰다. 그 후 약 100년 뒤 독일인 니콜라스 오토(Nicolaus Otto)가 내연기관을 발명하면서 제2차 산업혁명이 시작되었고, 이 석유시대(The Age of Oil)는 과학, 의학 및 수송에서 거대한 진전이 있었을 뿐만 아니라 전 세대에서는 상상할 수 없는 규모의 번영을 창조했다. 이제 우리는 '제3차 산업혁명' 즉 저탄소시대(The Low Carbon Age)의 직전에 서있다고 그는 연설했다.[7] 뉴욕타임스의 토머스 프리드먼이 말한 '에너지기후시대(Energy-Climate Era)'든 바호주 EU 집행위원장이 말하는 '저탄소 시대'든 우리는 분명히 지금까지와는 다른 시대를 맞이하고 있다.

세계가 환경문제와 기후변화에 대해 관심을 갖고 대책을 강구하기 시작한 것은 비교적 근래의 일이다. 1970년대 이후 환경오염에 대한 국제적인 관심과 함께 지속가능 발전에 대한 국제사회의 논의가 시작되었기 때문이다. 그 후 1992년 리우회의를 통해 유엔기후변

---

7 황병상, 2010b: 202-203.

화협약이 체결되었으며, 1997년에 이르러 강제성을 지닌 교토의정
서가 채택되었다. 2007년에 시작된 세계적인 경기 침체에 따라 선진
국을 중심으로 경제회복의 원동력으로 녹색뉴딜이나 저탄소 성장에
주목하면서 녹색성장정책이 더욱 확산되고 있다.

　지구온난화가 지금 이 순간에도 진행되고 있고 그 부작용이 나타
나는 것은 물질 지향적인 현대 산업사회에 대한 전환이 필요하다는
자연의 메시지로 읽혀진다. 다른 무엇보다도 현대 문명이 의존하고
있는 화석에너지는 점점 고갈되고 있을 뿐만 아니라 많은 부작용을
낳고 있다. 자연과 환경 그리고 경제가 조화된 삶의 방식으로의 변
화를 위한 진지한 성찰을 해야 할 때인 것이다. 근본적으로 지구온
난화와 에너지 문제는 물질적인 풍요와 편리한 삶만을 추구하면서
자연의 부양 능력과 회복력을 등한시하는 현대의 에너지 생산과 사
용 방식에서 기인한 것으로 보인다. 따라서 해결방법은 산업 구조,
각종 사회시스템, 공간 활용방식 및 생활양식 등을 바꾸고, 신재생
에너지를 중심으로 한 에너지 생산과 사용으로 전환해 가는데 있다.

　그러한 변화의 길이 바로 녹색성장이다. 산업혁명의 결과로 빚어
진 인류의 위기를 극복하기 위해 필요한 또 하나의 '혁명'이 요구되
는 시점이다. 이러한 녹색혁명을 마지못해 치르는 비용으로 생각하
지 말고 인류의 새로운 삶을 설계할 수 있는 특별한 기회로 보는 것
이 중요하다. 지구환경이 회복불능의 임계점(tipping point)에 도달하
기 전에 적절한 투자를 해나가는 정책적 전환이 필요하다. 소극적으
로 대응하기 보다는 녹색기술 개발을 통해 새로운 투자기회를 적극
적으로 발굴하고 기업이 능동적으로 참여할 수 있는 시장을 조성함
으로써 국가의 성장동력을 창출하고 궁극적으로는 녹색 일자리 창

출로 연결해 나가야 한다.

　녹색성장정책은 경제와 환경의 조화를 통한 국가발전과 함께 삶의 양식까지 저탄소·친환경으로 바꾸는 성장을 추구한다. 화석에너지 사용과 온실가스 배출을 토대로 이룩한 지난 260년 동안의 산업화에 대한 근본적인 변화가 요구된다. 지구온난화가 갈수록 심화되고 화석에너지가 점점 줄어드는 인류문명사적 위험 앞에 녹색성장은 이제 더 이상 미룰 수 없는 과제이다. 녹색기술과 녹색에너지로 신성장동력과 일자리를 창출하며, 전반적인 삶의 양식을 저탄소·친환경으로 전환시키기 위해서는 무엇보다 먼저 보이지 않는 곳에서부터 우리 삶의 근본을 녹색으로 바꾸어 나가는 노력이 필요하다.

　환경을 지키는 '녹색'과 환경을 이용하는 '성장'은 자칫 상충되는 것처럼 보일 수도 있지만 두 개의 가치를 동반 발전시킬 수 있는 가능성은 충분하다. 물론 이를 위해서는 기존의 산업을 녹색화하면서 과거에 없던 새로운 녹색산업을 일으키는 혁신적인 노력이 필요하다. 녹색기술에만 의존한 녹색성장이 아니라 사회 시스템과 개인의 생활 자체가 녹색이 되는 녹색성장을 추구할 때 진정한 의미의 녹색성장이 가능하고 녹색성장의 세계화가 확산될 것으로 생각한다.

　지구온난화에 대비해 국제사회가 설정한 이상적인 목표는 대기 중 이산화탄소의 농도를 350ppm 수준으로 되돌리는 것이며, 산업화 이전보다 2℃ 정도 상승한 수준으로 안정화하는 것이다. 에너지는 화석연료에 의존하는 것이 아니라 신재생에너지를 개발하고 보급을 늘려가는 데 중점을 둔다. 이를 위해 매년 세계 GDP의 1~2%를 투자하는 것을 권장한다. 물론 이를 위해서는 선진국과 개도국 총 195

개 당사국이 모두 참여하는 신기후체제가 2020년에 정상적으로 출범하는 것이 기초가 될 것이다.

우리나라는 온실가스 중기감축목표를 2020년 배출전망치(BAU) 대비 30% 감축하고, 2030년에 신재생에너지 보급률 11% 달성을 목표로 하고 있다. 2020년까지 '세계 3대 해상풍력강국'에 진입하고, 녹색기술 수준을 선진국 대비 현재 60%수준에서 2030년 세계 최고수준으로 끌어올리는 것을 꿈꾸고 있다. 2020년까지 그린홈 100만호 프로젝트를 성공시키고, 2030년까지 신재생에너지 분야에서 95만 명의 신규고용을 창출하며, 녹색외교를 통해 선진국과 개도국 간의 가교역할을 수행하여 국제적인 리더십을 확보하는 미래상을 그리고 있다.

녹색성장을 이루어 나가기 위해서는 하나뿐인 지구에서 살고 있는 우리 모두가 지구온난화와 에너지 문제의 심각성을 명확하게 이해하고, 우리의 삶을 능동적으로 바꾸어 나가는 것이 중요하다. 녹색성장은 중앙정부의 주도만으로는 성공시킬 수 없다. 일반 국민과 지방자치단체, 산업계 및 시민단체 등이 모두 참여해야 성과를 담보할 수 있다. 더 이상 문제 해결을 정치가, 기업인 및 연구자들에게만 맡겨서는 안되고, 공동체의 책임 있는 구성원들로 구성된 시민사회의 적극적인 참여와 노력이 요구되는 것이다. 이를 위해 가장 기본이 되는 일 중 하나는 바로 정책행위자들 간의 소통이다. 정책기조와 정책목표 등에 대한 인식을 공유하고 함께 나아가야 하기 때문이다. 녹색성장을 위한 근본적인 변화를 위해 모든 주체가 본연의 위치에서 바로 지금 시작하고 바로 지금 행동할 때 탄탄한 '녹색성장의 길'에 들어 설 수 있을 것이다.

물론 녹색을 너무 강조함으로써 오는 녹색 피로감이나 무슨 사업이든 녹색으로 포장하는 일은 경계해야 마땅하다. 또한 지구온난화의 위험은 직접 손으로 만져지는 것이 아니고 지구전체적인 방대한 문제이기 때문에 아무리 큰 위험이 다가온다 하더라도 개인은 무력감을 느끼고 그저 가만히 앉아서 기다릴 뿐이라는 '기든스의 역설(Gidden's Paradox)'에 빠지지 않도록 이상과 현실의 조화는 긴요하다.

<3차 산업혁명>의 저자인 제러미 리프킨은 녹색성장을 선도하고 있는 한국의 가능성을 높이 평가하면서 한류(韓流)로 대표되는 문화적 리더십과 정보기술(IT)을 기반으로 아시아에서 독창적인 리더십 영역을 구축할 수 있을 것으로 내다봤다.[8] 녹색성장정책은 바로 그러한 미래의 신성장동력을 발굴하고 발전시키는 국가의 기본정책이다. 여기에 한국인 특유의 역동성과 창의성을 고양한다면 분명히 미래의 비전은 달성이 가능할 것으로 생각된다. 이러한 국가적 미래비전의 달성은 국민 개개인이 꿈을 꾸고 꿈을 이룸으로써 행복한 삶을 영위할 수 있는 기회와 기반을 넓혀 나갈 것이다.

이명박 정부가 처음으로 추진한 녹색성장정책은 지난 4년 반 정도의 기간 동안 기본적인 틀을 잡고 시행한 초기로 볼 수 있다. 녹색성장정책을 비판적으로 승계하고 발전시켜 나가기 위해서는 정책의 구성요소인 정책기조, 정책목표 및 정책수단 부문에서 수정하고 개선할 점을 찾아 다시 설계하여 실천해 나가는 것이 중요하다. 특히 정책수단 측면에서는 세부 요소들인 집행기구, 재정, 규제, 유인 및 설득 부문별로 개선이 필요하다.

인간은 자연에서 태어나 자연으로 돌아간다. 인간도 자연의 일부

---

8 매일경제, 2011.5.26.

이며, 자연환경은 사람만이 아니라 지구상의 모든 생물체가 함께 살아가야 하는 터전이다. 또한 미래에 우리의 후손들이 살아갈 기반이다. 우리가 살고 있는 '에너지기후시대'라는 인류 문명사의 전환기에 녹색성장정책은 큰 방향을 제시하고 있다고 생각한다. 스마트 그리드와 신재생에너지 기술 등의 녹색기술 개발은 새 정부가 추구하는 '창조경제'를 위해서도 중요한 역할을 할 수 있다. 환경과 경제의 조화를 통해 국가발전을 추구하고 삶의 양식까지 저탄소·친환경으로 바꾸는 성장, 즉 녹색성장을 이루기 위한 정책이 앞으로도 지속되고 발전하기를 기대한다.

참고문헌

강근복. (2000). <정책분석론> 개정판. 대영문화사.

강영희. (2008). <생명과학대사전>. 아카데미서적.

강희찬 외. (2010). "녹색생활혁명: 기후변화 대응의 신해법". 삼성경제연구소.

경제인문사회연구회. (2008). <선진일류국가를 위한 비전: 잘사는 국민, 따뜻한 사회, 강한 나라(에너지・환경 분야)>.

__________. (2009). <녹색성장: 한국 경제・사회 발전의 새로운 패러다임>.

__________. (2012). <2011년 녹색성장 종합연구(요약)>.

고순주. (1997). <환경정책변동의 맥락과 특성에 관한 연구－정책기조, 목표 및 수단을 중심으로>. 충남대학교 대학원 박사학위논문.

교육과학기술부 외. (2011). <2011 녹색기술 지식맵>.

국가과학기술위원회. (2009). "녹색기술 연구개발 종합대책(안)"

__________. (2012). <태양광 R&D 한마당 FAIR>.

국가에너지위원회. (2008). "제1차 국가에너지기본계획". 제3차 국가에너지위원회 안건.

군터 파울리. (2010). <블루 이코노미>. 이은주・최무길 역. 가교.

권순우・신창목 외. (2009). <SERI 전망 2010>. 삼성경제연구소.

__________. (2011). <SERI 전망 2012>. 삼성경제연구소

김남규 외. (2011). <에너지 패러다임의 미래>. 지식갤러리.

김명자. (1991). <동서양의 과학전통과 환경문제>. 동아출판사.

김범준. (2010). <주요국가의 녹색성장 법제에 관한 비교법적 연구(Ⅳ)>. 한국법제연구원.

김상협. (2009). "녹색성장 정책추진현황과 활용방안". <신성장동력포럼 리포트>. 15: 4-19.

김영화. (2011). <녹색환경정책론>. 신광출판사.

김용건・김익재. (2010). "기후변화대응정책의 성과와 과제". <이명박정부 2년 미래성장 기반 구축: 성과와 과제>. 경제인문사회연구회. 165-176.

김정해 외. (2009). "기후변화대응 정책조정체계 비교연구". <정부간 정책연계 '현실과 전망'>. 한국정책학회 추계공동학술대회 발표논문집. 29-51.

김종호 외. (2010). <녹색성장 평가를 위한 지표체계 개발 및 활용방안 연구>. 한국환경정책・평가연구원.

김현구. (1989). "기술이전의 경로와 측정". <한국행정학보>. 23(1): 407-422.

김형국. (2011). <녹색성장 바로알기>. 나남.

김호철. (2011). "인류에너지문명의 진화와 석유의 미래". The KAPS 통권 제25호. 한국정책학회.

노진철. (2001). <우리 눈으로 보는 환경사회학>. 한국환경사회학회.

녹색성장위원회. (2009a). <녹색성장 국가전략>.

__________. (2009b). <녹색성장 5개년 계획>.

__________. (2009c). <세상을 바꿀 한국의 27가지 녹색기술>. 서울: (주)영진닷컴.

녹색성장위원회 외. (2009). "그린 IT 국가전략"

대니얼 앨트먼.(2011). <10년후 미래>. 청림출판. 고영대 옮김.

도건우 외. (2010). "녹색보호주위의 대두와 대응방안". Issue Paper. 삼성경제연구소.

레이첼 카슨. (1962). <침묵의 봄>. (2002) 김은령 옮김. 에코리브르.

로렌스 C. 스미스. (2012). <2050 미래쇼크> 장호연 옮김. 동아시아.

마크 마슬린. 기후변화의 정치경제학. 2010. 한겨레출판. 조홍섭 옮김.

문순홍 외. (2000). "생태근대화론을 활용한 환경정책의 지속가능성 평가 기본모형 연구". <환경정책>. 8(1): 113-131.

문화체육관광부. (2008a). <녹색부국으로 가는 길>.

__________. (2008b). <녹색성장: 대한민국의 그린오션 전략>.

미래기획위원회. (2009). <녹색성장의 길>. 중앙북스(주).

박노언 외. (2012). <태양광기술의 현주소와 정부R&D 역할>. 한국과학기술기획평가원

박세일. (2010). <창조적 세계화론>. 서울: 서울대학교출판문화원.

박영숙 외. (2009). <유엔미래보고서 2>. 교보문고.

박정택. (1995). "정책기조의 정책학적 의의와 개념적 구조". <사회과학논문집>. 14(2): 71-86. 대전대학교.

박종식. (1996). "국제환경규범의 현황과 전망". 과학기술정책관리연구소(1996), <21세기 기술변화와 환경>. 과학기술·경제 심포지움, 1996년 12월 17일.

박태주. (2010). "기후변화 글로벌 리더십, 위의 책임과 과제". <제3회 국정과제 공동세미나 발표원고자료집>. 362-380. 경제·인문사회연구회.

박환일 외. (2012). "자원시장 하락추세로 전환되었나?", CEO Information 제871호, 삼성경제연구소.

볼프강 베링어. (2010). <기후의 문화사>. 안병옥 외 역. 공감.

새누리당. (2012). <세상을 바꾸는 약속, 책임 있는 변화>.

송위진 외. (2011). "녹색기술정책의 진단과 발전방향". Green-Tech Issue. 한국과학기술기획평가원.

시바타 아키오. (2010). <자원전쟁>. 정정일 옮김. 이레미디어.

신용석. (2010). "이명박 정부의 녹색성장정책에 대한 비판적 고찰: 녹색관광 정책분야를 중심으로". <관광학 연구>. 34(3): 59-75.

안드레스 R. 에드워즈. (2010). <지속가능성 혁명>. 오수길 역. 시스테마.

안문석. (2009). <무용의 유용성>. 박영사.

안치수. (2010). <개방형 혁신활동 및 성과의 영향요인에 관한 실증분석>. 충남대학교 대학원 박사학위논문.

앤서니 기든스. (2009). <기후변화의 정치학>. 홍욱희 역. 에코리브르.

앨 고어. (2006). <불편한 진실>. 김명남 옮김. 좋은 생각.

에너지경제연구원. (2012a). <에너지통계월보>. vol 28-12.

__________. (2012b). <세계 에너지시장 인사이트>.

에너지관리공단. (2011). <2011 에너지·기후변화 편람>.

언스트앤영. (2009). <기후변화에 대한 주요 국가의 대응>.

유의선. (2011). "인구·환경·지정학·에너지 메가트렌드와 저탄소 사회 패러다임의 상호작용". Issues & Policy. 2011-02. STEPI.

윤경준. (2011). "기후변화와 적응정책". The KAPS (2011년 6월호) 24-29.

_____. (2012). "'저탄소 녹색성장 정책' 다시 보기 - 비판적 평가 및 전망 -". <한국정책학회보>. 21(2): 33-59.

윤순진. (2009). "저탄소 녹색성장의 이념적 기초와 실재". <환경사회학연구 (ECO)>. 13(1): 219-266.

_____. (2010). "겨울에 개나리 피는, 계절을 잃어가는 시대". <서울대 명품강의>. 272-292

윤우진. (2009). "녹색성장을 위한 기술혁신정책 방향", 산업연구원, KIET 산업경제.

이두희 외. (2010). "주요 녹색산업의 경쟁력 결정요인 분석과 시사점". e-KIET 산업경제정보 제497호.

이민희. (2005). <지구환경오염 문제와 국제적 협약>. 신광출판사.

이상규. (2010). "제조업의 녹색성장을 위한 녹색혁신 추진방향". 산업연구원, KIET 산업경제.

이성진 외. (2012). "녹색기술 개념과 정책 발전 방향". 이슈 페이퍼 2012-09. 한국과학기술기획평가원.

이연호. (2010). "저탄소 녹색성장론에 나타난 이명박 정부의 국가-시장-사회관계". <의정연구>. 26(2): 67-99.

이영화. (2011). <녹색환경정책론>. 신광출판사.

이정전. (1994). <녹색경제학>. 한길사.

이재훈. (2010). <녹색성장과 에너지자원 전략: 걸음마에서 원전수출까지>. 나남

이종엽. (1997). <입지정책의 결정과 집행과정에서의 정책수용성에 관한 연구-혐오시설입지선정 사례를 중심으로->. 충남대학교대학원 박사학위 논문.

이지순. (2011). "녹색성장으로의 패러다임 전환: 성과와 과제". 한국경제포럼. 4(2): 5-34.

이지훈 외. (2008). "녹색성장시대의 도래". CEO Information 제675호. 삼성경제연구소.

장진규·이재억. (2009). <저탄소 녹색성장을 위한 과학기술정책 과제>. 과학기술정책연구원.

정경욱. (2009). "'MB판 구호'에 각 부처 '과잉충성'". <에너지저널>. 15: 8-12.

정선양. (1999). <환경정책론>. 박영사.

정정길 외. (2003). <정책학 원론>. 대명출판사.

정창호 외. (2011). "국가협약에 따른 정책이전 효과에 대한 연구-교통의정서 부속서 I 국가들의 탄소배출량을 중심으로-". <한국정책학회보>. 20(4): 27-65.

정회성·변병설.(2003). <환경정책의 이해>. 박영사.

조영삼. (2012). "본격화되는 중국의 신성장동력 육성전략과 우리의 대응". e-Kiet 산업경제정보 제542호.

제러미 리프킨. (2003). <수소혁명>. 이진수 옮김. 민음사.

__________. (2012). <3차 산업혁명>. 안진환 옮김. 민음사.

조성호. (2011). <이차전지 국내외 기술 및 정책 동향>. 과학기술 및 연구개발사업동향 브리프 2011-14. 한국과학기술기획평가원.

조용덕 외. (2011). <신재생에너지>. 서울: 한국학술정보(주)

조지프 스티글리츠, (2008). <인간의 얼굴을 한 세계화>. 홍민경 옮김. 21세기 북스

좌승희. (2010). <좌승희박사의 대한민국 성공경제학>. 일월담.

지식경제부. (2012). <2011년도 에너지총조사보고서>.

지식경제부 외. (2012a). <2012 신재생에너지 백서>.

__________. (2012b). <2012 에너지통계연보>.

진교훈. (1998). <환경윤리>. 민음사.

천대윤. (2009). "녹색성장정책의 과제와 전략에 관한 소고". <한국정책학회

하계학술대회 자료집>. 249-268.

최무영 외. (2010). <서울대 명품강의>. (주)글항아리.

최재천 외. (2011). <기후변화 교과서>. 도요새: 서울.

최준영. (2012). "이산화탄소 포집 및 저장(CCS) 기술의 현황과 과제". 이슈와 논점 제432호, 국회입법조사처.

최충익. (2011). "지방자치단체 기후변화 적응정책의 의사결정 과정과 함의". <한국행정학회보>. 45(1): 257-274.

토머스 프리드만. (2008). <코드 그린: 뜨겁고 평평하고 붐비는 세계>. 왕윤종 감수. 21세기 북스.

폴 호큰 외. (2011). <자연자본주의>. 김명남 역. 공존:

하랄트 벨처. (2010). <기후전쟁>. 윤종석 역. 영림카디널.

하현상. (2012). "재생에너지개발 정책수단 선택의 정치경제 - 미국 플로리다 사례를 중심으로 -". <한국정책학회보>. 21(1): 363-395.

한국과학기술기획평가원. (2010). <그린카 기술 및 정책 동향>.

__________________. (2011). <녹색성장 정책이슈 토론회: 기술과 제도의 통섭>.

한국전력공사. (2012). <제81호(2011년) 한국전력통계>.

한국환경사회학회. (2004). <우리눈으로 보는 환경사회학>. 박영사.

한국환경산업기술원. (2012). <산업계 녹색구매 2012 성과보고서>.

한국환경정책·평가연구원. (2013). <기후변화 대응 및 에너지 정책 패러다임 전환을 위한 미래사회 비전 마련 연구>.

한동만. (2011). 한국의 10년 후를 말한다. 한스미디어.

한진이·윤순진. (2011). "온실가스 배출권 거래제도 도입을 둘러싼 행위자간 정책네트워크-사회연결망 분석을 중심으로-". <한국정책학회보>. 20(2): 81-108.

환경부 외. (2012). <온실가스·에너지 목표관리 운영 등에 관한 지침 해설서>.

허 범. (1988). "공공정책의 형성과 집행". 허범 외. <행정학개론>. 75-101. 대영문화사.

홍미영 외. (2011). <중점녹색기술 기술수준 현황과 시사점>. 한국과학기술기획평가원.

홍종호. (2010). "한국경제의 녹색성장 가능성 검토: 배경과 과제". <환경논총>. 49: 95-107.

환경부. (2010). <2010 환경백서>.

황병상. (2003). <과학기술정책과정의 정책네트워크에 관한 연구-국가핵융합연구개발사업을 중심으로->. 충남대학교 대학원 박사학위논문.

______. (2010a). "영국의 저탄소 성장정책과 시사점". <2010 한국정책학회 하계대회 및 국제학술회의 발표논문집>. 327-349.

______. (2010b). "한국의 녹색성장정책과 향후과제". <한국사회의 이슈와 정책>. 146-209.

______. (2010c). '녹색성장부 설치가 필요하다'. 조선일보. 2010년 10월 28일.

______. (2011). '에너지절약이 제5의 연료다'. 전자신문. 2011년 9월 21일.

황용수. (2012). "MB정부 과학기술정책의 기조와 성과 및 발전과제". <MB정부 과학기술정책의 회고와 발전과제>. 과학기술정책연구원. 3-21.

Agyeman, Julian & Evans, Bob. (1995). "Sustainability and Democracy: Community Participation in Local Agenda 21". *Local Government Policy Making.* 22(2): 35-40.

Aichele, R. & Felbermayr, G. (2010). "Kyoto and Carbon Content of Trade". FZID Discussion Paper 10-2010.

Andrew Wyckoff(2009), "Eco-Innovation in industry-enabling Green Growth", OECD.

Christoff, Peter. (1996). "Ecological Modernization, Ecological Modernities". *Environmental Politics.* 5(3): 476-500.

Connelly, Steve. (2007). "Mapping Sustainable Development as a Contested Concept". *Local Environment.* 12(3): 259-278.

Dales. John, "Land, Water and Ownership," The Canadian Journal of Economics, 1(4): 791-804.

Ekins, Paul. (2000). *Economic Growth, Human Welfare and Environmental Sustainability: The Prospects for Green Growth.* Routledge.

Ellis, K., Baker, B. & Lemma, A. (2009). *Policies for Low Carbon Growth,* Overseas Development Institute.

ESCAP. (2005). *Report of the Ministerial Conference on Environment and Development in Asia and the Pacific.*

European Commission. (2010). *Europe 2020.*

______________. (2011). *A Roadmap for moving to a competitive low carbon economy in 2050.*

Evenett, S. J. & Whalley, J. (2009). The G20 and Green Protectionism: Will We Pay the Price at Copenhagen? (CIGI Policy Brief No.14). CIGI.

Hansen, J. et. al.(2008). Target Atmospheric CO_2: Where Should Humanity Aim? *Open Atmospheric Science Journal,* 2 (1), p.217.

HM Government. (2009a). *Investing in a Low Carbon Britain.*

__________. (2009b). *The UK Low Carbon Transition Plan: National Strategy for Climate and Energy.*

__________. (2009c). *The UK Low Carbon Industrial Strategy.*

__________. (2009d). *The UK Renewable Energy Strategy.*

HM Treasury. *(2009). Budget 2009.*

__________. *(2010). Budget 2010.*

House of Commons Environmental Audit Committee. (2010). *Carbon Budgets.*

IEA. (2009). *CO_2 Emissions from Fuel Combustion Statistics.* OECD Publishing.

__. (2010). *Energy Technology Perspectives 2010-Executive Summary-.*

__. (2012a). *World Energy Outlook 2012.*

__. (2012b). *World Energy Outlook 2012 —Executive Summary.*

__. (2012c). *Tracking Clean Energy Progress.*

IPCC. (2007). *Climate Change 2007: Synthesis Report.* Contribution of Working Group Ⅰ, Ⅱ and Ⅲ to the Fourth Assessment Report of the Intergovernmental Panel on Climate Change, Geneva: IPCC.

Lee, Jisoon. (2010). *Green Growth: Korean Initiatives for Green Civilization.* National Research Council for Economics, Humanities and Social Sciences.

Michaelis, P. (1996), *Ökonomische Instrumente in der Umweltpolitik: eine anwendungs-orientierte Einführung*, Heidelberg: Physica-Verlag.

Mol, Arthur P. J., Spaargaren, Gert, & Sonnenfeld, David A. (2009). "Ecological Modernization: Three Decades of Policy, Practice and Theoretical Reflection". ". Mol, Arthur P. J., Sonnenfeld, David A., & Spaargaren, Gert. eds. *The Ecological Modernization Reader: Environmental Reform in Theory and Practice.* Routledge.

Najam, A., Papa, M., & Taiyab, N. (2006). *Global Environmental Governance: A Reform Agenda.* Winnipeg, Manitoba: International Institute for Sustainable Development.

OECD. (1995). *Environment Principles and Concepts*, OECD Working paper No. 84, p.5.

_____. (2008). *OECD Environmental Outlook to 2030.*

_____. (2010). Korea's green growth strategy: Mitigating climate change and developing new growth engines.

_____. (2011a). *Towards green growth: A summary for policy makers.*

_____. (2011b). *Towards Green Growth.*

Peters, Glen P. et al. (2012). The challenge to keep global warming below 2°C, *Nature Climate Change*, Published online 02 December 2012.

Porter, Michael E. (1991). "America's green". *Scientific America*. 264: 168.

Renewable Fuels Agency. (2009). *The Renewable Transport Fuel Obligations Order 2007 (as amended)*.

Roland Berger Strategy Consultants. (2011). *Clean Economy, Living planet: The Race to the Top of Global Clean Energy Technology Manufacturing 2012*.

Smally, Richard E. (2005). "Future Global Energy Prosperity: The Terawatt Challenge". MRS Bulletin. 30, June 2005. 412-417.

Smil, Vaclav. (2006). "Energy at the Crossroads". Backgroundnotes for a Presentation at the Global Science Forum Conference on Scientific Challenges for Energy Research, Paris. May 17-18.

UNEP. (2009). *Overview of The Republic of Korea's Green Growth National Vision*. (An Interim Report). August 2009.

UNESCAP. (2006). *Green Growth at a Glance: The Way Forward for Asia and the Pacific*.

Urs Siegenthaler et. al. (2005). "Stable Carbon Cycle – Climate Relationship During the Late Pleistocene". *Science*.

WCED. (1987). *Our Common Future*.

Whittaker, Stellar. (1995). "Local Agenda 21 and Local Authorities". *Local Government Policy Making*. 22(2): 3-11.

Williams, Robin & Stewart, James. (2005). *Social Learning in Technological Innovation: Experimenting with Information and Communication Technologies*. Edward Elgar.

World Commission on Environment and Development. (1987). *Our Common Future*, London: Oxford University Press.

World Bank. (2010). *2010 World Development Indicators*.

Yale Center for Environmental Law and Policy et al. (2005). *2005 Environmental Sustainability Index*.

http://www.greengrowth.go.kr
http://www.oecd.org
http://green.kostat.go.kr/portal/greengrow.do
http://gtnet.go.kr
http://gggi.org

찾아보기

영문초록

Environment and Growth
− Suggestion of Green Growth for a
New Government in Korea −

The current human is estimated to have appeared on the earth about 200,000 years ago. As he or she began the Agricultural Revolution about 10,000 years ago, depending on hunting and gathering, the population was on the rise and the civilization emerged. Since then the agricultural society had lasted, and 260 years or so ago from now, from the mid 18th century to the early 20th century the Industrial Revolution happened. It led to mass production, which brought in an abundant and convenient life. It, however, brought about some side effects such as environmental pollution.

It hasn't been long since the world took interest in environmental problems and climate change and took steps to cope with the situation. Because the global interest in the environmental pollution and the discussion of international community on sustainable development started since the 1970s. Then The United Nations Framework Convention on Climate Change was concluded through the Rio summit in 1992, and the Kyoto Protocol, setting binding obligations, was adopted in 1997. Developed countries have paid attention to Low-Carbon Growth and the Green New Deal Policy as a driving force for economic recovery in the wake of the global economic recession that arose in 2007.

The president of Korea Lee Myung-Bak pushed ahead with Green Growth Policy by producing the vision of Low-Carbon Green Growth in August, 2008. But there was some criticism about whether 'Green' of 'Green Growth' was considered as a modifier for 'Growth' and Growth took precedence over Green. Also, it is said that a considerable amount of budget was allocated to some projects that contained the word 'Green' or the field of the lowest possible relevance rather than the real meaning of Green Growth. In addition, tangible results are thought not to be produced compared to publicity campaign although it is rather premature to evaluate the effectiveness for the execution of the policy. Nonetheless, it is granted that the five-year-long projects for Green Growth Policy laid the ground for the paradigm of joint growth between the environment and the economy.

At this moment the global warming is getting serious, and there is a limit to fossil energy that modern civilization relies on. Green Growth cannot be postponed in danger of losing human civilization. The adverse effects from growth, not considering the environment, are a message of nature that the switch of material-oriented industrial society is necessary; that is, our serious introspection is needed in order to achieve the harmonious life between the environment and the economy.

Green Growth is a subconcept of sustainable development, which is one of practical strategies to head toward sustainable development. However the concept of sustainable development, pursuing harmonious development of the economy, the environment, and the society, is extensive and comprehensive. Thus, because the concept makes the development of the theory slow, Green Growth can be a concept of supplementing its concreteness. The concept of sustainable development was presented in 1987 by the World Commission on Environment and Development(WCED) led by advanced countries, whereas Green Growth became an international agenda, Korea taking the initiative of it. In this regard, it is enough worth developing in the future. Given that OECD completed Green Growth Strategy Report in May, 2011, it has become an international asset. It is the first time Korea transformed a new universal discourse into an international one

A newly inaugurated government reorganized the control of the Green Growth Committee, from under the direct control of the previous administration to the Prime Minister, and the Green Growth Planning group, supporting the same committee, was abolished, then its work was transferred to the Office of Fiscal, Financial, and Climate Policy under the Prime Minister. Generally, Green Growth is being relegated to a lower priority in national affairs. Nonetheless, Green Growth should continuously push ahead for the future.

According to the results(confidence level of 95%, margin of error of ± 3.1) of 'Public Opinion Survey on Green Growth Policy' after a survey conducted on 1,000 adults nationwide by the Green Growth Committee and Hankook Research in January, 2013, 97.2% of the public think Green Growth Policy should keep being carried out in the coming years, and 84% of the respondents believe that Green Growth Policy is beneficial to cope with climate change and energy crisis. So, the aforementioned evaluations should be referred to.

I took interest in Green Growth while writing a doctorate dissertation in 2003 with the subject of National Fusion Research & Development Project in pursuit of the development of future clean energy. Then I watched President Lee Myung-Bak proclaiming Green Growth as a future vision at the 60th anniversary ceremony of the founding of Republic of Korea while paying attention to next generation energy and new technology. After I decided to study a subject related to Green Growth Policy in earnest in January, 2010, I presented a paper on 'British Low-Carbon Growth Policy and Implications' at the summer research meeting of the Korea Association for Policy Studies in June of the same year.

There has been few introductory books that systematically explain Green Growth Policy so far in the nation. There, however, is a book of "What is Green Growth?" 121 participants, selected by the Green Growth Committee in 2011, took on each section and published. The book is said to easily get access to the details of Green Growth, but it has drawbacks that the contents are simply listed and there are no academic organization in it.

The sphere of Green Growth Policy is very extensive, so it is too difficult to contain all of the things in one book. In light of policy studies, however, I think that it is very meaningful to supply the book to those interested after comprehensively organizing the theories and policies. It is thought not to have profound contents because of extensively covering subjects, but I believe that the book will be valuable in terms of giving an outline of Green Growth.

The book mainly deal with the Korean Green Growth Policy for about four and a half years, from 15th August, 2008 on which President Lee Myung-Bak proclaimed the vision of Green Growth to 24th February, 2013 when he left office. The details are as follows:

Chapter 1 gives an outline of the changing world such as key factors that affect our future and unstable future.

Chapter 2 deals with historical backgrounds, global warming, energy problems, and international conference & international convention related to the environment in order to look into the change of recognition on the environment.

Chapter 3 defines Green Growth Policy after reviewing the relationship between the economic growth and the environment, various recognition and difference, and the necessity of Green Growth, and describing the advent of Green Growth.

Chapter 4 gives an outline of each country's Green Growth Policy trend. That is, it is shown being pushed ahead in EU, U.K., Germany, Denmark, U.K., Japan, China, and Northern European countries.

Chapter 5 organizes the procedures for Green Growth Policy after reviewing Korean climate, energy, and Green Growth indicator. And it proposes a direction of development after describing and analyzing an executive agency as policy measures along with the policy keynote of Green Growth.

Chapter 6 to 9 give a detail of Green Growth Policy. Each chapter is categorized into as follows: Climate Change Response Policy in the chapter 6, Green Energy Policy in the chapter 7, Green Technology Development and Green Industry Policy in the chapter 8, and Green Land, Green life, and Green Diplomacy Policy in the chapter 9. The above four policies are required to be linked to and interact with each other. Each policy is classified by policy goals and policy means in the elements of policy, and the policy means are described and analyzed by dividing them into finance, regulations, inducement, and persuasion after considering the characteristics of Green Growth Policy. The chapter proposes the development direction of policy goals and policy measures in the future.

Chapter 10 describes a new future on Green Growth.

The development direction of the Korean Green Growth Policy I suggest through the book is as follows:

First, in terms of policy keynote, the legal system between sustainable development and Green Growth is required to be reorganized, and the second 'National Strategy for Green Growth' and 'Five-Year Plan for Green Growth' to be established for the new government. The economic and the environmental policy are needed to be developed harmoniously so that the green technology innovation and green industry development can secure new growth engines and lay the ground for the economic development. The policy network of Green Growth Policy is to bring in a variety of policy makers, and it is required to be a horizontal and open policy network. In addition, Green Growth Policy must ultimately be supplemented to improve and enhance people's quality of life and wellbeing.

Second, in terms of an executive agency as policy means the Ministry of Green Growth in the central administration organization is required to be set up to manage the problems of energy and climate change. The GGGI, attaining the title of an international organization in June, 2012, will reinforce the role as the global think tank by performing the globalization of Green Growth model, Green Growth plan support for developing countries, etc. In addition, it is important to organize the Green Industry Support Center in charge of green industrial areas for small and medium-sized companies nationwide.

Third, in terms of policy goals for Climate Change Response Policy(CCRP), 'the greenhouse gas reduction by 30% per BAU by 2020' must stoutly be kept. The objective of the CCRP gives weight to precautions, and includes the reinforcement of natural resilience.

In terms of policy means, the process of social consensus is required in order to decide the allocation of fiscal investment for each assignment, and it is desirable to make support and fiscal investment for North Korea's climate change response. The carbon tax is to be adopted, and protection measures is required to be set up for vulnerable classes. The government should strengthen the communication with civic groups and enterprises, and encourage the public to take interest in climate change.

Fourth, in terms of policy goals for green energy policy, it is advisable that nuclear energy should be handled on an energy mix level instead of excluding it from the category of Green Growth. To achieve a long-term goal such as the increase in green energy supply including the improvement in energy efficiency, it is necessary to have perseverance to wait for the goal. For the solar energy sector in the market slump, next generation technology development is needed rather than the production of facilities.

In terms of policy means, selection and concentration are necessary for the fiscal investment on a new renewable energy, and for the Renewable Portfolio Standard(RPS) of a new renewable energy, the improvement is required to be made to apply to various energy resources. It is important to raise the electricity rate up to the cost and to improve the standards of companies involved in One Million Green Home Project and Repairs. Since an enormous initial investment is necessary to elevate the development of a new renewable energy and energy efficiency, the expansion of financial support is needed. Energy consumers should be changed into energy producers by letting members of society recognize the distributed characteristic of a new renewable energy, and the recognition of electricity is required to be changed by promoting the concept of negawatts and non-electric power to the public.

Fifth, in terms of policy goals for the policy of green technology development and green industry, green industry has characteristics such as infant industry and capital intensity, which should be suitable for the buildup for technology innovation system and the expansion of domestic market for a new renewable energy. In the 'Five-Year Plan for Green Growth' it is desirable to exclude 'The Upbring of Cutting-edge Fusion Industry for New Growth energy' and 'The Upbring of High Valued Service' not directly related to Green Growth. Energy support measures for the poor are also required to be re-examined.

In terms of policy means, a realistic environment regulation is required to harmonize the environmental regulations and technology development, and the researchers of green technology development, enterprises, universities, and the governmental research institutes, should improve the system for open innovation. The international cooperation of green small and medium-sized corporation and the support of finance and personnel is to be activated, and a comprehensive and detailed green statistics is required to be provided.

Sixth, in terms of policy goals for green land, green life, and green diplomacy, it is desirable that the concept of green city seeking the coexistence between human and nature should be developed into the concept of 'green culture city' embracing the inherent culture and tradition of the city. Ecology park and the city park should continuously be expanded so that citizens can go closer to nature, and the green ODA, suitable for the characteristics of each country and each area, is needed to be pushed ahead.

In terms of policy means, the governmental support is required to build up the infrastructure for waste recycling to efficiently operate Extended Product Responsibility(EPR), and close attention should be paid to improve the mutual relationship between certification systems for architecture. For the active usage of green products, the inducement system for the producers of green product, distribution companies, and consumers is required to be improved, and various systems should be enhanced for individuals' economic interest through green life. Korea will play a role in meditating between advanced and developing countries at a negotiation for new climate system supposed to be launched in 2020, and needs to take the initiative in setting up the fund raising and operation strategy of the GCF whose secretariat has already been invited to Korea. In preparation of the effectuation of Nagoya Protocol, laws and systems are required to be organized to reflect both sides: 'user nations for resources' and 'supply nations for resources.'

Human is supposed to return to the nature in which he or she was born. One is a part of nature, and the natural environment is home to not only mankind and all creatures in the Earth, but also our next posterity. I think that Green Growth Policy is giving a meaningful direction to us at a turning point of 'Energy-Climate Era'.

I hope that this book will supply knowledge to President Park Geun-hye's government officials and the relevant policy actors and let them contemplate the development direction each other. In addition, I expect that it will be of much help to politicians, public servants, professionals, journalists, college students, and all walks of life.

감사의 글

필자에게는 다섯 분의 스승님이 계신다. 성균관대학교 국정관리 대학원의 김현구 교수님, 충남대학교 행정학과의 강근복 교수님 그리고 영국 The University of Edinburgh의 Robin Williams 교수님은 학문의 세계와 인식의 지평을 넓혀 주셨다. 경북대학교 경상대학의 권찬태 교수님은 늘 격려해 주시며, 초아 서대원 선생님은 유부용약(有孚顒若)의 마음 자세에 대해 말씀해 주셨다. 깊은 감사를 올린다.

모교인 경북대·성균관대·충남대의 교수님들과 한국기초과학지원연구원의 전·현직 임직원 그리고 오랜 기간 함께 토론해 온 인존정책연구회의 회원들에게도 고마움의 말씀을 드린다. 특히, 이 책의 원고를 읽고 좋은 의견을 주신 충남도립청양대학의 윤석환 교수님, 한국전자통신연구원의 고순주 박사님과 박종수 박사님에게 감사드린다.

공주 마곡사(麻谷寺)는 내 마음의 절이다. 보물 제801호인 대웅보전은 조선 효종 때 중건되었는데, 아름드리 싸리나무 기둥에 얽힌 전설은 사찰의 오랜 역사를 말해주는 듯하다. 백련암으로 올라가는 소나무 오솔길은 풍광이 아름답고, 걷기에도 좋다.

스코틀랜드에서의 생활은 많은 영감을 주었다. 에든버러의 칼튼 힐(Calton Hill)에 처음 올라갔던 날, 중세로 온 것 같은 분위기의 로열 마일(Royal Mile), 황금빛 수선화(Daffodil)가 활짝 피었던 집 앞마당, 밀리터리 타투에서 관객들이 다 함께 손잡고 부른 올드 랭 사인(Auld Lang Syne), 과학기술혁신연구소(ISSTI)의 연구원들과 함께한 크리스마스 파티에서 만났던 비밀의 산타(Secret Santa), 세인트 앤드루스 성에서 바라본 검푸른 북해(North Sea)와 네스호(Loch Ness)에 찰랑이던 물결이 눈에 선하다.

'생각한 대로 살지 않으면, 살아온 대로 생각하게 되리라(Il faut vivre comme on pense, sans quoi l'on finira par penser comme on a vécu).' 소설가이자 비평가인 폴 부르제(Paul Bourget)가 1914년 발간한 책에 쓴 말이다. 프랑스 남부 바닷가 이예흐(Hyères)에 남아 있는 그의 집을 언젠가 한번 방문하고 싶다.

한없는 사랑을 주셨던 할아버지(黃秉沐)와 할머니(林景鴻)의 휘(諱)를 여기에 기록한다. 밑거름이 되신 아버지와 어머니, 염려해 주시는 장인어른과 장모님께 감사를 올린다. 인생의 길벗인 친구들과 이 책을 출판해준 한국학술정보(주)에 고마움을 표한다. 끝으로, 언제나 함께하며 행복을 주는 아이들(황수연·황주환)과 아내(전영선)에게 사랑을 전한다.

2013년 4월

황병상

Acknowledgement

I have five teachers. The three of them made a great contribution to my discipline and knowledge: professor Hyunku Kim of the Graduate School of Governance at SungKyunGwan University, professor Keun-Bok Kang of Public Administration Department at ChungNam National University, professor Robin Williams at ISSTI, the University of Edinburgh. Also, I would like to thank the rest of them: professor Chantae Kwon of College of Economics and Business Administration at KyungPook National University encouraged me to study hard all the time, and a teacher Deawon Seo (his pen name Cho-A) told me about trust and respect.

Moreover, I would like to express gratitude to other professors of KyungPook National University, SungGyunGwan University, and ChungNam National University, incumbent & former executives and employees at Korea Basic Science Institute, and members of the Policy Studies Group for Human Dignity with whom I have discussed for a long time. Especially, I am thankful to professor Suk-Hwan Yoon of ChungNam Provincial CheongYang College and Dr. Soon-Ju Ko & Dr. Jong-Soo Park of Electronics and Telecommunication Research Institute.

There is a temple called Magoksa in Gongju that placates my mind. Sakyamuni hall, Treasure No. 801, was established there in the Joseon Dynasty period by King Hyojong, telling us about the ancient history and mysterious legend of the temple.

The life in Scotland brought a myriad of inspiration to me. As I stood on Calton Hill in Edinburgh, a slew of things were vivid in my mind: the Royal Mile that brought me back to the Middle Ages, the front yard of my house where golden daffodils blossomed, a song, Auld Lang Syne which I sang with tourists hand in hand at the Military Tattoo, a Secret Santa whom the researchers of ISSTI and I encountered at the Christmas party, the North Sea which I overlooked from the St. Andrews Castle and the waves lapping on the shore of Loch Ness.

One must live the way one thinks or end up thinking the way one has lived(Il faut vivre comme on pense, sans quoi l'on finira par penser comme on a vécu). Paul Bourget, a novelist and critic, left theabove sentence in the book published in 1914. For that reason, I would like to visit his house located in Hyères, Northern France.

I inscribed the posthumous names of my grandfather(Byong-Mok Hwang) and grandmother(Kyong-Hong Lim) who gave valuable love to me here, and would like to deliver gratitude my parents and parents-in-law. Also, I am thankful to my friends and the Korea

Studies Information which helped me to publish this book. Finally, I
want to convey my love to my children and wife who always make
me happy.

April, 2013

Byung-Sang Hwang

황병상(黃昞相)

현) 한국기초과학지원연구원 창조정책부장(정책학박사)
　　행정개혁시민연합 집행위원 겸 과학기술위원회 위원
　　국제과학비즈니스벨트 기능지구협의회 위원
　　한국정책학회 평생회원

경북 청송 출생
경북대학교 경상대학 졸업
육군 보병 제6사단 병장
성균관대학교 행정대학원 정책학과 졸업(정책학석사)
충남대학교 대학원 행정학과 졸업(정책학박사)
영국 The University of Edinburgh(ISSTI) 방문박사후연구원
한국기초과학지원연구원 기획과장·대외협력부장
충남대·한남대학교 강사
한국정책분석평가학회 연구위원
한국행정학회 운영이사
국회도서관 자료추천위원
방위사업청 기관평가자문위원
한국정책학회 운영이사·연구위원
국무총리 산하 경제인문사회연구회 기관평가위원

「과학기술 정책과정의 정책네트워크분석: 핵융합연구개발정책사례를 중심으로」(2004)
「정부출연연구기관평가의 발전방안 논고: 기초기술연구회의 평가사례에 대한 메타평가를 중심으로」(2005)
「Policy Networks in the Policy Process of Science and Technology Field: Case Study on the Fusion R&D Policy in Korea」(2005)
「영국의 저탄소 성장정책과 시사점」(2010)

『과학기술정책의 주요쟁점』(공저, 2008)
『한국사회의 이슈와 정책』(공저, 2010)

E-mail: bshwang@kbsi.re.kr

새 정부를 위한 녹·색·성·장 제언

환경과 성장

초 판 인 쇄 ㅣ 2013년 6월 27일
초 판 발 행 ㅣ 2013년 6월 27일

지 은 이 ㅣ 황병상
펴 낸 이 ㅣ 채종준
펴 낸 곳 ㅣ 한국학술정보㈜
주   소 ㅣ 경기도 파주시 문발동 파주출판문화정보산업단지 513-5
전   화 ㅣ 031) 908-3181(대표)
팩   스 ㅣ 031) 908-3189
홈 페 이 지 ㅣ http://ebook.kstudy.com
E-mail ㅣ 출판사업부 publish@kstudy.com
등   록 ㅣ 제일산-115호(2000. 6. 19)

ISBN   978-89-268-4384-0 93340 (Paper Book)
          978-89-268-4385-7 95340 (e-Book)

이담 Books 는 한국학술정보(주)의 지식실용서 브랜드입니다.